D1727672

FWS
Forum Wirtschaft und Soziales

EU-Osterweiterung, Euro und Arbeitsmärkte

Von
Univ.-Prof.

Dr. Ansgar Belke

und

Dipl.-Ökonom

Martin Hebler

R. Oldenbourg Verlag München Wien

Die Deutsche Bibliothek - CIP-Einheitsaufnahme

Belke, Ansgar:
EU-Osterweiterung, Euro und Arbeitsmärkte / von Ansgar Belke und
Martin Hebler. – München ; Wien : Oldenbourg, 2002
  (Forum Wirtschaft und Soziales)
  ISBN 3-486-25873-7

© 2002 Oldenbourg Wissenschaftsverlag GmbH
Rosenheimer Straße 145, D-81671 München
Telefon: (089) 45051-0
www.oldenbourg-verlag.de

Gedruckt auf säure- und chlorfreiem Papier
Umschlagillustration: Hannes Weigert
Gesamtherstellung: Druckhaus „Thomas Müntzer" GmbH, Bad Langensalza

ISBN 3-486-25873-7

Vorwort

Wir sind Europäer. Doch unser Europa beschränkte sich bis vor einigen Jahren auf den Westteils des Kontinents. In unserer Kindheit und Jugend tobte der ‚kalte Krieg' und der ‚eiserne Vorhang' teilte Europa in zwei Hälften. Der politische Umschwung und die Öffnung des Ostens brachte nicht nur den Bürgern dieser Staaten die Freiheiten eines demokratischen Systems und der Marktwirtschaft, sondern erweiterte auch unseren Horizont. Die Neugierde auf das unbekannte Europa war mit ein Grund für die wissenschaftliche Beschäftigung mit dem Thema. Wenn unser Europa größer wird, so wollen wir diesen Prozess nach Kräften unterstützen und begleiten. Dies heißt jedoch nicht, dass wir uns als unkritische Multiplikatoren der Europapolitik der EU-Kommission oder des Europäischen Rates sehen. Im Gegenteil: wir stellen in diesem Buch eine kritische Sichtweise der von der Politik gewählten Integrationsmethode aus der Perspektive des Arbeitsmarktes vor. Wir befürchten, dass die Osterweiterung keinen Beitrag zur Bekämpfung der Arbeitslosigkeit im ‚Westen' liefern wird, obwohl durchaus die Chance dafür bestünde. Darüber hinaus prognostizieren wir für die gegenwärtig in die EU strebenden mittel- und osteuropäischen Länder (MOEL) höhere Arbeitslosenraten, verursacht durch den Beitritt. Unsere Analyse ist in einigen Teilen provokant und kann deshalb sicher zur kontroversen Diskussion anregen. Aber nur der deutliche Hinweis auf die Probleme und Gefahren ermöglicht unserer Meinung nach eine rationale Diskussion über Lösungsvorschläge und Alternativen und kann das - von uns von ganzem Herzen befürwortete - Projekt der Osterweiterung zu einem Erfolg machen. Hierfür muss die Osterweiterung der EU - nicht nur in bezug auf Arbeitmärkte - ordnungspolitisch begleitet werden.

Für Politiker, Beobachter und Kommentatoren der Osterweiterung, Wirtschaftsstudenten und interessierte Laien bietet die Lektüre dieses Buches auf der einen Seite sicher ein tragfähiges Fundament der Auseinandersetzung mit den Problemen der Osterweiterung, da wir uns bemüht haben, die theoretischen und empirischen Grundlagen unserer Argumentation verständlich und objektiv herauszuarbeiten und alle zugrunde liegenden ökonomischen Konzepte und Ideen zu erklären. Insofern hat das vorliegende Werk durchaus zum Teil den Charakter eines Lehrbuches. Auf der anderen Seite bieten wir vielleicht auch dem Experten einige neue Perspektiven bei der Bewertung und der Beschäftigung mit der Osterweiterung, denn wir zeigen an vielen Stellen Probleme und Defizite der bisherigen wissenschaftlichen Auseinandersetzung mit der Osterweiterung auf. Insofern hat die vorliegende Studie zum Teil den Charakter der systematischen Skizze eines größeren, noch vor uns liegenden Forschungsprogramms.

In den vergangenen beiden Jahren hatten wir mehrfach die Gelegenheit, unsere Überlegungen einem größeren Kreis interessierter Wissenschaftler vorzustellen. Ausdrücklich bedanken wir uns bei Daniel Gros, Eduard Hochreiter, Peter Huber und Dennis C. Mueller für längere Diskussionen und wichtige Anregungen insbesondere zu den Themen ‚Euroisation der MOEL', ‚Emigration aus den MOEL' und ‚Auswirkungen der Verpflichtung zur Übernahme des Acquis communautaire für die Arbeitsmärkte in West und Ost'. Auch dem ‚Wiener Institut für Internationale Wirtschaftsvergleiche' (WIIW) gebührt unser Dank für den Hinweis auf und die Bereitstellung der von uns häufiger genutzten Literaturdatenbank im Internet unter der Adresse: http://wiiwsv.wsr.ac.at/Countdown/. Unter dieser Web-Adresse finden sich auch zahlreiche andere Information mit Bezug zur Ostweiterung. Sie sei jedem Leser als Ausgangspunkt der Recherche im Internet wärmstens empfohlen.

Mit eigenen Vorträgen zu einzelnen Facetten des vorliegenden Buches waren wir auf der Tagung ‚Globalization of International Relations - Implications for Central and Eastern European Countries' der ‚Central and East European International Studies Association' vom 15. - 18. Juni 2000 in Warschau, auf der 4. Internationalen Konferenz ‚Institutions in Transition' des slowenischen ‚Institute of Macroeconomic Analysis and Development' vom 23. - 24. Juni 2000 in Portoroc/Slowenien, der von der ‚Academia Istropolitana Nova' und der Universität Leiden organisierten Konferenz ‚The Politics of Enlargement in Central and Eastern Europe: Changing Rules and Institutions' vom 28. - 30. September in Bratislava, auf der Jahrstagung der ‚European Public Choice Society' (EPCS) vom 18. - 21. April 2001 in Paris und zuletzt auf der Jahreskonferenz des ‚European Network on Industrial Policy' (EUNIP), vom österreichischen WIFO-Institut vom 29. November - 1. Dezember 2001 in Wien veranstaltet, vertreten. Wir danken den Organisatoren für die Einladungen und den Teilnehmern für die Anregungen, die wir in zahlreichen Diskussion bekommen haben. Wir haben darüber hinaus als Teilnehmer wichtige Erkenntnisse auf der vom ‚European Institute of Public Administration' durchgeführten 3. Europäischen Konferenz ‚Enlargement of the European Union: Negotiations and Effective Capacity to Implement EU Rules' vom 24. - 25. Februar 2000 in Maastricht und der Konferenz ‚Realwirtschaftliche Konsequenzen der EU-Osterweiterung' des Arbeitskreises ‚Internationale Wirtschaftsbeziehungen' der List-Gesellschaft am 27. Oktober 2000 in Jena gewonnen.

Wir danken unserem akademischen Begleiter Wim Kösters nicht zuletzt für die materielle Unterstützung bei dieser umfangreichen Reisetätigkeit. Er hat Martin Hebler darüber hinaus genügend Freiräume im ‚Alltagsgeschäft' des universitären Lehrbetriebs eingeräumt, um dieses Projekt zu verwirklichen.

Ansgar Belke brachte wichtige Erkenntnisse aus seiner Teilnahme an der Podiumsdiskussion ‚The Political and Economic Dimension of EU Enlargement' am 30. März 2001 in der Diplomatischen Akademie Wien in dieses Buch ein. Teilnehmer waren u. a. Pavol Hamzik, Vizepremier und Minister für EU-Integration der Slowakei, Erhard Busek, Sonderbeauftragter der Republik Österreich für Fragen der Osterweiterung der EU, Dr. Scherer, Arbeitsgemeinschaft der Donauanrainerstaaten. Schließlich haben wir sehr von Kommentaren und Anregungen von Studenten profitiert, die an der Vorlesung und an den Seminaren von Ansgar Belke ‚Arbeitsmarkteffekte der EU-Osterweiterung' und ‚Osterweiterung und Euro' an der Universität Wien, Fakultät für Wirtschaftswissenschaften und Informatik, sowie der Vorlesung ‚Europäische Geldpolitik' an den Universitäten Bochum, Hohenheim und Wien, teilnahmen. Zuletzt übernahm Ansgar Belke die wissenschaftliche Leitung der Sommer-Universität ‚Economics of EU Enlargement' der ‚Organisation for the Cooperation of European Students' (OCES) vom 9. - 14. Juli 2001 der Wiener Universität. Die ‚Vienna Summer University' wurde auf studentischer Seite von Richard Nickl (OCES) veranstaltet, der während der Entstehungsphase wertvolle inhaltliche Verbesserungsvorschläge zum Buch lieferte. Die Leitung der einzelnen Module wurden von externen Referenten wie Uwe Dulleck, Daniel Gros, Peter Huber, Sandor Richter und Alfred Schramm übernommen, deren Anmerkungen schließlich noch als wichtige Benchmarks in das vorliegende Buch einflossen. Auch die Kommentare der teilnehmenden west- und osteuropäischen Studenten erwiesen sich noch einmal als nützlich für die letzte Schärfung der Aussagen dieses Buches.

Nicht zuletzt danken wir unseren Bochumer und Hohenheimer Kollegen Niko Koulas, Frank Baumgärtner und Gabriele Minberg für die Durchsicht der druckfertigen Seiten sowie Sonja Kisselmann und Laura Kästner für die jederzeit kompetente Hilfe bei der Beschaffung und Archivierung der umfangreichen Literatur, die in diese Arbeit eingeflossen ist. Alle verbleibenden Fehler und Ungenauigkeiten gehen natürlich zu unseren Lasten.

Bochum-Hohenheim-Wien   Ansgar Belke und Martin Hebler

Inhaltsverzeichnis

Abbildungsverzeichnis

Tabellenverzeichnis

Abkürzungsverzeichnis

AKE	Arbeitskräfteerhebung
ALMP	,Active labour market policy' (aktive Arbeitsmarktpolitik)
BE	Belgien
BIP	Bruttoinlandsprodukt
BSP	Bruttosozialprodukt
BSE	Bovine Spongiforme Encephalopathie
BU	Bulgarien
CAP	,Common Agricultural Policy' (Gemeinsame Agrarpolitik)
CEPII	Centre d'Etudes Prospectives et d'Informations Internationales, Paris
CEPR	Centre for Economic Policy Research, London
CEPS	Centre for European Policy Studies, Brüssel
CERGE-EI	Center for Economic Research and Graduate Education of Charles University - Economics Institute of the Academy of Sciences of the Czech Republic, Prag
CEEP	Centre Européen de l'Entreprise Publique, jetzt: Centre Européen des Entreprises à Participation Publique et des Entreprises d'Intérêt Economique Général, Brüssel
DIW	Deutsches Institut für Wirtschaftsforschung, Berlin
DK	Dänemark
DL	Deutschland
EA	,European Agreement' (Europa-Abkommen)
EALE	European Association of Labour Economists
EBWE	Europäischen Bank für Wiederaufbau und Entwicklung (siehe EBRD)
EBRD	European Bank for Reconstruction and Development (siehe EBWE)
ECOFIN-Rat	Europäischer Rat der Wirtschafts- und Finanzminister
EFRE	Europäischer Fonds für regionale Entwicklung
EG	Europäische Gemeinschaft
EGV	Vertrag zur Gründung der Europäischen Gemeinschaft
EGKS	Europäische Gemeinschaft für Kohle und Stahl
ESF	Europäischer Sozialfonds
EST	Estland
ESZB	Europäisches System der Zentralbanken
ETUC	European Trade Union Confederation (Europäischer Gewerkschaftsbund), Brüssel
EU	Europäische Union
EUV	Vertrag über die Europäische Union
EWU	Europäische Währungsunion
EWWU	Europäische Wirtschafts- und Währungsunion

F&E	Forschung und Entwicklung
FAZ	Frankfurter Allgemeine Zeitung
FDI	‚Foreign Direct Investment' (ausländische Direktinvestitionen)
FI	Finnland
FN	Fußnote
FR	Frankreich
GAP	Gemeinsame Agrarpolitik
GB	Großbritannien
GR	Griechenland
GUS	Gemeinschaft Unabhängiger Staaten
HVPI	Harmonisierter Verbraucherpreisindex
HWWA	Hamburgisches Welt-Wirtschafts-Archiv
IAB	Institut für Arbeitsmarkt- und Berufsforschung, Nürnberg
ifo	Institut für Wirtschaftsforschung, München
IMAD	Institute of Macroeconomic Analysis and Development, Ljubljana
IMF	International Monetary Fund (Internationaler Währungsfonds), Washington, DC
IRL	Irland
ISPA	Instrument for Structural Policies for Pre-Accession
IT	Italien
IWF	Internationaler Währungsfonds, Washington, DC
IZA	Institut Zukunft der Arbeit, Bonn
KKS	Kaufkraftstandards
KMU	Kleine und mittlere Unternehmen
LET	Lettland
LIT	Litauen
LUX	Luxemburg
M	Malta
M1, M2, M3	Geldmengenabgrenzungen
MOEL	Mittel- und osteuropäische Länder
NL	Niederlande
NZZ	Neue Zürcher Zeitung
Ö	Österreich
OCA	‚Optimum Currency Area' (Optimaler Währungsraum)
OECD	Organisation for Economic Co-operation and Development, Paris
OLAF	EU-Amt für Betrugsbekämpfung
PHARE	Poland and Hungary Action for Restructuring of the Economy
POL	Polen
POR	Portugal
R	Rumänien
RGW	Rat für gegenseitige Wirtschaftshilfe
RWI	Rheinisch-Westfälisches Institut für Wirtschaftsforschung, Essen
SAPARD	Special Accession Programme for Agriculture und Rural Devel-

	opment
SITC	Standard International Trade Classification
SL	Slowenien
SP	Spanien
SR	Slowakische Republik
SVR	Sachverständigenrat zur Begutachtung der gesamtwirtschaftlichen Entwicklung
SW	Schweden
SZ	Süddeutsche Zeitung
SZR	Sonderziehungsrechte
T	Tschechische Republik
U	Ungarn
UNICE	Union of Industrial and Employers' Confederations of Europe, Brüssel
WIFO	Österreichisches Institut für Wirtschaftsforschung
WIIW	Vienna Institute for International Economic Studies
WKM	Wechselkursmechanismus
WTO	World Trade Organisation, Genf
WWU	Wirtschafts- und Währungsunion
Z	Zypern
ZEW	Zentrum für Europäische Wirtschaftsforschung, Mannheim

1. Einleitung: Die Geschichte und Größenordnung der Osterweiterung

Seit einiger Zeit wird in Europa die Aufnahme mittel- und osteuropäischer Länder (MOEL) neben Malta, Zypern und der Türkei in die EU erörtert. Für die Türkei, die bereits 1963 ein Assoziierungsabkommen mit der EU unterzeichnet hat und 1987 den Beitritt beantragte, wurde aufgrund der schwierigen politischen Situation (Durchsetzung der Menschenrechte, Konflikte mit Griechenland) ein Sonderweg gewählt, der die Türkei zwar offiziell in den Status eines Beitrittskandidaten erhebt, aber die Aufnahme der Beitrittsverhandlungen von der Erfüllung des politischen Kopenhagener Kriteriums (siehe Kapitel 1.1) abhängig macht, mithin einen konkreten Beitrittstermin bislang noch nicht erkennbar werden lässt (Verheugen (2001), S. 5). Anders sieht es dagegen für die MOEL, Malta und Zypern aus: Seit dem Gipfel von Nizza im Dezember 2000 wird der Beitritt zum ersten Mal wirklich greifbar, denn die EU hat die Verträge mit dem Ziel umgestaltet, dass ihre Gremien auch bei 27 Mitgliedsstaaten entscheidungs- und handlungsfähig bleiben. Das Eintreten der Osterweiterung ist jedoch keineswegs sicher. Es handelt sich bei den Beitrittsverhandlungen um einen offenen Prozess, der auch mit einem negativen Ergebnis enden kann. Die folgende Tabelle stellt die zehn mittel- und osteuropäischen Beitrittskandidaten anhand einiger Kennziffern vor.

Tabelle 1
Allgemeine statistische Kennziffern zur Größe der MOEL

	Fläche	Bevölkerung		BIP in Kaufkraftparitäten 1999		
	in 1000 km²	in Millionen	Einwohner pro km²	Mrd. €	€ / Einwohner	€ / Einw. in % des EU-Durchschnitts
Polen	313	38,7	124	301,9	7 800	37
Rumänien	238	22,5	94	128,2	5 700	27
Tschechien	79	10,3	130	128,7	12 500	59
Ungarn	93	10,1	109	108,1	10 700	51
Bulgarien	111	8,3	75	38,5	4 700	22
Slowakei	49	5,4	110	55,6	10 300	49
Litauen	65	3,7	57	22,9	6 200	29
Lettland	65	2,4	37	13,9	5 800	27
Slowenien	20	2,0	100	30,0	15 000	71
Estland	45	1,4	32	10,8	7 800	36
Summe	**1 078**	**104,8**	**97**	**838,6**	**8 000**	**38**
EU	**3 191**	**374,6**	**117**	**7 974,0**	**21 100**	**100**

Quelle: EU-Kommission (1999b), Annex 2; für die EU: Eurostat (2000); eigene Berechnungen.

Die Europäische Union betont, immer wieder, dass die Erweiterung zu *Sicherheit und politischer Stabilität* in Europa beitragen werde. Die Folgen einer Jahrzehnte dauernden Spaltung des Kontinents könnten hierdurch überwunden und mehr *Gerechtigkeit und Freiheit* für die Menschen in Europa sichergestellt werden. Regierungsvertreter der EU-Staaten, der Europäische Rat und auch die EU-Kommission verweisen dabei nachdrücklich auch auf die *ökonomischen Vorteile* einer Erweiterung der EU. Ein wachsender Binnenmarkt verspreche verbesserte Investitions- und Außenhandelsmöglichkeiten. Wachstumschancen sowie die Arbeitsmarktlage für die Mitgliedsstaaten der neuen, osterweiterten EU könnten deutlich verbessert werden.

Neben den zwölf Staaten, die sich bereits in Beitrittsverhandlungen mit der EU befinden und der Türkei, haben sich auch einige weitere Länder wie diejenigen, die aus der föderativen Volksrepublik Jugoslawien hervorgingen, auf eine Zugehörigkeit zum europäischen Integrationsraum festgelegt.[1] Aus dieser Sicht ist wahrscheinlich, dass in absehbarer Zukunft das gesamte Mittel- und Osteuropa über eine mehr oder minder konkrete Perspektive der EU-Mitgliedschaft und vielleicht auch der Teilnahme an der Eurozone verfügen wird (Gros (2000a), S. 26). Schweden hat als das im ersten Halbjahr 2001 vorsitzende Land im EU-Ministerrat die Osterweiterung der EU zu seinem Schwerpunktthema gemacht. Dabei zeigt Schweden viel Ehrgeiz: während seiner Ratspräsidentschaft soll die Aufnahme einer neuen Phase konkreter Verhandlungen sowie der politische Durchbruch im Erweiterungsprozess erreicht werden.

Die wirtschaftspolitische Diskussion über bestimmte Aspekte und Probleme der Osterweiterung beschäftigt immer größere Kreise der Bevölkerung. Unter anderem sollte die Osterweiterung nach Ansicht einflussreicher Gruppen wie der IG Metall sozial flankiert werden. Hierzu gehören nach allgemeinem Verständnis die Einführung ‚angemessener' Übergangsfristen für die Freizügigkeit der Arbeitnehmer und die Übernahme des EU-Sozialrechts durch die Beitrittsländer. Wer sich der sozialen Frage nicht stelle, gefährde das Gesamtprojekt Europa. Viele Menschen in Deutschland befürchteten eine verschärfte Lohnkonkurrenz in Verbindung mit Lohndrückerei sowie einen Verlust ihres Arbeitsplatzes. Deshalb müsse Integrationspolitik mit einer ‚glaubwürdigen' Beschäftigungspolitik in Deutschland als eine Einheit gesehen werden. Elementar sei dabei die konkrete Verpflichtung für die Beitrittsländer, ihre Lebens- und Arbeitsbedingungen an das westeuropäische Niveau heranzuführen (FAZ (2001a)).

---

[1] So wurde z. B. schon über die Aufnahme von Beitrittsverhandlungen mit Kroatien spekuliert, vgl. FAZ (2000).

Für die Wissenschaft ergibt sich die Herausforderung, die öffentliche Diskussion dieser und anderer Fragen im Zusammenhang mit der Osterweiterung durch eine fundierte Information interessierter Teile der Bevölkerung auf ein qualitativ hochwertiges Fundament zu stellen. Für die Ökonomen stellt sich darüber hinaus die Aufgabe, ökonomische Aspekte der Osterweiterung objektiv zu analysieren, die Erweiterungspolitik vor diesem Hintergrund zu kommentieren und wirtschaftspolitische Handlungsempfehlungen zur Erreichung bestimmter Ziele auszusprechen. Wir haben uns in diesem Buch den *Arbeitsmarktfragen der Osterweiterung* gewidmet. Als wirtschaftspolitisches Ziel unterstellen wir bei der Bewertung der Erweiterungspolitik, so wie sie sich bislang dem Beobachter präsentiert, und bei der Ableitung von Handlungsempfehlungen für die Europapolitiker die *Verringerung der Arbeitslosigkeit* bis hin zur Herstellung von Vollbeschäftigung.

Im Rahmen dieser Einleitung gehen wir zunächst auf die Geschichte der Osterweiterung von den Europaabkommen bis zu den Beitrittsverhandlungen ein, bevor wir die kürzlich in Nizza mit Blick auf die Erweiterung beschlossenen institutionellen Reformen der Europäischen Union darstellen. Abschließend machen wir einige Anmerkungen zur Größenordnung der Erweiterung.

1.1. Von den Europaabkommen zu den Beitrittsverhandlungen

Nachdem die Staaten Mittel- und Osteuropas sich vor nunmehr zehn Jahren aus der politischen Vorherrschaft der Sowjetunion lösen konnten, war relativ schnell klar, dass auch ihre ökonomische Zukunft im Westen Europas zu finden sein würde. Mit ‚The Return to Europe' überschrieb Jeffrey Sachs die Schlussfolgerungen seiner 1993 erschienenen Analyse der Transformation in Polen und schuf damit ein programmatisches Schlagwort zur Beschreibung der vergangenen und wahrscheinlich auch noch der kommenden Dekade. Oft zitiert sollte damit nicht die Tatsache in Frage gestellt werden, dass auch der Kommunismus und die Planwirtschaft nach ihrem Ursprung, ihren theoretischen Grundlagen und ihrer praktischen Bedeutung fast vollständig europäische Erscheinungen waren. Allerdings hatte Jeffrey Sachs wohl eher die Rückkehr in die seit den 50er Jahren als regionale Integrationsmaßnahme institutionalisierte ‚Europäische Gemeinschaft' angesprochen. Es war spätestens zu diesem Zeitpunkt offensichtlich, dass ökonomische und politische Stabilität in absehbarer Zukunft nicht mehr aus dem Osten, sondern nur noch aus dem Westen importiert werden könnte. Darüber hinaus war die Bevölkerung der MOEL vom westlichen Lebensstandard und der westlichen Lebensweise fasziniert und zumindest in großen Teilen der sowjetischen bzw. russischen Einflüsse überdrüssig.

Bereits in den Jahren 1989/90 wurden vom Westen die ersten wirtschaftlichen Soforthilfen beschlossen. Aktiv wurden der IMF (Beistandskredite), die Weltbank, die 24 OECD-Staaten und die EU. Die Instrumente der Osteuropapolitik der EU waren in den ersten Jahren vor allem die Koordination des multilateralen PHARE-Programms[2], der Abschluss von ‚Handels- und Kooperationsabkommen', die Aufnahme der MOEL in das ‚Allgemeine Präferenzzollsystem' der EU und die Aussetzung von nicht-tarifären Handelshemmnissen. Der wichtigste Schritt der ökonomischen Annäherung war die Assoziierung der Staaten gemäß Art. 310 EG-Vertrag[3] durch die sogenannten *Europaabkommen,* die *bis heute die juristische Grundlage* für das Verhältnis der MOEL zur EU sind. Die ersten *Europaabkommen* waren die 1991 unterzeichneten Assoziierungsverträge mit der Tschechoslowakei, Ungarn und Polen. Bis 1996 wurden weitere Verträge mit allen anderen MOEL geschlossen, die heute zum Kandidatenkreis für die Osterweiterung der EU gehören (siehe Tabelle 2).

Tabelle 2
Europaabkommen und Beitrittsanträge

Unterzeichung des Europaabkommens	Land	Beitrittsantrag
16. Dezember 91	Ungarn	31. März 94
16. Dezember 91	Polen	5. April 94
16. Dezember 91	Tschechoslowakei	
8. Februar 93	Rumänien	22. Juni 95
1. März 93	Bulgarien	14. Dezember 95
6. Oktober 93	Slowakische Republik	27. Juni 95
6. Oktober 93	Tschechische Republik	17. Januar 96
12. Juni 95	Lettland	13. Oktober 95
12. Juni 95	Estland	24. November 95
12. Juni 95	Litauen	8. Dezember 95
10. Juni 96	Slowenien	10. Juni 96

Quelle: Eigene Darstellung.

Die MOEL verpflichten sich in den Europaabkommen, welche die Schaffung einer Freihandelszone innerhalb von 10 Jahren vorsehen, zu einer Öffnung ihrer

---

2 PHARE ist das Akronym für „Poland and Hungary Action for Restructuring of the Economy". Polen und Ungarn waren als frühe Reformstaaten die ersten Ziele westlicher Hilfen. Das Programm wurde jedoch schnell auf alle Reformstaaten (sogar noch auf die DDR vor ihren Beitritt zur Bundesrepublik) ausgeweitet und existiert bis heute.

3 Damit ist der ‚Vertrag zur Gründung der Europäischen Gemeinschaft' in der Amsterdamer Fassung gemeint. Alle Verweise auf den EG-Vertrag in diesem Buch sind in der seit 1997 gültigen neuen Nummerierung der Artikel notiert.

Gütermärkte, zu einer Beschleunigung der Anpassung ihrer Rechtsordnung an das geltende Recht der EU und zu einer Fortsetzung der marktorientierten Reformen und der Demokratisierung. Auf der anderen Seite erkannte die EU durch eine Klausel in der Präambel der Verträge den Wunsch der MOEL nach einer EU-Vollmitgliedschaft an, versprach reformunterstützende Hilfe und öffnete ihrerseits den Gemeinsamen Markt für Güter aus den MOEL. Charakteristisch für den handelspolitischen Teil der Europaabkommen ist die *Asymmetrie der Marktöffnung* zugunsten der assoziierten Staaten (vgl. auch Abschnitt 3.2.1). Die EU öffnete nach Inkrafttreten der Verträge ihren Markt zwischen dem 1. und 4. Jahr, während die assoziierten Staaten diesen Schritt erst zwischen dem 3. und 7. Jahr nachvollzogen. Sonderregelungen gibt es auf EU-Seite für Kohle, Stahl, Textilien und Agrarprodukte. Die MOEL konnten ganz individuelle Ausnahmen von der Liberalisierung in den Verhandlungen durchsetzen, z. B. für Autos (Polen, Ungarn), Alteisen und Altpapier (CSFR), sowie für Möbel (Ungarn) (Langhammer (1992), S. 9f.).

Der Europäische Rat

Ende 1974 wurde der Europäische Rat (ER) geschaffen, als eine Art ‚Superorgan' mit Richtlinienkompetenz ausgestattet und in der Entscheidungshierarchie über den Fachministerräten angesiedelt. Mitglieder des Europäischen Rates sind die Staats- und Regierungschefs der Mitgliedsstaaten und der Präsident der EU-Kommission. An den mindestens zweimal pro Jahr stattfindenden Gipfeltreffen nehmen zur Unterstützung die Außenminister und ein Kommissionsmitglied teil. Aus der konkreten Entscheidungsfindung zog sich der ER ab 1988 zunehmend zurück, da durch die *Einheitliche Europäische Akte (1986)* die Anwendungsmöglichkeiten der qualifizierten Mehrheitsentscheidung in den Fachministerräten ausgeweitet wurden. Trotzdem werden auch heute noch bestimmte Sachprobleme, die auf Fachministerebene nicht einstimmig gelöst werden konnten, erst im ER durch Themenbündelung kompromissfähig gemacht.

Bis 1974 war der Rat der Europäischen Union (der heute vielfach in Abgrenzung zum Europäischen Rat als Ministerrat bezeichnet wird) das höchste Gesetzgebungsorgan der EU und die einzige Interessenvertretung der Mitgliedsstaaten. Dieser Ministerrat wird je nach Problemkreis aus den entsprechenden Fachministern der Mitgliedsstaaten gebildet. Damit kommt der Ministerrat in ca. 20 unterschiedlichen Zusammensetzungen auf ca. 100 Sitzungen jährlich. Der ‚Rat für Allgemeine Angelegenheiten' der Außenminister tagt am häufigsten, noch vor den Landwirtschaftsministern und den Wirtschafts- und Finanzministern (ECOFIN-Rat). Der Ministerrat erlässt auf Grundlage der Richtlinien des Europäischen Rates die EU-Verordnungen, die in allen Mitgliedsstaaten unmittelbar gelten und Vorrang vor nationalen Gesetzen haben. Dabei ist er jedoch auf eine Gesetzesinitiative der Europäischen Kommission angewiesen. Ohne Initiative der Kommission keine Verordnung des Rates.

Obwohl bereits in der Präambel der Europaabkommen das Ziel der Vollmitgliedschaft der MOEL in der EU festgehalten wird, gilt erst die *Gipfelkonferenz* des Europäischen Rates in **Kopenhagen** im **Juni 1993** als *politischer Auftakt der EU-Osterweiterung*, da dort erstmals von Seiten der EU-Staaten die grundsätzliche Bereitschaft zur Aufnahme von Ländern Mittel- und Osteuropas erklärt wurde.

> *„Der Europäische Rat hat heute beschlossen, dass die assoziierten mittel- und osteuropäischen Länder, die dies wünschen, Mitglieder der Europäischen Union werden können.“ (Europäischer Rat (1993))*

Die Europaabkommen wurden, nachdem sie bis 1993 noch als Alternative zu einer Mitgliedschaft in der EU diskutiert worden waren, zur *Voraussetzung* und zum *Hauptinstrument* aller den Beitritt vorbereitenden Aktivitäten. In der Folge des Kopenhagener Gipfels erreichten die EU von 1994 bis 1996 Beitrittsanträge aller assoziierten Staaten (siehe Tabelle 2).

Die Bereitschaft der EU, neue Mitglieder aufzunehmen, wurde mit einem Katalog von Bedingungen - den sogenannten *Kopenhagener Kriterien* - verknüpft, die von Seiten der beitrittswilligen Staaten als *Voraussetzung* nicht etwa für den Beitritt, sondern für die Aufnahme von Beitrittsverhandlungen zu erfüllen seien.

> *„Als Voraussetzung für die Mitgliedschaft muss der Beitrittskandidat eine institutionelle Stabilität als Garantie für demokratische und rechtsstaatliche Ordnung, für die Wahrung der Menschenrechte sowie die Achtung und den Schutz von Minderheiten verwirklicht haben (**politisches Kriterium**, Anmerkung d. Verf.); sie erfordert ferner eine funktionsfähige Marktwirtschaft sowie die Fähigkeit, dem Wettbewerbsdruck und den Marktkräften innerhalb der Union standzuhalten (**wirtschaftliches Kriterium**, Anmerkung d. Verf.). Die Mitgliedschaft setzt ferner voraus, dass die einzelnen Beitrittskandidaten die aus einer Mitgliedschaft erwachsenden Verpflichtungen übernehmen und sich auch die Ziele der politischen Union sowie der Wirtschafts- und Währungsunion zu eigen machen können (**Kriterium der Übernahme des Acquis Communautaire**, Anmerkung d. Verf.)“ (Europäischer Rat (1993)).*

Der *Acquis Communautaire* umfasst dabei den gemeinschaftlichen Besitzstand, d. h. alle gültigen Verträge und Rechtsakte der EU. Im Dezember 1995 wurde dieser Kriterienkatalog auf dem Gipfeltreffen des Europäischen Rates in Madrid durch die Forderung nach einer Anpassung der Justiz- und Verwaltungsstrukturen ergänzt. Es wurde beschlossen, dass das Kopenhagener Kriterium der Übernahme des Acquis nicht schon dann als erfüllt angesehen werden kann, wenn dieser in einzelstaatliches Recht transformiert worden sei. Durch geeignete Justiz- und Verwaltungsstrukturen müsse sichergestellt werden, dass der Acquis auch *wirksam angewendet* werden kann. Als unabdingbare Voraussetzungen hierfür werden eine unabhängige Gerichtsbarkeit, effiziente Verwaltungssysteme, ausreichendes und angemessen bezahltes Personal und der Aufbau der notwendigen neuen Institutionen genannt. Auch der deutsche EU-Erweiterungskommissar Verheugen betont gegenwärtig (Sommer 2001) immer wieder, es reiche nicht aus, dass die Gesetze auf dem Papier stünden, sie müssten auch *befolgt und durchgesetzt* werden.

Seit der Tagung des Europäischen Rates in Essen im Dezember 1994 wird offiziell von einer *Heranführungsstrategie* für die MOEL gesprochen.[4] Erste Maßnahme der Heranführung, als dessen Hauptinstrument in Essen die Europaabkommen genannt wurden, war die Veröffentlichung eines *Weißbuchs zu Osterweiterung* durch die Kommission im Mai 1995. Kern des Weißbuchs war die Bewertung der Fortschritte bei der Rechtsangleichung, d. h. bei der Übernahme des Acquis, durch die Kandidaten und die Entwicklung von Vorschlägen zur Überwindung der größten Probleme auf diesem Gebiet. Es folgte im Juli 1997 der Kommissionsbericht zu den Fortschritten der beitrittswilligen Staaten bei der Erfüllung der Bedingungen für die Aufnahme von Beitrittsverhandlungen.

Was macht eine funktionierende Marktwirtschaft aus?

Ein großes Problem für die Kommission war die äußerst *vage Formulierung der Kopenhagener Kriterien*. Zum Beispiel ist keineswegs unumstritten, was eine funktionierende Marktwirtschaft ausmacht. Dieses Kriterium war trotzdem ausschlaggebend dafür, mit welchen Staaten zuerst Beitrittsverhandlungen aufgenommen wurden. Die Kommission entwickelte *sechs Unterkriterien* für ihre Evaluierung der Fortschritte der Kandidaten:

„Das Bestehen einer funktionsfähigen Marktwirtschaft wird auf Basis folgender Faktoren bewertet:
- *Das Gleichgewicht zwischen Angebot und Nachfrage wird durch das freie Spiel der Marktkräfte hergestellt; die Preise sowie der Handel sind liberalisiert;*
- *Nennenswerte Schranken für den Markteintritt (Gründung von Unternehmen) und den Marktaustritt (Konkurse) bestehen nicht;*
- *Der Rechtsrahmen ist geschaffen, einschließlich der Regelung der Eigentumsrechte; die Durchsetzung der Gesetze und Verträge ist gewährleistet;*
- *Die makroökonomische Stabilität ist gewährleistet, einschließlich einer angemessenen Preisstabilität und tragfähiger öffentlicher Finanzen und Außenwirtschaftsbilanzen;*
- *Breiter Konsens besteht über die Eckpunkte der Wirtschaftspolitik;*
- *Der Finanzsektor ist ausreichend entwickelt, um die Spargelder in produktive Investitionen zu lenken"* (EU-Kommission (1998b), S. 8).

---

[4] Die Hilfen im Rahmen der Heranführungsstrategie betragen 3 Mrd. € jährlich. Vgl. Verheugen (2001), S. 4. Die Hilfsprogramme, mit denen die EU die Kandidaten bei der Vorbereitung auf ihren Beitritt unterstützt, sind politisch nicht mehr unumstritten. Im Frühjahr 2001 war der Verdacht aufgekommen, dass der slowakische Koordinator der EU-Programme bei der EU-Auftragsvergabe in die eigene Tasche gewirtschaftet hat. Seit Ende April ermittelt deshalb das EU-Amt für Betrugsbekämpfung in der Slowakei.

Auf der Grundlage der näher definierten Kopenhagener Kriterien wurde von der EU-Kommission im Fortschrittsbericht vom Juli 1997 die Empfehlung ausgesprochen, zunächst nur mit Estland, Polen, Ungarn, Slowenien und Tschechien Beitrittsverhandlungen aufzunehmen. Der Europäische Rat folgte auf seiner Sitzung in **Luxemburg** im **Dezember 1997** diesem Vorschlag, bestätigte die im Aktionsprogramm „Agenda 2000" vorgestellte Erweiterungsstrategie und nahm am 30. März 1998 die Verhandlungen mit den genannten fünf MOEL (und Zypern) auf. Diese Länder firmierten in der Folgezeit unter dem Begriff ‚Luxemburg-Gruppe'. Die Aufnahme von Beitrittsverhandlungen mit den anderen fünf MOEL wurde mit der Begründung, dass in diesen Staaten noch keine funktionierende Marktwirtschaft etabliert sei, vorerst abgelehnt. Diese Ländern wurden aufgefordert, bei der Erfüllung der für die Aufnahme von Beitrittsverhandlungen festgelegten Kriterien erst einmal weitere Fortschritte zu machen.

Ebenfalls in Luxemburg wurde ein neues Hauptinstrument der Heranführungsstrategie für alle Kandidatenländer, die sogenannten ‚*Beitrittspartnerschaften*' (‚accession partnerships'), entwickelt. Im Gegensatz zu den Europaabkommen, die bilateral ausgehandelt wurden und damit auch von den MOEL beeinflusst werden konnten, sind die Beitrittspartnerschaften durch ihre *Einseitigkeit* gekennzeichnet. Die Kommission erfasst und bewertet die Fortschritte der Kandidaten und der Rat entscheidet über „die Grundsätze, die Prioritäten, die Zwischenziele, die signifikanten Anpassungen und die Bedingungen für jede einzelne Partnerschaft" (Europäischer Rat (1997)). Bereits am 30. März 1998 beschloss der Rat über die Beitrittspartnerschaften mit allen zehn Kandidaten. Die Nichterfüllung der detaillierten Anforderungen der Beitrittspartnerschaften kann durch die Suspendierung finanzieller Hilfen sanktioniert werden. Zur Umsetzung der Anforderungen der Beitrittspartnerschaften entwickeln die MOEL sogenannte ‚Nationale Programme zur Übernahme des gemeinschaftlichen Besitzstandes'.[5]

Im November 1998, Oktober 1999 und November 2000 wurden die *jährlichen Erweiterungsberichte* der Kommission (‚Enlargement Commission Reports') über die Fortschritte der Kandidaten bei der Umsetzung der Beitrittspartnerschaften

---

[5] Auf dem Weg zur Mitgliedschaft werden die Kandidatenländer somit durch eine auf Gemeinschaftsebene formulierte Heranführungsstrategie unterstützt, die aus den Assoziationsabkommen (Europaabkommen), Vorbeitrittshilfen im Rahmen des PHARE-Programms und den oben angeführten Beitrittspartnerschaften besteht. Vgl. EZB (2000).

veröffentlicht.[6] Konkrete Beitrittsdaten wurden den Kandidaten jedoch in diesem Fortschrittsbericht nicht vermittelt. Auf der Grundlage des vorletzten Berichtes wurden im Februar 2000 die Beitrittspartnerschaften erstmals geändert und die Verhandlungen mit den verbleibenden fünf MOEL eröffnet - obwohl in Bulgarien und erst recht in Rumänien nach Einschätzung der Kommission immer noch keine funktionierenden Marktwirtschaften (1. wirtschaftliches Teilkriterium) etabliert wurden. Die anderen acht MOEL werden zwar als funktionierende Marktwirtschaften angesehen, erfüllen aber bis zum jetzigen Zeitpunkt genau wie Rumänien und Bulgarien und anders als Malta und Zypern das 2. wirtschaftliche Teilkriterium nicht, die in den Kopenhagener Kriterien geforderte Fähigkeit, dem Wettbewerbsdruck in der EU und den Marktkräften standhalten zu können (SVR (2000), S. 229). Estland, Ungarn und Polen werden nach Ansicht der EU-Kommission jedoch in naher Zukunft dem Wettbewerbsdruck gewachsen sein, *falls sie ihre derzeitigen Reformen weiter vorantreiben.* Auch für Tschechien und Slowenien gelte dasselbe, sofern sie die noch ausstehenden Reformen abschließen bzw. umsetzen. Lettland, Litauen und die Slowakei seien allerdings eher mittelfristig hinreichend wettbewerbsfähig (Dresdner Bank (2001), S. 11).

Lange wurde von einer *ersten Welle* (Estland, Polen, Slowenien, Tschechische Republik und Ungarn) und einer *zweiten Welle* (Bulgarien, Lettland, Litauen, Rumänien und Slowakische Republik) von Beitritten mittel- und osteuropäischer Staaten zur EU gesprochen. Seitdem am 10. und 11. **Dezember 1999** der Europäische Rat in **Helsinki** beschloss, die Beitrittsverhandlungen mit den Ländern der ‚zweiten Welle' (und Malta) aufzunehmen, bzw. spätestens seitdem am 15. Februar 2000 diese Ankündigung in die Tat umgesetzt wurde, trifft diese Unterscheidung *nicht* mehr zu. Die Länder der ehemals ‚zweiten Welle' wurden fortan als ‚Helsinki-Gruppe' bezeichnet, denn formal befinden sich alle zehn mittel- und osteuropäischen Kandidaten auf *derselben* Stufe der Beitrittsverhandlungen. Die Beitrittsverhandlungen orientieren sich am *Acquis Communautaire.* Je nach Sprache umfasst dieser zwischen 80.000 und 85.000 Seiten. Für die Verhandlungen wurde er in 31 Kapitel aufgeteilt (siehe Tabelle 3).

---

[6] Neben den Berichten der Kommission nehmen die Studien der Weltbank über die wirtschaftliche und soziale Lage der EU-Kandidatenländer hinsichtlich der Beurteilung der EU-Beitrittsfähigkeit dieser Länder an Bedeutung zu. Die jüngste Studie zu Bulgarien im März 2001 gab auf mehr als 200 Seiten einen Einblick in den Zustand des Landes und seine doppelte Herausforderung – die Transformation von einer Plan- in eine Marktwirtschaft und den angestrebten EU-Beitritt (Internet: www.worldbank.bg). Wirtschaftsanalysen und politische Empfehlungen zu sechs weiteren Beitrittskandidatenländern - darunter Polen, Ungarn und die Tschechische Republik - wurden von der Weltbank bereits erstellt.

Der Fortschritt in den Beitrittsverhandlungen lässt sich an der *Zahl und* dem *Schwierigkeitsgrad* der bereits vorläufig geschlossenen Kapitel ablesen. So hatten die Staaten der Luxemburg-Gruppe einen quantitativen Vorsprung von 8 bis 11 bereits provisorisch geschlossenen Kapiteln, als am 15. Februar 2000 die Verhandlungen mit den Staaten der Helsinki-Gruppe aufgenommen wurden, der sich jedoch nach nur einem Jahr zum Teil schon beträchtlich verringert hat, so dass nicht abzusehen ist, in welchen Gruppen die Beitritte ab 2004 tatsächlich erfolgen werden. Für eine qualitative Bewertung des Fortschritts der Verhandlungen ist zu berücksichtigen, dass die größten Probleme bei den Kapiteln über Freizügigkeit,

Tabelle 3
Stand der EU-Beitrittsverhandlungen Ende Juni 2001

	Luxemburg-Gruppe						Helsinki-Gruppe					
	EST	SL	Z	U	T	POL	M	LIT	SR	LET	BU	R
Freier Warenverkehr	☑	☑	☑	☑	☑	☑	☑	☑	☑	☑	☐	
Freier Personenverkehr	☐	☐	☑	☑	☐	☐	☑	☐	☑	☑		
Freier Dienstl.-verkehr	☑	☑	☑	☑	☑	☑	☑	☑	☑	☑	☐	
Freier Kapitalverkehr	☑	☑	☑	☑	☑	☐	☐	☑	☑	☑	☐	☐
Gesellschaftsrecht	☑	☑	☑	☑	☑	☐	☑	☑	☑	☑	☑	☐
Wettbewerbspolitik	☐	☐	☐	☐	☐	☐	☐	☐	☐	☐	☐	☐
Landwirtschaft	☐	☐	☐	☐	☐	☐		☐	☐	☐		
Fischerei	☑	☑	☑	☑	☑	☑	☐	☑	☑	☑	☑	☑
Verkehr	☐	☐	☑	☐	☐	☐	☐	☐	☐	☐	☐	☐
Steuern	☐	☐	☐	☑	☐	☐	☐	☐	☐	☐		
WWU	☑	☑	☑	☑	☑	☑	☑	☑	☑	☑		
Statistik	☑	☑	☑	☑	☑	☑	☑	☑	☑	☑	☑	☑
Soz.- u. Beschäft.-politik	☑	☑	☑	☑	☑	☑	☐	☑	☑	☑		
Energie	☐	☑	☑	☑	☐	☐	☑	☐	☐	☐		
Industriepolitik	☑	☑	☑	☑	☑	☑	☑	☑	☑	☑		
KMU	☑	☑	☑	☑	☑	☑	☑	☑	☑	☑	☑	☑
Wissenschaft u. Forsch.	☑	☑	☑	☑	☑	☑	☑	☑	☑	☑	☑	☑
Bildung und Ausbildung	☑	☑	☑	☑	☑	☑	☑	☑	☑	☑	☑	☑
Telekommunikation	☑	☑	☑	☑	☑	☑	☑	☑	☑	☐	☐	☐
Kultur/Audiovisuelles	☑	☑	☑	☐	☑	☑	☑	☑	☑	☑	☑	☐
Regionalpolitik	☐	☐	☐	☐	☐	☐	☐	☐	☐	☐		
Umwelt	☑	☑	☐	☑	☑	☐	☐	☑	☐	☐		
Verbr.- u. Gesundh.-schutz	☑	☑	☑	☑	☑	☑	☑	☑	☑	☑	☑	
Justiz/Inneres	☐	☐	☐	☐	☐	☐	☐	☐	☐	☐		
Zollunion	☐	☐	☑	☑	☑	☑	☐	☐	☑	☐	☐	
Außenbeziehungen	☑	☑	☑	☑	☑	☑	☑	☑	☑	☑	☑	☑
GASP	☑	☑	☑	☑	☑	☑	☑	☑	☑	☑	☑	☑
Finanzkontrolle	☑	☑	☑	☑	☐	☑	☑	☐	☐	☐	☐	
Haushalt	☐	☐	☐	☐	☐	☐	☐	☐	☐	☐		
Anzahl vorl. geschl. Kap.	**19**	**20**	**22**	**22**	**19**	**16**	**17**	**18**	**19**	**16**	**10**	**7**

☐ Verhandlungen eröffnet,　　　　　　　　　　　Quelle: Ministerrat, zitiert nach FAZ (2001d).
☑ Verhandlungen vorläufig abgeschlossen.

Landwirtschaft, Regionalpolitik und Umweltschutz erwartet werden. Erstmalig konnte mit der Umweltpolitik eines dieser Kapitel im März 2001 in den Verhandlungen mit Slowenien vorläufig zum Abschluss gebracht werden (siehe Tabelle 3). Für das schwierige Agrarkapitel wird die Kommission den Kandidatenländern nach dem aktuellen Zeitplan allerdings erst Mitte 2002 die Vorschläge der EU unterbreiten (SZ (2001d)). Möglicherweise wird die EU *Übergangsregelungen* zustimmen müssen, um den Bewerberländern einen schnelleren EU-Beitritt zu ermöglichen. Obwohl die Beitrittsverhandlungen eigentlich auf dem Grundsatz basierten, dass Übergangsregelungen nur in wenigen begründeten Einzelfällen zu beschließen sind, gab es 340 Anträge auf Übergangsregelungen im Landwirtschaftsbereich sowie 170 entsprechende Ansinnen in anderen Sektoren (Dresdner Bank (2001), S. 12).

Die EU führt mit jedem der Kandidatenländer *bilaterale* Verhandlungen über den Beitritt. Im Rahmen des Besuchs des Präsidenten der EU-Kommission, Romano Prodi, in Ungarn Anfang April 2001 wurde das in Helsinki akzeptierte Verhandlungsprinzip, dass jedes Land für sich entsprechend seiner Leistung und dem Stand der Verhandlungen beurteilt wird, erneut gegenüber Ungarn bekräftigt. Ungarn befürchtete zu diesem Zeitpunkt, es müsse, selbst wenn es alle 31 Beitrittskapitel abgeschlossen habe, auf mögliche Nachzügler wie möglicherweise Polen warten.

> *„Bei den Verhandlungen wird jedes beitrittswillige Land **für sich genommen** beurteilt werden. Dieser Grundsatz wird sowohl für die Eröffnung der Verhandlungen über die verschiedenen Verhandlungskapitel als auch für den weiteren Verlauf der Verhandlungen gelten. Um die Dynamik der Verhandlungen aufrechtzuerhalten, sollten schwerfällige Verfahren vermieden werden. Die beitrittswilligen Länder, die jetzt in den Verhandlungsprozess einbezogen worden sind, werden die Möglichkeit haben, innerhalb eines vertretbaren Zeitraums die Länder einzuholen, mit denen bereits verhandelt wird, sofern sie hinreichende Fortschritte bei ihrer Vorbereitung auf den Beitritt erzielt haben"* (Europäischer Rat (1999), Hervorhebung durch die Verfasser).

Vor dem eigentlichen Beginn der Verhandlungen stand die Bewertung der Kommission über die Umsetzung des Gemeinschaftsrechts in jedem der Kandidatenländer und in jedem der 31 Kapitel (‚Screening'). Für die sich daran anschließenden Beitrittsverhandlungen erarbeitet die Kommission die Position der EU, die von den Mitgliedsstaaten einstimmig angenommen werden muss (Dresdner Bank (2001), S. 9). Daraufhin formulieren die Kandidaten eine Stellungnahme zu dem Kommissionsbericht. In den Verhandlungen wird dann jedes einzelne Kapitel geöffnet, die Einschätzung der Kommission und die Stellungnahme des betroffenen Landes wird verhandelt und das Kapitel wird provisorisch geschlossen. Um kapitelübergreifende Paketlösungen zu ermöglichen, werden zum Ende der Verhandlung alle Kapitel noch einmal zusammen geöffnet und abschließend geschlossen. Der Acquis als solcher wird durch die Verhandlungen keinesfalls in irgendeiner Form verändert und muss komplett übernommen und in Kraft gesetzt werden („The acquis is not negotiable." Verheugen (2001), S. 5).

Die Beitrittskandidaten können Übergangsperioden in Bereichen beantragen, in denen sie die Bestimmungen des Acquis in wenigen Jahren - meist aus Kostengründen - nicht erfüllen können. Die EU kann ebenfalls Übergangsfristen beantragen, um ihre Interessen zu wahren (Verheugen (2001), S. 5). Die Ergebnisse der Beitrittsverhandlungen werden in der Beitrittsakte zusammengefasst, die vom Rat der EU verabschiedet wird und der das Europäische Parlament mit absoluter Mehrheit zustimmen muss. Erst dann wird der Beitrittsvertrag unterzeichnet und von den beteiligten Staaten gemäß den nationalen Vorschriften ratifiziert (siehe Abbildung 1).

Abbildung 1
Das Beitrittsverfahren im Überblick

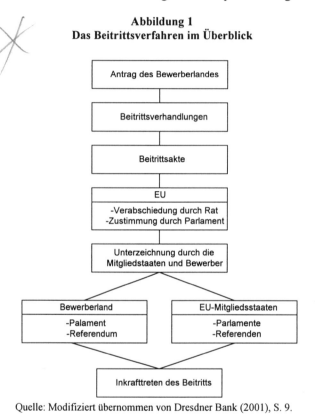

Quelle: Modifiziert übernommen von Dresdner Bank (2001), S. 9.

Beitrittsverhandlungen: Problemfall Polen?

Mit 37 % der Bevölkerung und 29 % der Fläche der zehn MOEL stellt Polen das Schwergewicht der Osterweiterung dar (siehe Tabelle 1). Bislang wurde häufig die Meinung vertreten, dass Polen deshalb natürliches Mitglied einer ersten Beitrittsrunde sei. Jedoch scheinen die Verhandlungen der EU mit Polen besondere Schwierigkeiten aufzuwerfen.

Nach den Äußerungen des polnischen Chefunterhändlers Jan Kulakowski ist für Polen die Frage der Teilnahme an der Gemeinsamen Agrarpolitik mit ihrem System der Direktzahlungen der heikelste Punkt in den Verhandlungen. Offensichtlich möchte die EU hier (siehe Kapitel 3.1.4), wie auch bei der von Kulakowski ebenfalls als problematisch angesehenen Öffnung des Binnenmarktes für polnische Arbeitskräfte, eine Ausnahme bei der Anwendung des Acquis durchsetzen. Der polnische Chefunterhändler nennt als problematisches Thema darüber hinaus die Umsetzung europäischer Umweltnormen. In Polen werden z. B. gegenwärtig nur 0,3 % der industriellen Abfälle so entsorgt, wie es die entsprechenden EU-Standards vorsehen. Ähnliches gilt für Sondermüll und Klärschlämme. „Um das Niveau des Umweltschutzes an das der Europäischen Union anzunähern, sind umfangreiche Investitionen notwendig; für den Zeitraum von 15 Jahren müssen in den Beitrittsländern Schätzungen zufolge zwischen 2 v.H. und 3 v.H. des Bruttoinlandsprodukts in den Umweltschutz investiert werden" (SVR (2000), S. 239). Ein weiteres Problem in den Verhandlungen stellt die von Polen geforderte Übergangsfrist von 18 Jahren für den Verkauf von Grund und Boden sowie Zweitwohnungen an Bürger anderer EU-Staaten dar (FAZ (2001d)). Kulakowski geht soweit, den bisher von Polen angestrebten frühen Beitrittstermin zum 1. Januar 2003 in Frage zu stellen, sollte man nicht zu einer Einigung in diesen Grundsatzfragen kommen (Dresdner Bank (2001), S. 12 f., SZ (2000)).

In jüngster Zeit (seit Februar 2001) deutet sich jedoch ein Wechsel in der Verhandlungsstrategie Polens an. Sowohl von Seiten anderer MOEL, die befürchten, auf Polen warten zu müssen, als auch von Seiten der EU-15 war zunehmende Kritik an der wenig flexiblen und kompromissbereiten Verhandlungsweise Polens laut geworden. Auf diesen externen Unmut über vernachlässigte interne Reformen wurde von Polen mit einer neuen Strategie reagiert. Polen hatte von allen Kandidaten die meisten Anträge auf Ausnahmen und Übergangsregelungen gestellt. Elf von vierzehn Forderungen nach Ausnahmeregelungen wurden mittlerweile modifiziert. Polen hält dabei nach Aussagen des neuen polnischen EU-Botschafters Iwo Byczewski an dem Ziel fest, bereits am 1. Januar 2003 der EU beizutreten. Um dies zu erreichen, müssten die Beitrittsverhandlungen allerdings zügiger vorankommen als bisher.

In einigen wenigen fundamentalen Fragen solle nunmehr *nachgegeben* werden: die zunächst von Polen geforderte Übergangsfrist für die bisher eingerichteten Sonderwirtschaftszonen, die von der EU verlangte schnelle Liberalisierung des Gasmarktes und Einrichtung strategischer Energiereserven, der von Polen über das Beitrittsdatum hinaus geforderte Schutz der nationalen Fluggesellschaft Lot, der Staatsbahnen PKP oder des staatlichen Busunternehmens PKS. *Teilweise nachgegeben* werden soll bei der ursprünglichen Forderung Polens nach langen Übergangsfristen für die Übernahme der europäischen Standards für den Umweltschutz. Beispielsweise bei Vorschriften gegen Umweltschutzverschmutzungen der Landwirtschaft sei nun trotz der Aufwendung erheblicher Finanzmittel ein Einlenken denkbar.

Nicht nachgegeben werden soll demgegenüber weiterhin vor allem in der Frage der vollen Freizügigkeit für polnische Arbeitnehmer vom Tag des Beitritts an, bei der Forderung nach einer auf 18 Jahre bemessenen Übergangsfrist für den Erwerb landwirtschaftlicher Flächen durch Ausländer, der Forderung nach nationalen Produktionsquoten für Milch oder Zucker sowie der polnischen Forderung nach Direktzahlungen für ihre Landwirte gemäß dem Verfahren der Gemeinsamen Agrarpolitik (GAP) der EU (FAZ (2001)). Nachdem der wissenschaftliche Lenkungsausschuss der EU im April 2001 Polen in die Gruppe jener Länder mit hohem BSE- und MKS-Risiko eingeordnet hatte, lesen sich Berichte polnischer Zeitungen aus Brüssel schon fast wie eine Kriegsberichterstattung. Vor dem Hintergrund bisher ausbleibender BSE- und MKS-Fälle hatte Polen eigentlich gehofft, mit Exportsteigerungen von der BSE- und MKS-Krise in der EU zu profitieren. Vermehrt wird seitdem angedeutet, die polnische Landbevölkerung werde sich gegen einen EU-Beitritt aussprechen, wenn die polnischen Landwirte nach einem Beitritt von der EU finanziell benachteiligt würden.

Exkurs: Die Einigung der EU auf eine Verhandlungsposition für die Beitrittsverhandlungen am Beispiel der Freizügigkeit für Arbeitnehmer.

Der deutsche Bundeskanzler Gerhard Schröder schlug bereits im Dezember 2000 ein 5-Punkte-Konzept für die Freizügigkeit von Arbeitnehmern und Arbeitnehmerinnen vor, welches sich an den Übergangsvorschriften bei den EU-Beitritten Portugals, Spaniens und Griechenlands orientierte (Dresdner Bank (2001), S. 13). In Kapitel 4.1.4.2 zeigen wir, dass dieser Vorstoß aus wahltaktischen Gründen durchaus zu erwarten war. Unterstützt wurde Schröder anfänglich nur von Österreich. Die Europäische Kommission übermittelte der ‚Gruppe Erweiterung’ am 6. März 2001 das schon länger angekündigte ‚Optionen-Papier’ zur Handhabung der Freizügigkeit der Arbeitskräfte in einer erweiterten EU, das den Vorschlag Schröders und andere mögliche Politikoptionen prüft (EU-Kommission (2001)).

Das ‚Optionen-Papier’ listet *sechs* mögliche migrationspolitische Optionen auf. *Erstens* könnte bereits mit dem Zeitpunkt des Beitritts vollständige Freizügigkeit gewährt werden. Mit einer unverzüglichen Öffnung der Arbeitsmärkte würde dem Binnenmarktgebot sowie den Forderungen der Beitrittskandidaten entsprochen. Wie die Ausführungen in Abschnitt 4.1.2 zeigen, deuten die Erfahrungen der vergangenen EU-Beitritte sowie weitere aktuelle Studien an, dass diese Option wahrscheinlich nicht zu dramatischen Migrationsfolgen führen würde. Es sei einmal vorweggenommen, dass gemäß der vorliegenden Studien längerfristig maximal knapp drei Prozent der Bürger aus den neuen EU-Ländern in der Region der alten EU-Länder einen Arbeitsplatz suchen werden. Dabei werden vor allem Deutschland und Österreich von einer Konzentration von Arbeitssuchenden betroffen sein. Trotz dieser geringen Zahlen ist diese Option jedoch für die deutsche und österreichische Regierung aus polit-ökonomischen Gründen (siehe Kapitel 4.1.4.2) nicht akzeptabel. Da die Position der EU in den Verhandlungen jedoch nur einstimmig beschlossen werden kann, ist ein Ergreifen dieser Option unwahrscheinlich. *Zweitens* wird eine Sicherheitsklausel erwogen, innerhalb derer die alten EU-Länder noch nach dem EU-Beitritt der Kandidatenländer eine Zuzugsbeschränkung fordern können. Dies wäre allerdings nur während der Übergangsfrist von höchstens sieben Jahren und bei ‚Nachweis’ ernsthafter und dauerhafter Schwierigkeiten möglich. *Drittens* seien Modelle für Übergangsfristen, etwa vier Jahre für alle EU-Länder, denkbar. Diese könnten dann für einige Beitrittsländer - wie bei der sogenannten Süderweiterung der EU um Spanien und Portugal vollzogen - vorzeitig aufgehoben werden. Wegen ihrer Flexibilität werden dieser Option mehr Vor- als Nachteile zugeschrieben. *Viertens* wären auch differenzierte Fristen, beispielsweise fünf Jahre für Österreich und Deutschland und drei Jahre in den anderen EU-Ländern vorstellbar. *Fünftens* könne man Grenzpendler - beispielsweise Personen, die in Tschechien oder Polen wohnen und in Deutschland arbeiten - verpflichten, während der Übergangsfrist noch eine Arbeitserlaubnis zu beantragen. Diese Option wäre auf die besondere Lage der Pendler in den Grenzgebieten zugeschnitten. *Sechstens* könnten Zuwanderungsquoten für Angehörige der Beitrittsländer aufgestellt werden. Diese Option hätte den Vorteil, dass die einzelnen EU-Länder bestimmen, wie viele Personen sie bereit sind aufzunehmen, wäre aber wohl schwierig zu verwalten.

Abgesehen von der Initiative des spanischen Regierungschefs Aznar, der die Frage der Freizügigkeit gerne mit einer finanziellen Zusage der EU für die zukünftige Ausstattung der Strukturfonds verknüpft hätte (siehe die ausführliche Darstellung in Kapitel 3.1.4), näherten sich Ende März 2001 die Positionen der EU-Partner in der Auseinandersetzung um die Öffnung der Grenzen der EU für Arbeitnehmer aus den MOEL an. Nach Abschluss des Stockholmer Gipfeltreffens zeigte sich der deutsche Bundeskanzler Schröder erstmals in der Öffentlichkeit bereit, schon vor Ablauf der von ihm geforderten Übergangsfrist von sieben Jahren eine Überprüfung vornehmen zu lassen. Er wandte sich dabei jedoch gegen die oben auch angeführten Überlegungen, für Arbeitnehmer aus den Beitrittsländern unterschiedliche Regelungen vorzusehen.

Am 11. April 2001 wurde den Regierungen schließlich ein *Kommissionsvorschlag* für die Formulierung ihrer Verhandlungspositionen gegenüber den Beitrittskandidaten unterbreitet. Die Arbeitsmarktexperten der Kommission empfehlen eine *Verknüpfung von Übergangsregelungen*, wie dies schon früher von einigen Mitgliedsstaaten gewünscht wurde. Sie raten zu einer Frist von höchstens vier Jahren nach EU-Aufnahme bei der Freizügigkeit für die Arbeitskräfte aus den neuen EU-Ländern und zu einer Frist von drei Jahren bis zur vollständigen Einhaltung der EU-Sozialvorschriften. Allen Unternehmen, die nach Ablauf dieser Frist noch gegen die EU-Bestimmungen zum Schutz der Gesundheit und zur Sicherheit am Arbeitsplatz verstoßen, drohe die Einstellung ihres Geschäftsbetriebs. Österreich und Deutschland hatten aber sogar ursprünglich eine Frist von sieben Jahren gefordert. Die deutsche Bundesregierung brachte hierfür das Argument vor, sie nehme die Ängste der Bevölkerung im Zusammenhang mit der Osterweiterung ernst und tue das Erforderliche, um Sorgen und negativen Auswirkungen entgegenzutreten.[7]

Die einstimmige *Annahme* durch die fünfzehn EU-Partner erfolgte noch im Rahmen der schwedischen Ratspräsidentschaft. Ein Abschluss dieses schwierigen Verhandlungskapitels mit der ersten Gruppe der Beitrittskandidaten wird dabei für Ende des Jahres 2001 anvisiert. Ungarn, die Slowakei und Lettland haben dem Vorschlag der EU bereits zugestimmt. Nach diesem Vorschlag sollen Arbeitnehmer aus den neuen Mitgliedsstaaten aus Mittel- und Osteuropa anders als Arbeitnehmer aus Zypern und Malta erst *fünf Jahre* nach dem Beitritt ihres Landes freien Zugang zum Arbeitsmarkt der Europäischen Gemeinschaft erhalten. Die Freizügigkeitsbeschränkung bezieht sich nur auf Arbeitnehmer (einschließlich der Lehrer), nicht aber auf jede Art von Dienstleistung. Forschern aus den MOEL beispielsweise soll mit dem EU-Beitritt die Aufnahme einer Tätigkeit an jedem Ort der EU ermöglicht werden, damit sie nicht in die USA auswandern. Jedem EU-Land sei allerdings freigestellt, auf der Grundlage einzelstaatlicher Vorschriften seine Grenzen z. B. für Lehrer zu öffnen. Die Beschränkung der Freizügigkeit gilt gleichermaßen für alle MOEL; die Möglichkeit der Differenzierung wird erst für einen späteren Zeitpunkt vorgesehen.

Falls ‚ernsthafte und schwerwiegende Störungen' auf ihren Arbeitsmärkten auftreten sollten, können einzelne EU-Länder diese Übergangsperiode nach einer Prüfung durch die Kommission noch um maximal *zwei Jahre* verlängern (‚safeguard clause'). Im Hinblick auf die Überwachung dieser Sonderregelung gibt es derzeit zwischen der deutschen Bundesregierung und vielen EU-Kommissaren eine Debatte um die Rolle der Gemeinschaftsinstitutionen. Die Bundesregierung strebt an, über eine Verlängerung der Sonderregelung autonom entscheiden zu können. Die Mehrheit der Kommissare hingegen besteht auf der Einhaltung der sogenannten *Gemeinschaftsmethode*. Nicht eine nationale Regierung allein, sondern die europäischen Regierungen gemeinsam befinden über die Verlängerung. Die Kommission liefert hierzu die Berichte und Vorschläge, kann aber einen nationalen Antrag auf Verlängerung dabei nicht einseitig ablehnen.

Eine vollständige Freizügigkeit wäre somit nach spätestens *sieben Jahren* erreicht. Immerhin schon zwei Jahre nach dem Beitritt soll überprüft werden, ob die Übergangsbeschränkungen schon eher aufgehoben werden können. Hiermit kommt die Kommission den Ländern wie Spanien und anderen Südeuropäern entgegen, die lange Übergangsfristen als unnötig ansehen; eine einstimmige Ent-

---

[7]   Aus ähnlichen Gründen wurde im Vorjahr der Bundestagswahl auch eine Senkung der Umweltstandards im Zusammenhang mit dem EU-Beitritt der neuen Mitglieder abgelehnt.

scheidung ist aber in jedem Fall erforderlich.[8] Kommt es zu einer Annahme dieses Vorschlags durch die EU-Partner, können die Verhandlungen über dieses Thema mit den Beitrittskandidaten noch im Jahr 2001 abgeschlossen werden. Dies entspräche der im Jahr 2000 von den EU-Staats- und Regierungschefs verabschiedeten „Wegskizze" für den Erweiterungsprozess und wäre eine Folge der Verhandlungsführungsstrategie des deutschen EU-Erweiterungskommissar Verheugen, eine *Paketlösung* durch das Vorziehen der Verhandlungen über die persönliche Freizügigkeit gegenüber den Verhandlungen über die Gemeinsame Agrarpolitik *zu vermeiden*. Nicht zuletzt sollte das Thema wohl auch aus dem Bundestagswahlkampf 2002 herausgehalten werden.

Die *Reaktionen* auf den Vorschlag der EU-Kommission fielen erwartungsgemäß höchst *unterschiedlich* aus. Offenbar entsprechen die Vorschläge der Kommission zwar weitestgehend den Vorstellungen der deutschen und österreichischen Regierungen sowie den Interessengruppen wie den Gewerkschaften, den Vertretern der arbeitsintensiven Handwerksbranche und der Klein- und Mittelbetriebe. Die Möglichkeit, dass sich Handwerker und Bauarbeiter aus den MOEL gerade in den deutschen und österreichischen *Grenzregionen* zu den MOEL als *Scheinselbständige* oder als Berufspendler einen Zugang zum Arbeits- und Dienstleistungsmarkt der EU verschaffen wollen, wird jedoch durch den Vorschlag nach wie vor nicht ausgeschlossen. Obwohl Übergangsfristen für die Dienstleistungsfreiheit nicht mehr vorgesehen sind und das entsprechende Verhandlungskapitel bereits abgeschlossen ist, werden deshalb angesichts der billigeren Konkurrenz aus den MOEL von den genannten Interessengruppen ebenfalls *Einschränkungen der Dienstleistungsfreiheit* in der Bauwirtschaft oder dem Verkehrsgewerbe gefordert.[9] Am 10. Mai 2001 scheiterte eine von Deutschland und Österreich eingebrachte und von vielen EU-Partnern unterstützte Sonderregelung zum Schutz von fünf ‚sensiblen' Dienstleistungsbranchen (Bauhandwerk, Handel mit Krafträdern und deren Reparatur, Reparatur von Gebrauchsgütern, Reinigung von Gebäuden, Inventar und Verkehrsmitteln, Innendekoration) im Kreise der EU-Botschafter an

---

[8] Nach Einschätzungen der Kommission ist nicht auszuschließen, dass selbst die deutsche Regierung nach den Bundestagswahlen im Jahr 2002 einem vorzeitigen Ende der Übergangsfristen vor Ablauf der allgemein beschlossenen fünf Jahre zustimmen wird.

[9] Interessanterweise hatte der deutsche Bundeskanzler Schröder im Dezember 2000 auf einer Wahlveranstaltung in Bayern ebenfalls einen langen Aufschub der Dienstleistungsfreiheit gefordert. Dass er sich hiermit zum Fürsprecher des vormals eher untypischen SPD-Wählerklientels Handwerk und der Grenzregionen macht, kann durchaus als politischer Kalkül interpretiert werden. Der EU-Erweiterungskommissar Verheugen ist dem Kanzler in diesem Fall somit anders als in der Frage der Übergangsfrist bis zu vollen Arbeitnehmerfreizügigkeit nicht entgegen gekommen.

dem Widerstand Spaniens, Griechenlands und Portugals wegen deren Blockade-
politik, um eine Garantie ihrer EU-Regionalbeihilfen zu erlangen (vgl. ausführlich
Abschnitt 3.1.4). Diese Regelung sollte - anders als von Verheugen beabsichtigt -
nicht nur für Grenzregionen gelten.[10] Auch der französische Außenminister Védri-
ne betonte, den Verhandlungen über die Freizügigkeit dürfe keine zentrale Bedeutung beigemessen werden. Frankreich sehe kein Risiko für seinen Arbeitsmarkt,
das aus einem Zustrom von Arbeitsuchenden aus Osteuropa resultiere.

Das deutsche Baugewerbe reagierte auf den Kommissionsvorschlag empört
und forderte eine Verlängerung der Übergangsfrist auf mindestens zehn Jahre zur
Vermeidung existenzbedrohender Verwerfungen. Das Argument lautet, die Integration der Beitrittsländer in die EU könne nur dann gelingen, wenn an den Schnitt-
stellen zwischen EU und den Beitrittsländern, also in den Grenzregionen, grenzüberschreitend ein homogener Wirtschaftsraum geschaffen werde. Es könne nicht
sein, dass beispielsweise an der Außengrenze Oberfrankens (pikanterweise die
Region des ehemaligen Wahlkreises Verheugens) zur Tschechischen Republik die
größten Lohn- und Preisunterschiede Europas unmittelbar aufeinander treffen. Das
arbeitsintensive grenznahe Handwerk müsse während einer längeren Übergangs-
zeit erhebliche Belastungen tragen, während Exportindustrien in den deutschen
Ballungsräumen zu den Hauptgewinnern der Osterweiterung zählten. Zu einer ver-
träglichen Gestaltung der Osterweiterung gehöre deshalb neben Übergangsregelungen für die Freizügigkeit für Arbeitnehmern auch entsprechende Regelungen
für alle Bau- und Ausbaugewerbe und das arbeitskräfteintensive Dienstleistungs-
gewerbe. Derartige 'intelligente und flexible Übergangsregelungen' seien im übrigen auch im Interesse der MOEL, die ihre eigenen Fachkräfte dringend benötig-
ten, um selber international wettbewerbsfähig zu werden (Verheugen (2000)).

Nahezu zeitgleich mit den Vorschlägen der EU-Kommission hat die deutsche
Bundesregierung im Rahmen des zweiten 'Bündnisgesprächs Bau' am 5. April
2001 den Verbänden der Bauwirtschaft und der IG Bau zugesagt, den Kampf gegen die illegale Beschäftigung am Bau zu verstärken. Darüber hinaus wurde verabredet, eine Arbeitsgruppe zur Vorbereitung auf die EU-Osterweiterung einzu-
setzen. Dabei wollen die Tarifpartner die Sinnhaftigkeit einer besseren Ausschöp-
fung des Arbeitnehmerentsendegesetzes überprüfen. Denn diese hauptsächlich auf
Baustellen zugeschnittene Regelung greife nicht bei den in der Regel kurzfristig

---

[10] Die Begründung lautete wie immer in solchen Fällen, in Westpolen verdiene ein Facharbeiter durchschnittlich 4,60 DM pro Stunde, in Ostpolen sogar nur 2,60 DM. Ein deutscher Facharbeiter verdiene dagegen 28,60 DM. Wegen dieses Lohngefälles drohe ohne
Einschränkungen ein 'ruinöser' Wettbewerb. Darüber hinaus drohe die Einwanderung
von 'Scheinselbständigen' aus Polen oder Tschechien.

erbrachten Handwerkerleistungen. Darüber hinaus wird überlegt, angesichts der Osterweiterung der EU statt eines Mindestlohns mehrere Mindestlohnstufen einzurichten. Im übrigen verständigten sich der deutsche Finanzminister Hans Eichel und der EU-Wettbewerbskommissar Monti schon im November 2000 auf eine *zusätzliche* Förderung peripherer *strukturschwacher* Grenzgebiete in Ostdeutschland mit besonderer Nähe zu den MOEL.

Deutliche Kritik an den Brüsseler Vorschlägen war auch von Seiten der Vertreter der MOEL zu registrieren. Die Kommission ist dabei nach Ansicht des polnischen Unterhändlers Jan Kulakowski vollständig den Vorstellungen Deutschlands und Österreichs gefolgt, obwohl die Angst vor einer ‚Überflutung' mit Arbeitskräften aus den MOEL völlig überzogen sei. Gerade Ungarn und Slowenien verwiesen darauf, dass ihr Entwicklungs- und Einkommensniveau Übergangsfristen obsolet erscheinen ließen. Bei dem Vorschlag einer einheitlichen Mindestdauer für die Ausnahmeregelung von fünf Jahren handelt sich nach Ansicht des Staatssekretärs im ungarischen Außenministerium, Peter Gottfried, zudem um einen Verstoß gegen den Grundsatz, jedes Land gesondert nach seiner wirtschaftlichen Performance zu beurteilen. Auf Widerstände stößt der Kommissionsvorschlag auch in Spanien. Aus zuvor bereits umschriebenen taktischen Gründen beharrt der spanische Regierungschef Aznar auf der sofortigen Freizügigkeit für Arbeitskräfte und Dienstleistungen mit dem EU-Beitritt der Kandidatenländer. Nach Ansicht des für die EU-Beitrittsverhandlungen zuständigen slowakischen Staatssekretärs Jan Figel ist die Flexibilität, die Übergangsregelung schon zwei Jahre nach dem EU-Beitritt auf ihre Legitimation zu überprüfen, wenigstens als positiv hervorzuheben. In dieselbe Richtung zielte auch die Kritik des Bundesverbands der deutschen Industrie an den langen Übergangsfristen unter Hinweis auf den großen Bedarf der deutschen Industrie an der Zuwanderung qualifizierter Arbeitskräfte. Auch in der tschechischen Republik wird die Empfehlung der EU-Kommission heftig kritisiert. Ihr Zustandekommen wird seitens des sozialdemokratischen Außenministers Jan Kavan mit dem besonderen diplomatischen Druck Deutschlands und Österreichs erklärt. Bei den Beitrittsverhandlungen über das Kapitel der Freizügigkeit der Arbeitskräfte sei lediglich eine kurze Übergangsfrist von zwei Jahren zu akzeptieren. Bis 2002 in Deutschland gewählt worden sei, könne dort die öffentliche Meinung für die Anliegen Tschechiens gewonnen worden sein. Gleichzeitig solle die Forderung nach einer siebenjährigen Übergangsfrist beim Grunderwerb für Ausländer auf zehn Jahre erhöht werden. Obwohl diese Argumentation wieder einmal eine Paketlösung nahe legt, bestreitet Kavan, dass Tschechien im Austausch gegen eine schnellere Liberalisierung des Arbeitsmarktes beim Grunderwerb zu Zugeständnissen bereit sei. Letzteres streben hingegen die rechten tschechischen Oppositionsparteien an. Sie beschuldigen die Re-

gierung, durch ihre aggressive Haltung in der Frage des tschechischen Grund-
stücksmarkts die restriktive Haltung der EU hinsichtlich der Arbeitnehmerfreizügigkeit begünstigt zu haben (FAZ (2001b)).

Wie ist die gefundene Regelung zu bewerten? Insgesamt scheinen aus unserer
Sicht diejenigen Argumente am tragendsten zu sein, die auf die *fehlende Legitimi-
tät eines dauerhaften Schutzes* bestimmter Branchen vor dem internationalen
Wettbewerb abstellen und auf das Ausbleiben eines nicht zu verkraftenden Stroms
an Zuwanderern verweisen. Dies zeigen die Ausführungen in diesem Buch über-
deutlich. Der Vorschlag der Kommission zur Einschränkung der Freizügigkeit der
Arbeitnehmer gemäß der ‚fünf-plus-zwei'-Formel stellt einen politisch und ökonomisch nicht zu rechtfertigenden Affront gegenüber den mittel- und osteuropäischen Kandidatenländern dar. Die Spanier und die Portugiesen wurden hierdurch
animiert, vorsorglich die von Verheugen eigentlich befürchteten Verhandlungspa-
kete zu schnüren. Sie würden dem von Deutschland und Österreich energisch vo-
rangetriebenen Vorschlag nur dann zustimmen, wenn Deutschland als ‚EU-
Nettozahler' für die Erhaltung ihrer Struktur- und Kohäsionsmittel auf dem bisherigen Niveau eintrete.

Darüber hinaus ist das Problem *illegaler Beschäftigung* zumindest in Deutschland *kein genuines Problem der EU*, sondern vielmehr wohl eines des Bundes als
Gesetzgeber und der Länder im Rahmen ihrer Kontrollpflichten. Auch ist möglicherweise die Sorge vor einem Lohndumping nicht gerechtfertigt. Denn beispielsweise könnte zwar ein polnischer Malerunternehmer mit dem Beitritt seines
Landes zur EU unmittelbar seine Dienste auf dem Binnenmarkt anbieten. Wegen
der Übergangsbeschränkungen für die Freizügigkeit von Arbeitnehmern ist ihm
jedoch kaum möglich, Mitarbeiter mitzubringen. Leider drohen jedoch bereits bei
dem ersten schwierigen Verhandlungsdossier Unstimmigkeiten, die zu einer Neu-
verhandlung bereits mit Polen, Ungarn, Tschechien und Slowenien vorläufig ge-
troffener Vereinbarungen zur Dienstleistungsfreiheit führen und den Einigungsprozess insgesamt gefährden könnten. Schließlich wird den einzelnen Mitgliedsstaaten in dem Kommissionsvorschlag erlaubt, bei ‚ernsthaften und schwerwiegenden Störungen' des Arbeitsmarktes Zuzugsbeschränkungen zu erlassen. Dies
erfordert jedoch eine permanente Beobachtung des Arbeitsmarkts. Darüber hinaus
fehlt bisher jegliche Erfahrung, wie eine derartige Regelung in der Praxis funktio-
niert und wie sichergestellt werden kann, dass diese Klausel nicht zur Durchsetzung von Partikularinteressen genutzt wird.

Auch sind *Übergangsfristen nur für bestimmte Branchen* und/oder für *ausgewählte Grenzregionen* wohl wenig praktikabel. Darüber hinaus waren die ostdeutschen Randgebiete auch bisher schon ohne die Perspektive der Osterweiterung ex-

portschwach, wenig industrialisiert und weithin auf den Nahabsatz spezialisiert. Die Folge ist eine Arbeitslosigkeit, die mehr als doppelt so hoch wie im Westen Deutschlands ist. Notwendiger als neue zielgerichtete Transfers in die Grenzgebiete wie z. B. eine flächendeckende Förderung von Investitionen erscheinen Reformen, die Unternehmen flexible Reaktionen auf den sich verstärkenden Strukturwandel ermöglichen. Anreize zu Neugründungen und Betriebserweiterungen sollten vor allem durch eine *erhöhte Flexibilität der Arbeitsmärkte* angestrebt werden. Die Ausdehnung der Geltungsbereichs des Flächentarifvertrags und die Erweiterung der Mitbestimmung auf Kleinbetriebe ist hier sicherlich wenig förderlich. Vielmehr sollte der sich andeutende Wettbewerb mit den MOEL in der Lohn- und Arbeitszeitpolitik frühzeitig angenommen werden. Schließlich sollte der Ausbau der Verkehrswege forciert, eine extern finanzierte Ausbildung von Arbeitskräften in den Betrieben unterstützt und die einseitigen Belastungen der ostdeutschen grenznahen Unternehmen durch die bisherige Energie- und Steuerpolitik aufgehoben werden.

Ob die EU-Beitrittsländer wie Polen, welche die Fristen für die Arbeitnehmerfreizügigkeit ablehnen, wirklich durch den von der EU-Kommission vorgeschlagenen *Grundsatz der Gemeinschaftspräferenz* milder gestimmt werden, ist zweifelhaft. Dieser Grundsatz beinhaltet, dass mit dem Zeitpunkt des EU-Beitritts den Bürgern aus den mittel- und osteuropäischen Beitrittsländern auch ohne generelle Freizügigkeit bei der Besetzung einer freien Stelle Vorrang zu gewähren ist, falls sich hierfür etwa keine Angehörigen der alten EU-Länder melden. Schließlich noch eine Anmerkung zu den erwarteten volkswirtschaftlichen Verlusten einer Einschränkung der Freizügigkeit für Arbeitnehmer aus den MOEL. Da es sich bei den Emigranten aus den MOEL möglicherweise vielfach um höher qualifizierte Arbeitskräfte handeln wird, könnte eine längere Einschränkung der Freizügigkeit in Deutschland zu einer Einbuße an einer zusätzlichen jährlichen *Steigerung des Wachstums* um einen halben Prozentpunkt des BIP führen (Dresdner Bank (2001)).

1.2. Institutionelle Reform der EU

In Kopenhagen wurde 1993 auch, und das darf bei den Spekulationen über das Datum des ersten Beitritts aus dem Kreis der gegenwärtig zehn mittel und osteuropäischen Kandidaten nicht vergessen werden, die Reform der EU zur *Schaffung von Aufnahmekapazitäten* als Voraussetzung für die Osterweiterung genannt (Nicolaides u. a. (1999), S. 21).

„Die Fähigkeit der Union, neue Mitglieder aufzunehmen, dabei jedoch die Stoßkraft der europäischen Integration zu erhalten, stellt ebenfalls

einen sowohl für die Union als auch für die Beitrittskandidaten wichtigen Gesichtspunkt dar" (Europäischer Rat (1993)).

Die Erfüllung der ‚Kopenhagener Kriterien' durch die MOEL kann somit als *notwendige*, die dem Einfluss der Beitrittskandidaten aber völlig entzogene Reform der EU dagegen als *hinreichende* Bedingung der Osterweiterung bezeichnet werden. Auf dem Gipfeltreffen in Amsterdam sollten bereits 1997 die notwendigen Reformen beschlossen werden, aber gelungen ist dies nicht. Im Dezember 1999 in Helsinki bekannte sich der Europäische Rat zur Durchführung *institutioneller Reformen*, welche die EU befähigen sollten, frühestens ab Ende 2002 neue Mitgliedsstaaten aufzunehmen. Es wurde eine Regierungskonferenz zur Klärung der nach dem Vertrag von Amsterdam noch ungelösten Fragen einberufen. Bis zum Jahresende 2000 sollte die Regierungskonferenz einen Vertrag über eine aufnahmefähige neue Europäische Union entwerfen. Die noch offenen institutionellen Fragen betrafen vor allem die *Größe und Zusammensetzung der Europäischen Kommission*, die *Stimmengewichtung im Rat* und die Frage der möglichen *Ausweitung* der Abstimmungen mit *qualifizierter* Mehrheit im Rat, um die entscheidungsverzögernde Einstimmigkeitsregel abzulösen (EZB (2000)). Nun sollten im Dezember 2000 in Nizza die *Organe der EU* im Hinblick auf die Osterweiterung *reformiert werden*. Dabei standen vor allem die Reformfragen im Vordergrund, die beim Abschluss des am 1. Mai 1999 in Kraft getretenen Vertrags von Amsterdam noch offen geblieben waren.[11]

Dabei wurden im Vorfeld des Treffens in Nizza mehrere Zielsetzungen ins Visier genommen. Die Kommission sollte maximal wie bisher 20 Mitglieder umfassen, wobei durch Rotation alle Mitgliedsstaaten bei der Benennung von Kommissaren zum Zuge kommen sollen. Eventuell sollte den fünf bevölkerungsreichsten EU-Staaten ein dauerhafter Kommissarsposten zugestanden werden und die Rotation auf die übrigen 15 Kommissare beschränkt werden. Für den Europäischen Rat wurde die Reform der Stimmenverteilung diskutiert. Falls die neuen Mitglieder entsprechend der jetzigen Verteilung der Stimmen eingegliedert würden und die Mehrheitsregeln gleich blieben, würden die MOEL zusammen über eine Sperrminorität verfügen und Deutschland, Frankreich und Italien würden ihre gemeinsame Sperrminorität verlieren, d. h. sie könnten jederzeit überstimmt werden. Abhilfe

---

[11] In Amsterdam geregelt wurden die Verbesserung der Stellung des Europäischen Parlaments, die Stärkung der Stellung des Kommissionspräsidenten, die Ausdehnung der Abstimmung mit qualifizierter Mehrheit im Rat in bestimmten Politikbereichen und die Einführung der Möglichkeit einer engeren Zusammenarbeit von (mindestens die Hälfte der Mitglieder umfassenden) Gruppen von Mitgliedsstaaten. Vgl. Deutsche Bundesbank (2001), S. 15; Best (2001), S. 23.

sollte entweder eine deutliche Aufwertung der Stimmen der großen Staaten oder das sogenannte Prinzip der einfachen doppelten Mehrheit schaffen. Demnach wäre für die qualifizierte Beschlussfassung im Rat, für die gegenwärtig 71,3 % der Stimmen notwendig sind, die einfache Mehrheit erforderlich, die jedoch auch die einfache Mehrheit der Bevölkerung repräsentieren muss. Auch die weitere Stärkung der Mehrheitsentscheidung zu Lasten der immer noch dominierenden Einstimmigkeitsregel wurde in diesem Zusammenhang diskutiert. Für andere Organe der EU, wie das Europäische Parlament, der Wirtschafts- und Sozialausschuss, der Ausschuss der Regionen, der Europäische Rechnungshof, der Europäische Gerichtshof und auch der Rat der Europäischen Zentralbank, sollte in Nizza sichergestellt werden, dass die Anzahl der Sitze in Zukunft unabhängig von der Zahl der Mitgliedsstaaten sein wird (SVR (2000) S. 245 ff.).

Tatsächlich kam es am 26. Februar 2001 in Nizza zur Unterzeichnung des neuen EU-Vertrags, der vom 7. bis zum 9. Dezember 2000 am selben Ort von den Staats- und Regierungschefs ausgehandelt worden war. In den europäischen Hauptstädten herrschte allerdings Einigkeit darüber, dass hiermit längst nicht alle vorstehend genannten Ziele erfüllt wurden. Erst nach Ratifizierung durch die fünfzehn EU-Mitgliedsstaaten wird der in Nizza ausgehandelte EU-Vertrag rechtswirksam. Aller Erfahrung nach wird dies mindestens anderthalb Jahre in Anspruch nehmen.[12] Eine Volksabstimmung über das Vertragswerk fand nur in Irland statt. In allen anderen Mitgliedsstaaten wird der Vertrag von Nizza durch ein entsprechendes Gesetz der Parlamente ratifiziert.

Das nur unter großen Mühen ausgehandelte Vertragswerk bereitet die EU trotz seiner Schwächen auf die geplante Erweiterung vor. Aus dieser Sicht hat es sogar *historischen Rang* (Dresdner Bank (2001), S. 16). Es gibt darüber hinaus *Anstöße für den Fortgang* des Prozesses der Osterweiterung. Letzteres betrifft die inhaltliche Gestaltung und die Struktur des Beitrittsprozesses. Die dabei erzielten Kompromisse über die Stimmengewichtung im Ministerrat, die Struktur der Europäischen Kommission und die Sitzverteilung im Europäischen Parlament machen die *Aufnahme neuer Mitgliedsstaaten* nun *im Prinzip möglich*. Allerdings hatte gleichzeitig schon die Debatte um einen abermals neuen EU-Vertrag begonnen, in dem die Fragen der Aufgabenverteilung zwischen der EU und den Mitgliedsstaaten, der Vereinfachung der Verträge sowie der Rechtsverbindlichkeit der Charta der Grundrechte geregelt werden sollen. Eine neue Konferenz ist im Rahmen des

---

[12] Im Fall des im Dezember 1991 ausgehandelten Maastrichter Vertrags vergingen - bedingt durch die dänischen Referenden und vor allem die Klage vor dem deutschen Bundesverfassungsgericht - fast zwei Jahre bis zur Rechtswirksamkeit.

‚Post-Nizza-Prozesses' bereits für 2004, dem Jahr der Europawahlen, anberaumt. Was waren nun die wichtigsten Ergebnisse der Konferenz des Europäischen Rates in Nizza? Wird die EU selbst ökonomisch und politisch hinreichend ‚auf der Höhe' und vorbereitet genug sein, um die mittel- und osteuropäischen Staaten aufzunehmen? Die Ergebnisse von Nizza lassen sich nach zwei Kriterien bewerten: a) der Herstellung der Erweiterungsfähigkeit der Gemeinschaft und b) der Intensivierung des Beitrittsprozesses.[13]

Die Ablehnung des Nizza-Vertrages im irischen Referendum

Am 7. Juni 2001 stimmten 54 % der irischen Wähler in einem Referendum gegen den Vertrag von Nizza. Während im Vorfeld der Referendums noch davon ausgegangen wurde, dass der Vertrag von Nizza bei einer Ablehnung durch die Iren neu ausgehandelt werden müsse (SZ (2001); FAZ (2001e)), wird mittlerweile erwartet, dass es ohne Nachverhandlung bald zu einer zweiten Abstimmung kommen wird. Wird die Osterweiterung durch das negative Referendum in Irland, wo übrigens nur ungefähr ein Drittel der 3 Millionen Wahlberechtigten an der Abstimmung teilnahmen, verzögert werden?

Schon wenige Tage nach dem Referendum haben sich die Außenminister der EU auf einer Sitzung in Luxemburg am 11. Juni 2001 darauf verständigt, dass der Zeitplan für die Osterweiterung durch Verzögerungen im Ratifizierungsprozess des Nizza-Vertrages nicht beeinflusst werden soll (SZ (2001c)). Auf ihrem Gipfeltreffen in Göteborg am 23./24 Juni 2001 bestätigten die Staats- und Regierungschefs diese Leitlinie. Die EU wird somit alles daran setzen, die Ratifizierung bis zum Abschluss der Verhandlungen mit den Kandidaten sicherzustellen. Nach Äußerungen des Kommissionspräsidenten Prodi kann die Osterweiterung der EU sogar ohne Ratifizierung des Vertrages von Nizza erfolgen. Eine Erweiterung auf 20 Mitgliedsstaaten sei schon auf Grundlage des Amsterdamer Vertrages möglich. Bei mehr als 20 Mitgliedern könnten notwendige Änderungen, wie z. B. die Neuregelung der Stimmenverteilung im Rat, in den Beitrittsverträgen geregelt werden (SZ (2001a)). Der Europäische Rat stellte beim Gipfeltreffen in Göteborg jedoch klar, dass dies kein gangbarer Weg für die EU sei. Die Ratifizierung des Vertrages von Nizza in allen 15 EU-Staaten sei die Voraussetzung für die Erweiterung, da darin neben der Verteilung von Stimmrechten auch die Entscheidungsverfahren geändert würden (SZ (2001b)).

Um die Erweiterungsfähigkeit der Gemeinschaft herzustellen (Punkt a), stand die Verbesserung des Entscheidungsverfahrens in Rat und Kommission im Zentrum der Beratungen. Einerseits sollte auch in einer erweiterten Union die Handlungsfähigkeit sichergestellt werden, andererseits sollte eine adäquate Vertretung der Mitgliedsstaaten in den Organen gewährleistet werden. Die Ergebnisse von Nizza entsprachen jedoch bei weitem nicht den weiter oben detailliert dargestellten Erwartungen. Die Verhandlungen über die Neuregelung der Stimmenaufteilung

---

[13] Vgl. Deutsche Bundesbank (2001), S. 16 f., Dresdner Bank (2001), S. 16 ff., Verheugen (2001), Best (2001).

im Ministerrat sowie zur zukünftigen Anzahl der EU-Kommissare und der Mitglieder des Europäischen Parlaments endeten in fast krämerhaftem Feilschen. Im Ergebnis wurde in Nizza lediglich eine Begrenzung der Kommission auf 27 Mitglieder erreicht, wobei ab 2005 jeder Mitgliedsstaat nur noch einen Kommissar stellen wird.[14]. Nach Aufnahme aller zwölf in Verhandlungen stehenden Kandidaten soll über eine Verkleinerung der Kommission und ein Rotationsverfahren für die kleineren Mitgliedsstaaten nachgedacht werden (Best (2001), S. 19).

Bei der Frage der Beschlussfassung im Rat gelang der Wechsel vom Einstimmigkeitsprinzip zur qualifizierten Mehrheit nur beim Handel mit Dienstleistungen (auf Wunsch Frankreichs mit Ausnahme von kulturellen und audiovisuellen Dienstleistungen), in einigen Fragen aus dem Bereich Justiz und Inneres (ab 2004) und bei den Struktur- und Kohäsionsfonds (ab 2007, aber - auf Drängen Spaniens - nur nachdem die Haushaltsplanung bis 2013 vorher einstimmig beschlossen wurde). Deutschland blockierte den Übergang zur qualifizierten Mehrheit in Fragen der Freizügigkeit, Großbritannien in denen der Steuer- und der Sozialpolitik (womit alle Vorurteile über die politischen Präferenzen der großen Mitgliedsstaaten bestätigt wurden). Die Stimmenverteilung im Rat verändert sich wie in Tabelle 4 dargestellt. Nach 1992 scheiterte Deutschland abermals am Widerstand Frankreichs mit seiner Forderung, die durch die Wiedervereinigung angewachsenen Bevölkerung durch eine entsprechende Anhebung der Zahl der Stimmen im Rat zu berücksichtigen (Best (2001), S. 20). Die vier größten Mitgliedsstaaten verlieren ungefähr 27 % ihres Einflusses, eine Größenordnung, die im Vergleich zum Bevölkerungszuwachs in der EU durch die Erweiterung von 28 % angemessen erscheint. Relativ am besten schneidet Spanien ab, das den Bedeutungsverlust auf 15 % begrenzen konnte. Dagegen verlieren die kleineren Staaten in der erweiterten EU zum Teil deutlich an Einfluss. Von einer Aufteilung der Stimmengewichte im Rat nach den Bevölkerungsanteilen ist die EU jedoch immer noch weit entfernt. Die kleineren Staaten haben z.T. deutlich mehr politisches Gewicht, als es ihnen nach ihrer Bevölkerung zustünde.

Für die Ratsentscheidungen mit qualifizierten Mehrheit wurde das Prinzip der dreifachen Mehrheit beschlossen: 1. Die Schwelle für eine qualifizierte Mehrheit wird von heute 71,3 % (62 Stimmen) auf 73,4 % (255 Stimmen) oder 74,8 % (258 Stimmen) angehoben.[15] 2. Die qualifizierte Mehrheit muss zugleich die einfache Mehrheit der Mitgliedsstaaten repräsentieren. Bei einer Entscheidung für eine Schwelle von 258 Stimmen ist dies - wie bislang auch schon - automatisch gewähr-

---

[14] Bislang verfügen die großen Mitgliedsstaaten Deutschland, Frankreich, Großbritannien, Italien und Spanien über zwei Kommissare.

leistet. 3. Die qualifizierte Mehrheit muss mindestens 62 % der Bevölkerung der EU repräsentieren. Bislang repräsentierte eine qualifizierte Mehrheit im Rat automatisch mindestens 58 % der Bevölkerung. Durch die ausdrückliche Aufnahme einer Schwelle von 62 % ist sichergestellt, dass Deutschland in Koalition mit zwei der drei anderen großen Staaten nicht überstimmt werden kann (Best (2001), S. 21 f.).

Tabelle 4
Stimmenverteilung im Europäischen Rat vor und nach der Osterweiterung

	Stimmen bisher	Stimmenanteil bisher	Stimmen neu	Stimmenanteil neu	Relativer Einflussverlust	Bevölkerungsanteil
DL	10	11,5%	29	8,4%	-26,9%	17,0%
GB	10	11,5%	29	8,4%	-26,9%	12,3%
FR	10	11,5%	29	8,4%	-26,9%	12,3%
IT	10	11,5%	29	8,4%	-26,9%	12,0%
SP	8	9,2%	27	7,8%	-14,9%	8,2%
POL			27	7,8%		8,0%
R			14	4,1%		4,7%
NL	5	5,7%	13	3,8%	-34,4%	3,3%
GR	5	5,7%	12	3,5%	-39,5%	2,2%
T			12	3,5%		2,1%
BE	5	5,7%	12	3,5%	-39,5%	2,1%
U			12	3,5%		2,1%
POR	5	5,7%	12	3,5%	-39,5%	2,1%
SW	4	4,6%	10	2,9%	-37,0%	1,8%
BU			10	2,9%		1,7%
Ö	4	4,6%	10	2,9%	-37,0%	1,7%
SR			7	2,0%		1,1%
DK	3	3,4%	7	2,0%	-41,2%	1,1%
FI	3	3,4%	7	2,0%	-41,2%	1,1%
IRL	3	3,4%	7	2,0%	-41,2%	0,8%
LIT			7	2,0%		0,8%
LET			4	1,2%		0,5%
SL			4	1,2%		0,4%
EST			4	1,2%		0,3%
Z			4	1,2%		0,2%
LUX	2	2,3%	4	1,2%	-49,6%	0,1%
M			3	0,9%		0,1%
Summe	**87**	**100 %**	**345**	**100 %**		

Quelle: Best (2001), S. 21 und eigene Berechnungen.

Die schon in Amsterdam beschlossenen Möglichkeit einer engeren Zusammenarbeit kleinerer Teilgruppen von Mitgliedsstaaten in bestimmten Teilbreichen wurde

---

[15] Die Frage muss auf der nächsten Regierungskonferenz noch beantwortet werden. Vgl. Best (2001), S. 22.

weiter gestärkt. Das Vetorecht nicht an der engeren Zusammenarbeit beteiligter Staaten wurde im Prinzip aufgehoben. Die engere Zusammenarbeit muss durch den Rat mit qualifizierter Mehrheit genehmigt werden und mindestens 8 Mitgliedsstaaten umfassen (Best (2001), S. 23). Weitere konkrete Beschlüsse wurden nicht gefasst. Z. B. wurde die Anpassung des Abstimmungsverfahrens im Rat der Europäischen Zentralbank (EZB) durch eine Einigung über das Verfahren der Änderung der EZB-Satzung lediglich vorbereitet (Deutsche Bundesbank (2001), S. 17 f.).

Um den Beitrittsprozess zu intensivieren (Punkt b), billigte der Europäische Rat in Nizza eine *neue Strategie* für die Beitrittsverhandlungen.[16] Im Rahmen dieser Strategie wird der *Grundsatz der Differenzierung* gemäß dem Fortschritt der einzelnen Länder stärker betont. Im Rahmen eines flexiblen Orientierungsrahmens („Wegskizze") sollen Prioritäten mit deutlichen zeitlichen Vorgaben für die Verhandlungen in den folgenden achtzehn Monaten festgelegt werden. Anträge auf Übergangsfristen (ein Thema, das im weiteren Verlauf dieses Buchs noch relevant wird) sollen nur in Einzelfällen akzeptiert werden.[17] Auf der Konferenz des Europäischen Rats im Juni 2001 in Göteborg sollen schließlich die Fortschritte bei der Umsetzung dieser Strategie bewertet werden.

Ebenfalls der Intensivierung des Beitrittsprozesses soll ein *regelmäßiger, eingehender Dialog* zur makroökonomischen und finanziellen Stabilität in den Beitrittsländern dienen. Der Europäische Rat von Nizza unterstützte diesbezüglich eine Erklärung des Rates der Wirtschafts- und Finanzminister vom 27. November 2000. Makroökonomische Stabilität soll durch ein ausgewogenes Maß an Preisniveaustabilität bei raschem wirtschaftlichem Wachstum, die Finanzierung von Zahlungsbilanzdefiziten durch langfristiges Kapital und die mittelfristige Nachhaltigkeit der öffentlichen Finanzen gewährleistet werden. Als Vorbedingungen für finanzielle Stabilität werden eine Verstärkung des Regelungs- und Kontrollrahmens, funktionierende Zahlungssysteme und eine Verbesserung des allgemeinen rechtlichen und wirtschaftlichen Umfelds genannt. Der Dialog besteht im Kern aus regelmäßigen Treffen hochrangiger Vertreter der EU und der Beitrittsländer, die zur Erörterung der jährlichen wirtschaftlichen Heranführungsprogramme der Beitrittsländer sowie der jährlichen Bewertung der makroökonomischen und finanziellen Stabilität durch die Kommission dienen. Diese Dialoge sollen vom jeweiligen EU-Vorsitz veranstaltet werden. Da auch die Mitglieder des Wirtschafts-

---

[16] Vgl. das zugrunde liegende Strategiepapier der Kommission zur Erweiterung vom 8. November 2000.

[17] Diese Strategie soll es der EU und den Beitrittsländern erleichtern, jeweils anstehende Probleme anzuvisieren und Verhandlungspositionen hierzu zu fixieren. Vgl. auch Verheugen (2001), S. 5f.

und Finanzausschusses beteiligt werden sollen, sind indirekt *auch die EU-Zentralbanken* in diesen Dialog eingebunden. Letztere nahmen bereits im Jahr 2000 intensivere Arbeitsbeziehungen mit den Zentralbanken der Beitrittsländer auf (EZB (2000b), S. 116 ff.). Die Schlussfolgerungen dieser hochrangig besetzten Tagungen werden dem Rat durch die Kommission präsentiert.

Darüber hinaus soll die Kommission dem Rat jährlich über die Bewertung der Haushaltsmitteilungen und der ab 2001 regelmäßig von den Beitrittsländern vorzulegenden wirtschaftlichen Heranführungsprogramme berichten (,Vor-Beitritts-Überwachungsverfahren'). Der Beitrittsprozess wird somit in gewisser Weise vom Rat der Außenminister geleitet. Aber auch dem Rat der Wirtschafts- und Finanzminister kommt im Rahmen des Beitrittsprozesses eine zunehmend hohe Bedeutung zu. Mit dem ersten informellen Treffen des ,Jumbo-Rats', zusammengesetzt aus 56 Finanzministern und Zentralbankchefs der West- und Osteuropäer, im April 2001 in Malmö wurden diese Beschlüsse rasch umgesetzt.[18] Das nächste Treffen ist für Dezember 2001 unter belgischer Präsidentschaft vorgesehen. Allerdings verhält sich der Westen hier zurückhaltend und lässt nur seine Staatssekretäre den Konvergenzprozess zwei Mal jährlich erörtern; Minister aus den EU-Ländern werden anders als die Minister der MOEL vorerst nur ein Mal pro Jahr teilnehmen.

Für die weitere Analyse im Rahmen dieser Studie ist die Erkenntnis von besonderer Bedeutung, dass es den westlichen Regierungen in Nizza offensichtlich wohl darum ging, sich gegenüber der Osterweiterung bedeckt zu halten. Auch nach dem Gipfel erscheint die EU auf den EU-Beitritt der MOEL vor allem institutionell *relativ schlecht vorbereitet* und weiterhin nicht in der Lage, die vielfältigen Interessen ihrer eigenen Mitgliedstaaten unter einen Hut zu bringen. Und dies, obwohl die Kandidatenländer, vor allem Slowenien, Ungarn und Estland, ihre Hausaufgaben weitestgehend erfüllt haben.[19] Die Möglichkeiten einer Neugestaltung der EU-Institutionen und der ineffizienten Fördermechanismen wurden letztlich deutlich vertan (Dresdner Bank (2001)). Den Reformstau hat die Konferenz von Nizza nicht gelöst. Es ist den Politikern nicht gelungen, das virulente Problem der Erweiterung als Hebel für die Bearbeitung tiefer liegender struktureller Problem heranzuziehen. Die geplante Os-

---

[18] Hiermit versucht die EU an den ,strukturierten Dialog' der neunziger Jahre anzuknüpfen, der wegen Erfolglosigkeit drei Jahre vorher eingestellt wurde. Die Vorbereitung der Beitrittskandidaten wurde von den EU-Finanzministern seitdem weitestgehend der EU-Kommission und den EU-Außenministern überlassen.

[19] Ungarn hat als bisher einziges Land aus der Reihe der beitrittswilligen MOEL unbestritten schon die ökonomische Stabilisierung abgeschlossen und mit dem strukturellen Umbau bereits die zweite Stufe der Anpassungsreformen begonnen.

terweiterung bot aber eigentlich hinreichend Anlass, spätestens in Nizza das demo-
kratische Defizit der Brüsseler Entscheidungsprozesse zu beseitigen, mithin die
Grundlagen für eine handlungsfähige und demokratisch legitimierte Union zu schaffen. Im Ergebnis wird die Entscheidungsfindung möglicherweise noch schwerfälliger
als bisher werden. Auch im Rahmen des ‚Post-Nizza-Prozesses' ist daher weiteren
institutionellen Reformen der EU erhöhte Priorität beizumessen.

Ein weiterer auch in Nizza wieder deutlich zu Tage getretener Aspekt ist, dass die
EU die *Kosten der Erweiterung* immer noch *nicht ausreichend berücksichtigt* (Budde, Schrumpf (2001)). Die Konsequenzen einer schleichenden Frustration in den Beitrittsländern über den schleppenden Beitrittsprozess für die wirtschaftliche und politische Entwicklung in den MOEL, aber auch entsprechende Rückwirkungen auf die
EU selbst, werden nicht hinreichend bedacht. Aus dieser Sicht erscheint es bedenk-
lich, den Beitritt selbst für die Erfolgreichen immer wieder hinauszuschieben, sei es,
weil die EU selber noch nicht bereit ist, sei es, weil politische Motive trotz anderslau-
tender Bekundungen zu einer *Paketlösung* einer gleichzeitigen Aufnahme bestimmter
MOEL zu einem *späteren* Zeitpunkt raten (‚Big bang'). In letzter Zeit wird beispielsweise zunehmend offensichtlich, dass aus diplomatischen Gründen aus der
Sicht Brüssels eine erste Beitrittswelle ohne Polen trotz dessen verbleibender Kon-
vergenzprobleme vor allem in der Landwirtschaft politisch nur schwer vorstellbar
und realisierbar ist. Dies liefe faktisch auf eine *Bündelung in Beitrittsgruppen* hinaus.
Um so wichtiger erscheint, dass wirklich jedes Land wie vorgesehen gesondert entsprechend seiner Beitrittsfähigkeit bewertet wird und kein Land im Rahmen des Beitrittsprozesses zur Geisel eines anderen wird. Dieser Aspekt wird zu recht immer
wieder von Ungarn und Tschechien betont. Ob allerdings die Gewährung finanzieller
Anreize und großzügiger Übergangsregelungen für Polen im Falle eines Verzichts
auf einen schnellen Beitritt der ordnungspolitisch richtige Weg ist, dürfte mit Be-
stimmtheit anzuzweifeln sein.

Obwohl die EU den Kandidatenländern vor der Konferenz in Nizza kein konkretes Beitrittsdatum in Aussicht gestellt hatte, strebten fast alle Kandidatenländer
ihre Aufnahme ursprünglich schon für das Jahr 2003, spätestens aber für den 1.
Januar 2004 an. Lediglich Bulgarien und Rumänien spekulierten auf ein Datum
um 2006/2007. Durch die in der Agenda 2000 formulierte zu optimistische Prognose erster Beitritte von MOEL schon ab 2002 hat sich die EU selbst unter *großen*

Zugzwang und Reformdruck gesetzt (Dresdner Bank (2001), S. 14).[20] Möglicherweise verlieren hierdurch gerade die ökonomischen Kopenhagener Kriterien an Bedeutung und es kommt zu einer Aufnahme von Beitrittskandidaten, die nicht alle der Kriterien erfüllen. Das Gewicht der politischen und wirtschaftlichen Argumente wird erfahrungsgemäß das Kriterium der Zahl der abgeschlossenen Kapitel übertreffen! Wie bereits im Falle Polens angedeutet, wird beispielsweise die _Konkurrenzsituation der Bewerberländer untereinander_ der EU-Kommission eine sachgerechte am Entwicklungsstand des betreffenden Landes ausgerichtete Entscheidung über die Teilnahme erschweren.

Bis Ende 2002 sollten nach ursprünglichen Brüsseler Zusicherungen die Verhandlungen mit den am weitesten vorangeschrittenen Beitrittskandidaten abgeschlossen sein. Da in Frankreich im Mai 2002 gewählt wird, kann erst danach über künftige Agrarpolitik der ,Agenda 2000' entschieden werden. Die umstrittensten Kapitel dürften sowieso erst nach den Bundestagswahlen in Deutschland im Herbst 2002 verhandelt werden. Ein Endergebnis der Verhandlungen ist unter diesen Voraussetzungen wohl nicht vor 2003 zu erwarten. Unter Spaniens EU-Präsidentschaft wird im Frühjahr über die Strukturhilfen diskutiert werden. Gerade hier steht für Deutschland vieles auf dem Spiel (Budde, Schrumpf 2001)). Falls Deutschland als Nettozahler zuschießen muss, dürfte es schwierig sein, diese zusätzliche Belastung lohnkosten- und arbeitsmarktneutral zu bewältigen. Nachdem Griechenland ein Jahr später die EU-Präsidentschaft inne hat und die Beitrittsverträge noch ratifiziert werden müssen, werden die ersten MOEL wohl erst Ende 2004 oder Anfang 2005 aufgenommen werden. Alle Abschätzungen der Arbeitsmarkteffekte der Osterweiterung - also erstens des EU-Beitritts und zweitens der anschließenden Übernahme des Euro - sollten dieses gegenüber den gängigen Studie leicht verschobene zeitliche Szenario unbedingt berücksichtigen.

Schließlich dürften _regionale Besonderheiten_ wohl zu einer weiteren Aufweichung der Aufnahmekriterien führen. In diesem Zusammenhang hält es die Dresdner Bank (2001, S. 14) für nicht vorstellbar, dass die baltischen Volkswirtschaften Estland, Lettland und Litauen zu unterschiedlichen Zeitpunkten in die EU aufgenommen werden. Oder kann die EU es sich leisten, die Slowakei mit ihren

---

[20] Auch die aktuelle Reformdebatte um eine europäische Verfassung ist von dem Dilemma der „Ereiterungskrise" ausgelöst worden. Letztere besteht darin, dass sich die EU mit dem Termin für den EU-Beitritt der MOEL sowie Maltas und Zyperns selbst unter Druck gesetzt hat. Denn die Einbeziehung von 12 ökonomisch und gesellschaftlich relativ heterogenen Ländern erhöht die Komplexität eines Regelungs- und Abstimmungsbedarfs. Ohne weiter fortschreitende Integration oder Vertiefung besteht dieser unbewältigt fort.

relativ starken beitrittskritischen gesellschaftlichen Kräften warten zu lassen, aber die ehemalige Schwesterrepublik Tschechien aufzunehmen? Aus den genannten Gründen setzt die Dresdner Bank in ihrer Erweiterungsstudie auf einen EU-Beitritt einer *großen* Ländergruppe bestehend aus den drei baltischen Staaten, Polen, der Slowakei, Slowenien, Tschechien, Ungarn (sowie Malta und Zypern) bereits *zum 1. Januar 2005* (Dresdner Bank (2001), S. 14). Ein früherer Zeitpunkt sei wegen der zeitraubenden weiteren Verhandlungen und des Ratifizierungsprozesses wenig realistisch, obwohl auf dem Gipfel von Nizza angestrebt wurde, die EU-Beitrittsländer bereits 2004 an den Wahlen zum europäischen Parlament zu beteiligen. Für Bulgarien und Rumänien wird ein Beitritt frühestens im Jahr 2008 vermutet, wobei dieser Termin für Bulgarien wegen eines höheren Erfüllungsgrades der wirtschaftlichen Kopenhagener Kriterien auch etwas früher liegen könnte.

1.3. Größenordnung der Erweiterung

Abgesehen von der unsicheren zeitlichen Beitrittsperspektive wird bisweilen behauptet, dass die anstehende Osterweiterung der EU einen besonderen Rang einnehme, da ihre *Größenordnung* in der Geschichte regionaler Integrationsräume enorm und *beispiellos* sei (z. B. Verheugen (2001), S. 3). Diese respektvolle Einschätzung trifft jedoch nur zu, wenn die absolute Zahl der Beitrittskandidaten oder andere absolute Größenordnungen mit früheren Erweiterungen der EU verglichen werden (siehe Tabelle 1). Die Einschätzung ändert sich, wenn zu relativen Zahlen übergegangen wird, indem die Größe ehemaliger Beitrittskandidaten auf die Größe der Europäischen Gemeinschaft zum Zeitpunkt früherer Erweiterungsrunden bezogen wird. Die Osterweiterung liegt demnach durchaus in der Bandbreite früherer Erweiterungsrunden, soweit diese Einschätzung den Bevölkerungszuwachs und das Handelsvolumen betrifft (siehe Tabelle 5).

Tabelle 5
Vergleich der Größe vergangener Erweiterungsrunden mit der EU-Osterweiterung

		Bevölkerung	BIP	Handel
GB+DK+IRL	in % der EG-6	33.5	27.9	13.1
SP+POR	in % der EG-10	17.5	8.3	4.7
MOEL-10	in % der EU-15	28.0	4.1	10.9

Quelle: Eigene Berechnungen nach Gros, Nuñez Ferrer, Pelkmans (2000). Die Erweiterung der EG um GB+DK+IRL fand 1973, diejenige um SP+P 1985 statt. Für Vergleiche mit den Erweiterungsrunden um Griechenland und um Österreich, Schweden und Finnland, vgl. Dresdner Bank (2001), S. 21

Die vorstehende Tabelle zeigt, dass die geplante Osterweiterung der EU zwar einen Bevölkerungszuwachs in der EU *um etwa ein Viertel* verursachen wird, eine Größenordnung, die mit der deutschen Vereinigung vergleichbar sein dürfte. Gemessen an *realwirtschaftlichen* makroökonomischen Messziffern hingegen treten die beitrittswilligen MOEL - selbst bei optimistischen Erwartungen an ihre Wachstumsrate - *kaum signifikant* in Erscheinung. Vor allem ist die Größe der MOEL hinsichtlich ihres absoluten Bruttoinlandsprodukts (BIP) äußerst gering. Gros (2000, Tab. 13) legt entsprechend dar, dass die MOEL, umgerechnet mit aktuellen Wechselkursen, 1997 gerade mal ein Fünfzehntel (7 %) des BIP der Euro-11 erreichten. Dies bedeutet, dass der Wert der 1997 in allen zehn MOEL zusammen produzierten Güter des Endverbrauchs ungefähr demjenigen entspricht, der im gleichen Jahr *in den Niederlanden* hergestellt wurde. Darüber hinaus tragen die MOEL der Luxemburg-Gruppe zu diesem Ergebnis bereits im Umfang von zwei Dritteln bei. Allerdings ist für die Ableitung von Beschäftigungseffekten der EU-Osterweiterung eine hier nicht explizit erscheinende zusätzliche Information von besonderer möglicherweise alarmierender Bedeutung: der Anteil der in der *Landwirtschaft* Beschäftigten wird sich in der EU durch einen Beitritt der zehn MOEL sowie Maltas und Zyperns *mehr als verdoppeln* und die Bruttowertschöpfung des Agrarsektors um 13 % zunehmen (vgl. ausführlich Kapitel 2 und Dresdner Bank (2001), S. 21).

In bezug auf *monetäre* Indikatoren fällt das Analyseergebnis im Hinblick auf die zu erwartende Größenordnung der EU-Osterweiterung nicht wesentlich anders aus. Angesichts der Tatsache, dass alle MOEL relativ kleine Finanzsektoren aufweisen, dürfte ihr aggregiertes Geldangebot weniger als 7 % des gegenwärtigen Geldangebots im Euro-Raum ausmachen. Hieraus folgt direkt, dass selbst schwerwiegende Probleme im Finanzsektor der zehn MOEL keine gravierenden Auswirkungen auf die monetären Bedingungen in Euroland haben können. Dies gilt erst recht, wenn zusätzlich berücksichtigt wird, dass der größte Teil des gesamten Geldangebots der zehn MOEL aus den auf dem Weg zu einem marktwirtschaftlichen System in einem stabilen demokratischen Rahmen am weitesten fortgeschrittenen Staaten der ersten Gruppe von Beitrittskandidaten stammt. Es ergibt sich hieraus für sich genommen die Schlussfolgerung, dass *geldpolitisch ausgelöste Arbeitsmarktprobleme* im Zuge der Osterweiterung wohl eher *eine untergeordnete Rolle* spielen dürften (vgl. Kapitel 4).

Für einen besseren Vergleich der Wirtschaftsleistung und des relativen Wohlstandes muss das BIP nicht nur auf die Zahl der Einwohner bezogen, sondern auch *mit Kaufkraftparitäten umgerechnet* werden. Die Kaufkraftparitäten stellen das Verhältnis zwischen den Beträgen in nationaler Währung dar, die zum Kauf eines vergleichbaren repräsentativen Warenkorbes in den betreffenden Ländern erforderlich sind. Dadurch werden andere Einflüsse auf die am Devisenmarkt festgestellten Wechselkurse (Geldangebot und -nachfrage, Kapitalströme, Spekulation) ausgeblendet, und es wird die *tatsächliche Kaufkraft* der einzelnen Länder deutlicher berücksichtigt (Eurostat (2000), S. 22). Die zehn Kandidaten aus Mittel- und Osteuropa erreichten 1999 bei einer Umrechnung der Währungen nach Kaufkraftparitäten immerhin 38 % des durchschnittlichen Pro-Kopf-Einkommens in der EU (eigene Berechnung; siehe Tabelle 1).

Abschließend seien einige Anmerkungen zur Absicht dieser Studie vorgebracht. Dieses Buch leistet zweierlei. Zum einen fasst es die aktuelle wirtschaftswissenschaftliche Diskussion zum Thema der EU-Osterweiterung, wie sie u. a. auf der Jahrestagung des Vereins für Socialpolitik 1999 geführt wurde,[21] pointiert zusammen, und zum anderen entwickelt es aus der Gegenüberstellung der z. T. partialanalytischen Analysen eine Gesamtsicht der Problematik auf der theoretischen, empirischen und wirtschaftspolitischen Ebene. Damit werden nicht nur die währungspolitischen Aspekte der Osterweiterung erstmals in eine Beurteilung der Beschäftigungswirkungen integriert, sondern es wird auch der Bedeutung politischer Lobbys und ihres Einflusses auf die institutionelle Ausgestaltung des Arbeitsmarktes Rechnung getragen. Unser zentraler Untersuchungsgegenstand ist dabei die Analyse der Arbeitsmarkteffekte der Osterweiterung in den beitretenden MOEL und den bisherigen Mitgliedsstaaten. Handelseffekte, Veränderungen der politischen Entscheidungsstrukturen, Veränderungen der Kapitalströme bzw. Güterströme aber auch Migrationserwartungen werden aus dieser Perspektive heraus auf ihre Wirkungen auf die Arbeitsmärkte untersucht. Dabei stützen wir uns auf zahlreiche Einzelstudien, modellgestützte Prognosen und zusammenfassende Expertisen. Es existiert mittlerweile ein umfangreiches wissenschaftliches Schrifttum zur Osterweiterung, deshalb können wir unsere Diskussion der Arbeitsmarkteffekte auf eine breite Grundlage stellen. Zugleich verfolgen wir mit unserem Buch die Absicht einen großen Teil der *interessierten Öffentlichkeit* und dabei insbesondere auch Nicht-Ökonomen und Studenten, über die wichtigsten Fragestellungen im Zusammenhang mit der Osterweiterung zu *informieren*.

Die Implikationen der Osterweiterung für die Arbeitsmärkte sind für jegliche wirtschaftspolitische Beurteilung zentral. Die Höhe der Arbeitslosenrate und der Löhne wird direkte Auswirkungen auf die (subjektiv empfundene) gesellschaftliche Wohlfahrt in den Beitrittsländern und den Staaten der EU haben. Darüber hinaus handelt es sich dabei um wesentliche Faktoren der politischen Stabilität in den mittel- und osteuropäischen Ländern. Führt der Beitritt relativ armer und bevölkerungsreicher Länder Mittel- und Osteuropas zur EU zu einem Anstieg der Arbeitslosigkeit in den momentan in der EU vereinigten Staaten? Oder wird die zunehmende Konkurrenz der Arbeitnehmer auf den Arbeitsmärkten der EU dazu führen, dass - in Analogie zu Gütermärkten mit starkem Wettbewerb der Anbieter - die

---

[21] Die Beiträge der Jahrestagung wurden in Hoffmann (2000) veröffentlicht.

Preise (Löhne) sinken und die Menge (Beschäftigung) steigt, also die Arbeitslosigkeit abnimmt? Werden andererseits die beitretenden Staaten mit dem geltenden Recht der EU auch die inflexiblen Arbeitsmarktregulierungen importieren und damit in Zukunft die Lasten hoher struktureller Arbeitslosigkeit tragen müssen?

Ein weiterer Problemkreis betrifft die zu erwartende und durch die Kopenhagener Kriterien implizit forcierte Erweiterung des Euro-Raumes: Die Mitgliedschaft in der Währungsunion verlangt von den MOEL die unwiderrufliche Fixierung ihrer Wechselkurse. Führt der Wegfall dieses Anpassungsinstrumentes und automatischen Stabilisators zu steigender Arbeitslosigkeit? Besteht andererseits die Gefahr, dass die gemeinsame Währung durch die bevorstehenden Beitritte aus Mittel- und Osteuropa zur Währungsunion so instabil wird, dass die Arbeitsmärkte der EU in Mitleidenschaft gezogen werden könnten?

Im folgenden 2. Kapitel werden wir zunächst die Entwicklung der Arbeitsmärkte und die Wahl und Veränderung der Arbeitsmarktinstitutionen in den zehn mittel- und osteuropäischen Betrittskandidaten in der vergangenen Dekade darstellen. Damit ist die Grundlage für die Analyse der Arbeitsmarkteffekte des Beitritts der MOEL zur EU, die, neben einer möglichen Veränderung der Größenordnung und Struktur des Außenhandels und der ausländischen Direktinvestitionen, vor allem durch die Übernahme des sozialpolitische Acquis ausgelöst werden könnten, in Kapitel 3 gelegt. Kapitel 4 beschäftigt sich mit den möglichen Arbeitsmarkteffekten der Osterweiterung für die bisherigen EU-Mitglieder. Dabei steht vor allem die in Deutschland kontrovers diskutierte Frage der Arbeitskräftewanderung und deren Wirkungen auf die Höhe der Arbeitslosigkeit im Mittelpunkt. Im 5. Kapitel untersuchen wir die Beschäftigungswirkungen möglicher währungspolitischer Arrangements des Euro-Raumes mit den beitretenden Staaten, bevor wir im 6. Kapitel ein Fazit ziehen und einen Ausblick geben.

2. Die Ausgangslage der Arbeitsmärkte der Beitrittskandidaten

Die in der Ökonomie dominierende Denkrichtung der neoklassischen Theorie unterscheidet drei Einflusskanäle der realwirtschaftlichen Integration auf die Arbeitsmärkte: den Güterhandel sowie Wanderungen der Produktionsfaktoren Kapital und Arbeit (z. B. Brücker (2001), S. 72). An dieser Dreiteilung orientieren wir uns bei der Beschreibung der makroökonomischen Entwicklung in den MOEL seit 1989 im folgenden Kapitel 2.1. Wir ergänzen diese Sichtweise in diesem Buch jedoch um eine institutionenökonomische Analyse. In Kapitel 2.2 werden die gegenwärtig in den MOEL vorzufindenden institutionellen Rahmenbedingungen der Arbeitsmärkte dargestellt. In Abschnitt 3.1 analysieren wir darauf aufbauend die möglichen Auswirkungen der als Voraussetzung zum Beitritt von der EU erzwungenen Übernahme der arbeits- und sozialpolitischen Bestandteile des Acquis. In Kapitel 3.2 fassen wir die bislang in der wissenschaftlichen Literatur untersuchten Wohlfahrtseffekte der – oben erwähnten - (neo-)klassischen Einflusskanäle der Integration aus der Arbeitsmarktperspektive zusammen, so dass wir in Kapitel 3.3 auf der Grundlage einer fundierten Spekulation die Arbeitsmarkteffekte des Beitritts für die MOEL prognostizieren können.

2.1. Makroökonomische Entwicklung seit 1989

Jede Prognose setzt eine Beschreibung des gegenwärtigen Zustandes und eine Diagnose der Ursachen vergangener Entwicklungen voraus. In diesem Abschnitt wird deshalb zunächst kurz das Wachstum wichtiger makroökonomischer Größen für die MOEL seit der politischen Wende im Jahr 1989 untersucht. Die drei oben genannten aus theoretischer Sicht bedeutenden Größen Güterhandel (2.1.3), ausländische Direktinvestitionen (2.1.4) und Migration (2.1.5) werden dabei von allgemeineren Strukturkennziffern (2.1.1) und speziellen Arbeitsmarktindikatoren (2.1.2, 2.1.6, 2.1.7) flankiert, die für die weitere Argumentation in diesem Buch noch von Bedeutung sein werden. Dabei wurde der Schwerpunkt z. T. auf Polen, Tschechien und Ungarn gelegt. Diese Vorgehensweise empfiehlt sich zum einen, weil die Verfügbarkeit von Daten und die Zahl der bislang veröffentlichten Studien nur für diese Länder für unsere Zwecke ausreichend groß ist, und zum anderen, weil diese drei Länder zu der vormals ersten Welle der Beitrittskandidaten gehören. Da genau diese Länder auch am dringendsten auf ihre Aufnahme in die EU gedrängt haben, wird häufig die These vertreten, dass ein Teil der in den letzten Jahren verbesserten makroökonomischen Performance der *Aussicht auf eine EU-Mitgliedschaft* zuzuschreiben sei (Baldwin, François, Portes (1997), S. 169 f.).

Folgt man dieser Ansicht, so hätte eine Verzögerung oder sogar ein Scheitern der Beitrittsverhandlungen negative Effekte für die Arbeitsmärkte in den MOEL zur Folge („no enlargement and its own costs').Wo immer möglich, haben wir natürlich alle zehn MOEL berücksichtigt.

2.1.1. Struktureller Wandel und ökonomisches Wachstum

Es ist bekannt, dass die EU-Beitrittskandidaten aus Mittel- und Osteuropa im Rahmen ihrer Transformation zu dezentralen, marktbasierten Volkswirtschaften gerade hinsichtlich ihrer Arbeitsmarktentwicklung (mit der weitgehenden Ausnahme Tschechiens) *große realwirtschaftliche Anpassungshärten* auf sich nehmen mussten. Die Liberalisierung der Preise führte zu einem gravierenden *Preisschock*. Für die anfängliche Entwicklung der Arbeitsmärkte vielleicht noch bedeutender war jedoch ein starker *Outputschock* (Jovanovic (1999), S. 493). Der Output fiel in den ersten zwei bis drei Jahren nach der politischen Wende dramatisch. Am Geringsten waren noch die frühen Reform-Staaten der ersten Gruppe von Beitrittskandidaten mit Einbrüchen des BIPs von unter 20 % betroffen. Das hohe Produktionsniveau des letzten Jahres vor der Transformation wurde bis 1998 lediglich von Ungarn (95 %) und Tschechien (97 %) knapp und von Slowenien und der Slowakei wieder voll erreicht, sowie allerdings von Polen deutlich übertroffen (123 %) (siehe Tabelle 6).

Tabelle 6
Transformationsrezession und Erholung

	kumulierter BIP-Rückgang bis zum niedrigsten Niveau (1989 = 100)	Jahr mit dem niedrigsten BIP	kumuliertes BIP-Wachstum seit dem niedrigsten Niveau bis 1998	Verhältnis des BIP 1998 zum BIP 1989
Polen	13,6	1991	42,6	1,23
Tschechien	15,4	1992	12,8	0,97
Ungarn	18,1	1993	16,3	0,95
Slowenien	20,4	1992	25,4	1,00
Slowakei	24,7	1993	32,9	1,00
Rumänien	26,7	1992	3,4	0,82
Estland	36,4	1994	25,7	0,89
Bulgarien	36,8	1997	4,0	0,72
Litauen	40,8	1994	19,8	0,71
Lettland	52,8	1993	17,0	0,64

Quelle: Fischer, Sahay (2000), S. 34.

Damit schneiden die MOEL sehr viel besser als andere Transformationsökonomien ab. Im Durchschnitt aller 25 Transformationsländer (die zehn Beitritts-

SER, B.H, Kos, MUG

kandidaten, Albanien, Mazedonien und Kroatien, sowie zwölf Staaten der ehemaligen Sowjetunion) wurde nach einem Einbruch von 41,8 % der niedrigste Output im Jahr 1993 realisiert und nach der Erholung bis 1998 lediglich 70 % des Niveaus des letzten Jahres vor der Transformation wieder erreicht (Fischer, Sahay (2000), S. 34). Dies bedeutet, dass die nicht in Beitrittsverhandlungen mit der EU stehenden Staaten Ost- und Südosteuropas noch sehr viel stärker unter der Transformation ihrer Wirtschaftssysteme zu leiden haben als die Kandidatenstaaten.

Die Schmerzhaftigkeit des Anpassungsprozesses drückte sich vor allem in einer heftigen *Umverteilung von Ressourcen* (u. a. Arbeitskräften) in bezug auf verschiedene Verwendungen aus. Die offiziell ausgewiesene Arbeitslosigkeit stieg in weniger als drei Jahren auf zweistellige Werte (siehe Kapitel 2.1.2), und übertraf damit zum Teil sogar die ‚langsam gewachsene' permanent hohe Arbeitslosigkeit in Westeuropa (Eurosklerose). Die *Struktur der Beschäftigung veränderte* sich im Transformationsverlauf substantiell. Mit der Deindustrialisierung und der Deagrarisierung sowie dem Aufbau des Dienstleistungssektors lassen sich Trends erkennen, die je nach Ausgangssituation und bisherigem ‚Transformationspfad' unterschiedlich stark ausgeprägt sind. Die planwirtschaftliche Verzerrung in Richtung industrieller Beschäftigung wurde fast überall beseitigt. In fast allen MOEL konnte ein *dramatischer Rückgang der industriellen Beschäftigung* verzeichnet werden: zwischen 1990 und 1997 wurden in diesem Bereich mehr als 6 Millionen Arbeiter entlassen. Am Stärksten betroffen waren Bulgarien, Litauen und Rumänien,

Tabelle 7
Wirtschaftsstruktur in den MOEL nach Sektoren

| | sektorale Beschäftigung (in % der gesamten Beschäftigung) | | | | | | |
| | Landwirtschaft | | | Industrie | | Dienstleistung | |
	1990	1995	1999	1995	1999	1995	1999
Tschechien	12	7	5	42	41	52	54
Ungarn	16	8	7	33	34	59	59
Slowakei	13	9	7	39	39	52	54
Estland	17[*]	11	10[**]	34	33[**]	55	57[**]
Slowenien			10		38	55	51
Lettland		17	19[**]	28	26[**]		55[**]
Polen	26	23	19[**]	32	32[**]	45	49[**]
Litauen			21[**]		28[**]		51[**]
Bulgarien	18		26[**]		31[**]		43[**]
Rumänien	29	40	41	31	28	29	31

[*] 1993, [**] 1998. Zum Vergleich: In der EU waren 1997 von den 150 Millionen Erwerbstätigen ca. 5 % in der Landwirtschaft, 30 % in der Industrie und 65 % im Dienstleistungssektor tätig (Eurostat (2000)).
Quellen: Beschäftigung in der Landwirtschaft 1990: Conquest (1999), S. 4;
    sektorale Struktur 1995: EU-Kommission (1999), S. 50 ff.;
    sektorale Struktur 1999: EU-Kommission (2000), S. 50 ff..

wo zwischen 35 % und 50 % der Industriearbeitsplätze verloren gingen. In den anderen Staaten sank die Beschäftigung in der Industrie um immerhin noch ca. 30 %, wobei allerdings Tschechien mit einem Arbeitsplatzabbau in diesem Sektor von lediglich 20 % eine Ausnahme bildet (EU-Kommission (1999), S. 9 f.). Dort beträgt der Anteil der Industrie an der Gesamtbeschäftigung immer noch mehr als 40 % (siehe Tabelle 7). Es ist deshalb sehr fraglich, ob die tschechische Industrie tatsächlich bereits als international wettbewerbsfähig zu bezeichnen ist, oder ob die strukturelle Anpassung dort lediglich zeitlich verschoben wurde, so dass in naher Zukunft auch in Tschechien noch mit einer sehr viel höheren Arbeitslosigkeit zu rechnen sein wird.

Gleichzeitig geriet auch die _Landwirtschaft unter starken Anpassungsdruck_. In einem Teil der MOEL wie vor allem Tschechien, Ungarn, Estland, Slowenien und der Slowakei kam es zu erheblichen Rückgängen der Beschäftigung in der Landwirtschaft. Andere Beitrittskandidaten wie vor allem Polen, Lettland und Litauen weisen immer noch einen _sehr hohen Anteil der Landwirtschaft_ an der gesamten Beschäftigung auf.[22] Auch hier ist die Freisetzung einer großen Zahl von Arbeitskräften bei fortschreitender Westintegration nur eine Frage der Zeit und könnte einen potentiellen Anreiz für eine Immigration in die bisherige EU darstellen (siehe Abschnitt 4.1). In Bulgarien und Rumänien führte die Verringerung der Beschäftigung im industriellen Sektor sogar dazu, dass die Zahl der im Agrarbereich Beschäftigten relativ und absolut drastisch stieg. Zum Teil wird dieser Trend durch die Aufteilung und Privatisierung der großen staatlichen Landwirtschaftsbetriebe erklärt, zu einem erheblichen Teil jedoch auch durch die wirtschaftliche Not, welche die Menschen zur selbständigen Beschäftigung in der Landwirtschaft zwingt, um die eigene Versorgung mit Nahrungsmitteln sicherzustellen (Subsistenzwirtschaft) (EU-Kommission (1999), S. 9).

Schließlich stieg in allen MOEL mit Ausnahme von Ungarn und Rumänien[23] die relative und absolute Größe des _Dienstleistungssektors_ deutlich. Die hieraus resultierenden Beschäftigungseffekte sind anerkanntermaßen durchaus signifikant. Sie konzentrierten sich bisher aber vor allem in urbanen Regionen, so dass die Arbeitslosigkeit nach wie vor ein großes _regionales_ Problem darstellt.

---

[22] Vgl. zum negativen Einfluss eines hohen Anteils der Landwirtschaft an der Wertschöpfung in Transformationsökonomien auf das Wirtschaftswachstum Gylfason (2000).

[23] In Ungarn kam es nicht zu einer vergleichbar starken Ausweitung, da die Entwicklung des Dienstleistungssektors dort bereits in den späten 80er Jahren eingesetzt hatte. In Bulgarien ist der Dienstleistungssektor trotz seiner starken Expansion noch unterentwickelt. Das geringe Gewicht dieses Sektors an der Gesamtstruktur hängt dort, wie auch in Rumänien, mit der zögerlichen Durchsetzung marktwirtschaftlicher Reformen zusammen; vgl. EU-Kommission (1999), S. 10.

Mit dem Strukturwandel ging in den MOEL eine spürbare *Erholung ihrer Wirtschaftslage*, gemessen an geeigneten Indikatoren für das Wachstum des realen BIP und mit einiger Verzögerung auch der Arbeitslosenrate (in Ungarn, Polen, Lettland und Litauen) einher. Trotz des starken BIP-Wachstums in den letzten Jahren liegen die Beitrittsbewerber hinsichtlich ihres *Einkommens* immer noch deutlich *hinter dem EU- bzw. Euroland-Durchschnitt* zurück. Allerdings rangierte Slowenien 1998 mit einen Wert von knapp 68 % des Euroland-Durchschnitts bereits vor Griechenland, das nur auf ca. 66 % kommt (Portugal als ‚zweitärmster' EU-Staat erreicht ungefähr 75 %). An zweiter Stelle folgte Tschechien mit einem Pro Kopf-BIP von ungefähr 60 % des EU-Durchschnitts.

Tabelle 8
Pro Kopf-BIP der MOEL (KKS) in % des EU-Durchschnitts

	1998 *	1999 **
Slowenien	68	71
Tschechien	60	59
Ungarn	49	51
Slowakei	46	49
Polen	39	37
Estland	36	36
Litauen	31	29
Rumänien	27	27
Lettland	27	27
Bulgarien	23	22

* EU-Kommission (1999b), Annex 2.
** EU-Kommission (2000a), Annex 2. Die Kommission weist darauf hin, dass die Kalkulationsmethode gegenüber dem Vorjahr verändert wurde und die Werte deshalb nicht vergleichbar sind.

Diese Konstellation ist in etwa vergleichbar mit der Performance Griechenlands und Portugals Anfang 1980 vor ihrem EU-Beitritt. Die verbleibenden MOEL sind noch viel ‚ärmer' als Slowenien und Tschechien (siehe Tabelle 8).

2.1.2. Arbeitslosigkeit

Im gesamten Zeitraum von 1989 bis 1998 zeigte das Beschäftigungswachstum in den MOEL einen weniger dynamischen Trend als das BIP-Wachstum (EU-Kommission (1999), S. 8). Die durch den Transformationsschock ausgelösten Anpassungsprozesse auf dem Arbeitsmarkt unterscheiden sich dabei unter den betrachteten Ländern deutlich. *In Ungarn und Polen* stieg die offiziell ausgewiesene Arbeitslosigkeit von einem Niveau von Null direkt nach den Reformen zur Etablierung der Marktwirtschaft 1990 im dritten Quartal 1991 (Polen) beziehungsweise im dritten Quartal 1992 (Ungarn) auf zweistellige Werte (siehe Abbildung 2). In Ungarn wurde 1993 ein Maximum von 13 Prozent erreicht. In Polen wurde der Höhepunkt der Arbeitslosigkeit mit 16,7 Prozent im Jahr 1994 erzielt. Seitdem sank die Arbeitslosigkeit jeweils stetig. In Polen betrug der Rückgang bis 1998 sogar beachtliche 6 Prozentpunkte (siehe Tabelle 9). Die Entwicklung der *tschechischen* Arbeitslosenrate hingegen war während der gesamten Transformationsphase bis zur Währungskrise des Jahres 1998 eine auch in OECD-Ländern bewunderte Ausnahme (Lavigne (1998), S. 50 f.). Von Anfang 1994 bis Mitte 1997 schwankte sie zwischen 2 und 4 Prozent, um dann im Jahr 1998 auf 6,5 und im Jahr 1999 auf 8,8 % anzusteigen.

Abbildung 2
Arbeitslosenquote in Polen, Tschechien, Ungarn und der EU

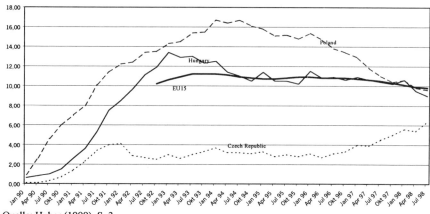

Quelle: Huber (1999), S. 3.

Tabelle 9
Arbeitslosenquote[1] in den MOEL 1993-1999

	1993	1994	1995	1996	1997	1998	1999
Rumänien	k. A.	8,2	8,0	6,7	6,0	6,3	6,8
Tschechien	4,3	4,3	4,0	3,9	4,8	6,5	8,7
Ungarn	11,9	10,7	10,2	9,9	8,7	7,8	7,0
Slowenien	k. A.	9,0	7,4	7,3	7,4	7,9	7,6
Estland	6,5	7,6	9,7	10,0	9,7	9,9	11,7*
Polen	14,9	16,5	15,2	12,3	11,2	10,6	15,3**
Slowakei	12,2	13,7	13,1	11,3	11,8	12,5	16,2
Litauen	k. A.	17,4	17,1	16,4	14,1	13,3	14,1
Lettland	k. A.	k. A.	18,9	18,3	14,4	13,8	14,5
Bulgarien	21,4	20,5	14,7	13,7	15,0	16,0	17,0
EU15	10,7	11,1	10,7	10,8	10,6	9,9	9,2

[1] Arbeitslosigkeit nach der Arbeitskräfteerhebung in % der Erwerbsbevölkerung. Für Litauen (94-99) und Rumänien (94-99) in % der Gesamtbevölkerung älter als 14 Jahre.
* 2. Quartal; ** 4. Quartal.
Quellen: 1993: EU-Kommission (1999), S. 50 ff.; Eurostat (2001), S. 14 u. 53.

Im Jahr 1998 lagen schließlich neben der tschechischen auch die ungarische, die slowenische und die rumänische Rate *unterhalb des EU-Durchschnitts* von 10,0 %. Polen und Estland waren in etwa gleichauf mit dem EU-Durchschnitt, während Lettland, Litauen, Bulgarien und die Slowakei zum Teil deutlich darüber lagen. Es scheint sich dabei eine Konvergenz der Arbeitslosenquoten der fünf Länder der ersten Gruppe von Beitrittskandidaten auf ein Niveau leicht *unterhalb des EU-Durchschnitts* herauszukristallisieren. Dieses Phänomen könnte einen ersten Anlass für die Vermutung darstellen, dass *Unterschiede* der Arbeitsmarktinstitutionen zwischen den analysierten MOEL einerseits und der EU andererseits zwar noch vorhanden sind, aber *nicht mehr allzu groß* sein dürften (Burda (1998), S. 4 f., Conquest (1999), S. 4, EU-Kommission (1999), S. 11, Huber (1999), S. 4).

In der Tat hätte das Ausmaß der im Agrar- und im Industriesektor zu verzeichnenden Arbeitsplatzverluste eine noch viel höhere Arbeitslosigkeit erwarten lassen. Insofern lohnt sich eine nähere Analyse der gerade abgeleiteten Trends.

Abbildung 3
Beschäftigung in Polen, Tschechien und Ungarn (Januar 1990 = 100)

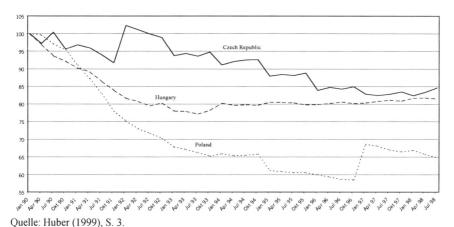

Quelle: Huber (1999), S. 3.

Abbildung 4
Erwerbspersonen in Polen, Tschechien und Ungarn (Januar 1990 = 100)

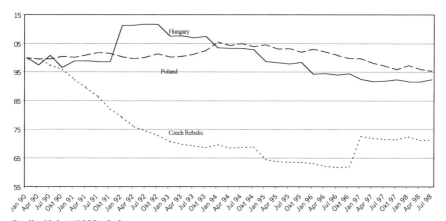

Quelle: Huber (1999), S. 3.

Die nach der Transformation in den MOEL mehrheitlich hohen Arbeitslosenraten können zum Teil auf die *überdurchschnittliche Partizipationsrate* in
der Phase *vor* dem Jahr 1989 zurückgeführt werden. Mit der Partizipationsrate ist
hier der Anteil der arbeitsfähigen Bevölkerung gemeint, der dem Arbeitsmarkt tatsächlich zur Verfügung steht und somit zur ‚labour force' zu zählen ist. Mittlerweile sind die auch Erwerbsquoten genannten Partizipationsraten in etwa mit denen der *EU-Länder vergleichbar*; Ungarns Quote entspricht dabei annähernd dem
EU-Durchschnitt (Burda (1998), S. 6, EU-Kommission (1999), S. 9). Die männli-
che Partizipation fiel dabei in den letzten Jahren unter westeuropäische Niveaus;
die weibliche Partizipation bleibt hingegen trotz einer drastischen Verringerung
weiterhin beträchtlich höher. Die diesen Durchschnittswerten zugrunde liegenden
Entwicklungen von Arbeitsangebot und -nachfrage stellen sich bei näherer Betrachtung jedoch als durchaus *heterogen* heraus, so dass sich an dieser Stelle weitergehende Schlussfolgerungen wohl verbieten dürften (Franz (1995)).

Trotz massiv fallender Beschäftigung konnten *in Tschechien* in den ersten Jahren nach der Wende geringe Arbeitslosenraten erzielt werden, da sich das Arbeits-
kräftepotential ähnlich stark verringerte (siehe Abbildung 3 und Abbildung 4).
Vormals als arbeitslos Registrierte tauchen in den Arbeitslosigkeitsstatistiken deshalb nicht mehr auf. Darüber hinaus treten entlassene Erwerbspersonen nicht in
den Arbeitslosen-Pool ein, sondern verlassen die ‚labour force' auf direktem Wege. Faktoren, die zu dieser Entwicklung beitrugen, waren die zunehmende nicht
erfasste Beschäftigung in kleinen privaten Unternehmen, die wachsenden Pendlerströme in das Ausland sowie die Verringerung der Teilnahmeraten am Erwerbsle-
ben insbesondere seitens der Frauen. Vor allem in Tschechien (und auch in der
Slowakei) werden jedoch immer noch viele Arbeitskräfte in wenig produktiven
(Industrie-)Betrieben gehortet. Die offiziellen Arbeitslosenzahlen spiegeln diese
Hortung nicht wieder, obwohl diese im Rahmen des Transformationsprozesses in
naher Zukunft (d. h. innerhalb der nächsten zehn Jahre) noch zu einer Freisetzung
vieler Arbeitskräfte führen wird (Walterskirchen (1998), S. 536).[24] *In Ungarn hin-*
gegen fielen die Mengenreaktionen auf die Transformationsprozesse wegen des
früheren Beginns und deshalb graduelleren Charakters der marktwirtschaftlichen
Reformen vergleichsweise weniger deutlich aus.[25] Sowohl die Beschäftigung als
auch das Erwerbspersonenpotential verringerten sich mit einer moderaten und relativ konstanten Rate. *Polen* stellt schließlich einen mittleren Fall dar, dessen fal-

---

[24] Zum Teil kommt dies schon in dem gegenwärtigen Anstieg der Arbeitslosenquote in der
Slowakei von 12,5 (1998) auf 16,2 % (1999) zum Ausdruck, siehe Tabelle 9.
[25] Mit Mengen- im Gegensatz zu den ebenfalls prinzipiell möglichen Preisreaktionen sind
hier Änderungen der Arbeitsmengen an der Stelle von Lohnänderungen gemeint.

lende Beschäftigung nicht durch gleichgerichtete Veränderungen des Erwerbspersonenpotentials kompensiert wurde (Huber (1999), S. 3 f.) Die Arbeitslosenrate entwickelte sich folglich auf einem vergleichsweise höheren Niveau.

Der Anteil der *Langzeitarbeitslosen* an der Gesamtzahl der Arbeitslosen liegt zwischen ungefähr 30 % in Tschechien, Litauen und Lettland und 55 % in Bulgarien und Slowenien (EU-Kommission (2000)). Mehrheitlich ist jedoch in den MOEL die Dynamik am Arbeitsmarkt nach wie vor relativ schwach; die Wahrscheinlichkeit, nach einer Beschäftigung arbeitslos zu werden, ist viel höher als nach einer Periode der Arbeitslosigkeit wieder beschäftigt zu werden. Die Langzeitarbeitslosen in den MOEL, also diejenigen, die möglicherweise aus wirtschaftlichen Gründen zur Emigration aus den MOEL neigen (aber eher nicht auswandern werden, siehe Kapitel 4.1), zeichnen sich durch einen hohen Anteil von Arbeitskräften mit geringem Bildungs- und Qualifikationsniveau aus (EU-Kommission (1999), S. 12).

Die Heterogenität der Entwicklungspfade seit der Transformation kann vor allem wohl als das *Resultat unterschiedlicher Reformstrategien* interpretiert werden. In den Ländern mit einem relativ hohen Zustrom an Anlageinvestitionen ist der aggregierte Output angestiegen, obwohl die Arbeitslosigkeit ebenfalls wuchs. Parallel stieg die Arbeitsproduktivität (wohl auch durch die Substitution der am wenigsten produktiven Arbeitsplätze durch Kapital) in diesen Ländern stark an. Polen und Ungarn beispielsweise verzeichneten hierdurch eine signifikante Verbesserung ihrer makroökonomischen Performance. Tschechien hingegen wurde in dieser Hinsicht durch seine Unfähigkeit, das Problem verlusterzielender Unternehmen und deren Finanzierung durch Staatsbanken (das sogenannte ‚Bailout') anzugehen stark beschränkt. Länder wie Bulgarien und Rumänien hingegen, die bisher nicht mehr als rudimentäre Reformen vorzuweisen und die Privatisierung großer staatlicher Konglomerate versäumt haben, stehen weitaus schlechter da. Während Polen und Ungarn (und bei den baltischen Staaten vor allem Estland) sehr aktiv die Privatisierung der Staatsbetriebe vorantrieben, fürchteten Bulgarien und Rumänien die Folgen einer Schocktherapie. Sie zogen die Anpassung durch lediglich *graduelle* Reformen, d. h. kleine Reformschritte, vor.

Insgesamt stützen die in diesem Abschnitt verwendeten Daten die Interpretation, dass die extremsten Turbulenzen auf den Arbeitsmärkten *erst im Jahr 1993* vorüber waren. Gleichzeitig stellt sich die Frage, ab welchem Zeitpunkt ein hinreichend stabiles institutionelles Umfeld für die Arbeitsmarktentwicklung unterstellt werden kann. Eine hier nicht weiter gestützte These würde lauten: im Prinzip schon ab 1989, da sich die Ausgestaltung von Institutionen im Zeitablauf nur langsam ändert und stark vom Status quo abhängt. Im Falle der MOEL kann diese so genannte ,Pfadabhängigkeit des institutionellen Wandels' vernachlässigt werden, da ein Großteil der Arbeitsmarktinstitutionen erst im Gefolge der Transformation neu geschaffen wurden. Folglich darf eine Analyse der ,üblichen' Arbeitsmarktanpassungen und der Rolle von Institutionen für diese Anpassungen streng genommen erst *frühestens im Jahr 1993*, dem Beginn der aktiven Umstrukturierung, beginnen (Richter, Landesmann, Havlik (1998), S. 21, Huber (1999), S. 4). Damit ergibt sich aber für quantitative Untersuchungen der Arbeitsmarktwirkungen der Übernahme westlicher Institutionen – dem Kernthema des 3. Kapitels – bis heute lediglich ein äußerst kurzer Stütz- oder Beobachtungszeitraum. Fundierte ökonometrische und statistische Untersuchungen dieses Problembereichs lassen sich zum gegenwärtigen Zeitpunkt deshalb wohl noch nicht anstellen.

2.1.3. Außenhandel

Beschäftigungswirkungen der EU-Osterweiterung werden in letzter Zeit häufig auf der Grundlage von *Projektionen des Außenhandels* abgeleitet (vgl. Abschnitt 3.2.1). Untersuchungen der Veränderungen der Außenhandelsströme können hinsichtlich der *Quantität* und *Qualität* durchgeführt werden. Nach 1992, in der Periode der aktiven Umstrukturierung, wurden die größten Außenhandelszuwächse der MOEL nicht im Bereich der traditionellen arbeitsintensiven Industrien, sondern im Bereich des Maschinenbaus und der Ausrüstungen erzielt. Diese Industrien mit komparativen Vorteilen zeichnen sich aber genauso wie die traditionellen Industrien durch eine *überdurchschnittliche Arbeits- und Energieintensität* bei einer *unterdurchschnittlichen* Beanspruchung von Forschung und Entwicklung (F&E) sowie von Human- und Sachkapital aus. In allen MOEL findet sich trotz des zum Teil hohen Bildungsniveaus der Bevölkerung ein großer und kontinuierlicher Mangel an humankapitalintensiven Industrien, wobei vor allem für Ungarn und Slowenien, aber in geringerem Umfang auch für Tschechien und die Slowakei, mittlerweile Verbesserungen erkennbar sind.[26]

Wie die Ausführungen in Kapitel 1 zeigten, handelt es sich bei den Beitrittskandidaten mit Ausnahme Polens und Rumäniens um durchweg bevölkerungsmäßig eher kleine Volkswirtschaften, die seit jeher auf den Außenhandel mit anderen Ländern angewiesen sind. Eine intensive Arbeitsteilung und Handelsverflechtung bestand schon unter den ehemaligen RGW-Staaten und wurde bald nach der politischen Wende im Verhältnis zur EU wieder erreicht. Denn wegen der anfänglich

---

[26] Vgl. Andersen Consulting (1999), S. 16, Gabrisch, Werner (1998), S. 9, Inotai, Vida (1999), S. 255 f., Richter, Landesmann, Havlik (1998), S. 21.

niedrigen Wechselkurse und Löhne konnte beispielsweise Polen seinen preislichen Wettbewerbsvorteil auf den westlichen Märkten für *Produkte mit preisreagibler Nachfrage* voll nutzen. Dies setzte natürlich ein entsprechendes Warensortiment voraus, auf das die MOEL bereits spezialisiert waren. Darüber hinaus setzten Unternehmen in Ländern wie Ungarn auf die *Lohnveredelung.* Vorprodukte wurden importiert, weiterverarbeitet und schließlich wieder exportiert (Dresdner Bank (2001), S. 36). Das kleine Estland mit seinen 1,4 Millionen Einwohnern exportiert mindestens 80% seines BIP, während das große Polen bei über 40 Millionen Einwohnern nur etwa 25% exportiert. Diese Exportquoten lassen sich mit den üblichen EU-Dimensionen vergleichen. Dabei ist Polen in etwa mit Spanien vergleichbar. Ungarn und Tschechien erzielen doppelt so hohe Ausfuhrquoten wie die hinsichtlich der Einwohnerzahl vergleichbaren Länder Griechenland und Portugal (Dresdner Bank (2001), S. 36).

Die EU hat seit 1989 zunehmend eine herausragende Stellung im Außenhandel der MOEL eingenommen: Die *Exporte* der sechs größten MOEL *in die EU*, die 1998 mit 100 Mrd. US-Dollar 85 % des gesamten Handelsvolumens der MOEL mit der EU ausmachten, haben sich von 1988 (dem letzten Jahr vor dem Zusam-

Tabelle 10
Export- und Importwachstum der MOEL-6 1988-1998

	Gesamt in Mrd. US-$		*Wachs-tum*	Handel m. d. EU in Mrd. US-$		*Wachs-tum*	EU-Anteil in %	
	1988	1998	*in %*	1988	1998	*in %*	1988	1998
Exporte								
Bulgarien	2,95	4,06	*38*	0,52	2,10	*304*	18	52
Polen	13,54	28,23	*108*	4,10	19,29	*370*	30	68
Rumänien	11,96	8,13	*-32*	3,25	5,25	*62*	27	65
Slowakei[*]	12,32	10,72	***	3,54	5,97	*546*	29	56
Tschechien[*]		26,32			16,90			64
Ungarn	9,94	22,85	*130*	2,24	16,60	*641*	23	73
Insgesamt	**50,72**	**100,31**	*98*	**13,64**	**66,11**	*385*	**27**	**66**
Importe								
Bulgarien	5,86	4,53	*-23*	1,83	2,11	*15*	31	46
Polen	13,06	47,05	*260*	3,76	31,03	*724*	29	66
Rumänien	9,24	11,68	*26*	0,58	6,76	*1062*	6	58
Slowakei[*]	13,95	14,38	*230*	4,24	7,21	*544*	30	50
Tschechien[*]		31,68			20,10			63
Ungarn	9,34	25,72	*175*	2,36	16,49	*600*	25	64
Insgesamt	**51,44**	**135,04**	*163*	**12,77**	**83,69**	*555*	**25**	**62**

* Bis 1992 liegen nur Zahlen für die Tschechoslowakei vor. Die Angabe der Wachstumsrate der Gesamtexporte ist wenig sinnvoll, da die 98er Zahlen auch den (vormaligen) Binnenhandel umfassen. Quelle: IMF (1995), S. 5 u. 75; IMF (1999), S. 5 u. 73; eigene Berechnungen.

menbruch des sozialistischen Wirtschaftssystems) bis 1998 fast verfünffacht (+ 385 %), während sich die gesamten Exporte dieser Länder im gleichen Zeitraum ‚nur' verdoppelt haben. Die *Einfuhren* aus der EU stiegen im gleichen Zeitraum noch stärker (+ 555 %) an. Dabei zeigen sich aber zum Teil beträchtliche Unterschiede zwischen den einzelnen Staaten, welche die unterschiedlichen Reformstrategien (Gradualismus vs. Schocktherapie) widerspiegeln. Rumäniens Gesamtexporte sanken im betrachteten Zeitraum um 32 % und auch die Entwicklung der Exporte in die EU war mit einem Anstieg von nur 62 % stark unterdurchschnittlich. Weit überdurchschnittlich war dagegen der Anstieg der Exporte in die EU aus Ungarn und den beiden Nachfolgestaaten der Tschechoslowakei (als Summe verglichen mit dem gemeinsamen Ausgangswert, siehe Tabelle 10).

Ein Vergleich *aller* zehn mittel- und osteuropäischen Beitrittskandidaten ist erst ab 1993 möglich, da für die baltischen Staaten erst ab 1992 und für Tschechien, die Slowakei und Slowenien erst ab 1993 Zahlen vorliegen (siehe Tabelle 11). Zwischen 1993 und 1998 konnten die MOEL ihre *Gesamtexporte* mehr als verdoppeln (+ 111 %). Unterdurchschnittlich entwickelten sich in diesem Zeitraum Slowenien (+ 48 %), Rumänien (+ 66 %), Lettland (+ 74 %) und Bulgarien (+ 79 %), jedoch aus unterschiedlichen Gründen. Während bei letzteren drei die Reformstrategie und die resultierenden Probleme bei der Überwindung der Transformationsrezession als Ursachen in Frage kommen, ist im Fall Sloweniens ausschlaggebend, dass bereits vor der Transformation ausgeprägte Handelsbeziehungen mit dem Westen bestanden. Die hohe Wachstumsrate der Exporte Estlands (+ 303 %) erklärt sich durch die radikale Öffnung mit der einseitigen Abschaffung aller tarifären Außenhandelsbarrieren im Jahr 1995.

Das größte Wachstum der *Exporte in die EU* weist Estland (+ 359 %), gefolgt von der Slowakei (+ 269 %), Ungarn (+ 233 %) und Lettland (+ 207 %) auf. *Unter*durchschnittlich entwickelten sich die Handelsbeziehungen der EU mit Slowenien (+ 69 %), Litauen (+ 82 %), Bulgarien (+ 93 %) und Polen (+ 97 %) (siehe Tabelle 11). Für Slowenien und Bulgarien kommen die gleichen Gründe in Betracht, die schon zur Erklärung der Entwicklung der Gesamtexporte angeführt wurden. Für die unterdurchschnittliche Wachstumsperformance Polens ist wohl ausschlaggebend, dass die Exporte in die EU bereits 1993 auf einem sehr hohen Niveau waren. Der EU-Anteil an den Gesamtexporten war für Polen 1993 (zusammen mit Litauen) mit Abstand am höchsten. Um so überraschender scheint auf den ersten Blick der Bedeutungsverlust des Handels mit der EU für Litauen zu sein. In Umkehrung des allgemeinen Trends (auch der anderen baltischen Staaten) zeigt sich für Litauen eine Abnahme des Exportanteils der EU von 67 auf 38 %. Es deutet sich statt dessen die Wiederaufnahme ‚alter' Handelsbeziehungen zum großen Nachbarn Russland an: Während der Handel der MOEL-10 mit den Mitgliedsländern der Gemeinschaft Unabhängiger Staaten (GUS), Albanien und den Nachfolgestaaten Jugoslawiens (ohne Slowenien) 1998 im Durchschnitt nur 10 % der gesamten Exporte ausmachte, lag dieser Wert für Litauen bei 36 % (eigene Berechnungen nach IMF (1999)).

Tabelle 11
Export- und Importwachstum der MOEL-10 1993-1998

	Gesamt in Mrd. US-$		*Wachs-tum*	Handel m. d. EU in Mrd. US-$		*Wachs-tum*	EU-Anteil in %	
	1993	1998	*in %*	1993	1998	*in %*	1993	1998
Exporte								
Bulgarien	2,27	4,06	*79*	1,09	2,10	*93*	48	52
Estland	0,81	3,24	*303*	0,39	1,79	*359*	48	55
Lettland	1,04	1,81	*74*	0,33	1,03	*207*	32	57
Litauen	1,15	3,71	*222*	0,78	1,41	*82*	67	38
Polen	14,14	28,23	*100*	9,79	19,29	*97*	69	68
Rumänien	4,89	8,13	*66*	2,03	5,25	*159*	41	65
Slowakei	5,46	10,72	*96*	1,62	5,97	*269*	30	56
Slowenien	6,12	9,03	*48*	3,50	5,92	*69*	57	66
Tschechien	11,45	26,32	*130*	6,35	16,90	*166*	55	64
Ungarn	8,6	22,85	*166*	4,98	16,60	*233*	58	73
Insgesamt	**55,93**	**118,11**	*111*	**30,86**	**76,25**	*147*	**55**	**65**
Importe								
Bulgarien	4,40	4,53	*3*	1,91	2,11	*10*	43	46
Estland	0,90	4,79	*434*	0,54	2,88	*432*	60	60
Lettland	1,06	3,19	*202*	0,29	1,76	*518*	27	55
Litauen	1,38	5,79	*321*	0,70	2,74	*294*	51	47
Polen	18,83	47,05	*150*	12,20	31,03	*154*	65	66
Rumänien	6,52	11,68	*79*	2,96	6,76	*129*	45	58
Slowakei	6,97	14,38	*106*	1,95	7,21	*271*	28	50
Slowenien	6,56	10,07	*53*	3,62	6,99	*93*	55	69
Tschechien	13,81	31,68	*129*	7,06	20,10	*185*	51	63
Ungarn	12,39	25,72	*108*	6,76	16,49	*144*	55	64
Insgesamt	**72,81**	**158,87**	*118*	**37,97**	**98,05**	*158*	**52**	**62**

Quelle: IMF (1999), S. 5 u. 73; eigene Berechnungen.

Zwei weitere wichtige Punkte müssen festgehalten werden. Erstens herrscht eine ausgeprägte *Disparität* zwischen der hohen Bedeutung des EU-Marktes (64 % der Gesamtexporte 1998) für die MOEL und der sehr geringen Bedeutung (5 % der Gesamtexporte 1998) der mittel und osteuropäischen Märkte für die EU-Exporte. Allerdings führt eine nähere Betrachtung zu dem Ergebnis, dass für Österreich (11 %), Finnland, Griechenland und Deutschland (je 8 %) der Anteil der

Exporte in die MOEL an den Gesamtexporten ungefähr das Doppelte des EU-
Durchschnitts beträgt (siehe Tabelle 12). Außerdem werden 42 % der Exporte der
EU allein von Deutschland bestritten. Keiner der anderen EU-Staaten kommt auf
mehr als 10 % der EU-Gesamtexporte. Zweitens weisen die MOEL ein großes und
zunehmendes Handelsbilanzdefizit von gegenwärtig 30 Mrd. US-Dollar auf. Davon resultieren ungefähr 22 Mrd. US-$ aus dem Handel mit der EU (siehe Tabelle
11), gedeckt durch einen Überschuss in der Kapitalbilanz. Also wird gegenwärtig
Kaufkraft aus der EU in die MOEL transferiert (Brücker (2000), S. 49).

Tabelle 12
Kennziffern des Handels von MOEL und EU 1998

	Anteil der Exporte		Anteil der Importe	
	in die MOEL-10	in die EU15	aus den MOEL-10	aus den EU15
	am Gesamtexport in %		am Gesamtimport in %	
Österreich	14	63	9	69
Finnland	8	56	4	58
Deutschland	8	56	8	54
Griechenland	8	55	3	67
Italien	5	56	4	62
Dänemark	4	66	3	71
Schweden	4	55	4	64
Frankreich	3	63	2	62
Niederlande	3	73	2	54
Belgien	2	75	2	71
Luxemburg	2	83	1	89
Spanien	2	70	1	68
Großbritannien	2	53	2	48
Irland	1	68	1	54
Portugal	1	82	1	77
EU15	5	61	4	59
MOEL 10	14	64	10	64

Quelle: Brücker (2000), S. 162.

Wie ist die *Qualität* der Handelsbeziehungen zwischen der EU und den MOEL
zu beurteilen? Es zeigte sich in der vergangenen Dekade eine Verschiebung der
Anteile vom inter-industriellen *zum intra-industriellen Handel,* der sich bis 1996
fast verdoppelt hat (Brücker (2000), S. 42). Der Sachverständigenrat stellt in seinem Jahresgutachten 2000/01 mit Blick auf die Struktur des Außenhandels
Deutschlands mit den Beitrittskandidaten (siehe Tabelle 13) fest, dass der Anteil
insbesondere der Erzeugnisse des Maschinenbaus und der Elektroindustrie sowohl
an den deutschen Exporten in die MOEL als auch an den Importen aus diesen

Staaten im Zeitraum von 1993 bis 1998 gestiegen ist und kommt zu dem Schluss: „In diesen Bereichen dominiert mittlerweile intra-industrieller Handel." (SVR (2000), S. 230).

Tabelle 13
Struktur des Außenhandels der BRD mit den Beitrittsländern 1999

Importe aus den MOEL Anteile in %		Exporte in die MOEL Anteile in %	
Kraftwagen und -teile	19,6	Maschinen	15,3
Geräte der Elektrizitätserzeugung und -verteilung	9,4	Kraftwagen und -teile	13,0
Maschinen	8,9	Chemische Erzeugnisse	10,3
Eisen- und Stahlerzeugnisse, NE-Metalle und -erzeugnisse	5,5	Geräte der Elektrizitätserzeugung und -verteilung	7,4
Metallerzeugnisse	5,4	Metallerzeugnisse	5,0
Büromaschinen, Datenverarbeitungsgeräte und -einrichtungen	3,1	Eisen- und Stahlerzeugnisse, NE-Metalle und -erzeugnisse	4,1
Erzeugnisse des Ernährungsgewerbes	3,0	Nachrichtentechnik, Radios, Fernseher, elektronische Bauelemente	4,0
Chemische Erzeugnisse	2,9	Büromaschinen, Datenverarbeitungsgeräte und -einrichtungen	3,1
Nachrichtentechnik, Radios, Fernseher, elektronische Bauelemente	2,5	Erzeugnisse des Ernährungsgewerbes	3,0
Sonstige Fahrzeuge	2,0	Medizin-, meß-, steuerungs-, regelungstechnische und optische Erzeugnisse; Uhren	2,8

Quelle: SVR (2000), Tabelle 43, S. 231 (gekürzt).

Dieser Trend ist zurückzuführen auf die komparativen Vorteile der EU in humankapitalintensiven und der MOEL in arbeitsintensiven Branchen, also auf die jeweilige Ausstattung mit Produktionsfaktoren.[27] Der Außenhandel zwischen MOEL und der EU wird somit gegenwärtig hauptsächlich durch einen *gegenseitigen Austausch ähnlicher Produkte* charakterisiert. Der Bedeutungsverlust des inter-industriellen Handels ist jedoch nicht auf eine Angleichung der Faktorausstattung zurückzuführen. Eine nähere Betrachtung zeigt, dass 80 – 90 % des intra-industriellen Handels als Austausch ähnlicher Produkte *unterschiedlicher Qualität* charakterisiert werden können. Innerhalb der einzelnen Wirtschaftszweige zeichnet sich zwischen der EU und den MOEL „eine zunehmende Arbeitsteilung zwischen humankapitalintensiven und weniger humankapitalintensiven Fertigungsprozessen ab" (SVR (2000), S. 230). Für Ungarn und Slowenien konnte bereits

---

[27] Siehe auch die Darstellung der Außenhandelstheorie in Kapitel 4.1.3.1.

1996 ein größeres Ausmaß an intra-industriellem Handel mit der EU als für Griechenland, Spanien und Portugal zum Zeitpunkt ihres Beitrittes festgestellt werden
(Gabrisch, Werner (1998a), S. 6). Die Top Ten der Exportgüter der EU enthalten
vier große Maschinen- und Ausrüstungsgüter-Branchen sowie die Branchen Eisen
& Stahl und Chemie (siehe Tabelle 14).

Tabelle 14
Top Ten der Exportprodukte der EU und der MOEL 1996

Top Ten der Exportprodukte der MOEL Anteil an den Gesamtexporten in %		Top Ten der Exportprodukte der EU Anteil an den Gesamtexporten in %	
Bekleidung	12,0	**Straßenfahrzeuge**	11,4
Straßenfahrzeuge	7,8	**Elektrogeräte**	6,5
Elektrogeräte	7,6	Allg. Maschinen und Aus- stattung	5,3
Möbel	4,9	Spezialmaschinen	4,2
Eisen und Stahl	4,7	Sonst. verarbeitete Güter	4,0
Metallwaren	4,6	Büromaschinen	3,8
Energieerzeugungsausrüs- tungen	3,5	**Eisen und Stahl**	3,2
Nicht-Eisen Metalle	3,3	**Textilien**	2,9
Textilien	3,1	Telekommunikationsgeräte	2,9
Nichtmetallische minerali- sche Waren	3,0	Organische Chemikalien	2,8

Quelle: Emerson, Gros (1998), Tabelle 2 (gekürzt).

Es handelt sich dabei durchweg um Branchen mit reiferen Industriestrukturen,
die ein höheres Technologieniveau verlangen. In diesen Bereichen scheint ein
ausgeprägter Wettbewerb der EU mit den MOEL zu bestehen. Disaggregiert man
die Produkte weiter, so stellt man schnell fest, dass die EU und die MOEL bei vielen dieser Produkte in komplexe Muster des *intra-industriellen* Handels eintreten.
Dieser zeichnet sich vor allem durch den Import, die Weiterverarbeitung und Re-
Export von Zwischengütern aus (Lohnveredelung). Deutlich scheint die These von
den verlängerten Werkbänken auch durch den analog zur EU hohen Anteil der
Straßenfahrzeuge und Elektrogeräte (jeweils einschließlich Teilen und Zubehör)
an den Exporten der MOEL bestätigt zu werden.[28] Die gegenseitigen Exporte weisen extrem hohe Unterschiede des Wertes pro Gütereinheit auf. Weiterhin kann also von einer Spezialisierung auf humankapitalintensive Produktion auf der einen

---

[28] Vgl. Andersen Consulting (1999), S. 16, Baldwin, François, Portes (1997), S. 130, Cichy (1995), S. 665, Emerson, Gros (1998), S. 19, Gabrisch, Werner (1998a), S. 8 f., und
Inotai, Vida (1999), S. 255 f.

(EU) und auf arbeitsintensive Produktion auf der anderen Seite (MOEL) gesprochen werden (van Aarle, Skuratowicz (2000), S. 10, Brücker (2000), S. 31 f.).

Rechnet man angesichts des dynamischen strukturellen Wandels im Zeitablauf mit einer zunehmenden Wertschöpfungstiefe der mittel- und osteuropäischen Schwellenländer, so kann man die Prognose wagen, dass die MOEL mittelfristig ihre Bedeutung als Lohnveredeler verlieren werden. Größere Teile der Endprodukte werden mit Hilfe von Kapital aus der EU und der Errichtung lokaler Managementstrukturen in den MOEL selber hergestellt. Exporte entkoppeln sich von den Importen und der Wert pro exportierter Gütereinheit steigt. ,Up-grading'-Prozesse, die durch den Strukturwandel in der Landwirtschaft und der Textilindustrie ausgelöst werden, führen zu einem Zuwachs der Beschäftigung in der Lebensmittel- und Bekleidungsindustrie. In der Folge wird auch die Preiselastizität der Nachfrage nach den Exportprodukten der MOEL in der EU abnehmen (Dresdner Bank (2001), S. 37).

Im Zusammenhang mit dem Außenhandel muss abschließend ein Blick auf die Zölle geworfen werden. Wichtig für die weitere Analyse in diesem Buch ist dabei die Trennung zwischen der Untersuchung der Zölle zwischen den MOEL und der EU und dem Vergleich der Außenzölle der MOEL gegenüber Drittländern mit dem Gemeinsamen Außenzolltarif der EU.

Zunächst zum ersten Punkt: Die EU hatte sich in den Europaabkommen mit einem *asymmetrischen Zollabbau* einverstanden erklärt und sich verpflichtet, zum 1. Januar 1997 alle Importzölle auf Industriegüter zu beseitigen (siehe Kapitel 1.1). Ein Großteil war allerdings schon seit 1995 zollbefreit. Die MOEL verpflichteten sich, diesen Schritt spätestens nach fünf Jahren also bis zum 1. Januar 2002 ebenfalls durchzuführen.[29] Häufig wird argumentiert, dies gelte lediglich *bis auf die Handelsbeschränkungen* in den *arbeitsintensiven ,sensiblen' Bereichen* der verarbeitenden Industrien (Textil- und Montansektor) und der Landwirtschaft, für die in den Europa-Abkommen Ausnahmen von der Liberalisierung vereinbart wurden (Jovanovic (1999), S. 477 f.). Dieser Standpunkt ist jedoch mittlerweile veraltet. Zum einen sind auch die EU-Importe sensibler Produkte (außer Agrargütern - siehe unten) mittlerweile frei von tarifären oder quantitativen Beschränkungen und zum anderen lässt sich zeigen, dass auch die gegenwärtigen Importe von Produkten aus *sensiblen* Breichen der EU aus den MOEL durch andere Maßnah-

---

[29] Allerdings erheben Estland seit 1995 und Lettland seit 1999 keine Zölle mehr auf Industriegüter aus der EU. Vgl. Brücker (2000), S. 23. Um sich an das EU-Handelsregime anzunähern, sah sich Estland sogar gezwungen, einige Zölle wieder *neu einzuführen* (sic!). Vgl. IW (2001).

men nicht in größerem Umfang unterdrückt werden als die Importe anderer Anbieter - auch im EU-Binnenhandel (Brenton, di Mauro (1998), S. 299 f.). Ein überdurchschnittlicher *Anstieg der EU-Importe sensibler Güter* aus den MOEL als Konsequenz einer weiteren Integration der MOEL in die EU ist somit *nicht* zu erwarten. Lediglich im Agrarbereich wurde der Handel bisher kaum liberalisiert - die schrittweise Öffnung der Agrarmärkte konnte jedoch im Jahr 2000 vertraglich vereinbart werden. Der durchschnittliche Anteil der zollfreien Agrarexporte aus den Beitrittsländern in die EU wird danach schätzungsweise von 37 % der gesamten Agrarexporte der MOEL auf 77 % (entsprechend 1,4 Mrd. €) ansteigen. Es wird erwartet, dass die EU ihre Exporte in die MOEL von 20 % der gesamten Agrarexporte auf 37 % (1 Mrd. €) ausweiten kann. Nur mit Polen musste ein gesonderter Vertrag ausgehandelt werden (SVR (2000), S. 230). Ende September 2000 konnte nach zweieinhalb Jahren Verhandlung ein Abkommen zwischen der EU und Polen unterzeichnet werden, das ab dem 1. Januar 2001 den zollfreien Import (allerdings nur im Rahmen bestimmter Kontingente) von 75 % der polnischen Agrarprodukte ermöglicht. Das erwartete Handelsvolumen entspricht mit einem Wert von 1 Mrd. € etwas mehr als einem Drittel der polnischen Agrarexporte insgesamt (SZ (2000a), SVR (2000), S. 230, eigene Berechnungen).

Der Beitritt der MOEL wird somit ‚lediglich' den Abbau der *noch bestehenden* nicht-tarifären Handelsbarrieren (keine Anti-Dumping-Maßnahmen mehr, weitere Übernahme von EU-Normen) und der Barrieren im Agrarsektor bedeuten.[30] Diese Sichtweise wird dadurch gestützt, dass die EU am 26. 2. 2001 Ungarn und Tschechien im Rahmen von zwei Handelsabkommen weitere Handelserleichterungen gewährte. Diese beiden Länder sollen den EU-Binnenmarkt bereits in all den Bereichen nutzen können, in denen sie ihre Rechtsvorschriften denen der EU angeglichen haben. Nach Einschätzung der Kommission haben sowohl Ungarn als auch Tschechien die verbindlich vorgeschriebenen Zulassungsverfahren für Maschinen, elektrische Sicherheit, elektromagnetische Verträglichkeit, Gasanlagen und Warmwasserheizkessel erfüllt.[31] Über ähnliche Abkommen verhandelte die Kommission noch mit den baltischen Staaten, der Slowakei und Slowenien.

---

[30] Vgl. stellvertretend Baldwin (1995), S. 480, Baldwin, François, Portes (1997), S. 132 f., Brenton, di Mauro (1998), Emerson, Gros (1998), S. 23 und 25, Faini, Portes (1995), Jovanovic (1999), S. 490, Kramer (1998), S. 723, und Walterskirchen (1998), S. 533. Ähnliches gilt wegen der wachsenden ‚corporate links' für die FDI-Ströme in die MOEL. Vgl. Kramer (1998), S. 723, und Richter, Landesmann, Havlik (1998), S. 19.

[31] Für Ungarn sind zusätzlich noch bestimme Pharmabereiche, für die Tschechische Republik unter anderem noch Druckgeräte und Schutzausrüstungen zu berücksichtigen. Vor Inkrafttreten müssten beide Abkommen noch von den nationalen Parlamenten ratifiziert werden.

Bei einer vergleichenden Analyse der Zollsätze gegenüber Drittländern zeigt sich, dass a) die MOEL - mit Ausnahme der baltischen Staaten - im Durchschnitt noch protektionistischer sind als die EU und b) die Zollsätze der MOEL im Bereich der Industrie- (insbesondere der Kapital-) Güter höher und im Agrarbereich wesentlich geringer als diejenigen der EU sind (Brücker (2000), S. 20 ff.).

2.1.4. Ausländische Direktinvestitionen

Die für den Außenhandel abgeleiteten Trends korrespondieren stark mit den Forschungsergebnissen zu den *Einflüssen der ausländischen Direktinvestitionen* (,foreign direct investment' - FDI) auf die Effizienz und das Wachstum in den verarbeitenden Industrien der MOEL und unterstreichen die Bedeutung der FDI-Ströme für den wirtschaftlichen Aufholprozess und die Arbeitsmarkt-Performance dieser Länder. FDI-Ströme sind im Vergleich zu anderen internationalen Kapitalströmen (u. a. Portfolio-Investitionen) wegen der *langfristigen* Ausrichtung der Investoren weniger volatil, stellen eine wichtige Quelle unternehmerischen und technologischen Wissens dar und sind auch deshalb tendenziell als beschäftigungsfreundlich einzustufen.[32]

In den Jahren der Transformation wiesen fast alle EU-Beitrittskandidaten Fehlbeträge der Leistungsbilanz auf. In Bulgarien, Estland, Lettland, Litauen und Polen finanzierten hohe Zuflüsse an ausländischem Kapital einen Hauptteil eines Negativsaldos von über 4 Prozent. Der Bedarf an Realkapital – zu unterteilen in Unternehmensneugründungen (,Greenfield investment') und Privatisierungen (,Brownfield investment') war in den MOEL enorm. Auch flossen den MOEL, die weiter entwickelte Finanzmärkte (Aktien und Anleihen) aufweisen, erhebliche Summen an *Portfolioinvestitionen* zu. Diese hauptsächlich auf dem Aktienmarkt investierten Summen überstiegen im Falle Ungarns sogar den Wert der Direktinvestitionen. Der Aufholprozess der MOEL und der Abbau der transformationsbedingten Arbeitslosigkeit kann durch auswärtige Direktinvestitionen wesentlich erleichtert werden. Durch den hiermit verbundenen Transfer von Technologie und Wissen kann die gesamtwirtschaftliche Produktivität in den MOEL erhöht und Inflationsgefahren verringert werden. Nicht zuletzt auch aus der Arbeitsmarktperspektive ist es somit erfreulich, dass deutsche Direktinvestitionen in den Beitrittsländern Ende 1999 ein Volumen von etwa 20 Milliarden Euro ausmachten (Remsperger (2001)).

Ausländische Direktinvestitionen tendieren wegen des Zusammenspiels wichtiger Determinanten (wie z. B. dem Angebot an qualifizierter Arbeit, Martín, Velázquez (1997)) dazu, sich auf bestimmte Länder und Sektoren zu konzentrieren.

---

[32] Vgl. Abschnitt 3.2.2, Brenton, Di Mauro, Lücke (1998), S. 2, Buch (1999).

Von den gesamten ausländischen Direktinvestitionen in den MOEL kamen in den vergangenen Jahren zwischen 66 und 92 % aus der EU (siehe Tabelle 15). Interessant ist in diesem Zusammenhang das Verhalten des baltischen Musterknaben Estland, der bei der Privatisierung großer Staatsunternehmen nach dem Vorbild der deutschen Treuhand agierte und öffentliche Ausschreibungen vornahm. Dabei kamen hauptsächlich ausländische Investoren zum Zug, die Know-how nach Estland exportierten. Die zahlreichen Privatisierungen waren eine lukrative Einnahmequelle für den Staat[33] und führten zu einem breiten Zustrom von internationalem Kapital (IW (2001)).

Tabelle 15
Ausländische Direktinvestitionen[1] in den MOEL seit 1989

	1989	1990	1991	1992	1993	1994	1995	1996	1997	1998	1999	2000[2]
	in Millionen US-Dollar											
POL	k. A.	0	117	284	580	542	1.134	2.741	3.041	4.966	6.642	10.000
T	k. A.	k. A.	k. A.	983	563	749	2.526	1.276	1.275	2.641	4.912	6.000
U	187	311	1.459	1.471	2.328	1.097	4.410	1.987	1.653	1.453	1.414	1.650
R	k. A.	-18	37	73	87	341	417	415	1.267	2.079	949	500
BU	k. A.	4	56	42	40	105	98	138	507	537	806	500
SR	10	24	82	100	107	236	194	199	84	374	701	1500
LIT	k. A.	k. A.	k. A.	k. A.	30	31	72	152	328	921	478	295
LET	k. A.	k. A.	k. A.	27	50	279	245	379	515	303	331	300
EST	k. A.	k. A.	k. A.	80	156	212	199	111	130	574	222	250
SL	-14	-2	-41	113	111	131	183	188	340	250	144	50
MOEL			**1.710**	**3.173**	**4.052**	**3.723**	**9.478**	**7.586**	**9.140**	**14.098**	**16.599**	**21.045**
aus der EU[3]	k. A.	k. A.	k. A.	k. A.	3.733 92 %	3.289 88 %	6.960 73 %	6.858 90 %	7.640 84 %	9.341 66 %	k. A.	k. A.

[1] Nettozuflüsse laut Zahlungsbilanz
[2] Schätzung der EBWE
[3] Angaben des SVR (2000), S. 234, mit dem jahresdurchschnittlichen Dollarkurs umgerechnet.
Quelle: EBWE (2000), S. 74.

Mehr Aufschluss über die Beliebtheit der MOEL bei den Investoren und die Bedeutung des Zustroms an ausländischem Kapital für die Wirtschaft geben relative Kennziffern wie z. B. die FDI pro Kopf oder der Anteil der FDI am BIP (siehe Tabelle 16). Es fällt auf, dass Polen noch hinter den baltischen Staaten liegt, wenn die gesamten FDI des Zeitraums 1989-1999 auf die Bevölkerung bezogen werden. Erst in den letzten Jahren konnte Polen seine Direktinvestitionen stark

---

[33] Allein die Teilprivatisierung von Eesti Telefon führte zu einem Privatisierungserlös von 222 Millionen Dollar.

steigern, ein Trend der nach der Prognose der Europäischen Bank für Wiederaufbau und Entwicklung (EBWE) auch im Jahr 2000 ungebrochen anhalten wird (siehe Tabelle 15).

Tabelle 16
Relative Kennziffern zu den ausländischen Direktinvestitionen in den MOEL

| | kumulierter FDI-Zustrom | | FDI-Zustrom | | | |
| | absolut | pro Kopf | pro Kopf | | in % des BIP | |
	1989-1999		1998	1999	1998	1999
U	17.770	1.764	144	140	3,1	2,9
T	14.924	1.447	256	476	4,7	9,2
EST	1.604	1.115	397	154	11,0	4,3
LET	2.100	866	124	136	5,0	5,3
SL	1.400	701	125	72	1,3	0,7
LIT	2.012	545	249	129	8,6	4,5
POL	20.047	518	128	172	3,2	4,3
SR	2.111	391	70	130	1,8	3,6
BU	2.332	284	65	98	4,4	6,5
R	5.647	252	92	42	5,0	2,8

Quelle: EBWE (2000), S. 74.

Insgesamt jedoch hat sich durch graduelle Reformen in den fortgeschrittenen MOEL ein Offenheitsgrad gegenüber ausländischen Kapitalzuflüssen eingestellt, welcher der Situation der südlichen EU-Mitglieder weit nach deren EU-Beitritt ähnelt. Am einen Ende des Spektrums befindet sich Estland, das bereits 1994 alle Kapitalbilanztransaktionen liberalisierte. Am anderen Ende ist Slowenien angesiedelt, das den vergleichsweise restriktivsten Ansatz verfolgte. Tschechien, Ungarn und Polen fallen zwischen diese beiden Extrema (siehe Tabelle 15, Buch (1999), S. 10 f., Martín, Velázquez (1997)). Entsprechend hat der Hauptteil des erweiterungsinduzierten Anstiegs des FDI-Volumens in Polen, Ungarn und Tschechien (anders als in Bulgarien und Rumänien) bereits stattgefunden. Insofern dürften in den MOEL in der Zukunft auch keine erheblichen FDI-induzierten positiven Arbeitsmarkteffekte mehr auftreten.

2.1.5. Migration

Die *Freizügigkeit der Arbeitskräfte* in einer um bis zu zehn MOEL erweiterten Gemeinschaft stellt eine der heikelsten Fragen der Beitrittsverhandlungen dar. Werden sich die Arbeitsmärkte in Deutschland und Österreich nach der Osterweiterung einem Zustrom von hunderttausenden Polen und Rumänen auf ihre Arbeitsmärkte gegenüber sehen oder wird der Zustrom begrenzt bleiben? Es besteht gegenwärtig große Unsicherheit darüber, wie lange die bedeutenden Unterschiede zwischen den Löhnen und Gehältern in West und Ost noch bestehen werden und wie sich die Situation auf den Arbeitsmärkten in Ost und West weiter entwickeln wird. In bezug auf eine Prognose der Emigration aus den MOEL in die EU lohnt sich jedoch ein Blick in die europäische Vergangenheit.

Die Ost-West-Migration erfolgte bisher in den *engen Grenzen* der bilateralen Regelungen, die durch die Assoziierungsverträge der EU mit den MOEL vereinbart wurden. Grundsätzlich enthalten die Europaabkommen keine Regelungen, die das ursprüngliche Recht der EU-Mitglieder zur länderspezifischen Regelung der EU-Einreise und des EU-Aufenthaltes von Bürgern der MOEL beschränken. Lediglich für bereits in der EU beschäftigte Arbeitnehmer der MOEL wurde ein Verbot der Diskriminierung gegenüber EU-Bürgern vereinbart (Brücker (2000), S. 25). Darüber hinaus wird *Unternehmen und Selbständigen* aus den MOEL bereits seit Inkrafttreten der Europaabkommen[34] das Recht zugestanden, sich in der Europäischen Union niederzulassen.[35] Dabei dürfen sie allerdings nur Schlüsselpositionen mit Mitarbeitern aus ihrem Heimatland besetzen, Prinzipiell sollen sie sich das für ihre Aktivitäten in der EU notwendige Personal ,vor Ort' suchen. EU-Bürger und EU-Unternehmen haben prinzipiell analoge Rechte in den MOEL.

Tabelle 17
Wohnbevölkerung aus den MOEL in der EU 1998

	BE	DL	DK[*]	SP	FI	GR	IT[*]	NL[**]	POR	SW	GB[*]
Bulgarien	799	34463	341	1673	320	6936	2882	469	311	1331	2000
frühere CSFR[1)]	824	55831	184	512	139	1079	3227	797	29	495	5000
Estland	k.A.	3173	384	22	9689	36	55	86	2	1124	k.A.
Ungarn	966	52029	366	298	454	623	2153	1164	91	2925	2000
Lettland	k.A.	6174	449	32	134	73	107	88	1	387	k.A.
Litauen	k.A.	6631	555	65	163	109	127	185	10	358	k.A.
Polen	6034	283312	5457	5496	684	5185	12812	5642	186	15824	27000
Rumänien	2150	95190	1095	2385	397	6060	11801	1073	147	3213	3000
Slowenien	k.A.	18093	32	56	5	30	1326	102	4	516	k.A.

* 1996; ** 1997
[1)] Tschechische Rep. und Slowakische Rep. (aus historischen Erfassungsgründen nicht trennbar).
Quelle: Brücker (2000), S. 174. Für die fehlenden EU-Staaten sind die Daten nicht verfügbar.

---

[34] Im Falle Ungarns und Sloweniens wurde vereinbart, diese Regelung erst mit dem Übergang zur 2. Stufe der Assoziation (Ungarn) bzw. mit der vollständigen Assoziierung (Slowenien) in Kraft zu setzen. Ungarn befindet sich seit dem 1. 6. 2000 in der 2. Stufe der Assoziation; vgl. EU-Kommission (2001), S. 6.

[35] Vgl. EU-Kommission (2001), S. 6, SVR (2000), S. 240. Die Feststellung: „However, the EAs *(European Agreements; Anm. d. Verf.)* do not guarantee CEEC nationals the right to self-employment in the EU" Brücker (2000), S. 25, scheint dagegen falsch zu sein.

Nach der Westöffnung der Grenzen der MOEL zwischen 1988 (Polen) und 1991 (baltische Staaten) nutzten viele Bürger dieser Staaten die Möglichkeit zur Flucht in den Westen. Der Höhepunkt der Einwanderungswelle in die EU wurde bereits 1990 mit etwas mehr als 300.000 Immigranten erreicht.[36] Ab 1993 nahm die Einwanderung aus den MOEL-10 in die EU stetig ab und ist seitdem fast zum Erliegen gekommen. Gründe sind vor allem die steigende Arbeitslosigkeit in der EU, die verbesserten Wachstumsaussichten und die zunehmende politische Stabilität in den MOEL. Letzteres zusammen mit einer Verschärfung der Asylpolitik in den Mitgliedsstaaten schließt seit 1993 die Gewährung von politischem Asyl für Staatsbürger der Kandidatenländer in der EU fast völlig aus (Brücker (2000), S. 25). Insgesamt lebten in der EU 1998 nach einer Schätzung von Brücker (2000, S. 52) 853.128 Menschen aus Mittel- und Osteuropa. Das entspricht einem Anteil an der Gesamtbevölkerung der EU von 0,23 %. Den höchsten Anteil an der Gesamtbevölkerung machen die Einwohner aus den Kandidatenländern in Österreich mit einem geschätzten Anteil von 1,27 % bzw. 103.000 Personen aus. Es folgen Deutschland (0,68 %) und Schweden (0,3 %) (siehe Tabelle 18). Von den rund

Tabelle 18
Kennziffern zur bisherigen Migration aus den MOEL in die EU

	Wohnbev. aus den 10 MOEL 1998	Anteil an der Gesamtbev. in %	Ausländeranteil insg. in %	Nettoeinwanderung ∑ 1990 - 97
Österreich[***]	103.000	1,27	k. A.	k. A.
Deutschland	554.869	0,68	8,98	585.417
Schweden	26.191	0,30	5,90	18.723
Finnland	11.985	0,23	1,57	10.931
Luxemburg[***]	700	0,21	k. A.	1.224
Griechenland	20.131	0,19	1,56	k. A.
Dänemark	8.863	0,17	4,71	5.918
Belgien	10.773	0,11	8,86	4.225
Großbritannien[*]	39.000	0,07	3,37	1.257
Italien[*]	34.490	0,06	1,36	k. A.
Niederlande[**]	9.606	0,06	4,34	14.410
Frankreich[***]	22.000	0,04	k. A.	k. A.
Spanien	10.539	0,03	1,55	k. A.
Portugal	781	0,01	1,76	k. A.
Irland[***]	200	k. A.	k. A.	k. A.
EU15[***]	**853.128**	**0,23**	**k. A.**	**k. A.**

Quelle: Brücker (2000), S. 52 und 174. * 1996; ** 1997; *** geschätzt

---

[36] Ohne Einwanderung nach Österreich (damals noch nicht EU-Mitglied), Frankreich, Griechenland, Italien, Irland und Portugal; vgl. Brücker (2000) S. 51 (FN 44).

850.000 Einwohnern aus Mittel- und Osteuropa in der EU stehen etwa 250.000 dem Arbeitsmarkt zur Verfügung.

Festzuhalten ist, dass die bisherigen Einwanderer trotz einer formal recht hohen Qualifikation in erster Linie als einfache Arbeiter im verarbeitenden Gewerbe und als niedrigqualifizierte Dienstleistungskräfte tätig sind (Brücker (2000), S. 50). Aus Polen, dem bevölkerungsreichsten Land der MOEL (siehe Tabelle 1), wanderten in der Vergangenheit mehr als 70 % der Migranten nach Deutschland. Mit ungefähr 283.000 Einwohnern im Jahr 1998 (bei einer Gesamteinwohnerzahl von 82 Mio.) repräsentieren die Polen deutlich vor der früheren Tschechoslowakei und Ungarn den größten Anteil der *ausländischen Wohnbevölkerung* aus den MOEL in Deutschland (siehe Tabelle 17). Die Zahl der legalen Arbeitsverhältnisse entspricht dabei ungefähr dem Anteil der Erwerbstätigen an der Wohnbevölkerung, so dass zumindest in Deutschland die bisherigen Migranten nicht von außergewöhnlich hoher Arbeitslosigkeit betroffen sind oder in die Schattenwirtschaft abgedrängt wurden.[37] Die Arbeitslosenquote aller Bürger der zehn MOEL in der EU lag mit 16,5 % allerdings signifikant über dem EU-Durchschnitt in Höhe von 10,3 % im Jahr 1998 (Brücker (2000), S. 58).

Neben der hier behandelten *permanenten* Einwanderung gibt es einen Anteil *temporärer* Immigration (Saisonarbeit, projektgebundene Zeitarbeitsverträge, Grenzpendler), der in diesen Zahlen nicht enthalten ist. Deutschland hat bisher als einziger EU-Staat mit *allen* MOEL bilaterale Verträge über temporäre Migration geschlossen. Mit allen großen MOEL wurden Gast- und Saisonarbeiterabkommen sowie Verträge über projektgebundene Arbeit geschlossen. Dazu kommen noch Verträge mit Tschechien und Polen über Grenzpendlertätigkeiten. Es verwundert daher nicht, dass im Jahr 1996 260.000 temporäre Migranten in Deutschland gezählt wurden (umgerechnet macht diese Zahl etwa 52.000 bis 65.000 Vollzeitjahresarbeitsplätze aus), während kein anderes EU-Land temporäre Immigration aus den MOEL im zweistelligen Tausenderbereich aufweist. Österreich legt jedes Jahr eine allgemeine nicht nach Nationalitäten differenzierte Quote fest, die im Jahr 1998 8660 Personen ausmachte. Frankreich lässt jedes Jahr einige tausend Gast- und Saisonarbeiter aus Polen zu. Nach Finnland können im Rahmen der Abkommen mit Estland und Lettland jährlich einige Hundert Gast- und projektgebundene Arbeiter einreisen. Schweden lässt nur die temporäre Migration von ‚Austauscharbeitern' aus den baltischen Staaten im Rahmen von Qualifikationsmaßnahmen

---

[37] Im Gegensatz dazu stufen Brücker, Franzmeyer (1997), S. 90, die Zahl der legalen Arbeitsplätze als gering ein. Unsere eigenen Berechnungen ergaben eine Quote von ca. 40 %, die nur knapp unter dem Anteil der Erwerbstätigen an der Wohnbevölkerung in Deutschland insgesamt liegt (41,5 % im Jahre 1998, vgl. IW (1999), Tab. 2).

zu und Belgien erlaubt nur einigen Hundert Polen jedes Jahr als Gastarbeiter einzureisen. Die anderen EU-Staaten haben keine bilateralen Verträge mit den MOEL geschlossen und lassen keine temporäre Migration zu (Brücker (2000), S. 26). Insgesamt kann von etwa 300.000 legalen ‚temporären' Migranten aus den MOEL in der EU ausgegangen werden.

In Deutschland waren die temporären Migranten 1998 zu 80 % Saisonarbeiter, fast ausschließlich (neben einem geringen Anteil im Hotel- und Gaststättengewerbe) im Agrarsektor. Der Großteil der verbleibenden 20 % waren projektgebundene Arbeitnehmer in der Bauwirtschaft. Ihr Anteil wurde im Vergleich zur ersten Hälfte der neunziger Jahre administrativ stark begrenzt, um die heimischen Bauunternehmen vor Wettbewerb zu schützen. Somit war die temporäre Immigration aus den MOEL bislang größtenteils auf den Agrarsektor und die Bauwirtschaft begrenzt (siehe Tabelle 19, Brücker (2000), S. 59).

Tabelle 19
Vorübergehende Beschäftigung aus den Transformationsländern* in Deutschland

	1991	1992	1993	1994	1995	1996	1997	1998
Saisonarbeit	118.393	195.446	164.377	140.656	175.627	203.856	210.098	207.927
Projektgebundene Arbeit	51.770	93.592	67.270	39.070	47.565	44.020	37.021	31.772
Grenzgänger	7.000	12.400	11.200	8.000	8.500	7.500	5.900	5.700
Gastarbeiter	2.234	5.057	5.771	5.529	5.478	4.341	3.165	3.083
Krankenschwestern	k. A.	1.455	506	412	367	3.98	289	125
Insgesamt	**179.397**	**307.950**	**249.124**	**193.667**	**237.537**	**260.115**	**256.473**	**248.607**

* MOEL-10, Nachfolgestaaten Jugoslawiens, GUS, Albanien.
Quelle: Brücker (2000), S. 60; SVR (2000), S. 244.

Zusammenfassend lässt sich festhalten: Während *dauerhafte* Einwanderung aus den MOEL in der EU auf Basis der Europaabkommen und seit der Reform (‚Verschärfung') des Asylrechts 1993 *kaum noch möglich* ist, wurde temporäre Migration, wohl auch um eine den Bedürfnissen des Arbeitsmarktes angepasste Alternative zu illegaler Beschäftigung zu schaffen, in Deutschland recht großzügig gehandhabt. Temporäre und permanente Migration zusammengenommen dürften insgesamt momentan in der EU nicht wesentlich mehr als 300.000 legale (Vollzeit-) Arbeitskräfte aus den MOEL verfügbar sein. Dazu kommen schätzungsweise noch zwischen 600.000 und 700.000 ‚Arbeitstouristen' pro Jahr, die auf der Grundlage eines Touristenvisums für drei Monate illegal einer Beschäftigung nachgehen (SVR (2000), S. 240). Das gegenwärtige legale und illegale Arbeitsangebot aus den MOEL in der EU entspricht zusammengenommen also in etwa 500.00 Vollzeitarbeitskräften. Viel größer ist jedoch mit 5,3 Millionen die Zahl

der ausländischen Arbeitskräfte, deren Heimatländer nicht den Status von Bewerberstaaten aufweisen. Deutschland und Österreich absorbieren gemäß den Angaben der Kommission mit 70 % den größten Anteil der legalen Arbeitnehmer aus
den MOEL. In diesen beiden Ländern machen die Arbeitnehmer aus den MOEL
aber wiederum nur 10 % aller ausländischen Arbeitnehmer aus. Bezieht man die
Zahl der legalen Arbeitnehmer aus den Bewerberstaaten auf die Beschäftigten in
der EU insgesamt, so erhält man einen Anteil von lediglich 0,2 Prozent.

2.1.6. Reallöhne

Die zukünftige Entwicklung der Migration insbesondere bei sofortiger Gewährung der Freizügigkeit hängt zu einem großen Teil vom *Abstand der Reallohnni-
veaus* in den neuen und den alten Mitgliedsstaaten der EU ab. Angesichts der besseren Datenverfügbarkeit wird in der Regel das Pro Kopf-BIP als Näherungswert
für das Einkommensgefälle herangezogen (siehe Tabelle 8). Eine der wenigen Untersuchungen der Entwicklung der Reallöhne ist Emerson, Gros (1998, S. 29 f.).
Sie schätzen auf Grundlage der verfügbaren Daten die durchschnittlichen Reallöhne der MOEL für den Zeitraum von 1992 bis 1997 und vergleichen diese mit
den portugiesischen Mindest- und Durchschnittslöhnen.

Alle MOEL starteten ihre Transformation in der postkommunistischen Ära mit
starken Abwertungen ihrer Währungen (siehe Kapitel 5.1.1). Diese führten zu sehr
niedrigen Niveaus der Reallöhne. Häufig lag der Monatsverdienst unter 100 ECU
(Portugals Mindestlohn lag zu der Zeit bei über 200 ECU). Die Industriearbeiter-
stunde kostete noch 1994 in Ungarn nur 10,5 %, in der Tschechischen Republik 7
% und in Rumänien nur 3 % des deutschen Niveaus (Cichy (1995), S. 663). Lohn-

Tabelle 20
Entwicklung der durchschnittlichen Reallöhne in den MOEL und Portugal
(Monatsverdienste in ECU)

	1992	1993	1994	1995	1996	1997
Slowenien	**464**	**557**	*617*	*722*	*752*	*785*
Lettland	22	57	109	130	141	177
Estland	63	137	116	158	196	217
Litauen	23	32	68	92	123	166
Bulgarien	68	100	77	86	60	65
Slowakei	k. A.	138	155	185	210	231
Rumänien	51	68	71	79	82	69
Tschechien	127	170	201	235	**281**	**294**
Ungarn	218	**252**	**267**	237	242	274
Polen	164	184	195	218	255	**286**
Portugal Minimum	222	237	246	260	273	286
Portugal Durchschnitt	536	569	604	644	680	710

Quelle: Emerson, Gros (1998), Annex 19. Hervorhebung durch die Verfasser.

kostenvergleiche zwischen den MOEL und der EU sind zwar recht schwierig, da es noch große Unterschiede hinsichtlich der Datenverfügbarkeit (Mindestlöhne, Durchschnittslöhne für einen Industriezweig oder gesamtwirtschaftliche Löhne) gibt. Deutlich wird aber durch die Untersuchung von Emerson, Gros (1998) in jedem Fall, dass die Reallöhne in Polen, in den baltischen Staaten, in Tschechien und in der Slowakei im Zeitraum von 1995 bis 1997 *steil* (jährliches Wachstum zwischen 10 und 20 %) *angestiegen* sind. Bis 1997 hat sich der Monatsverdienst in den frühen Reformstaaten (Tschechien, Polen, Ungarn) stark erholt und entsprach in etwa dem portugiesischen *Mindest*lohn, lag aber noch weit unterhalb des portugiesischen Durchschnittslohns. *Allein Slowenien weist bereits seit 1994 höhere Durchschnittslöhne als Portugal auf.* Bulgarien und Rumänien als relativ bevölkerungsreiche Länder der Helsinki-Gruppe lagen mit den Durchschnittslöhnen noch 1997 bei nur 25 % der portugiesischen Mindestlöhne (siehe Tabelle 20).

Die geschätzten Trends werden von Emerson, Gros (1998, Annex 20) in die Zukunft extrapoliert. Unter den gegebenen Modellbedingungen wird sich die Geschwindigkeit des Wachstums später etwas dämpfen und die Reallöhne werden sich asymptotisch auf ihre neuen gleichgewichtigen Wachstumsraten einschwingen. Es erscheint zwar zu früh, die zukünftigen Gleichgewichtsniveaus der Reallöhne genau quantifizieren zu wollen, sehr wahrscheinlich aber werden sie in nicht allzu ferner Zukunft die portugiesischen Durchschnittslöhne übertreffen. Dies lässt sich vor allem durch *zwei Faktoren* erklären, die ihrerseits die ausländischen Direktinvestitionen (FDI) und die Produktivität erhöhen: die *geographische Nähe* zur Hochlohn-Volkswirtschaft Deutschland und das *relativ hohe Bildungsniveau* des Erwerbspersonenpotentials der untersuchten MOEL. Dies gilt besonders für Sektoren, in denen die Technologie und Arbeitsmethoden vollständig erneuert wurden und gleichzeitig bereits vor 1989 ein hohes allgemeines Ausbildungsniveau der Arbeitskräfte vorhanden war.

Aber auch noch ein anderer Faktor macht die MOEL attraktiv für Direktinvestitionen aus dem Westen: Sie versprechen wie andere ‚Emerging markets' gerade aufgrund ihres noch geringen Pro-Kopf-Einkommensniveaus hohe Wachstumspotentiale, denn sie streben ein möglichst rasches Aufschließen zu den hochentwickelten EU-Volkswirtschaften an (Breuss, Schebeck (1998), S. 749). Zusammenfassend lässt sich festhalten, dass die realen Lohnkosten in den MOEL gegenwärtig viel stärker wachsen als in Portugal. Da sich Portugals Lohntrends gleichzeitig im Verhältnis zu Euroland stabilisiert zu haben scheinen, nähern sich die realen Lohnkosten in den MOEL auch dem EU-Durchschnittsniveau an (Emerson, Gros (1998), S. 29 f., Walterskirchen (1998), S. 537). Auch aus theoretischer Sicht ergibt sich aus einer zunehmenden Handelsintegration eine Angleichung der Löhne (siehe Kapitel 4.1.4 und Andersen, Haldrup, Sørensen (2000)).

2.1.7. Lohnstückkosten

Für die Attraktivität der MOEL für FDI und die Konkurrenzfähigkeit auf dem gemeinsamen Markt der EU ist die Entwicklung der Lohnstückkosten eine entscheidende Größe. Obwohl die durchschnittliche Arbeitsproduktivität in den MOEL noch 1997 viel geringer als in der EU war, betrugen die _Lohnstückkosten_ dort weiterhin nur einen _Bruchteil derjenigen in der EU_. Schätzungen für das Jahr 1997 liegen zwischen 17 % des österreichischen Niveaus in Bulgarien, 25 % in Rumänien, 27 % in der Slowakei, 31 % in Tschechien, 37 % in Ungarn, 45 % in Polen und 72 % in Slowenien. Bezieht man die _Lohnnebenkosten_ mit ein, so wird der Unterschied _noch prononcierter_ (Richter, Landesmann, Havlik (1998), S. 20).

Wie bereits in bezug auf die absoluten Lohnkosten angedeutet, hat sich die an der Höhe der Lohnstückkosten gemessene internationale Wettbewerbsfähigkeit der MOEL jedoch schrittweise verschlechtert. Dies gilt in besonderem Maße für Tschechien und Ungarn (letzteres nur bis 1995), wo das Lohnwachstum die Produktivitätsfortschritte bei weitem übertraf. Diese Entwicklung spiegelt unter anderem unterschiedliche Umstrukturierungsfortschritte, institutionelle Faktoren (Privatisierung) und vor allem die _Aktivitäten ausländischer Investoren_ wieder. Die Kostenvorteile ausländischer Unternehmen mit Produktionsstätten in Mittel- und Osteuropa sind vergleichsweise größer, da sie bei westlicher Produktivität nur geringfügig höhere Löhne als im MOEL-Durchschnitt zahlen. Damit treiben sie zwar allmählich das gesamtwirtschaftliche Lohnwachstum in die Höhe, profitieren selbst aber zunächst von äußerst niedrigen Lohnstückkosten. Darüber hinaus binden sie ‚billige' Arbeitskräfte in den MOEL und verringern so eine Ost-West-Wanderung.[38] Für die Ausgangslage der Arbeitsmärkte der Beitrittskandidaten ist jedoch nicht nur die bisherige makroökonomische Entwicklung entscheidend, sondern vor allem auch die vorzufindenden Institutionen auf Arbeitsmärkten i.w.S.

2.2. Arbeitsmarktinstitutionen

Institutionen des Arbeitsmarktes sind alle Systeme von Regeln (Ordnungen) und Handlungsabläufen (Organisationen), die als Rahmenbedingungen die Beziehungen von Nachfragern und Anbietern von Arbeit (Arbeitgeber und Arbeitnehmer) beeinflussen. Unbestritten unter Ökonomen ist ihre wichtige Rolle bei der

---

[38] Vgl. Cichy (1995), S. 664, Lankes (1999), Lavigne (1998), S. 51. Es ist bezeichnend, dass der einzige Industriezweig Tschechiens, in dem die Lohnstückkosten 1996 fielen, wegen _Skoda-Volkswagen_ der Transportsektor war. Vgl. Andersen Consulting (1999), S. 28.

Erklärung der Ursachen und der Höhe der Arbeitslosigkeit. So können Unterschiede hinsichtlich der arbeitsmarktrelevanten Institutionen - so zeigen es Untersuchungen der OECD immer wieder - einen wichtigen Beitrag zur Erklärung der Unterschiede in der Höhe der Arbeitslosigkeit zwischen verschiedenen Ländern leisten. Die über die Länder hinweg ermittelte Varianz der Institutionen entspricht erfahrungsgemäß in etwa der Varianz der durchschnittlichen Arbeitslosenraten (Belke, Fehn (2000)). In der EU reichte 1998 die Bandbreite der Arbeitslosenquoten von 2,8 % in Luxemburg bzw. 4,0 % in den Niederlanden bis 18,7 % in Spanien (siehe Tabelle 21).

Wenn jedoch nach Erklärungen für die seit Mitte der 70er Jahre anhaltend hohe und in Schüben zunehmende Arbeitslosigkeit in den großen EU-Ländern - also für den spezifisch europäischen Zeitpfad der Arbeitslosigkeit - gefragt wird, so reicht der Blick auf die Institutionen des Arbeitsmarktes alleine nicht aus. Denn ein Großteil der Institutionen in ihrer gegenwärtigen Ausprägung existierte bereits vor dem ersten Anstieg der Arbeitslosigkeit in den 70er Jahren in ähnlicher Gestalt. Es scheint, dass erst das *Zusammenspiel* externer Schocks (wie z. B. der Ölkrisen) und länderspezifischer Arbeitsmarktinstitutionen beides, den Zeitpfad der Arbeitslosigkeit und die diesbezüglichen Unterschiede zwischen den Staaten, erklären kann (Blanchard (1999), S. 2, Blanchard, Wolfers (1999)). Wenn durch ungeeignete Institutionen notwendige strukturelle Anpassungen infolge von Schocks verhindert werden, kann die schnelle Rückkehr zum vorherigen gleichgewichtigen Wert der Arbeitslosigkeit verhindert werden (Persistenz der Arbeitslosenrate) oder es verändert sich sogar der Wert der gleichgewichtigen Arbeitslosigkeit, so dass auch nach langen Anpassungszeiten ohne weitere Störung von außen keine Rückkehr zum niedrigen Ausgangswert möglich ist (Hysteresis[39] in der Arbeitslosenrate).

Ein wesentlicher Kanal der Beeinflussung der Arbeitslosigkeit durch Institutionen ist ihr *Einfluss auf die Flexibilität* des Arbeitsmarktes. Ein sehr flexibler Arbeitsmarkt kann sich strukturellen Änderungen, z. B. einer Modifikation der Struktur der Güternachfrage induziert durch eine plötzliche Verteuerung von Rohöl (Ölkrise), schneller anpassen als ein inflexibler (rigider) Arbeitsmarkt. Lassen sich jedoch auch Nachteile eines flexiblen Arbeitsmarktes nennen? Das vermeintlich wichtigste Argument gegen schnelle Anpassungen ist die Annahme unvollkommener Information der ökonomischen Akteure. So ist ein wesentlicher Faktor bei der Entscheidung über Entlassungen oder Einstellungen auf Seiten der Arbeitgeber oder über Ausbildung und Umschulung auf Seiten der Arbeitnehmer

---

[39] Der Begriff Hysteresis ist dem Griechischen entlehnt und bedeutet soviel wie ‚Zurückbleiben der Wirkung hinter ihrer Ursache'.

geber oder über Ausbildung und Umschulung auf Seiten der Arbeitnehmer die Fristigkeit des Marktsignals. Um im obigen Beispiel zu bleiben, ist die Dauer der die Nachfrageänderungen auslösenden Verteuerung von Rohöl vorab unklar. Handelt es sich nur um eine vorübergehende Änderung oder ist sie dauerhaft? Wenn mittelfristig wieder zu alten Strukturen zurückgekehrt werden müsste, so stellen die Kosten der Anpassung nicht nur individuelle Verluste, sondern auch einen Ausfluss gesamtwirtschaftlicher Fehlallokationen dar. Ein Warten mit der Beschäftigungsentscheidung wäre lohnenswerter gewesen. Ein weiteres Argument gegen ein Zuviel an Flexibilität lautet häufig, dass die strukturellen Anpassungslasten auf einem flexiblen Arbeitsmarkt unzulässigerweise alleine von den Arbeitnehmern getragen werden müssten. Diesem Argument lässt sich jedoch mit drei Gegenargumenten begegnen. Zum einen findet der entlassene Arbeitnehmer auf einem flexiblen Arbeitsmarkt bei geeigneter Qualifikation bzw. geeigneten Möglichkeiten zur Umschulung und Weiterbildung schnell wieder einen neuen Arbeitsplatz. Zweitens trägt auch der Unternehmer, der seinen Betrieb umstrukturieren muss, einen Teil der Lasten. Drittens werden die Anpassungslasten auf einem inflexiblen Arbeitsmarkt erfahrungsgemäß einseitig auf die im Verhältnis zur Zahl der Beschäftigten relativ kleine Gruppe der Arbeitslosen abgeladen.

Festzuhalten bleibt gemäß der herrschenden Lehrmeinung unter Ökonomen folgendes. Inflexible Arbeitsmarktinstitutionen induzieren in Zeiten eines erhöhten Anpassungsbedarfs, z. B. infolge von Schocks, mehr Arbeitslosigkeit in der mittleren Frist, während flexible Arbeitsmärkte kurzfristig höhere Arbeitslosenquoten aufweisen würden. Mittelfristig hohe Arbeitslosigkeit unterliegt aber besonderen Persistenzeinflüssen (z. B negative Suchanreize für die Arbeitslosen, Verfall des Humankapitals mit zunehmender Dauer der Arbeitslosigkeit), so dass *langfristig ein flexibler Arbeitsmarkt besser abschneidet als ein inflexibler.*

In den zehn Jahren seit dem Beginn der marktorientierten Reformen in den zentral- und osteuropäischen Volkswirtschaften hat sich die *Einschätzung* von Ökonomen bezüglich der Funktionsfähigkeit der Arbeitsmärkte in diesen Ländern *stark verändert.* In der Frühphase der Transformation überwog die *pessimistische* Einschätzung, dass der Ausgangszustand einer Bevölkerung, die mit der Funktionsweise eines ‚kapitalistischen' Arbeitsmarktes nicht vertraut ist, in Verbindung mit einem unangemessenen institutionellen Rahmen zwangsläufig zu Inflexibilität führe. Dies wiederum verursache angesichts des enormen Anpassungsbedarfs im Zuge der Transformation hohe und persistente Arbeitslosigkeit. Während diese Interpretation, dass Arbeitsmärkte in Transformationsökonomien durch substantielle Rigiditäten gekennzeichnet sind, weiterhin von dem Großteil akademischer Analysen geteilt wird (vgl. z. B. Boeri, Burda, Köllö (1998)), haben Layard, Richter (1995) die *russischen* Arbeitsmärkte als *flexibel* eingestuft. Auch Burda (1998) vermutet implizit, dass die Arbeitsmärkte der MOEL bisher flexibler als die westeuropäischen gewesen seien, wenn er davor warnt, dass die flexiblen MOEL in ihrer Funktionsweise beeinträchtigt werden könnten, falls sie das relativ inflexible institutionelle Setup der EU-Länder beim oder bereits vor dem Beitritt zur EU gleichsam übernehmen würden.

Angesichts der unklaren Ausgangslage hinsichtlich dieser Frage wird in diesem Kapitel analysiert, in welchem Ausmaß die Arbeitsmärkte in den MOEL *tatsächlich flexibel* sind. Zu diesem Zweck wird ein Überblick über die in der Literatur bisher vorliegende Evidenz zur mikro- und makroökonomischen Arbeitsmarktflexibilität gegeben. Kriterien dabei sind unter anderem die Anreizeffekte des Systems der sozialen Sicherung, Flexibilität des Kündigungsschutzes, die Ausgestaltung der aktiven Arbeitsmarktpolitik und die regionale Mobilität.

Zunächst werden jedoch als Referenz für eine Einordnung des institutionellen Rahmens in den MOEL zwei westliche Arbeitsmarktmodelle gegeneinander abgegrenzt: zum einen der anglo-amerikanische Typ mit einem eher geringen Schutz der Beschäftigten und zum anderen der kontinentaleuropäische Typ mit einem ausgeprägtem *Kündigungsschutz*, der die Kosten von Entlassungen erhöht und angesichts dieser Kosten die Entscheidung, neue Arbeitnehmer einzustellen, herauszögert. Dabei kann zwischen dem individuellen Schutz und dem Schutz vor Massenentlassungen unterschieden werden. Als dritten Indikator für Arbeitsmarktflexibilität zieht die OECD (1999, S. 48 ff.) die staatliche *Regulierung von Teilzeitarbeit* heran. Auch durch dieses Kriterium lassen sich die beiden angesprochenen Varianten deutlich unterscheiden. Ein Gesamtindikator zum länderübergreifenden Vergleich der Flexibilität der Arbeitsmarktinstitutionen kann als gewichteter Durchschnitt der Teilindikatoren ermittelt werden.

Obwohl die Zahlen in der unten folgenden Tabelle 21 auf den ersten Blick eine andere Interpretation nahe legen, hat die Ausgestaltung des Beschäftigtenschutzes *keinen eindeutigen* Einfluss auf die *Höhe* der Arbeitslosigkeit. Höhere Einstellungskosten verringern zwar während eines Aufschwungs die Neueinstellungen, reduzieren aber während eines Abschwungs die Entlassungen, so dass das Vorzeichen des Nettoeffekts nicht determiniert ist. Diese Argumentation wird durch den Großteil der empirischen Untersuchungen gestützt, die keinen signifikanten Zusammenhang zwischen der Höhe der Einstellungskosten und dem Ausmaß der Beschäftigung finden können.[40] Aber, und das ist für die Arbeitsmärkte der MOEL von größerer Bedeutung, die empirische Evidenz erweist sich für die These, dass die Strenge des Schutzes der Beschäftigten die *Dynamik* der Arbeitsmärkte beein-

---

[40] Vgl. dazu die Übersicht in OECD (1999), S. 68 ff.

flusst, als ungleich stärker. Bei inflexiblen Arbeitsmarktinstitutionen verringern sich die Zu- und Abgänge zur Gruppe der Arbeitslosen und *verlängert* sich die *Dauer* der Arbeitslosigkeit (OECD (1999), S. 69, siehe Kapitel 2.2.4).

Tabelle 21
Flexibilität der Arbeitsmärkte in der EU

Land	individueller Schutz gegen Entlassungen	zusätzliche Regulierung bei Massen- entlassungen	Regulie- rung von Teilzeit- arbeit	**Gesamt- indikator (gewichteter Durchschnitt)**	Arbeitslo- senquote 1998
Großbritannien	0,8	2,9	0,3	**0,9**	6,3
Irland	1,6	2,1	0,3	**1,1**	7,8
Dänemark	1,6	3,1	0,9	**1,5**	5,1
Finnland	2,1	2,4	1,9	**2,1**	11,4
Niederlande	3,1	2,8	1,2	**2,2**	4,0
Österreich	2,6	3,3	1,8	**2,3**	4,7
Belgien	1,5	4,1	2,8	**2,5**	9,5
Schweden	2,8	4,5	1,6	**2,6**	8,3
Deutschland	2,8	3,1	2,3	**2,6**	9,4
Frankreich	2,3	2,1	3,6	**2,8**	11,7
Spanien	2,6	3,1	3,5	**3,1**	18,7
Italien	2,8	4,1	3,8	**3,4**	12,2
Griechenland	2,4	3,3	4,8	**3,5**	10,7
Portugal	4,3	3,6	3,0	**3,7**	5,1

Quelle: OECD (1999), S. 57 ff. Ein niedrigerer Indikator signalisiert mehr Flexibilität.

2.2.1. Lohnersatzleistungen

Der Fokus der Literatur über institutionelle Barrieren für die Arbeitsmarktfle-xibilität in Transformationsökonomien liegt bisher hauptsächlich auf den *Anreizef-fekten*, die durch die Systeme der sozialen Sicherung hervorgerufen werden. Zum einen sind die Art und die Ausgestaltung der *Lohnersatzleistungen* entscheidend für die Anreize zur Suche eines neuen Arbeitsplatzes (Suchanreize). Zum anderen wird die Bedeutung der *Lohnnebenkosten* betont, die dem Prozess der Schaffung von neuen Arbeitsplätzen entgegenstehen können und deren Höhe ebenfalls von der Ausgestaltung des Systems der sozialen Sicherung sowie von betrieblichen bzw. tarifvertraglichen Elementen (Weihnachtsgeld, Urlaubsgeld usw.) abhängt.

Im Rahmen der Transformation entstand rasch politische Nachfrage nach sozi-aler Absicherung, da sich die Individuen, wie in Abschnitt 2.1 gezeigt, hohen An-passungshärten ausgesetzt sahen. In den meisten MOEL wurden deshalb rasch Programme der Arbeitslosenunterstützung, des vorzeitigen Ruhestands, der Sozi-alhilfe und Abfindungszahlungen bei einer Kündigung aufgelegt, nachdem sich die Regierungen zu einer Markttransformation verpflichteten. Dies geschah, *bevor* die Konsequenzen dieser Entscheidungen deutlich wurden und meistens *ohne* Abwägung der zukünftig hiermit verbundenen ökonomischen Kosten (Burda (1998), S. 9).

Nach neueren Berechnungen der EU-Kommission für 1998 dürfte das System der sozialen Sicherung in der Slowakei, Tschechien, Ungarn und vor allem Slowenien (anders als in den baltischen Staaten) einen negativen Beschäftigungseffekt liefern. Diese Schlussfolgerung ergibt sich aus dem Vergleich der registrierten Arbeitslosigkeit mit der per Arbeitskräfteerhebung ermittelten Arbeitslosigkeit (AKE-Arbeitslosigkeit) (siehe Tabelle 22). Werte größer als Eins bedeuten, dass weniger Personen arbeitslos[41] waren als offiziell ausgewiesen. Über Eins liegende Werte signalisieren damit entweder, dass viele registrierte Arbeitslose ihre Arbeitsplatzsuche eingestellt haben, in der Schattenwirtschaft tätig sind oder/und dass eine fortgesetzte Registrierung eine Vorbedingung für andere zusätzliche Leistungen (Arbeitslosenhilfe, Wohnungszuschüsse und Krankenversicherung) seitens des Staates ist. Letzteres heißt, dass die *Anspruchsvoraussetzungen* bei einer Quote größer als Eins relativ *großzügig ausgelegt* sind. Dies repräsentiert einen Anreiz, sich arbeitslos zu melden[42] mit negativen Implikationen für die Beschäftigung. Außerdem müssen die

Tabelle 22
Suchanreize der Lohnersatzleistungen in den MOEL*

Land	1997	1998
Estland	0,4	0,5
Lettland	0,5	0,5
Litauen	0,5	0,6
Bulgarien	1,0	0,8
Polen	0,9	1,0
Tschechien	1,1	1,2
Ungarn	1,3	1,3
Rumänien	1,2	1,4
Slowakei	1,2	1,4
Slowenien	1,8	1,6

* Verhältnis Registrierte Arbeitslose / AKE-Arbeitslose
Quelle: EU-Kommission (1999), S. 15.

Leistungen finanziert werden, so dass bei aktiverer Suche der Arbeitslosen und bei restriktiveren Anspruchsvoraussetzungen auch die Lohnnebenkosten niedriger ausfallen würden. Werte kleiner als Eins lassen sich darauf zurückführen, dass mit der Registrierung als Arbeitsloser nur geringe Lohnersatz- oder Sozialhilfeleistungen verbunden oder die Arbeitsvermittlungsleistungen der Behörden unattraktiv sind (Burda (1998), S. 6 f.).

In Slowenien waren beispielsweise 32 % der registrierten Arbeitslosen nicht

---

[41] Im Sinne der üblichen Definition, die Arbeitslosigkeit u. a. an dem Tatbestand der aktiven Suche nach einem Arbeitsplatz festmacht. Für weitere Unterschiede von AKE- und amtlich registrierter Arbeitslosigkeit, vgl. EU-Kommission (1999), S. 15.

[42] Für diese Interpretation vgl. EU-Kommission (1999), S. 11.

auf Arbeitssuche und weitere 22 % hatten in der Erhebungswoche einen Arbeitsplatz (EU-Kommission (1999), S. 15). Außer Polen weisen alle fortgeschrittenen Reformstaaten der ersten Gruppe Werte größer als Eins auf. Damit scheint dort *eher der kontinentaleuropäische Typ* von Arbeitsmarktinstitutionen im Bereich der Lohnersatzleistungen vorzuliegen, über deren Anreizeffekte in Transformationsökonomien aus wissenschaftlicher Sicht jedoch noch keine Einigkeit herrscht. Micklewright, Nagy (1999) kommen zu dem Ergebnis, dass sich die Arbeitslosigkeit in Ungarn relativ unelastisch in bezug auf Änderungen der Art und Höhe der Ansprüche verhält. Ein zeitliches Auslaufen der Arbeitslosenunterstützung und ein Ersatz durch die (in der Regel betragsmäßig geringer ausfallende) Sozialhilfe führt dort, *wie auch in vielen kontinentaleuropäischen Ländern,* nicht zu einem Anstieg der Abgangswahrscheinlichkeit aus dem Arbeitslosenpool. Wolf (1997) für Ungarn und Puhani (1996) für Polen hingegen kommen zu dem Ergebnis, dass die Arbeitslosigkeitsdauer durch höhere Unterstützungsleistungen signifikant positiv beeinflusst wird.

2.2.2. Lohnnebenkosten

Die Bedeutung von Nichtlohn-Arbeitskosten hat sich im Laufe der Transformationsperiode durchgehend erhöht. Im Gegensatz zu Westeuropa, wo *gesetzliche* Bestimmungen einen Großteil dieser Kosten ausmachen, erfüllen sie in den MOEL tendenziell eher die Funktion von *freiwillig vereinbarten* Lohnnebenleistungen zur Attrahierung qualifizierten und motivierten Personals. Für sich genommen ist diese Feststellung ökonomisch nicht problematisch, da es sich um freiwillige Vereinbarungen handelt. Erst eine Institutionalisierung durch die Tarifparteien kann eine Persistenz und eine Pfadabhängigkeit von Beschäftigungsschwankungen auslösen und damit langfristig Arbeitsmarktprobleme aufwerfen.

Eine Besonderheit der MOEL im Vergleich zu den EU-Volkswirtschaften besteht sicherlich darin, dass dem Staat durch die Transformation und die Übernahme großer Teile der Volkswirtschaft durch private Anteilseigner und Manager ein bedeutender Teil der Einnahmequellen genommen wurde. Aus politökonomischen Gründen führte dies auf direkte Weise oder indirekt über Beiträge zu verschiedenen Sozialfonds zu einem *Anstieg der Besteuerung von Löhnen.* Da diese Abgaben prinzipiell einfacher als die Mehrwert- oder die Einkommensteuer zu vereinnahmen sind, wurden die Regierungen der MOEL zunehmend von diesen Einnahmen abhängig. Als im Transformationsverlauf sehr bald die Kosten der Arbeitslosenversicherung und -unterstützung anstiegen und das Abgabenaufkommen sank (vor allem in Ungarn und Polen), wurden in der Folge die Steuern auf den Faktor Arbeit weiter erhöht. Dies hatte eine weitere Verringerung der Nachfrage nach Arbeit zur Folge und führte zu dynamischer Instabilität des Systems.

Da sich im Gegensatz zu Untersuchungen für die OECD (Nickell, Bell (1997)) für die MOEL ein durchweg signifikanter negativer Einfluss der Besteuerung der Arbeit auf Beschäftigungsverhältnisse nachweisen lässt, geriet die Beschäftigung in diesen Staaten vielfach in eine sogenannte *Fiskalfalle*, d. h. in ein Gleichgewicht bei exzessiver Besteuerung und exzessiver Steuerflucht. Das Entstehen einer umfangreichen *Schattenwirtschaft* als Ausweichreaktion auf die zunehmende Besteuerung des Faktors Arbeit ist hierbei typisch für MOEL.[43] Die Fiskalfalle ist ein nicht zu unterschätzender Unterschied zu den westeuropäischen Arbeitsmärkten und trägt eher zu einer spezifischen von den Ländern der bisherigen EU abweichenden Arbeitsmarktentwicklung in den MOEL bei.

2.2.3. Tarifverhandlungssysteme

Die fortgeschrittenen Reformstaaten Polen, Tschechien, Ungarn und Slowenien haben als übereinstimmendes Merkmal *Tarifverhandlungssysteme*, an denen neben den *Gewerkschaften* und den *Arbeitgeberverbänden* auch der *Staat* beteiligt ist (vergleichbar mit dem ‚Bündnis für Arbeit‘ in Deutschland, obwohl dort bislang nicht vorgesehen ist, verbindliche Richtlinien für die Tarifabschlüsse festzulegen). Daneben ist, als weitere Übereinstimmung der Arbeitsmarktinstitutionen in den genannten Staaten, eine *relative Schwäche der Arbeitgeberverbände* (vor allem der Privatwirtschaft) festzustellen. Zum Teil ist dies durch die kurze Tradition privater Arbeitgeber begründet, zum Teil kann jedoch auch eine strukturelle Benachteiligung durch den Gesetzgeber, wie z. B. in Polen, wo es zwar ein Streikrecht für Arbeitnehmer, jedoch kein Recht zur Aussperrung Streikender durch die Arbeitgeber gibt, festgestellt werden.

Trotz einiger Unterschiede zwischen den MOEL der vormals ersten Gruppe (beispielsweise gibt es in Polen zwei große Gewerkschaften, in Ungarn dagegen mehrere kleine; in Slowenien ist im Gegensatz zu den anderen Staaten die Stellung der Gewerkschaften im Staatssektor relativ stark und im Privatsektor relativ schwach und in Tschechien wurden die Empfehlungen des ‚runden Tisches‘ für die Lohnabschlüsse bislang eher als Normwerte, denn als maximale Grenze interpretiert) entspricht die *Ausgestaltung der industriellen Beziehungen* und die Stellung der Gewerkschaften dort eindeutig eher dem *kontinentaleuropäischen* als dem anglo-amerikanischen *Typ* (Franz (1995), S. 33 ff.; Bell, Mickiewicz (1999), S. 131 ff.).

---

[43] Vg. Boeri, Burda, Köllö (1998), S. 86 ff., Burda (1998), S. 10, Welfens (1998), S. 10 f.

2.2.4. Kündigungsschutz und Teilzeitarbeit

Boeri, Burda, Köllö (1998, S. 88 ff.) vergleichen institutionelle Arbeitsmarkt-bedingungen in den MOEL und in Kontinentaleuropa. Sie kommen dabei zu dem relativ eindeutigen Ergebnis, dass die meisten MOEL statt des ‚Anglo-Saxon hire at will' eher Arbeitsmarktregulierungen *kontinentaleuropäischen Typs* übernommen haben. Insbesondere Abfindungsentschädigungen und Kündigungsschutzre-gelungen folgen mit hinsichtlich ihres Wortlauts überwiegend dem kontinentaleu-ropäischen Muster. Die Untersuchung der OECD (1999) bestätigt tendenziell die-se Ergebnisse für Polen, Ungarn und Tschechien. Jedoch kommen die genannten Staaten auf einen deutlich niedrigeren Gesamtindikator als einige immer noch stark sklerotisierte[44] kontinentaleuropäische Staaten, weil sie *sehr liberale Rege-lungen der Teilzeitarbeit* aufweisen (siehe Tabelle 23).

Tabelle 23
Flexibilität der Arbeitsmärkte in Polen, Tschechien und Ungarn

Land	individueller Schutz gegen Entlassungen	zusätzliche Regu-lierung bei Mas-senentlassungen	Regulierung von Teilzeitarbeit	**Gesamtindikator (gewichteter Durchschnitt)**
Tschechien	2,8	4,3	0,5	**2,1**
Polen	2,2	3,9	1,0	**2,0**
Ungarn	2,1	3,4	0,6	**1,7**

Quelle: OECD (1999), S. 57 ff.

Boeri, Burda, Köllö (1998, S. 88) stellen fest, dass die Kündigungsschutzre-geln in den MOEL zwar dem kontinentaleuropäischen Typ entsprechen, aber (noch) nicht so strikt gehandhabt werden wie in Westeuropa. Burda (1998, S. 15) weist zusätzlich darauf hin, dass die entsprechenden Gesetze nicht so rigoros an-gewendet werden wie in Westeuropa, obwohl sie ihnen weitgehend entsprechen. Beide argumentieren, dass der *EU-Beitritt der MOEL* durch die vorweggenomme-ne Übernahme des ‚Acquis communautaire' tendenziell zu einer *strikteren Durch-setzung* oder sogar einer *Verschärfung* dieser Vorschriften zum Kündigungsschutz führt. Unsere Analyse der EU-Sozialpolitik in Kapitel 3 kommt zu einem ähnli-chen Ergebnis.

Die ökonomische Theorie legt Ausnahmen bei den Kündigungsschutzregeln für kleine und mittlere Unternehmen generell nahe. Darüber hinaus empfehlen sich derartige Ausnahmen insbesondere bei starkem strukturellen Anpassungsbe-

---

[44] Der medizinische Begriff ‚Sklerose' bezeichnet eine krankhafte Verhärtung und hat sich in der Ökonomie zur Kennzeichnung inflexibler Arbeitsmärkte eingebürgert.

darf. Es lässt sich zwar nicht zwingend direkt ein negativer Beschäftigungseffekt von Kündigungsschutzregelungen herleiten. Jedoch sind die Effekte derartiger Regulierungen gerade in der Phase der Transformation als einem systemischen Strukturwandel *für kleine Unternehmen und Neugründungen* wohl nicht zu vernachlässigen.[45] Unternehmensgründungen und -aufgaben sind zum einen eine Vorbedingung für produktive Aktivität in einer sich rasch ändernden Marktumgebung. Zum anderen produzieren sie Information, die in Transformationsökonomien bisher knapp war. Da Neugründungen von Unternehmen gerade in Transformationsökonomien ein risikoreiches und oft erfolgloses Unterfangen darstellen, wirken Kündigungsschutzregelungen wie eine direkte Steuer auf diese Aktivitäten. Sie haben negative Beschäftigungswirkungen, da sie Innovation und Strukturwandel durch Neugründungen von Unternehmen verhindern.

Hieraus folgt, dass die Durchsetzung von Kündigungsschutzregelungen kleine Unternehmen tendenziell entweder aus dem Markt oder aber in die Schattenwirtschaft treibt. Beides hätte schwerwiegende Folgen für das Steueraufkommen und würde die weiter oben beschriebene *Fiskalfalle* tendenziell noch *verschärfen*. Darüber hinaus entstünden den Unternehmen hohe Fixkosten für eine separate Abteilung zur organisatorischen Handhabung der Regelungen. Aus arbeitsmarktpolitischer Sicht wäre es demnach sinnvoll, kleinen Unternehmen von diesen Regelungen *Ausnahmen* zu gewähren. In der Tat wurde in den MOEL genau dieses Ergebnis realisiert. Nur große Unternehmen wurden Regelungen unterworfen; kleinere und ausländische Unternehmen weichen diesen auf die eine oder die andere Weise aus (Burda (1998), S. 16).

Nach der Untersuchung der OECD (1999) stellt Polen jedoch eine Ausnahme von der ausgeprägten empirischen Evidenz eines Zusammenhangs von Arbeitsmarktflexibilität und ,Umsätzen' am Arbeitsmarkt (,labor turnover') dar. Trotz eines relativ moderaten Indexwerts ist in Polen die Zahl der Neueinstellungen und Entlassungen sehr gering und der Verbleib eines Arbeitnehmers bei ein und demselben Arbeitgeber sehr lang. Der Grund könnte zum einen darin liegen, dass die Kündigungsschutzregeln am Anfang der 90er Jahre noch sehr viel strikter waren. Andererseits waren Arbeitsplatzwechsel in der Planwirtschaft sehr unüblich, so dass gewissermaßen die Tradition der Flexibilität fehlt (OECD (1999), S. 82). Letzteres müsste dann allerdings für alle Transformationsstaaten gelten. Wie auch immer, dieser Argumentation folgend könnte Polen noch ein gewisses Potential an Anpassungsfähigkeit in naher Zukunft hinzugewinnen, mit den entsprechenden

---

[45] Vgl. dazu Boeri, Burda, Köllö (1998), S. 89, Burda (1998), S. 16, Franz (1995), S. 43, Hopenhayn, Rogerson (1993) und Wisniewski (1999).

positiven Effekten für die Wettbewerbsfähigkeit und die Arbeitslosigkeit. Damit wird unsere Schlussfolgerung aus Kapitel 2.1.2 gestützt, dass die ökonomisch fortgeschrittenen MOEL mit ihrer gegenwärtigen Ausstattung an Arbeitsmarktinstitutionen nach kontinentaleuropäischem Muster - jedoch noch mit sinnvollen Ausnahmen versehen - zu einem Niveau der Arbeitslosenquote unterhalb des EU-Niveaus konvergieren, wobei für die polnische Arbeitslosenquote diese Konvergenz bislang noch am wenigsten ausgeprägt ist.

2.2.5. Aktive Arbeitsmarktpolitiken

Im Zuge des Transformationsprozesses sind aktive Arbeitsmarktpolitiken (‚active labour market policies' - ALMP) in den MOEL, wie auch in den westeuropäischen Staaten seit dem ersten Ölpreisschock Mitte der 70er Jahre, rasch ein zentraler Bestandteil der Arbeitsmarktpolitik geworden.[46] Das Ziel von Maßnahmen zur Arbeitsplatzvermittlung (‚job intermediation measures'), arbeitsmarktorientierten Aus- und Weiterbildungsmaßnahmen (‚labor market training measures') sowie Programmen zur Arbeitsplatzbeschaffung (‚job creation schemes') ist es, die Flexibilität der Arbeitnehmer zu erhöhen und hierdurch die Langzeitarbeitslosen in den Arbeitsmarkt zu reintegrieren. Sie könnten allerdings zynisch gesprochen auch als *flankierende Maßnahmen einer rigiden Ausgestaltung des Beschäftigtenschutzes* charakterisiert werden.

Das traditionelle Argument zugunsten aktiver Arbeitsmarktpolitiken lautet wie folgt. ALMP könnten sich theoretisch gerade in Transformationsphasen, in denen alle Unternehmen ein hohes Maß an Arbeitsplatzabbau betreiben und hierbei in der Regel die am wenigsten produktiven Arbeitnehmer entlassen, als sinnvoll erweisen. Denn in und nach derartigen Phasen zeigt der Status der Arbeitslosigkeit für potentielle neue Arbeitgeber eine besonders niedrige Produktivität an, die durch die Teilnahme an einer Maßnahme der ALMP vielleicht gesteigert werden kann. Die Effektivität derartiger Maßnahmen wird jedoch in der Literatur zu Westeuropa häufig unter Verweis auf die disaströse Reaktion der schwedischen und finnischen Arbeitsmärkte auf die Schocks der frühen neunziger Jahre - obwohl ALMP zum Einsatz kamen - tendenziell *kritisch beurteilt*.[47] Liegt in bezug auf die MOEL und hier speziell auf das bereits weiter oben angesprochene bis 1997 realisierte ‚Beschäftigungswunder' Tschechiens eine abweichende Bewer-

---

[46] Vgl. Boeri, Burda, Köllö (1998), S. 78 f., Burda (1998), S. 11 f., Wisniewski (1999).

[47] Vgl. stellvertretend Calmfors (1994). Für eine zusammenfassende Bewertung der westeuropäischen Erfahrungen mit ALMP, vgl. OECD (1998). Für erste Schätzungen der Effektivität von ALMP in MOEL vgl. Lubyova, van Ours (1997) und O'Leary (1997).

tung der ALMP nahe? Ist die Effizienz der ALMP vielleicht sogar eine der Ursachen für die vergleichsweise bessere Arbeitsmarkt-Performance der Tschechischen Republik?

Erste vorläufige, aber zunehmend empirisch abgesichertere, Evidenz deutet darauf hin, dass die Antwort hierauf Nein lautet. Aktive Arbeitsmarktpolitiken in den MOEL werden über die Mehrzahl der Untersuchungen hinweg als Maßnahmen zur Durchmischung stagnierender Pools von Arbeitslosen charakterisiert, die gleichzeitig aber zu *Ineffizienzen* vor allem in Gestalt von Verdrängungseffekten (,displacement effects') führen (Boeri, Burda, Köllö (1998), S. 78 ff.; Burda (1998), S. 14). Letzteres heißt, dass aktive Arbeitsmarktpolitiken häufig bereits bestehende Arbeitsplätze *ersetzen*, anstatt zusätzliche neue zu schaffen. Zahlreiche ökonometrische Studien belegen die These, dass im Falle Tschechiens *andere* spezifische Umstände als der Einsatz von ALMP für die günstige Beschäftigungsentwicklung verantwortlich waren. Hierzu zählen das industrielle Spezialisierungsmuster, das gut ausgebildete Erwerbspersonenpotential, das große Potential für Dienstleistungen, die ausgeprägte Unternehmertradition, ein kleiner Agrarsektor und die geographische Nähe zu Deutschland als besonders günstige Ausgangsbedingungen für die Transformation.[48]

Obwohl die Budgets für aktive Arbeitsmarktpolitiken zwischen den MOEL differieren, bewegt sich die Bandbreite von Ausgaben für ALMP *innerhalb* der auch *für Westeuropa üblichen* Spannen. Dieser Sachverhalt deutet wiederum eine *ähnliche* Ausgestaltung der Arbeitsmarktinstitutionen in den MOEL und in der EU an (Huber 1999), S. 7 und Wisniewski (1999)).

2.2.6. Regionale Ungleichgewichte

Ein weiteres zentrales Kennzeichen der Arbeitsmarktentwicklungen in Transformationsökonomien ist der *Anstieg der regionalen Ungleichheiten*: „The transformation has a significant regional element" (Burda (1998), S. 7, ähnlich auch Boeri (1998), S. 3, und Wisniewski (1999)). In bezug auf die *Arbeitslosenraten* liegen mittlerweile empirische Ergebnisse dafür vor, dass die Transformationsökonomien Ungarn, Polen und Tschechien nach der Wende überaus zügig regionale Disparitäten, also regionale Ungleichheiten, ausprägten. Diese stiegen bis

---

[48] Vgl. Boeri, Burda (1996), Boeri, Burda, Köllö (1998), S. 78 ff., und Burda, Lubyova (1995). Im November 1998 sprach die Kommission im Rahmen ihrer Berichterstattung über die Fortschritte der Bewerberländer die Verlangsamung der Reformprozesse (außer in Slowenien) vor allem in Tschechien an. Es wurden v. a. Defizite in der industriellen Umstrukturierung und der Rechtsangleichung der Kontrolle staatlicher Beihilfen hervorgehoben. Vgl. EU-Kommission (1998b), S. 18.

1993 an und verblieben anschließend auf ihrem hohen Niveau (Huber, Wörgötter (1999)). Auch dies ähnelt wiederum stark dem typischen Muster kontinentaleuropäischer Arbeitsmärkte.[49] Ähnliches lässt sich für die Transformationsökonomien Ungarn, Polen und Tschechien auch in bezug auf regionale Disparitäten in der *Stücklohnentwicklung* zeigen. Denn bei regional unterschiedlichen Produktivitäten variieren Tariflöhne regional aus politischen Gründen längst nicht so stark (Huber (1999), S. 5). Es ist zu erwarten, dass der Beitrittsprozess der MOEL die Differenzen zwischen regionalen Lohnstückkosten zumindest kurzfristig weiter verstärkt, wenn zusätzliche ökonomische Aktivitäten sich zunächst auf die bestehenden Aktivitätszentren konzentrieren (Boeri (1998)).

Diese Forschungsergebnisse - wenig regionale Flexibilität auf der Lohnseite und deshalb eine hohe regionale Varianz der Arbeitslosenraten in den MOEL - unterstreichen die *herausragende Bedeutung der Kapitalmobilität*, um Regionen zu helfen, Disparitäten und Ungleichgewichte zu überwinden sowie den ebenfalls für Kontinentaleuropa typischen Mangel an Arbeitskräftemobilität zu kompensieren. Ähnlich wie für Westeuropa werden von Beobachtern die Art der sozialen Sicherung (‚zu generöse wohlfahrtsstaatliche Leistungen'), ausgeprägte Familienbanden, unzureichende Infrastruktur und eine Art ‚regionalen Chauvinismus' als Gründe für die geringe interregionale Arbeitskräftemobilität angeführt (Boeri, Burda, Köllö (1998), Burda (1998), S. 8). Die Erfahrung der EU-Volkswirtschaften legt nahe, dass eine Verringerung der regionalen Arbeitslosigkeitsdifferentiale sowohl eine *stärkere Reagibilität der Löhne* in bezug auf interregionale Produktivitätsdifferenzen als auch eine gewisse *interregionale Mobilität der Arbeitskräfte* verlangt. Einige EU-Länder wie Großbritannien und Schweden haben in den letzten fünfzehn Jahren dezentralen Lohnverhandlungen zu mehr Bedeutung verholfen. Durch die hierdurch ermöglichte Anpassung von Löhnen konnten interregionale Differenzen zwischen regionalen Lohnstückkosten verringert werden. Dieser Weg könnte auch in den MOEL beschritten werden (Boeri (1998)). Insofern *ähneln* sich auch die *Politikempfehlungen* für die EU und die Beitrittskandidaten.

2.3. Risiko asymmetrischer Schocks

Wie weiter oben schon betont, kann eine Aussage über die Entwicklung der Arbeitslosigkeit im Zeitablauf nur aus dem *Zusammenspiel* von Institutionen und *Schocks* abgeleitet werden. Bei unserer Abschätzung der Wirkungen des EU-

---

[49] Vgl. Belke, Gros (1998), Boeri (1998), Bradley, Taylor (1997).

Beitritts auf die Arbeitslosigkeit in den MOEL in Kapitel 3 und in der EU in Kapitel 4 gehen wir auch auf die zu erwartende Größenordnung des Integrationsschocks ein. In diesem Abschnitt wird auf Grundlage unserer Analyse der Arbeitsmarktinstitutionen in den MOEL jedoch zunächst untersucht, wie groß die noch verbleibende Wahrscheinlichkeit *asymmetrischer Schocks* für die Beitrittskandidaten ist. Ein ‚asymmetrischer Schock' ist eine plötzliche und unerwartete Störung, welche die Mitgliedsstaaten eines Integrationsraumes, in diesem Falle der erweiterten EU, unterschiedlich stark trifft. Dabei handelt es sich entweder um einen regionen- bzw. sektorenspezifischen Schock, oder darum, dass ein allgemeiner Schock bestimmte Regionen (oder Staaten) ungleich stark trifft, weil sich die ökonomischen Strukturen oder die politischen Reaktionen der Regionen (oder Staaten) unterscheiden (Belke, Gros (1998)). Die Frage nach asymmetrischen Schocks ist besonders im Zusammenhang mit einer möglichen späteren *Übernahme des Euro* als gesetzliches Zahlungsmittel wichtig, weil dann der Wechselkurs als Anpassungsinstrument nicht mehr zur Verfügung steht.[50] Für Schocks, die den gesamten Euroraum - einschließlich der künftig beitretenden MOEL - gleichermaßen treffen, wird weiterhin der Wechselkurs des Euro als Anpassungsinstrument dienen, weil dieser gegenüber anderen Währungen wie dem Dollar oder dem Yen auch weiterhin frei beweglich sein wird.

Die wichtigsten Schocks für die europäische Wirtschaft in der jüngeren Vergangenheit waren die beiden Ölkrisen der 70er Jahre, einige scharfe Kurswenden in der Geldpolitik der Vereinigten Staaten und die deutsche Wiedervereinigung zu Beginn der 90er Jahre. Wahrscheinlich werden zukünftige Schocks für die MOEL andere Ursachen haben, die jetzt noch nicht absehbar sind. Es könnten jedoch gemäß Abschnitt 2.1 die hartnäckigen Altlasten der planwirtschaftlichen Vergangenheit durchaus als Quelle zukünftiger spezifischer Schocks für die Transformationsökonomien in Frage kommen. Daneben ist vor allem die Frage zu untersuchen, ob die Schocks, die alle EWU-Staaten in gleicher Weise treffen werden, für die MOEL vergleichsweise gravierendere Auswirkungen haben könnten.

Autoren wie Gros, Nuñez Ferrer, Pelkmans (2000) argumentieren, dass keine besonderen Gründe vorliegen, welche die nachhaltige Verwirklichung fiskalpolitischer Stabilität in den MOEL schwieriger als in den EU-Staaten gestalten. Was aber wird dann das größte Problem für die MOEL in der EWU darstellen?[51] Die

---

[50] Vgl. auch Siebert (2001). Die MOEL werden mit dem EU-Beitritt gleichzeitig Mitglieder der EWWU, allerdings versehen mit einer Ausnahmeklausel. Vgl. Kapitel 5.1.3.

[51] Viele Beitrittskandidaten sehen die Mitgliedschaft in der EWU als untrennbaren Bestandteil der ökonomischen Integration in die EU an - eine Interpretation, die erst noch selbst Gegenstand einer ausführlichen Diskussion sein müsste.

meisten Ökonomen stimmen darin überein, dass das größte Problem die Verarbeitung asymmetrischer Schocks ohne die Wechselkurse als Anpassungsinstrumente sein wird. Da die MOEL unserer bisherigen Analyse zufolge eine institutionelle Arbeitsmarktordnung aufweisen, die weitgehend dem kontinentaleuropäischen Typ entspricht und sich ihm im Zuge des EU-Beitritts noch weiter annähern wird, wird auch kein zusätzliches Anpassungspotential auf den Arbeitsmärkten mehr zur Verfügung stehen. Das Auftreten asymmetrischer Schocks könnte demnach - wie von Kritikern schon für die seit 1999 bestehende EWWU befürchtet - zu schwerwiegenden und dauerhaften Verwerfungen auf Arbeitsmärkten führen.

Es stellt sich unter diesen Voraussetzungen die Frage: *Wie groß ist das Risiko asymmetrischer Schocks für die MOEL?* Oder einfacher ausgedrückt: Sind die Volkswirtschaften Mittel- und Osteuropas denen der EU bereits ähnlich genug? Das Problem asymmetrischer Schocks ist der zentrale Untersuchungsgegenstand des sogenannten OCA-Ansatzes (OCA als Abkürzung für den optimalen Währungsraum ,Optimum Currency Area'). Allerdings hat es sich bislang als unmöglich erwiesen, die zukünftige Bedeutung asymmetrischer Schocks quantitativ exakt zu schätzen. Deshalb konnten bislang auch keine empirisch erhärteten Schlussfolgerungen in diesem Bereich gezogen werden. Die OCA-Literatur berücksichtigt für gewöhnlich nur einige Indikatoren für die Wahrscheinlichkeit (d. h. für das Potential) asymmetrischer Schocks. Demgegenüber war es bislang nicht möglich, darüber hinaus zu gehen und quantitative und einigermaßen treffsichere Schätzungen der zukünftigen faktischen Anpassungskosten an asymmetrische Schocks vorzunehmen.

Für die Untersuchung der relativen Eignung europäischer Staaten für die Mitgliedschaft in der EWU wurden in der Vergangenheit die folgenden *sechs Kriterien* am häufigsten verwendet (Belke, Gros (1999), Boone, Maurel (1998, 1999)). Alle sind die durch die OCA-Theorie fundiert und betreffen gemeinsame realwirtschaftliche Strukturmerkmale der zu untersuchenden Ländergruppe:

1 - die Ähnlichkeit der Handelsstrukturen,

2 - die Intensität des intra-industriellen Handels,

3 - der Anteil der Exporte in die EU am BIP,

4 die Korrelation der Wachstumsraten des BIP,

5 - die Korrelation des Wachstums der Industrieproduktion und

6 - die Korrelation der Arbeitslosenquoten.

Die ersten drei Kriterien beziehen sich auf den Außenhandel, während die anderen drei Indikatoren anzeigen sollen, inwieweit sich die nationalen makroökonomischen Variablen im Gleichschritt mit der EU entwickeln.

Im Fall der hier betrachteten MOEL sind die Indikatoren der zweiten Gruppe wenig geeignet, da die Untersuchung der Korrelation auf die Daten der letzten 5 bis 10 Jahre gestützt werden müsste, d. h. auf einen Zeitraum mit rapidem Wandel und Transformationsschocks von außergewöhnlichem Ausmaß. Die heute verfügbaren Daten zur Handelsstruktur sind dagegen tendenziell brauchbarer, da einige Studien darauf hinweisen, dass nach einer Phase des schnellen Wandels Anfang der 90 Jahre die Muster der Ex- und Importe mittlerweile stabiler geworden sind (Gros, Nuñez Ferrer, Pelkmans (2000) und Abschnitt 3.2.1). Dies gilt vor allem für Länder wie Ungarn. Heute nimmt der europäische Markt nahezu 80 Prozent des ungarischen Exports auf, während knapp 60 Prozent der Warenimporte aus der EU kommen. Die meisten Studien zur Handelsstruktur der Kandidatenländer kommen zu dem Ergebnis, dass die weiter fortgeschrittenen MOEL wie Tschechien, Ungarn und Polen zunehmend stabile Muster *intra-industriellen* Handels mit der EU aufweisen (Freudenberg, Lemoine (1999) und Abschnitt 3.2.1.). Gerade mit der EU werden mittlerweile *differenzierte Produkte in ähnlichen Branchen* gehandelt. Dies impliziert trotz aller Unterschiede dieser Länder zur EU, dass die Wahrscheinlichkeit asymmetrischer Schocks durch den Handel bereits *niedrig* ist und im Falle einer Realisierung der EU-Osterweiterung *weiter sinken wird*.

Allerdings gilt dies nicht für die Staaten der vormals ‚zweiten Welle'. Im Falle der baltischen Staaten (und den Balkan-Staaten) kann es einerseits durchaus sein, dass ihre geringe Größe sie dazu zwingt, sich auf eine begrenzte Zahl von Branchen zu spezialisieren, was die Wahrscheinlichkeit asymmetrischer Schocks tendenziell erhöht. Ihr großer Offenheitsgrad - die Exporte machen mehr als 50 % des BIP aus - macht die Mitgliedschaft in einer großen Währungsunion (ohne Ausnahmestatus) für diese Staaten wegen des hohen Einsparpotentials an Transaktions- und Kurssicherungskosten andererseits äußerst attraktiv. Der estnische Außenhandel beispielsweise hat sich mittlerweile deutlich auf die EU ausgerichtet. Im Jahr 1999 entfielen 73 Prozent der Exporte Estlands in die Staaten der EU-15. Das wichtigste Importland estnischer Waren und Dienstleistungen ist mittlerweile Finnland, nachdem noch 1994 Russland als wichtigster Abnehmer 22,4 % der estnischen Exporte bezog. Deutschland belegt 1999 Platz drei unter den Importeuren (IW (2001)). Außerdem muss, auch für die Staaten der sogenannten ‚ersten Welle', im Zuge des EU-Beitritts noch mit bedeutenden Änderungen der Handelsstruktur mindestens bis 2010 gerechnet werden. Schließlich mahnen auch die Erfahrungen mit Portugal und Griechenland eher zur Vorsicht bei der Abschätzung der Wahrscheinlichkeit asymmetrischer Schocks. Für beide wurde im Vorfeld der EWWU mehrheitlich erwartet, dass sie von den EU-Mitgliedern am stärksten unter asymmetrischen Schocks zu leiden hätten. Dies war bislang jedoch offensichtlich weniger der Fall. Die Wahrscheinlichkeit asymmetrischer Schocks wurde stark überschätzt.

Ein weiteres *auf empirischer Ebene* angesiedeltes Kernproblem des Ansatzes asymmetrischer Schocks deutet sich im Rahmen einer Studie von Belke und Gros (1999) an. Die ökonometrische Untersuchung der Bedeutung externer Nachfrageschocks und Änderungen des realen Wechselkurses zur Erklärung von *Fluktuationen der Arbeitslosigkeit* und der Produktion im verarbeitenden Gewerbe führte für alle EU-Volkswirtschaften und über die letzten zwanzig Jahre zu wenig signifikanten Ergebnissen. Somit kann eine wesentliche Voraussetzung für die Relevanz asymmetrischer Schocks für Arbeitsmärkte empirisch zumindest vorläufig nicht bestätigt werden.

Angesichts dieser Vielzahl an Überlegungen ist es äußerst *schwierig*, a priori *klare Aussagen* über die Wahrscheinlichkeit asymmetrischer Schocks in den Kandidatenländern zu machen, falls sie den Euro schnell als gesetzliches Zahlungsmittel einführen und nicht nur mit dem EU-Beitritt formal Mitglied in der EWWU mit einem Ausnahmestatus werden. Zusammengefasst ergeben sich die folgenden Schlussfolgerungen. Eine gewisse Anzahl von Indikatoren wird auch in naher Zukunft noch eine höhere Wahrscheinlichkeit asymmetrischer Schocks für die MOEL als für die bisherigen Mitgliedsstaaten signalisieren. Andererseits zeigen die Erfahrungen mit Portugal und Griechenland, für die früher ähnliche Voraussagen getroffen wurden, dass solche Ergebnisse nicht allzu ernst genommen werden sollten. Trotzdem muss konstatiert werden, dass sich die - hauptsächlich durch nominale Wechselkursbewegungen getriebenen - realen Wechselkurse als ein nützliches Anpassungsinstrument erwiesen haben, so dass die mit der Übernahme des Euro oder schon auf dem Weg dahin stattfindende Abschaffung nominaler Wechselkurse im Binnenverhältnis durch einen höheren Grad an interner Flexibilität, d. h. durch flexiblere Preise und Löhne bzw. generell flexiblere Arbeitsmärkte, kompensiert werden muss. Dies wird später in den Ausführungen zur optimalen Abfolge währungspolitischer Regimes im Rahmen des Beitrittsprozesses zur EU und zur EWWU noch genauer diskutiert (siehe Kapitel 5).

Klar ist auch, dass externe Schocks wie zusätzliche drastische Ölpreiserhöhungen, kriegerische Auseinandersetzungen in Osteuropa und eine Finanzkrise auch zukünftig für eine osterweiterte EU und EWWU nicht vollständig ausgeschlossen sein werden. Ungarn beispielsweise hat aber die vergangenen Finanzkrisen in Argentinien und in der Türkei glänzend überstanden. Dies reflektiert zum einen die steigende Widerstandskraft der Wirtschaft bestimmter MOEL, zum anderen aber auch das größere Vertrauen der internationalen Finanzmärkte in Beitrittsländer wie Ungarn.

2.4. Schlussfolgerungen

Die vorstehend erzielten Ergebnisse zeigen deutlich, dass zumindest die drei großen beitrittswilligen MOEL Polen, Tschechien und Ungarn beim Kündigungsschutz eher dem kontinentaleuropäischen als dem angloamerikanischen Modell folgen. Darüber hinaus verbleibt die Arbeitskräftemobilität bei Werten unterhalb der westeuropäischen Ausprägungen. Empirische Analysen zeigen, dass auch die makroökonomische Anpassung auf den Arbeitsmärkten der MOEL den westeuropäischen Anpassungsmustern ähnlich ist. Die größten Lasten der Arbeitsmarktanpassung werden wie auch in Westeuropa (Decressin, Fatàs (1995)) von Entscheidungen der aktiven Partizipation am Arbeitsleben getragen. Lohnflexibilität und interne Migration spielen hingegen wie in Westeuropa (Bode, Zwing (1999)) auch in den MOEL nur eine untergeordnete Rolle (Huber (1999), S. 12 ff.). Da gleichzeitig auch die Stabilität regionaler Disparitäten mit den stilisierten Fakten westeuropäischer Arbeitsmärkte übereinstimmen (siehe Kapitel 2.2.6), liegt die Schlussfolgerung nahe, dass insbesondere die großen Beitrittskandidaten der ersten Runde bereits durch ein institutionelles Arrangement gekennzeichnet sind, *das weitestgehend demjenigen Kontinentaleuropas* entspricht (Huber (1999), S. 8). Diese Charakterisierung kann als Ausfluss der Bemühungen dieser Länder interpretiert werden, sich im Vorfeld der Beitrittsverhandlungen und der Beitrittsentscheidung hinsichtlich der arbeitsmarkt- und sozialpolitischen Institutionen bereits ein ‚EU-Profil' zu geben. Normalerweise werden institutionelle Reformen in demokratischen Staaten viel stärker durch inländische ökonomische und politische Kräfte angetrieben. Im Fall der MOEL ist der Auslöser der Reformen - der politische Systemwechsel - zwar unzweifelhaft heimischer basisdemokratischer Herkunft, aber die Anregungen zur detaillierten Architektur der Institutionen wurden größtenteils aus Westeuropa importiert. Dies geschah nicht zuletzt deshalb, weil der Standpunkt der EU, dass der Acquis communautaire als Voraussetzung eines Beitritts uneingeschränkt umzusetzen sei, wenig Spielraum für eine politische Diskussion über die Ansätze und den Inhalt der institutionellen Reformen ließ (Martens (2000), S. 2 f.). Bei einem EU-Beitritt der MOEL kann es demnach nur noch *eingeschränkt* zu einem wünschenswerten *Wettbewerb verschiedener Institutionen* als Entdeckungs- und Optimierungsverfahren kommen.

Darüber hinaus ergeben sich einige weitere wichtige Schlussfolgerungen aus unserer Analyse des Status quo auf den Arbeitsmärkten der Beitrittskandidaten. Zum einen wird sich die *Dynamik* der Entwicklung am Arbeitsmarkt in den MOEL in Zukunft noch wesentlich von der in der EU *unterscheiden*. Dies ist bei einer Abschätzung der Beschäftigungseffekte institutioneller Unterschiede von EU- und MOE-Arbeitsmärkten unbedingt zu berücksichtigen. Erstens trug eine

Reihe von *exogenen Sonderfaktoren* wie der Kollaps der Sowjetunion, die hiermit verbundenen geerbten fiskalischen und Zahlungsbilanzprobleme und die Kriege in der Golf- und vor allem in der Balkanregion zur Transformationsrezession bei und beeinträchtigen auch weiterhin die Erholung der Arbeitsnachfrage in diesen Ländern. Hierbei handelt es sich um die bereits zuvor angeführten Hysteresis-Probleme. Zweitens werden die Arbeitsplatzeliminierung und Arbeitsplatzschaffung durch die Fiskalpolitik und das politische Regime über endogene Feedbacks miteinander verbunden (vgl. die Diskussion der Fiskalfalle in Abschnitt 2.2.2). Eine zu rasche Arbeitsplatzvernichtung durch Unternehmensschließungen verstärkt die Fiskalfalle. Im Ergebnis lässt sich somit eine *optimale Geschwindigkeit der Arbeitsplatzvernichtung* ableiten, die mit einer erfolgreichen Bewältigung der Anforderungen des Strukturwandels und mit einer hinreichenden Arbeitsplatzschaffung verbunden ist. Drittens wurde herausgearbeitet, dass aufgrund des EU-Beitritts *neu entstehende* Institutionen der sozialen Sicherung und Arbeitsmarktpolitik und daraus resultierende Verhaltensmuster einen wichtigen Einfluss auf die Arbeitsnachfrage in den MOEL haben werden. Dies gilt unabhängig von den schwer prognostizierbaren Faktoren, die der sozialistischen Hinterlassenschaft oder der Natur des Transformationsprozesses entstammen (Burda (1999), S. 2, Boeri, Burda, Köllö (1998), S. 5).

Unsere Analyse hat gezeigt, dass der institutionelle Rahmen der Arbeitsmärkte der MOEL eher dem kontinentaleuropäischen als dem anglo-amerikanischen Typ entspricht. Ein Teil der abflauenden aber dennoch andauernden Krise auf den Arbeitsmärkten der MOEL dürfte daher auf institutionelle Determinanten zurückzuführen sein, die auch in den Marktwirtschaften der EU das Verhalten der Arbeitsnachfrage nach zyklischen Rezessionen bestimmen. Die *institutionell bedingte Persistenz von Schocks* ist mittlerweile ein zentrales Thema bei der Analyse der Arbeitsmarktdynamik in vielen westeuropäischen Volkswirtschaften geworden (Blanchard, Wolfers (1999)). Da die MOEL bereits zum gegenwärtigen Zeitpunkt mit dem Ziel des EU-Beitritts beschäftigungspolitische und sozialpolitische Institutionen aus den EU-Ländern importieren und übernehmen, wird dieses zwangsläufig auch zunehmend für die Diskussion der Arbeitsmarktdynamik in den MOEL gelten (Burda (1999), S. 2; Boeri, Burda, Köllö (1998), S. 5). „Put differently, hysteresis effects are gaining importance in CEE countries" (Franz (1995), S. 43).

Was bedeuten diese Ergebnisse aber für die Arbeitsmarkteffekte des zukünftig zu erwartenden EU-Beitritts dieser Länder? Im allgemeinen implizieren die vorstehenden Ausführungen, dass selbst zum gegenwärtigen Zeitpunkt , d. h. *vor* dem faktischen Beitritt, die Arbeitsmärkte in den MOEL nicht sehr flexibel sind. Jeder negative Schock für Arbeitsmärkte, beispielsweise durch Importwettbewerb aus-

gelöst, kann unter diesen Umständen persistente Auswirkungen auf die Arbeitsmarktperformance haben. Falls derartige Schocks insbesondere kleine Regionen
betreffen, kann dies wegen der fehlenden Anpassungskapazität zu ausgeprägt *lokalen* und *extrem persistenten* Arbeitsmarktproblemen führen. Die Osterweiterung
der EU führt aus dieser Sicht für MOEL zunächst einmal tendenziell zu *ähnlichen
Chancen und Risiken* wie für die bisherigen EU-Mitgliedsländer.

Analysiert man den durch die beschleunigte ‚Rückkehr nach Europa' ausgelösten *Integrationsschock* für europäische Arbeitsmärkte genauer, wird schnell deutlich, dass zu Beginn ein an Sach- und Humankapital verhältnismäßig ‚reiches'
Westeuropa einem in dieser Hinsicht ‚armen' Mittel- und Osteuropa gegenüber
stehen wird. Der Integrationsschock wird sich unter diesen Voraussetzungen möglicherweise einerseits derart ausdrücken, dass Sachkapital in West-Ost-Richtung
und (vor allem wenig qualifizierte) Arbeitskräfte in Ost-West-Richtung wandern
werden (theoretische Grundlage: *Integrationstheorie*). In gewissem Umfang wird
der West-Ost-Außenhandel andererseits bei nicht vollständiger regionaler Spezialisierung die fehlende Faktormobilität ersetzen (theoretische Grundlage: *Klassische Außenhandelstheorie*).[52] Diesem Integrationsmuster entspricht unter anderem, dass die bisher ‚billige' Arbeit in den MOEL ceteris paribus ‚teurer' bzw. die
bisher ‚teure' Arbeit in Westeuropa ceteris paribus ‚billiger' wird. Das Lohngefälle zwischen der EU und den MOEL beruht dabei sowohl auf Kapitalknappheiten
in den MOEL als auch auf einer geringeren Produktionseffizienz, die noch als
Erbschaft der Planwirtschaft zu verstehen ist.[53] Entscheidend ist nun, wie die Institutionen auf Arbeits- und Produktmärkten diesen fundamentalen Tendenzen begegnen und hiermit umgehen (Belke (1998)). Im folgenden Kapitel wird detaillier-
ter erläutert, warum eine zu schnelle Integration der MOEL in die EU eine rasche
Transformation dieser Länder verhindern könnte.

---

[52] Vgl. Straubhaar (1999), S. 4, und Tassinopoulos, Werner (1999), S. 7 ff.
[53] Vgl. Breuss (1998), S. 34, und Layard u.a. (1992), S. 56. Umgekehrtes wird für den Faktor Kapital gelten. Burda (1999), S. 2, argumentiert, dass der *marktgerechte Lohn* durchschnittlicher Arbeitnehmer in Polen, Ungarn und Tschechien *niedriger* als in Westeuropa liege, da die Ausstattung mit Anlagen, Bauten und Vorräten niedriger, das Arbeitsangebot jedoch traditionell höher sei. Folglich sei bei gleicher Technologie die Kapitalren-
dite (vor Integration) höher.

3. Die Auswirkungen des EU-Beitritts auf die Beschäftigung in den MOEL

Im vorigen Kapitel wurden die makroökonomische Entwicklung und die Wahl der Arbeitsmarktinstitutionen der mittel- und osteuropäischen EU-Beitrittskandidaten seit 1989 analysiert. Es wurde eine starke Ähnlichkeit zu den kontinentaleuropäischen Arbeitsmärkten festgestellt, jedoch mit wichtigen Ausnahmen beim Schutz der Beschäftigten (insbesondere in Form liberalerer Regelungen der Teilzeitarbeit) und der Besonderheit der Fiskalfalle. Darüber hinaus wurde dargelegt, dass gerade die Transformationsstaaten in den nächsten Jahren eine größere Anpassungsflexibilität auf den Arbeitsmärkten benötigen werden, um den fortgesetzten Strukturwandel ohne zusätzliche Arbeitslosigkeit bewältigen zu können.

Für eine Prognose der Arbeitsmarktwirkungen des EU-Beitritts in den MOEL stellt sich nun die wichtige Frage, ob die weitere Übernahme kontinentaleuropäischer Arbeitsmarktinstitutionen den MOEL die dringend notwendige Anpassungsflexibilität nimmt. Dafür muss zunächst geklärt werden, welche Institutionen des Arbeitsmarktes im Gemeinschaftsrecht verankert sind. Während diese Frage noch vor zehn Jahren relativ schnell beantwortet wäre, da die Gestaltung der Rahmenbedingungen des Arbeitsmarktes im wesentlichen Aufgabe der Mitgliedsstaaten war, fällt dies heute schwieriger, da seit 1989 eine ganze Reihe von Änderungen des Vertragsrechts und von Richtlinien mit direkter Wirkung auf die Arbeitsmärkte zu beobachten sind. Diese sich neu entwickelnde und in der Öffentlichkeit bisher kaum wahrgenommene *sozialpolitische Dimension der EU* wird in den folgenden Kapiteln 3.1.2 und 3.1.3 behandelt. Weitaus häufiger wird die Umverteilungspolitik der EU durch die Mittelvergabe aus den Struktur- und Sozialfonds, sowie der Gemeinsamen Agrarpolitik (GAP) in der Öffentlichkeit diskutiert (Kap. 3.1.4). In diesen Bereichen führt die Osterweiterung zu bedeutendem Reformdruck (besonders bei der GAP) und zu der Notwendigkeit, spezifische Maßnahmen zur Eingliederung der MOEL zu beschließen. Wir werden zeigen, dass es im Hinblick auf Beschäftigungseffekte wichtige Querverbindungen zwischen den beiden Bereichen Verteilungs- und Sozial- bzw. Arbeitsmarktpolitik gibt. Darüber hinaus werden Arbeitsmarkteffekte aus der für die MOEL unvermeidlichen Übernahme der EU-Sozialpolitik abgeleitet (Kap. 3.1.5).

Aber die Osterweiterung bringt für die MOEL nicht nur die Notwendigkeit der Anpassung der sozialpolitischen Institutionen an das Gemeinschaftsrecht und die Beteiligung an der EU-Verteilungspolitik mit sich, sondern verändert auch Ausmaß und Richtung von Handels- und Kapitalströmen zwischen den MOEL und der EU. Daraus lassen sich Wohlfahrtseffekte ableiten, deren Bedeutung für den

Arbeitsmarkt in Kapitel 3.2 untersucht werden. Auf Basis dieser Überlegungen wird in Abschnitt 3.3 eine ‚fundierte Spekulation' der Beschäftigungswirkungen des EU-Beitritts in den MOEL angestellt.

3.1. Arbeitsmarkteffekte der EU-Sozialpolitik

Der Großteil der Arbeitsmarktinstitutionen der EU entspringt nicht - wie vielleicht zu vermuten wäre - einer beschäftigungspolitischen, sondern bei näherem Hinschauen einer sozialpolitischen Motivation.[54] Als *soziale Dimension der EU* werden in der Regel zunächst die Bereiche eines steuerfinanzierten Systems der Leistungen an Bedürftige (Sozialhilfe als Existenzminimum), eines beitrags- oder steuerfinanzierten Systems der sozialen Sicherung (Renten-, Arbeitslosen-, Kranken- und Unfallversicherung) und gesetzlicher Rahmenbedingungen einer Unternehmensverfassung mit Beteiligung der Arbeitnehmer an betrieblichen Entscheidungen und/oder der Kontrolle von Unternehmen verstanden (Art. 2 und Art. 136 ff. EGV, Berthold (1993), S. 415). Die folgenden Ausführungen befassen sich aber mit den am häufigsten politisch diskutierten Auswirkungen einer Sozialunion in der Gestalt *gesetzlicher und tarifvertraglicher Einschränkungen* der Handlungsfreiheit in individuellen *Arbeitsverträgen* und eines *Systems interregionaler Umverteilung* zur Angleichung der Lebensverhältnisse in Europa.

In folgenden wird gezeigt, dass Einschränkungen individueller Arbeitsverträge - von der Öffentlichkeit fast unbemerkt - auch schon ohne die politische Einigung über eine Sozialunion auf der Grundlage des bestehenden Vertragsrecht bereits möglich sind (Kap. 3.1.2) und auch schon praktiziert werden (Kap. 3.1.3). Die bisher absehbaren Veränderungen im europäischen System interregionaler Umverteilung werden hieran anschließend diskutiert (Kap. 3.1.4)

3.1.1. Rechtliche Grundlage der EU-Sozialpolitik

Die für den Arbeitsmarkt am meisten relevanten Aspekte der *Sozialpolitik der EU* basieren im wesentlichen auf *zwei Quellen.* Im ‚Vertrag zur Gründung der Europäischen Gemeinschaft' (EGV) werden diese seit den Änderungen durch den ‚Vertrag von Amsterdam' vom 2. Oktober 1997 ausdrücklich genannt:

> *„Die Gemeinschaft und die Mitgliedsstaaten verfolgen eingedenk der sozialen Grundrechte, wie sie in der am 18. Oktober 1961 in Turin un-*

---

[54] „The vast majority of initiatives enacted under the heading of ‚social policy' is what most North Europeans would brand labour market policy." Kluth (1998), S. 66. Zu den beschäftigungspolitisch motivierten Maßnahmen der aktiven Arbeitsmarktpolitik vgl. Kap. 2.2.5.

terzeichneten Europäischen Sozialcharta und in der Gemeinschafts-
charta der sozialen Grundrechte der Arbeitnehmer von 1989 festgelegt
sind, folgende Ziele: die Förderung der Beschäftigung, die Verbesse-
rung der Lebens- und Arbeitsbedingungen, um dadurch auf dem Wege
des Fortschritts ihre Angleichung zu ermöglichen, einen angemessenen
sozialen Schutz, den sozialen Dialog, die Entwicklung des Arbeitskräf-
tepotentials im Hinblick auf ein dauerhaft hohes Beschäftigungsniveau
und die Bekämpfung von Ausgrenzungen. " (Art. 136 EGV)

Die ‚Europäische Sozialcharta' von 1961 ist ein Vertrag der Mitglieder des Europarates, der bislang von 33 europäischen Staaten unterzeichnet und von 25 dieser Staaten ratifiziert worden ist. Eine erweiterte Fassung wurde am 3. Mai 1996
in Straßburg verabschiedet und ist Mitte 2001 von 29 Staaten unterzeichnet und
von 11 ratifiziert worden. Alle zehn Beitrittskandidaten aus Mittel- und Osteuropa
sind Mitglieder des Europarates und haben entweder die Sozialcharta von 1961
(Lettland, Polen, Ungarn), von 1996 (Bulgarien, Estland, Litauen) oder beide
(Rumänien, Slowakei, Slowenien, Tschechien) unterzeichnet.[55] Da in beiden Vertragstexten ausdrücklich ein individuelles Wahlrecht bezüglich der Annahme einzelner Grundsätze vorgesehen ist und der Europarat keine ernsthaften Sanktions-
möglichkeiten gegenüber seinen Mitgliedern hat, scheint eine Analyse des *gesam-*
ten Paketes, wie sie von Boeri, Burda, Köllö (1998, S. 92 ff.) vorgenommen
wird,[56] wenig sinnvoll zu sein.

Weitaus wichtiger als die ‚Europäische Sozialcharta' ist die zweite Quelle der
neuen sozialpolitischen Kompetenz der EU, die ‚Gemeinschaftscharta der sozialen
Grundrechte der Arbeitnehmer' die beim Gipfeltreffen des Europäischen Rates am
9. Dezember 1989 in Straßburg als Deklaration verabschiedet wurde. Weil diese
sogenannte EU-Sozialcharta nur von 11 EU-Staaten ohne die Zustimmung Großbritanniens beschlossen wurde, blieb sie im Zweifel eher unverbindlich.[57] Deshalb
scheinen weder die Europäische Sozialcharta noch die EU-Sozialcharta die relevanten Vertragstexte für eine detaillierte Analyse der EU-Sozialpolitik zu sein,
obwohl sich der EGV ausdrücklich auf sie bezieht. Trotzdem ist die EU-
Sozialcharta keineswegs bedeutungslos. Sie kann sowohl als Ausgangspunkt als
auch als Zielvereinbarung der EU-Sozialpolitik aufgefasst werden.

Im Vorfeld der Unterzeichnung der Beschlüsse von Maastricht wurde - jedoch

---

[55] Vgl. http://conventions.coe.int/Treaty/EN/CadreListeTraites.htm (abgerufen am 6.7.01).
[56] Zumal die Autoren sich im wesentlichen auf die Fassung von 1996 beziehen, die im
EGV nicht erwähnt wird. Vgl. Boeri, Burda, Köllö (1998), S. 92.
[57] Vgl. anders aber Addison, Siebert (1994), welche bereits in verschiedenen Bereichen die
Umsetzung von Mandaten der Sozialcharta vom Dezember 1989 in Gesetze ausmachen
können.

abermals unter Ausschluss Großbritanniens - ein ‚Abkommen über die Sozialpolitik' geschlossen, in dem der Wunsch bekräftigt wurde, „die Sozialcharta von 1989 ausgehend vom gemeinsamen Besitzstand umzusetzen" (Präambel). Dieses Abkommen wurde durch das ‚Protokoll zur Sozialpolitik' in den ‚Vertrag über die Europäische Union' (EUV) vom 7. 2. 1992 integriert. Dadurch wurden in einer einzigartigen Rechtskonstruktion die sozialpolitischen Kompetenzen der Gemeinschaft *ohne Gültigkeit für Großbritannien* erweitert (Addison, Siebert (1994), Heise (1998), S. 12). Erst nach dem Wahlsieg der Labour-Party 1997 erklärten sich die Briten bereit, die gemeinschaftliche Sozialpolitik mitzutragen. Mit der Unterzeichnung der Amsterdamer Beschlüsse im Oktober 1997, durch die das sozialpolitische Abkommen in den EGV (Art. 136 ff. ‚social chapter') einbezogen und ein hohes Beschäftigungsniveau als Aufgabe der Gemeinschaft eingefügt wurde, *gelten alle sozialpolitischen Beschlüsse der EU wieder für alle Mitgliedsstaaten gleichermaßen* (Feldmann (1999), S. 670).

Tabelle 24
Quellen der EU-Sozialpolitik

Datum	Quelle	Status
9. 12. 89	Gemeinschaftscharta der sozialen Grundrechte der Arbeitnehmer	unverbindlich
7. 2. 92	Protokoll zur Sozialpolitik zum Vertrag über die Europäische Union (EUV)	verbindlich für alle außer Großbritannien
2. 10. 97	Art. 136 ff. des Vertrages zur Gründung der Europäischen Gemeinschaft (EGV)	verbindlich für alle

Quelle: eigene Darstellung.

Die rechtliche Grundlage der EU-Sozialpolitik ist das ‚Sozialkapitel' des EGV, das durch den Vertrag von Amsterdam eingefügt wurde, und das soziale Kapitel ist das Instrument, um die Grundsätze der EU-Sozialcharta in Europa in bindende Rechtsakte zu transformieren. Deshalb ist die EU-Sozialcharta keineswegs unwichtig für die Arbeitsmärkte, obwohl sie weiterhin eine unverbindliche Deklaration bleibt.

Die EU-Sozialcharta umfasst zwölf Abschnitte zu Fragen der Freizügigkeit, der Beschäftigung[58] und des Arbeitsentgeltes, der Verbesserung der Lebensbedingungen, des sozialen Schutzes, der Koalitionsfreiheit und der Tarifverhandlungen, der beruflichen Bildung, der Gleichbehandlung von Männern und Frauen, der Unterrichtung, Anhörung und Mitwirkung der Arbeitnehmer, des Gesundheitsschutzes und der Sicherheit am Arbeitsplatz, des Kinder- und Jugendschutzes, der älteren Menschen sowie der Behinderten. Jedoch können die Grundsätze der Sozialcharta nur in den Bereichen der Gemeinschaftskompetenz (Art. 137 EGV) durch *europäisches Recht* durchgesetzt werden. In allen darüber hinaus gehenden Bereichen müssen sie durch *nationale Vorschriften* verwirklicht werden. Es wird erwartet, dass die Ratifikation der Sozialcharta zur Voraussetzung des Beitritts gemacht wird, da sie in Art. 136 EGV explizit genannt wird und somit „integral to the EU's constitutional acts" ist (Breuss (1998), S. 2, Lavigne (1998), S. 41).

3.1.2. Neue Dimension der EU-Sozialpolitik

Durch das ‚Sozialkapitel' des EGV wurde die Gesetzgebungskompetenz der EU auf sozialpolitischem Gebiet erweitert. Daraus ergeben sich für die EU zahlreiche Möglichkeiten die Vertragsfreiheit individueller Arbeitsverträge durch den Erlass von Richtlinien einzuschränken. *Gesetzliche und tarifvertragliche Einschränkungen* der Handlungsfreiheit in individuellen *Arbeitsverträgen* sind für (EU-) Bürokraten und auch Gewerkschaften besonders attraktiv, da sie - anders als Umverteilungsmechanismen - *nicht direkt finanzwirksam* werden und zudem den Eindruck vermitteln, sie seien kostenmäßig auf Unternehmen abwälzbar.

Von besonderer Bedeutung erscheint im hier zu diskutierenden Zusammenhang, dass das Gemeinschaftsrecht die *Einbeziehung von Gewerkschaften und Arbeitgeberverbänden* in die *soziale Gesetzgebung der EU* vorsieht. Unter Berücksichtigung von Art. 4 Abs. 1 Sozialprotokoll bzw. Art. 139 Abs. 1 EGV kann das häufig vorgebrachte Argument, dass die Spitzenverbände beider Tarifparteien auf EU-Ebene derzeit kein Mandat für europaweite Lohnverhandlungen besäßen und die Durchsetzung entsprechender vertraglicher Regelungen angesichts der aktuellen Rechtslage unsicher erscheine, widerlegt werden. Ersteres wird unmittelbar aus dem Wortlaut von Art. 139 Abs. 1 EGV deutlich:

> *„Der Dialog zwischen den Sozialpartnern auf Gemeinschaftsebene kann, falls sie es wünschen, zur Herstellung vertraglicher Beziehungen, einschließlich des Abschlusses von Vereinbarungen, führen. "*

---

[58] Es geht also im engeren Sinne nicht um die Freizügigkeit der Personen, sondern lediglich der Beschäftigung in der EU. Sofern eine EU-Bürgerin/ein EU-Bürger heute nicht bereit ist, sich im EU-Zielland beispielsweise eine Krankenversicherung zuzulegen, begegnen ihr/ihm heute immer noch Einschränkungen der Freizügigkeit.

Letzteres, also die Durchsetzung vertraglicher Regelungen der Sozialpartner, ist in Art. 4 Abs. 2 Sozialprotokoll bzw. Art. 139 Abs. 2 EGV geregelt:

> *„Die Durchführung der auf Gemeinschaftsebene geschlossenen Ver-*
> *einbarungen erfolgt (...) - in den durch Artikel 137 erfaßten Bereichen -*
> *auf gemeinsamen Antrag der Unterzeichnerparteien durch einen Be-*
> *schluß des Rates auf Vorschlag der Kommission. "*

In Artikel 137 sind die sozialpolitischen Kompetenzen der EU abgegrenzt. Darunter fallen insbesondere Bereiche, wie soziale Sicherheit und sozialer Schutz der Arbeitnehmer, Kündigungsschutz, Mitbestimmung und aktive Arbeitsmarktpolitik. So können nationale Sozialstandards durch eine supranationale kollektive Interessenvertretung zu schwer umkehrbaren internationalen Regeln werden. Unter der Voraussetzung eines Beschlusses des Ministerrates werden diese Vereinbarungen auch *für Dritte*, die nicht Mitglieder der Vertragsparteien (Verbände) sind, *verbindlich*.[59] Die EU etabliert eine Hierarchie von Interessengruppen, deren Kern Spitzenverbände der Gewerkschaften und Arbeitgeber bilden, die einen privilegierten Zugang zu staatlich geförderten Politikfeldern erhalten (Kluth (1998), S. 134). Dem Ministerrat und der EU-Kommission wird in bezug auf die Arbeitsbedingungen die Verantwortung für die Ausgestaltung von Tarifverträgen mit der voraussichtlichen Folge zugewiesen, dass *Arbeitsbedingungen* in der EU *vereinheitlicht* werden.[60]

Eine Politik sozialer Kohäsion wird offiziell vielfach damit gerechtfertigt, dass die *Wachstumsaussichten* vermeintlich um so *größer* seien, je homogener der eu-

---

[59] Dieses Verfahren wurde bereits mehrfach umgesetzt. Mit der Richtlinie 96/34/EG des Rates vom 3. 6. 1996 wurde die von der ‚Union of Industrial and Employers' Confederations of Europe' (UNICE), des ‚European Centre of Enterprises with Public Participation and of Enterprises of General Economic Interest' (CEEP) und der ‚European Trade Union Confederation' (ETUC) geschlossene Rahmenvereinbarung über Elternurlaub allgemeinverbindlich gemacht. Es folgten die EU-Richtlinien:
  • 97/81/EC vom 15. 12. 1997 betreffend das Rahmenabkommen über Teilzeitarbeit geschlossen von UNICE, CEEP und ETUC;
  • 99/63/EC of 21. 6. 1999 betreffend das Arbeitszeit-Abkommen für Seeleute geschlossen von der ‚European Community Shipowners' Association' (ECSA) und der ‚Federation of Transport Workers' Unions in the European Union' (FST);
  • 99/70/EC of 28 6. 1999 betreffend das Rahmenabkommen über befristete Arbeitsverträge geschlossen von ETUC, UNICE und CEEP;
  • 2000/79/EC of 27 November 2000 betreffend das Arbeitszeitabkommen für Wanderarbeitnehmer in der Zivilluftfahrt geschlossen von der ‚Association of European Airlines' (AEA), der ‚European Transport Workers' Federation' (ETF), der ‚European Cockpit Association' (ECA), der ‚European Regions Airline Association' (ERA) und der ‚International Air Carrier Association' (IACA).
[60] Vgl. Berthold (1993b), Paqué (1992), S. 628 f., und Walwei, Werner (1992), S. 494.

ropäische Markt sei und je mehr sozialer Friede herrsche. Darüber hinaus würden wettbewerbliche Verzerrungen durch ‚*soziales Dumping*' mit Hilfe einer europaweiten zentralen Sozialpolitik ausgeschlossen. Vertreter der These eines ‚Sozialdumping' argumentieren, dass Staaten mit einem weniger stark ausgebauten sozialen Netz durch niedrigere Kosten der Arbeit einen Wettbewerbsvorteil erhielten. Durch die Konkurrenz billigerer arbeitsintensiver Produkte oder durch die Abwanderung von Kapital in Regionen mit niedrigeren Sozialkosten (hier die MOEL) würden Länder mit stärker ausgebauten sozialen Netzen gezwungen, diese zu kappen, um wettbewerbsfähig zu bleiben. Hierdurch käme es zu einer de facto-Harmonisierung der Sozialstandards nach unten (dem vielfach beschworenen ‚race to the bottom'). Schließlich sei wegen offener Faktormärkte eine effiziente Sozialpolitik nur auf *supranationaler* Ebene möglich. Diese Argumente lassen sich jedoch leicht durch den Verweis auf die *Vorteilhaftigkeit eines Systemwettbewerbs* entkräften, der den aufholenden Ländern angesichts vermachteter Märkte für Güter und Dienstleistungen die Chance gibt, ihre spezifischen Standortvorteile auch tatsächlich zu nutzen. Die aus niedrigeren sozialen Standards resultierenden Kostenunterschiede sind aus dieser Sicht kein räuberisches ‚Sozialdumping', welches beispielsweise auf Monopolstellungen beruht, sondern sind *realwirtschaftlich* durch niedrigere Produktionskosten - insbesondere Lohnnebenkosten - begründet und basieren eben nicht auf unfairen Praktiken.[61] Voraussetzung für die vorstehende Argumentation ist aber, dass niedrigere Lohnnebenkosten nicht auf höhere Löhne überwälzt werden. Dass dem so ist, soll im folgenden noch kurz belegt werden.

Der Export höherer Sozialstandards aus der EU in die MOEL würde die Wettbewerbsposition der MOEL nur dann *nicht* verschlechtern, wenn die Unternehmen bei flexiblen Arbeitsmärkten die höheren Kosten auf die Beschäftigten abwälzen könnten. Höhere Sozialstandards würden dann zu sinkenden Nettolöhnen bei konstanten Gesamtlöhnen (als Summe von Nettolöhnen und Lohnnebenkosten) führen. Die Möglichkeit der Abwälzung scheint zumindest in den großen MOEL der ersten Gruppe von Beitrittskandidaten nicht gegeben zu sein, wie unsere Analyse in den Abschnitten 2.2.2 und 2.2.3 gezeigt hat. Zum einen konnten in der jüngeren Vergangenheit gestiegene fiskalische Belastungen der Löhne nicht von den Arbeitgebern auf die Arbeitnehmer abgewälzt werden, sondern führten stattdessen zu einem Anstieg der Schattenwirtschaft und einer Verstärkung der Fiskalfalle (siehe Kap. 2.2.2). Zum anderen weisen diese Staaten Gewerkschaften und Lohnverhandlungssysteme vom kontinentaleuropäischen Typ auf, so dass eine Abwälzung

---

[61] Vgl. Belke (1998), Lesch (1995), S. 61 f., Berthold (1993b) und Paqué (1992), S. 629 f.

durch die Arbeitgeber nur einvernehmlich mit den Arbeitnehmervertretern durchgeführt werden könnte (siehe Kap. 2.2.3). Wir können uns somit der Bewertung
Paqués (1992, S. 630) anschließen: „Ohne Zweifel führen die meisten Zwangs-
elemente des Wohlfahrtsstaates zu einer Verteuerung des Faktors Arbeit, weil die
Arbeitnehmer im Regelfall nicht bereit sind, die zusätzlichen Kosten durch einen
monetär äquivalenten freiwilligen Lohnabschlag selbst zu tragen." Denn es gilt
immer noch die ökonomische Binsenweisheit: Falls die Gewerkschaften es schaffen, das Niveau der Nettolöhne mindestens konstant zu halten, verursachen steigende Abgabensätze höhere Lohnkosten der Unternehmen. Deren Reaktion besteht dann künftig in arbeitssparender Rationalisierung und/oder der Verlagerung
arbeitsintensiver Produktion ins Ausland.

Es erscheint vor dem Hintergrund der gerade angeführten Argumente viel
plausibler anzunehmen, dass gerade ärmere EU-Länder ihren bislang vorhandenen
Standortvorteil durch ihre geplante Integration in die EU schwinden sehen und
deshalb nach *stärkerer sozialer Kohäsion* streben. Sie werden dabei voraussichtlich *von verschiedenen europäischen Institutionen* wie der EU-Kommission unterstützt. Neben dem generellen Anreiz, neue und vor allem mehr Kompetenzen in
Brüssel zu konzentrieren, ergeben sich *für die Kommission* noch *andere Vorteile*
aus der Übertragung von Gestaltungsrechten der sozialen Mindestgesetzgebung
auf die Arbeitgeber- und Arbeitnehmerverbände nach Art. 139 EGV. In formaler
Hinsicht tritt kein Kompetenzverlust der Kommission auf, da ihr weiterhin ein
Vorschlagsmonopol zugewiesen wird (Belke (1998)). Die Übertragung der Gestal-
tungsrechte ist für sie aber erstens von Vorteil, da sie dem Vorwurf einen Riegel
vorschiebt, die soziale Mindestgesetzgebung der EU verstoße gegen die Tarifau-
tonomie in den Mitgliedsstaaten. Zweitens kann sie hiermit die *Kosten einer Ablehnung von Richtlinienentwürfen* für einzelne Mitgliedsstaaten *erhöhen*. Denn
diese Entwürfe weisen, wenn sie auf Verhandlungsergebnissen mit nationalen
Verbänden basieren, gegenüber dem Ministerrat ein höheres Gewicht auf. Drittens
liegt es im Zentralisierungsinteresse der EU-Kommission, *europäische Verbände
aufzuwerten*, verhandlungsfähig zu machen und in korporatistische Verfahren wie
beispielsweise eine Koordination der Stabilitäts- und Einkommenspolitik einzu-
binden. Viertens wird hin und wieder die These vertreten, dass EU-Institutionen
möglicherweise ein Eigeninteresse daran haben könnten, dass die Tarifpolitik und
die Arbeitsbeziehungen in einer osterweiterten EU supranational gehandhabt werden. Je weniger flexibel letztere seien, um so eher könne die EU legitimieren, ihre
Fonds - obwohl sie eigentlich nicht zum eigentlichen Wesen der EU gehören -
weiter auszubauen und damit - übereinstimmend mit den Grundaussagen der Neu-
en Politischen Ökonomie - ihr Ansehen und ihre Macht zu erhöhen (Belke (1998),
Molitor (1995), S. 181 f.).

Kritisch ist ebenfalls zu hinterfragen, welche Rolle die *EU-Kommission* im Bereich der *Arbeitsmarktpolitik* in den Kandidatenländern spielen wird. Die Kommission hat mit Polen, der Tschechischen Republik, Slowenien und Estland bereits vor deren EU-Beitritt sogenannte ‚Joint Assessment Papers' unterzeichnet; mit den übrigen Beitrittskandidaten ist ähnliches beabsichtigt. In diesen Übereinkünften verpflichten sich die Regierungen der MOEL, schon *vor* ihrem Beitritt die Grundsätze der *Europäischen Beschäftigungsstrategie* zu verwirklichen. Im offiziellen Jargon der Kommission dient dies der ‚Modernisierung der Arbeitsmärkte' der MOEL. Sieht man die Europäische Beschäftigungsstrategie jedoch eher kritisch (Belke (2001a)), so wird man ihre Anwendung auf die Arbeitsmärkte der MOEL erst recht nicht befürworten.

Der Fokus der hier angestellten polit-ökonomischen Betrachtungen sollte sich aber nicht allein auf die Europäische Kommission richten. Denn auch *Gewerkschaften und Unternehmerverbänden* kann ein großes Interesse an einer weiteren Zentralisierung der Sozialpolitik ausgehend vom Maastrichter Muster unterstellt werden. Für die Gewerkschaften sind zentrale Tarifverhandlungen mit auch für Nichtmitglieder normsetzenden Implikationen eigentlich nicht erstrebenswert, da so Anreize zum ‚Trittbrettfahren' der Nichtmitglieder entstehen. Allerdings bewahren sie die Gewerkschaftsmitglieder in Zeiten eines großen Angebotsüberschusses am Arbeitsmarkt (sprich: in Zeiten hoher Arbeitslosigkeit) davor, dass die Arbeitgeber nur noch Nichtgewerkschaftler zu untertariflichen Bedingungen einstellen. Auf die momentane Arbeitsmarktlage in den größeren Ländern Kontinentaleuropas und insbesondere auch auf die mögliche Zunahme des Angebotes an gering qualifizierter Arbeit nach der EU-Osterweiterung bezogen heißt dies, dass die Gewerkschaften ein äußerst großes Interesse an einer höchstmöglichen Zentralisierung und Allgemeinverbindlichkeit der Tarifverhandlungen haben dürften.

Auch die *Arbeitgeberverbände* dürften - wie bereits im Rahmen der deutsch-deutschen Wiedervereinigung erfahrbar (Sinn (1999), S. 13 ff.) - durchaus Anreizen ausgesetzt sein, die Gewerkschaften bei ihren Bemühungen insoweit zu unterstützen, wie durch eine Harmonisierung der Arbeitskosten auf hohem Niveau die unliebsame Konkurrenz aus den ärmeren EU-Ländern ausgeschaltet werden kann. Man kann dies auch so interpretieren, dass hausgemachte Wettbewerbsnachteile durch den Export dieser Nachteile in andere Länder kompensiert werden sollen (Berthold (1996), Molitor (1995), S. 165 f.). Dies wird tendenziell besonders dann von Bedeutung sein, wenn es sich um Vertreter großer, beschäftigungsintensiver Unternehmen handelt, die zur Bewältigung von Beschäftigungskrisen im Zweifel mit staatlichen Subventionen rechnen können.

Häufig werden in der aktuellen politischen Debatte sogar noch *weitere Be-*

gründungen für das Interesse von Verbänden an der Mitgestaltung der europäi-schen Sozialgesetzgebung genannt. Einerseits verringere die direkte Einbeziehung der Verbände in die Verhandlungen die Kosten eines Lobbying bzw. Rent-seeking-Wettlaufes. Die Verhandlungen schützten gegen das Risiko eines für die Verbände ungünstigen sozialpolitischen Vorschlags. Prinzipiell entsprächen Ver-handlungslösungen eher den Verbandspräferenzen als Kommissionsvorschläge. Andererseits ermöglichten Verhandlungen Lösungen, die den verhandelnden Ar-beitgeber- und Arbeitnehmerverbänden Vorteile *zu Lasten dritter unbeteiligter Gruppen* verschaffen. In diesem Zusammenhang ist es wichtig zu betonen, dass die Zahl der durch die Kommission zum sozialen Dialog zugelassenen Organisati-onen begrenzt ist. Die Positionen der dort nicht vertretenen ,Outsider', beispiels-weise der Arbeitslosen, finden dort typischerweise nur unzureichende oder sogar keine Berücksichtigung. Dadurch könnte der Anreiz bestehen, *hohe Sozialstan-dards für unbeteiligte Dritte* zu schaffen. Da die ,Outsider' auf Arbeitsmärkten teilweise aus der - für die Wiederwahl der politischen Parteien - bedeutsamen offi-ziellen Arbeitslosenstatistik verschwinden[62], verfügen diese Gruppen auch im Mi-nisterrat, dessen Mitglieder sich um ihre Wiederwahl sorgen müssen, über keine große Lobby. Dies legt dann die Interpretation nahe, dass die EU-Kommission den Ausschluss bestimmter Gruppen wie der ,Outsider' am Arbeitsmarkt gezielt betreiben kann, um andere, wie die Arbeitgeber- und Arbeitnehmerverbände zur Teilnahme an den Verhandlungen anzuregen (Belke, Kösters (1995), Boockmann (1995), S. 195 ff.). Für unsere später zu treffenden Schlussfolgerungen wird dies ein *zentraler* Gesichtspunkt sein.

3.1.3. Richtlinien und Verordnungen

Neben der im vorangegangenen Abschnitt skizzierten Gefahr EU-weiter Tarif-kartelle und dem Verlust der Sozialpolitik als Komponente des institutionellen Wettbewerbs, die trotz des vorangeschrittenen Prozesses noch in der Zukunft liegt, gibt es *bereits heute* eine ganze Reihe von Richtlinien und Verordnungen, die aus-drücklich mit Bezug auf die EU-Sozialcharta erlassen wurden. Im folgenden wer-den diese näher untersucht, um ihren Einfluss auf die Flexibilität der Arbeitsmärk-te beurteilen zu können. Als ausdrücklicher Bestandteil des Acquis communautai-re wird ihre Übernahme und Durchsetzung von den MOEL in naher Zukunft er-wartet. Wie wird dadurch das institutionelle Umfeld der Arbeitsmärkte dieser Länder beeinflusst? Welche Auswirkungen auf die Beschäftigung sind vor dem Hintergrund der im zweiten Kapitel festgestellten Besonderheiten der Arbeits-

---

[62] Wie in Kapitel 2.1.2 gezeigt wurde, kann dies zum Beispiel durch eine geringere Er-werbsquote (,participation rate') geschehen.

märkte der MOEL zu erwarten?

Vorab können zwei Interpretationen der mit der Verabschiedung der Sozialcharta verfolgten Ziele unterschieden werden. Eine *wohlwollende Interpretation*
der Sozialcharta könnte darin bestehen, dass sie einen Ausdruck europäischen
Strebens nach Solidarität und des Bemühens, dieses in eine gemeinsame Doktrin
zu fassen, darstellt. Aus dieser Sicht impliziert eine Rückkehr der MOEL nach Europa die Einnahme einer *gemeinsamen und einheitlichen* Haltung bei der Interpretation einer ‚europäischen' Arbeitsmarkt- und Sozialpolitik. Die Sozialcharta beinhaltet nach dieser Interpretation eine ganze Reihe an Bestimmungen, die zwar
einzeln und nach dem rechtlichen Gehalt ihres Wortlautes gesehen noch nicht spezifisch genug sind, um akut beschäftigungsgefährdend zu sein. Jedoch verpflichten sie in ihrer Gesamtheit die Mitgliedsländer bereits jetzt auf eine Untergrenze
für gemeinsame ‚Arbeitsbedingungen' (Belke (1998), S. 220 ff.). Eine *weniger
wohlwollende* Interpretation der Sozialcharta unterstellt ihr hingegen die Schaffung ernsthaft beschäftigungsgefährdender Arbeitsmarktrigiditäten, bei gleichzei-
tigem Schutz der beschäftigten Insider der ‚reichen' EU-Länder vor der Konkurrenz durch Arbeitnehmer aus ‚ärmeren' Mitgliedsstaaten (Burda (1998), S. 18).

Eine nähere Analyse der auf der Sozialcharta basierenden EU-Richtlinien seit
1992 durch Autoren wie Feldmann (1999) scheint eher die weniger wohlwollende
Interpretation zu stützen. Die bislang auf Grundlage der Sozialcharta und der erweiterten Kompetenzen der EU erlassenen Richtlinien und Verordnungen seien
„alles andere als sozial. Sie verschlechtern die Erwerbschancen insbesondere der
sozial Schwächeren, etwa der jüngeren Frauen, der Jugendlichen oder der Arbeit-

Tabelle 25
Wichtige Richtlinien und Verordnungen mit Bezug auf die EU-Sozialcharta

Datum	Kurztitel	Rechtsakt
19. 10. 1992	Richtlinie über Mutterschutz	92 / 85 / EG
23. 11. 1993	Arbeitszeitrichtlinie	93 / 104 / EG
22. 6. 1994	Richtlinie über Jugendarbeitsschutz	94 / 33 / EG
22. 9. 1994	Richtlinie über die Einsetzung europäischer Betriebsräte	94 / 45 / EG
3. 6. 1996	Richtlinie zu der Rahmenvereinbarung von UNICE, CEEP und ETUC über Elternurlaub	96 / 34 / EG
16. 12. 1996	(Arbeitnehmer-)Entsenderichtlinie	96 / 71 / EG
15. 12. 1997	Richtlinie zu der Rahmenvereinbarungen von UNICE, CEEP und ETUC über Teilzeitarbeit	97 / 81 / EG
20. 7 1998	Richtlinie zur Angleichung der Rechtsvorschriften der Mitgliedsstaaten über Massenentlassungen	98 / 59 / EG
28. 6. 1999	Richtlinie zu der Rahmenvereinbarungen von UNICE, CEEP und ETUC über befristete Arbeitsverträge	99 / 70 / EG

Quelle: eigene Darstellung.

nehmer aus den ärmeren EU-Ländern. Darüber hinaus verletzen sie die Präferenzen vieler Arbeitnehmer. Und nicht zuletzt gefährden sie bestehende Arbeitsplätze und behindern die Entstehung neuer." (Feldmann (1999), S. 676).

Als ein Beispiel hierfür lässt sich anführen, dass die Umsetzung der Arbeitszeitrichtlinie von 1993 für die Mitgliedsstaaten mit erheblichen Kosten verbunden war. Die Durchsetzung des Mindesturlaubs von vier Wochen hätte im Jahr der Verabschiedung der Richtlinie die Lohnkosten in Großbritannien um 0,5 % erhöht. In Deutschland hatte der gesetzliche Mindesturlaub vor 1993 ebenfalls nicht die in der Richtlinie vorgeschriebene Länge, sondern betrug nur drei Wochen. Ein weiteres Beispiel: im damals wirtschaftlich erfolgreichen Großbritannien arbeiteten 1993 ungefähr 2,5 Millionen Menschen länger als die in der Richtlinie maximal vorgesehenen 48 Stunden pro Woche. Feldmann (1999, S. 672) kommt vor diesem Hintergrund zu der Schlussfolgerung, dass die Regelungen dieser Richtlinie die *Anpassungsflexibilität* der EU-Volkswirtschaften *vermindern*. Gerade die MOEL haben aufgrund der Transformation ihrer Wirtschaftssysteme jedoch einen noch höheren Anpassungsbedarf, der im Zuge des Beitritts nochmals an Dynamik gewinnen dürfte (siehe Kapitel 2.4).

Ebenso kritisch wie die Arbeitszeitrichtlinie sind nach Ansicht Feldmanns die anderen sozialpolitischen Maßnahmen der EU zu sehen, insbesondere die Entsenderichtlinie von 1996 und die Richtlinie über die Einsetzung Europäischer Betriebsräte von 1994. Mit der *Entsenderichtlinie* haben die europäischen Gesetzgeber den Grundsatz des Binnenmarkts außer Kraft gesetzt, dass Arbeitnehmer auch bei einem zeitlich befristeten Auslandseinsatz einen ähnlich hohen Lohn erhalten wie in ihrem Herkunftsland. Zur Verhinderung von ‚Lohndumping' orientiert sich die europäische Richtlinie am sogenannten *Gastlandprinzip*. Demnach müssen nichtdeutsche Arbeitnehmer auf deutschen Baustellen nach deutschem tarifrecht entlohnt werden und andere Vorschriften einhalten. Die Entsenderichtlinie, die durch den Grundsatz des Rechtes auf Freizügigkeit gerechtfertigt wurde, verhindere genau diese Freizügigkeit. Mit Hilfe der Entsenderichtlinie würden relativ hoch entlohnte Arbeitnehmer gegen die andernfalls entstehende Konkurrenz aus den ‚ärmeren' EU-Ländern geschützt (Feldmann (1999), S. 671 f.). Diese Einsicht scheint eine eher *zynische Interpretation* der Sozialcharta nahe zu legen. Danach ist sie der Versuch der bisher in der EU vereinten Länder, Arbeitsmarktrigiditäten zu exportieren und ein ‚Lohn- und Sozialdumping' durch ärmere ‚aufholende' Volkswirtschaften, die wegen geringerer Arbeitskosten (siehe Abschnitte 2.1.6 und 2.1.7) und eines geringeren Lebensstandards ein wettbewerblicheres Produktionsumfeld bieten, zu verhindern (Boeri, Burda, Köllö (1998), S. 92 f.).

Die Durchsetzung der EU-Sozialcharta wird seit einigen Jahren offensichtlich von der EU-Kommission forciert. Sie veröffentlichte im Juli 1997 ein ‚Weißbuch zu den Sektoren und Tätigkeitsbereichen, die von der Arbeitszeitrichtlinie ausgeschlossen sind' mit dem Ziel, die Richtlinie von 1993 auf bisher ausgenommene Arbeitnehmer zu erweitern. Im Februar 1999 folgte der Bericht einer Expertengruppe, die im Auftrag der Kommission analysiert hatte, welchen Status die sozialen Grundrechte in den Verträgen haben „mit dem Ziel, mögliche Lücken aufzuzeigen" (EU-Kommission (1999c), S. 3). Im Juli 1999 machte die Kommission den Vorschlag, „eine konzertierte Strategie zur Modernisierung des Sozialschutzes" zu verfolgen und am 28. Juni 2000 folgte die ‚Sozialpolitische Agenda'. Ein Zusammenhang mit der näher rückenden Osterweiterung ist nicht auszuschließen. Dieser wird durch die weiter oben als ‚zynisch' bezeichnete Interpretation der Sozialcharta sogar ausdrücklich nahe gelegt.

Tabelle 26
Mögliche Interpretationen der EU-Sozialcharta

wohlwollend	Untergrenze für gemeinsame ‚Arbeitsbedingungen' ohne Gefährdung der Beschäftigung
weniger wohlwollend	Schutz der beschäftigten Insider der ‚reichen' EU-Länder vor der Konkurrenz durch Arbeitnehmer aus ‚ärmeren' Mitgliedsstaaten
zynisch	Versuch, Arbeitsmarktrigiditäten zu exportieren, um den Wettbewerb mit ärmeren Mitgliedsstaaten zu verhindern

Quelle: eigene Darstellung.

Selbst wenn die Intention bei der Formulierung und Verabschiedung der Sozialcharta anfänglich eher der wohlwollenden Interpretation entsprach, so zeigen doch die darauf basierenden sozialpolitischen Maßnahmen, dass sie im Sinne der weniger wohlwollenden und sogar der zynischen Interpretation instrumentalisiert wird. Auch vor dem Hintergrund unserer Analyse der Arbeitsmarktinstitutionen der MOEL in Abschnitt 2.2 können wir uns der weniger wohlwollenden Interpretation der EU-Sozialcharta zumindest zum Teil anschließen. Es scheint, als hätte sich in der Vergangenheit in den MOEL bereits ein Kranz an Arbeitsmarktinstitutionen herausgebildet, dessen Kennzeichen stark an den kontinentaleuropäischen Typ angelehnt ist. Jedoch werden hiervon aus beschäftigungspolitischer Sicht noch sinnvolle Ausnahmen gemacht (siehe Abschnitt 2.2). Außerdem werden andere Regeln, die aus einer den Vorstellungen der Sozialcharta entsprechenden Gesetzgebung herrühren, mit Blick auf die Beschäftigungssituation noch nicht konsequent durchgesetzt (Burda (1998, S. 15). Da die MOEL jedoch trotz der institutionellen Rahmenbedingungen bisher noch zu signifikant niedrigeren Arbeitskosten produzieren können (siehe Abschnitte 2.1.6 und 2.1.7), dürfte es den vorstehenden Ausführungen zufolge in dem Interesse der bisherigen EU-Mitglieder liegen, zukünftig Maßnahmen durchzusetzen, die einen direkten Lohnwettbewerb mit den Beitrittsländern verhindern.

3.1.4. Interregionale Umverteilung und Gemeinsame Agrarpolitik

Das in der EU praktizierte System interregionaler Umverteilung umfasst alle Maßnahmen, die den wirtschaftlichen und sozialen Abstand zwischen den einzelnen EU-Regionen vermindern sollen. Hierzu zählen die *Aufstockung der Strukturfonds*[63] sowie die temporäre *Einrichtung eines ‚Kohäsionsfonds'* gemäß dem Maastrichter Vertrag zur Förderung von Umweltschutz- und Infrastrukturprojekten in den EU-Staaten Spanien, Griechenland, Portugal und Irland bzw. Regionen mit vergleichsweise niedrigem Pro-Kopf-Einkommen (Art. 161 EGV). Die Strukturfonds machen gegenwärtig (auf der Grundlage der Zahlungen für Verpflichtungen) knapp 35 Prozent der EU-Ausgaben aus (siehe Tabelle 27). Dabei soll der Kohäsionsfonds bis 2006 weiter mit 3 Mrd. Euro pro Jahr dotiert werden (Breuss, Schebeck (1998), S. 743).

Tabelle 27
Entwicklung der Ausgaben der EU 1997-2006

	GAP in %	Struktur- und Kohäsionsfonds in %	andere Ausgaben in %	Heranführungshilfe in %	Erweiterung in %	Gesamte Verpflichtungen in Mrd. €
1997	50,6	32,5	16,9			80,2
2000	44,5	34,8	17,3	3,4		90,0
2001	45,8	33,7	17,2	3,3		93,5
2002	43,7	30,7	16,0	3,1	6,4	100,4
2003	42,8	29,6	15,7	3,1	8,8	102,2
2004	41,4	28,6	15,7	3,0	11,2	103,3
2005	39,8	28,1	15,6	3,0	13,5	105,3
2006	38,8	27,2	15,6	2,9	15,6	107,4

Quelle: Schratzenstaller (2000), S. 248. Das in dieser Tabelle dargestellte Szenario der Agenda 2000 geht von einer 21 Mitglieder (Beitritt der 5 MOEL der ersten Gruppe sowie Maltas) umfassenden EU ab 2002 aus.

Die Ausgaben der EU werden durch die - verglichen mit dem Anteil der nationalen Haushalte der EU-Staaten am BIP - relativ geringen Eigenmittel der EU in Höhe von maximal 1,27 % des Gemeinschafts-BIPs finanziert. Es werden *vier*

---

[63] Dazu gehören gemäß Art. 159 EGV der Ausrichtungsfonds für die Landwirtschaft, der Sozialfonds und der Fonds für regionale Entwicklung.

Quellen der EU-Mittel unterschieden: Die beiden traditionellen Quellen, die Zoll-einnahmen und Agrarabgaben, machten 1999 nur noch 16,1 % der Gesamtein-nahmen aus. Die dritte Quelle ist der Mehrwertsteueranteil der EU. 1999 lag er bei 1 % der harmonisierten Steuerbasis und machte 35,4 % der Einnahmen aus. Die vierte und mit einem gegenwärtigen Anteil von 48,4 % bedeutendste Einnahme-quelle ist der sogenannte ‚Mitgliedsbeitrag', der als jährlich neu fixierter prozen-tualer Anteil am BIP erhoben wird (Schratzenstaller (2000), S. 249).

Die im Frühjahr 1999 in Berlin für ein Szenario von sechs Bewerberstaaten entworfene Kostenschätzung der Erweiterung war eigentlich bereits im Dezember 1999 obsolet, als der Kreis der Kandidaten auf zwölf erhöht wurde (siehe Kapi-tel 1). In der EU-Finanzplanung bis 2007 sind für die neuen EU-Mitglieder gerade einmal 70 Milliarden Euro - also nur ein Viertel der Agrarausgaben der EU-15 - vorgesehen. Diese Planung beruht auf überaus _restriktiven Annahmen über die Transferleistungen_ in die MOEL wie z. B. einer Osterweiterung ohne Direktzah-lungen an die Landwirte aus den MOEL. Im Bereich der Regionalpolitik stehen für die Beitrittsländer 50 Milliarden Euro, für die heutigen Mitgliedsstaaten hin-gegen 280 Milliarden Euro zur Verfügung. Allein Spanien erhält dabei mehr als das Doppelte der für die sechs Länder der Luxemburg-Gruppe vorgesehenen Strukturhilfen. Obwohl diese Zusammenhänge mittlerweile auch von der EU-Kommission ähnlich gesehen werden, tun sich Politiker in Deutschland angesichts der bevorstehenden Bundestagswahlen im Jahr 2002 wie schon bei der deutschen Vereinigung immer noch schwer vor allem den Wählern zuzugestehen, dass be-züglich der EU-Osterweiterung eine deutliche _Finanzierungslücke_ besteht.

Gemäß den auf dem Berliner Gipfel im März 1999 angenommenen Vorschlä-gen der EU-Kommission zur Reform der Gemeinsamen Agrarpolitik (GAP) und der Erweiterung der EU in der Agenda 2000 wird die Landwirtschaft der MOEL zunächst _nicht_ in das System der GAP eingebunden. Die GAP ist eine relativ teure Politik (siehe Tabelle 27) zum Schutz der Landwirtschaft vor marktinduzierten Anpassungserfordernissen. Auch wenn prinzipiell die Unterstützung von Landwir-ten durch ihre gesellschaftliche Rolle als Träger bedeutender kultureller Traditio-nen, als Landschaftspfleger und als Nahrungsmittelversorger im Krisenfall ge-rechtfertigt werden kann, so wird doch fast einhellig von Ökonomen die _ineffizien-te Verteilung der Mittel_ kritisiert (z. B. Molle (1997), S. 261: „The CAP has cre-ated considerable welfare losses."). Mit dem Beschluss, die Beitrittskandidaten _von der GAP vorerst auszuschließen,_ wurde ihnen der zukünftige Zugang zu di-rekten Kompensationszahlungen für Kürzungen der Angebotspreise in der EU-15 zunächst untersagt.[64] Landwirte anderer Staaten in der Europäischen Union erhalten hingegen eine solche Unterstützung, damit sie die Preiskürzungen besser verschmerzen können. Es ergebe sich keine Rechtfertigung für Ausgleichszahlungen an die Landwirte in den Beitrittsländern, da die Lebensmittelpreise in den MOEL mit deren Beitritt im Vergleich zum Status quo eher steigen.

Diese vorläufige Konstruktion impliziert allerdings nicht, dass die MOEL nach dem EU-Beitritt weiterhin von der GAP bzw. von ihrem wichtigsten und teuersten Bestandteil, den Direktbeihilfen, ausgeschlossen sein werden. Der deutsche Sachverständigenrat rechnet im Gegenteil damit, dass man den Beitrittsländern die Direktbeihilfen nicht wird verwehren können und mahnt deshalb eine schnelle marktorientierte Reform der GAP an (SVR (2000), S. 238). Eine Erweiterung ohne Direktbeihilfen wird es nicht geben, denn die Landwirte aus den MOEL könnten im Wettbewerb mit der leistungsfähigeren Landwirtschaft in der EU nicht bestehen und zahllose Höfe, deren Betriebsgrößen ungleich kleiner sind, stünden vor dem Konkurs. Wie bisherige Erfahrungen mit ähnlich gelagerten Fällen zeigen, ist ein solches Vorgehen im politischen Geschäft letztlich nicht wirklich dauerhaft durchzuhalten. Denn es ist angesichts der Erfahrungen mit früheren Erweiterungsprozessen wohl davon auszugehen, dass die Osterweiterung der EU letztlich nicht an der Agrarpolitik scheitern wird.

Ein Vorteil der zunächst scheinbar verordneten Nichteinplanung von Ausgleichszahlungen für osteuropäische Landwirte liegt jedoch darin, dass auf diese Weise keine falschen Erwartungen bei den Aufnahmekandidaten geweckt werden. Zumal es nach den Welthandelsgesprächen im Jahr 2003 (nach den Wahlen in Frankreich und Deutschland) - so eine häufig geäußerte Hoffnung - ohnehin *weniger* Exportsubventionen und direkte Einkommenstransfers für *alle* Landwirte geben wird. Diesen polit-ökonomischen Überlegungen entsprechend wurde den Beitrittsländern schließlich ein auf der Basis erwarteter Preisunterschiede berechneter *ähnlich hoher* Nettobetrag an Strukturhilfe ('Heranführungshilfe') mit der Begründung zugesagt, dass Strukturhilfe eine sinnvollere Unterstützung für Transformationsökonomien sei, als die ökonomische und soziale Verzerrungen verursachenden Direktzahlungen an Landwirte.[65]

Insgesamt rechnet die EU mit einem Finanzierungsbedarf von etwas über 10 Mrd. Euro im Jahr 2006, wenn bis dahin nur die MOEL der ersten Gruppe beigetreten sind. Das entspricht einer Belastung von nur 0,113 % des Gemeinschafts-

---

[64] Vgl. Breuss, Schebeck (1998), S. 742, Knaster (1999), S. 12.
[65] Vgl. Bell, Mickiewicz (1999), Boone, Maurel (1998), Lippert (1999), S. 42 ff., und Pouliquen (1998), S. 507 ff.

BIPs (Kohler (2000), S. 130). Bedeutsam für die folgende Argumentation ist, dass die MOEL aufgrund der gegenwärtigen Agrar- und Strukturpolitik der EU sowie ihres relativ geringen Pro Kopf-BIP (fast durchweg kleiner als 75 % des EU-Durchschnitts, der Abgrenzung für heutige Ziel-1-Gebiete[66]) und ihres gleichzeitig hohen Anteils der Landwirtschaft am BIP ohne Zweifel *Nettoempfänger* bzw. Kohäsionsländer sein werden. Auch wenn die MOEL ihr Pro-Kopf-Einkommen bis zum Beitritt noch weiter steigern können und durch den Beitritt der EU-Durchschnitt (und damit der Schwellenwert für die Förderung) sinken wird, werden nur einige wenige Regionen der MOEL keinen Anspruch auf Fördermittel haben (SVR (2000), S. 238). Zwei Fragen müssen in diesem Zusammenhang gestellt werden: In welchem Umfang werden die MOEL nach ihrem Beitritt finanzielle Transfers von der EU erwarten können? Und: Welche Arbeitsmarkteffekte lassen sich daraus ableiten?

Unter anderem wurde bereits im Vorfeld des Beitritts der MOEL die Forderung nach einer *Umschichtung der EU-Strukturfonds, des Kohäsionsfonds* und verschiedener sozialpolitischer Initiativen der Gemeinschaft zugunsten der ärmeren neuen EU-Mitgliedsländer erhoben. Die bei der Umschichtung der Mittel offiziell vermittelte Absicht ist es, die Konvergenzbemühungen der beitrittswilligen Länder zu unterstützen. Studiert man jedoch die Verlautbarungen verschiedener EU-Organe intensiver, so wird schnell deutlich, dass die Mittelaufstockung explizit in den Dienst der Beschäftigung, d. h. beispielsweise einer *Verminderung der Emigrationsanreize*, gestellt werden soll (u. a. Pouliquen (1998)).

Bereits heute wird im Rahmen der bestehenden Fonds für regionale Entwicklung und des Sozialfonds nach den Vorschlägen der Agenda 2000 die Mittelvergabe teilweise direkt oder indirekt *mit dem Beschäftigungsziel verknüpft*, obwohl die Höhe der Arbeitslosigkeit kein geeigneter Indikator für den Entwicklungsstand einer Region ist (Emerson, Gros (1998)). Letzteres gilt selbst dann wenn die Arbeitslosigkeit strukturelle Gründe hat, wie das Beispiel der portugiesisch-spanischen Grenzregionen zeigt. Auf der spanischen Seite ist bei höherem Pro-Kopf-Einkommen die Arbeitslosigkeit weitaus höher als auf der portugiesischen. Ein Fonds zur Angleichung der Lebensverhältnisse in Europa verschärft in diesem Fall das Wohlstandsgefälle, wenn seine Mittel nach der Höhe der Arbeitslosigkeit verteilt werden. Darüber hinaus sollten bei gleichem Entwicklungsstand eher Regionen mit niedrigerer Arbeitslosigkeit gefördert werden, da hohe regionale Arbeitslosenquoten typischerweise Ausdruck ungeeigneter nationaler Arbeitsmarkt-

---

[66] Nur in den Regionen Prag und Bratislava wurde der Schwellenwert 1997 mit 120 bzw. 97 % deutlich überschritten, vgl. SVR (2000), S. 238.

institutionen und -politiken sind. Diese verhindern durch hohe Arbeitskosten und Sozialleistungen entweder den Zufluss von Kapital in die Regionen oder den Abfluss von Arbeitskräften aus den Regionen oder beides.

Wenn die Ausrichtung der Fonds allerdings qualitativ auf eine *Bekämpfung der Arbeitslosigkeit* geändert werden soll, so sollte statt Arbeitslosigkeit (*,unemployment'*) die aus Effizienzgesichtspunkten sinnvollere Arbeitsfähigkeit (*,employability'*) als Kriterium für die Zuweisung der Mittel der Strukturfonds gewählt werden. Das Konzept der ,employability' also der Arbeitsfähigkeit, sieht als Gründe für hohe Arbeitslosigkeit auf Seiten der Anbieter von Arbeit vor allem die mangelnde Fähigkeit die von den Unternehmern benötigte Qualifikation bereitzustellen, die mangelnde Bereitschaft sich räumlich (durch Migration oder Pendeln) auf die Arbeitgeber hin zu bewegen und negative Suchanreize wegen der Sozialsysteme. Auf Seiten der Arbeitsnachfrager, sind in erster Linie negative Beschäftigungsanreize von Arbeitsmarktinstitutionen wie z. B. Kündigungsschutzregeln und zu hohe Arbeitskosten (durch Tarifverträge, Steuern oder Lohnnebenkosten) zu nennen. Wenn allerdings die Mittel der Fonds weiterhin zur *Angleichung des Lebensstandards* in der EU eingesetzt werden sollen, so empfehlen sich statt der Höhe der Arbeitslosigkeit Indikatoren wie das regionale Pro-Kopf-Einkommen (Emerson, Gros (1998), S. 39 ff.).

Es ist noch *unklar*, inwieweit die bisherige Peripherie (Irland, Süditalien, Andalusien, Südportugal, Griechenland, Ostdeutschland) bereit ist, auf EU-Mittel *zu verzichten* und eine ,Subventionierung der Ärmsten durch die Zweitärmsten' zu betreiben.[67] Gerade die bisher bedeutendsten Empfänger von Mitteln aus den Strukturfonds, die Länder der bisherigen EU-Peripherie, sind bis auf Ostdeutschland nicht zu den Haupthandelspartnern der MOEL und damit den wichtigsten Profiteuren der Zollbeseitigung und der Ausweitung des Gemeinsamen Marktes zu zählen. Dies dürfte ihr Stimmverhalten bezüglich der Zukunft der Brüsseler Regionalhilfen entscheidend beeinflussen. Kohler (2000, S. 137) zeigt, dass von einer Reduktion der Strukturfonds Portugal, Griechenland, Irland, Belgien / Luxemburg und Spanien überdurchschnittlich betroffen wären. Dagegen würden Einsparungen bei der GAP vor allem in Irland, Griechenland, Spanien und Dänemark treffen. Die jüngsten Umfragen des ,Eurobarometers'[68] im April 2001 und

---

[67] „Hier ist in Zukunft eine Verteilungsdiskussion zwischen den Kohäsionsländern und den ,reicheren' EU-Ländern zu erwarten." Breuss, Schebeck (1998), S. 744.

[68] Im ,Eurobarometer - Monitoring the Public Opinion in the European Union' werden seit Anfang der siebziger Jahre im Auftrag der EU-Kommission zweimal jährlich die Ergebnisse öffentlicher Meinungsumfragen in allen EU-Mitgliedsstaaten veröffentlicht. Vgl. http://www.za.uni-koeln.de/data/en/eurobarometer/.

die Ablehnung des Vertrages von Nizza im irischen Referendum belegen, dass die Bürger dieser Länder dies recht gut antizipieren und aus diesem Grund der Osterweiterung eher skeptisch gegenüber stehen. Man ist offensichtlich bei den Verhandlungen über die Osterweiterung der EU an einem Punkt angelangt, an dem *nationale Interessen und Besitzstände* der fünfzehn EU-Mitgliedsstaaten tangiert werden.

Wie Tabelle 27 für die Strukturförderung in den Regionen der Gemeinschaft ausweist, geht es dabei um nicht weniger als ein Drittel des EU-Haushalts. Dies zeigen auch die politischen Ereignisse und diplomatischen Winkelzüge im Frühjahr 2001. Unerwartet früh prallten die Forderungen der Länder der EU-Südschiene nach Bestandsgarantien für ihre Regional- und Agrarsubventionen auf die Weigerung der EU-Nettozahler, für die Kosten der Osterweiterung über Gebühr herangezogen zu werden. Der Auslöser dieses potentiellen Konflikts und der Ausgangspunkt für möglicherweise kostenträchtige Kompensationsgeschäfte war die Forderung Deutschlands und Österreichs nach Übergangsfristen in einem ‚sensiblen Bereich', der Freizügigkeit für Arbeitnehmer.

Der spanische Ministerpräsident Aznar hatte bereits Ende April 2001 in einem an den Präsidenten der Europäischen Kommission Prodi gesendeten Memorandum ein *Veto gegen die Übergangsfrist* für Arbeiter aus den zukünftigen osteuropäischen Mitgliedsländern in Aussicht gestellt, sollten die Kohäsionsfonds für die vier wirtschaftsschwächsten Länder der EU im Zusammenhang mit der Osterweiterung gestrichen oder stark verringert werden. Da die spanische Regierung somit einen Hebel zur Bewahrung der Brüsseler Regionalhilfen erkannt hat, fordert sie eine Garantie für den Fortbestand dieser Beihilfen. Den Verhandlungen über die Osterweiterung drohte folglich eine *Blockade.* Dieser Vorstoß Aznars kam im übrigen nicht wirklich überraschend, da entsprechende Forderungen von Spanien bereits während der vorhergehenden EU-Außenministertagung in Luxemburg erhoben wurden. Aktuelle Vorschläge, einzelnen EU-Staaten die Kompetenzen für die regionalen Unterstützungsfonds zuzuweisen, wurden von spanischer Seite entsprechend als das Ende der gemeinschaftlichen Kohäsionspolitik der EU interpretiert. Die Hauptbedenken richten sich gegen die *Senkung des durchschnittlichen Pro-Kopf-Einkommens* bei einem EU-Beitritt der zwölf Länder, mit denen gegenwärtig verhandelt wird. Die Osterweiterung begünstige die Länder und Regionen unterhalb des dann gemessenen EU-Durchschnitts, denn das Pro-Kopf-Einkommen im Süden der EU werde hierdurch vielfach über die bisher geltende Förderungsschwelle von 75% des Durchschnittseinkommens steigen. Das Problem bestehe darin, dass nach dem EU-Beitritt der Osteuropäer trotz weiterhin hoher Entwicklungsunterschiede innerhalb Spaniens nur noch drei (Andalusien, Estremadura und Galizien) statt bisher zehn spanische Regionen von der höchsten Förderungsstufe, der sogenannten ‚Ziel-1-Förderung' der EU, profitieren würden.[69]

Die Anreize zu einer Blockadehaltung der EU-Südstaaten lassen sich auch materiell gut begründen. Bei der Regionalförderung der EU ist Spanien mit Abstand der größte Profiteur. Einschließlich Fischerei sind hier für Spanien bis zum Jahr 2006 109,93 Milliarden Mark vorgesehen, mehr als das Doppelte als für das mit 58,21 Milliarden Mark an zweiter Stelle liegende Deutschland. Italien erhält annähernd genauso viel Regionalhilfe wie Deutschland, nämlich 58 Milliarden DM bis 2006. Griechenland und Portugal, werden 48,67 sowie 44,51 Milliarden DM erhalten. Beide Länder haben sich der Blockadehaltung Spaniens angeschlossen. Am 10. Mai 2001 lehnten Spanien, Griechenland und Portugal gemeinsam einen Kompromissvorschlag der schwedischen EU-Präsidentschaft zur vorübergehenden Begrenzung der Zuwanderung von Arbeitnehmern aus den Bewerberstaaten ab, um ihre Forderungen nach einer Bestandsgarantie für ihre Regionalförderung durchzusetzen (FAZ (2001)).

Im Rahmen der Transfers des *Kohäsionsfonds* erwartet Spanien bis 2006 mit 21,83 Milliarden DM für seine Verkehrs- und Umweltprojekte etwa dreimal soviel wie Griechenland und Portugal. Im Bereich der *Agrarsubventionen*, die ungefähr 45 % des EU-Haushalts beanspruchen, hat Frankreich mit seinem in der EU mit Abstand größtem Agrarsektor[70] alleine im Jahr 1999 18,28 Milliarden DM empfangen. Deutschland liegt auch hier wieder mit 11,2 Milliarden DM an zweiter Stelle. Weitere bedeutende Empfänger von Agrarsubventionen aus den EU-Mitteln zur Preisstützung sind Spanien (10,23 Milliarden DM 1999), Italien (9,11) und Großbritannien (7,67). Bis Mitte Mai 2001 hatte es Frankreich allerdings (noch) vermieden, die Frage der Agrarsubventionen mit Fragen der Osterweiterung wie der Freizügigkeit für Arbeitnehmer strategisch zu verknüpfen (FAZ (2001c)).

Polit-ökonomisch bedeutsam an dem Vorstoß Spaniens ist, dass dieses Land im ersten Halbjahr 2002 die Ratspräsidentschaft innehaben wird und Initiativen zur Minimierung oder Neutralisierung der Nachteile Spaniens deshalb nicht unwahrscheinlich sein werden. Auch Jacques Chirac wird trotz der mittlerweile all-

---

[69] In Ostdeutschland würden lediglich Dessau und Chemnitz, nicht aber das strukturschwache Mecklenburg-Vorpommern, noch von der ‚Ziel-1-Förderung' profitieren. Wie die Ausführungen in diesem Buch zeigen, hat Deutschland als einer der Hauptprofiteure der Osterweiterung aus polit-ökonomischen Gründen keinen Anreiz, mit der Intensität Spaniens hiergegen anzugehen. Vgl. auch FAZ (2001c) und Kohler (2001).

[70] Die landwirtschaftliche Gesamtproduktion nahm in Frankreich 1999 einen Wert von 123 Milliarden DM an, ein Drittel mehr als in Italien oder Deutschland sowie mehr als das Doppelte der Produktion Spaniens.

gemein anerkannten Unvermeidlichkeit einer Umverteilung der Gemeinschafts-
mittel für den Erfolg der Osterweiterung gegenwärtig nicht müde, seinen Einsatz
für den Erhalt der französischen Agrarmilliarden aus Brüssel zu betonen. Angesichts der oben angedeuteten Größenordnungen der Agrarsubventionen für Frankreich könnte dies die Beitrittsverhandlungen noch schwieriger und langwieriger
gestalten. Wenn über die Freizügigkeit nur im Paket mit konkreten Vorschlägen
zur Regionalförderung verhandelt werden sollte, könnten die Gespräche über diesen Teil der Beitrittsvorbereitungen wohl erst frühestens Mitte 2002 beendet werden.

Vielfältige Änderungen des Transfersystems wurden mittlerweile vorgeschlagen, um Spanien, Portugal, Griechenland, Irland und Ostdeutschland einen Teil
der ‚Ziel-1-Förderung' zu erhalten. Zum einen könnten nach der EU-Osterweiterung *unterschiedliche Grundsätze der Förderung* für West und Ost eingeführt
und angewendet werden. Dieser Vorschlag stieß bisher jedoch bei dem EU-
Kommissar für Regionalförderung Barnier zu recht auf wenig Gegenliebe. Denn
wenn Verhandlungen unter den Voraussetzungen einer starken Begünstigung des
Status quo (‚Zwei-Klassen-System') begonnen werden, können die knappen Finanzmittel sicherlich nicht in ihre beste Verwendung gelenkt werden. Zum anderen könnte die Schwelle, die zum Bezug der höchsten Förderungsstufe berechtigt,
von bisher 75 % des EU-Durchschnittseinkommens angehoben werden. Bevor
derartige Maßnahmen wirklich greifen können, muss jedoch grundsätzlich beantwortet werden, wie die bisherigen Förder- und Subventionsniveaus (ohne negative
Arbeitsmarkteffekte) denn erhalten bleiben sollen, wenn die beitretenden MOEL
ausschließlich Nettoempfänger derartiger Leistungen sein werden. Wie werden
Nettozahler wie Deutschland auf die sich hieraus ergebende Finanzierung der Osterweiterung reagieren? Letztere müssten sämtliche Lasten der Osterweiterung
tragen, wenn Länder wie Spanien verlangen, dass die Osterweiterung sie Nichts
kosten dürfe.[71] Ohne das über konkrete Zugeständnisse der EU berichtet wurde,
lenkten Spanien, Griechenland und Portugal Ende Mai 2001 ein und akzeptierten
grundsätzlich die von Deutschland und Österreich geforderten Übergangsfristen
bei der Freizügigkeit für Arbeitnehmer aus den MOEL.

Berücksichtigt man diese deutlich zu Tage tretenden *Beharrungstendenzen* von

---

[71] Schließlich empfiehlt ein aktueller deutscher SPD-Leitantrag - nicht zuletzt aus wahltaktischen Gründen, denn vier Fünftel aller EU-Ausgaben wird auf diese Weise in die Zuständigkeit der Mitgliedsstaaten zurückgegeben - eine Rückverlagerung von Kompetenzen in der Agrar- oder der Strukturpolitik in nationale bzw. bundesstaatliche Strukturen,
während die französischen Sozialisten die gemeinsame Agrarpolitik und Strukturfonds
als historische Grundlage der Gemeinschaft bewahren möchten.

Seiten der bisherigen Hauptempfänger und deren Neigungen, die Freizügigkeit *in einem Paket* mit einem unveränderten Niveau an Brüsseler Regionalhilfen an die Länder der EU-Südschiene zu verhandeln, ist statt einer bloßen Umschichtung möglicherweise sogar eher eine *Aufstockung* der Fonds aus Kompensationsmotiven zu befürchten. Und dies, obwohl der von der EU für die Jahre 2000 bis 2006 verabschiedete Finanzrahmen eine Reduktion der Ausgaben für die Agrar- und Strukturpolitik um real fast ein Viertel andeutet, um die fiskalische Last der Erweiterung tragen zu können (siehe Tabelle 27).[72] Die geplanten Kürzungen genügen nicht ganz, um die Kosten der Finanzierung der Osterweiterung zu tragen. Der Ratsbeschluss von Berlin im Jahr 1999 legte offen, dass die Osterweiterung primär durch eine *Reduzierung* der Regional- und Strukturfonds finanziert werden soll (Kohler (2001), S. 98). Wird der soeben geschilderte Verteilungskonflikt zwischen den Ländern der EU-15 durch eine unzureichende Kürzung der Mittel der Regional- und Strukturfonds gelöst, würde der finanzielle Spielraum für die beitretenden Länder geringer. Umso schwieriger wird es dann, die neuen Mitglieder bei ihren Bemühungen um eine Einkommenskonvergenz mit der EU zu unterstützen. Dies wiederum könnte den Auswanderungsdruck nach Westeuropa noch verstärken.

3.1.5. Schlussfolgerungen

1. Auf der Basis des Vertragsrechts zeichnen sich *konkrete Perspektiven* für den Abschluss und die Vereinbarung von Rahmenabkommen auf EU-Ebene betreffend einer ‚Europäisierung der Sozialpartner' und deren Anwendung in den Mitgliedsstaaten ab. Auch wenn eine Zentralisierung der Tarifpolitik kurz- bis mittelfristig noch nicht zu erwarten ist, erscheint es nach Olson (1982) aus oben angeführten Gründen nur als eine Frage der Zeit, dass in einer osterweiterten EU als veränderter Rahmenbedingung europaweit (zumindest indirekt) wirksame Tarifkartelle als Verteilungskoalitionen entstehen.[73] Gleichzeitig wird für die Tarifparteien eine *Abweichung von einer produktivitätsorientierten Lohnpolitik* optimal, wenn innergemeinschaftliche Transfers gewährt werden (obwohl der zwischenstaatliche Finanzausgleich außerhalb der Wesensdefinition der EU liegt, Steinherr (1999)) und sie die Kosten dieser Transfers trotz erhöhter zukünftiger Steuerlasten nicht vollständig selbst tragen müssen. Der Verlust der Sozialpolitik als Parameter effizienten Staatenwettbewerbs führt somit zu *Wohlfahrtseinbußen*, die sich möglicherweise in Beschäftigungsverlusten niederschlagen. Darüber hin-

---

[72] Vgl. vor allem Cichy (1995), S. 664 ff., Jovanovic (1999), S. 493, und Kohler (1999). Vgl. auch Breuss (1998), S. 2, Breuss, Schebeck (1998), S. 742, Lippert (1999), S. 39, und SVR (2000), S. 238 f.
[73] Vgl. Sievert (1996), S. 10, Lesch (1995) S. 95 f., und Molitor (1995), S. 182.

aus ist die Beschäftigungseffizienz einer Kohäsionspolitik schon allein wegen empirisch nachweisbarer *Versickerungs- und Mitnahmeeffekte* (Starbatty (1993), S. 13) - begründet durch einen anreizbedingt mangelhaften Informationsaustausch, Koordinierungsprobleme in der Brüsseler Zentrale etc. - eher als gering einzustufen. Schließlich scheinen *ökonomische Integrationsprozesse* aus empirischer Sicht *nicht* unbedingt *sozial abgefedert* werden zu müssen, um erfolgreich zu sein (Paqué (1992), S. 630).

2. Die mit der Übernahme der EU-Arbeitsmarktinstitutionen verbundene Erhöhung der Lohnkosten und die Einführung von EU-typischen Regulierungen und Standards werden in diesem Fall die Attraktivität Mittel- und Osteuropas für ausländische Investitionen sowie die Wettbewerbsfähigkeit der mittel- und osteuropäischen Beitrittsländer im Binnenmarkt stark verringern. Darüber hinaus sind Lohnhöhe und Kündigungsschutzregeln zwei wichtige Aspekte der Entscheidung von Unternehmen, zusätzliche Arbeitskräfte einzustellen. Wenn für die Zukunft steigende Löhne und verschärfte Regeln des Kündigungsschutzes erwartet werden, wird bereits die gegenwärtige Beschäftigungsentscheidung negativ beeinflusst. Aber allein die zunehmende Unsicherheit über die zukünftige Entwicklung dieser beiden Faktoren kann schon dazu führen, dass Beschäftigungsentscheidungen verschoben werden, und beeinflusst damit die gegenwärtige Arbeitsmarktentwicklung. In diesem Fall steigt der ‚*Optionswert des Wartens*' mit der Beschäftigungsentscheidung. Er ist um so größer, je unsicherer die Zukunft erscheint, denn die Wirtschaftssubjekte können durch die Aufschiebung einer Entscheidung Zeit gewinnen, um zusätzliche Information zu sammeln und die Unsicherheit zu verringern.

Somit wird die Übernahme des sozialpolitischen *Acquis communautaire* das Wachstum in den MOEL eher reduzieren und die Arbeitslosenraten dort tendenziell erhöhen. Da das EU-Regelwerk *für ‚reiche' Demokratien* mit extensiven Systemen sozialer Sicherung konzipiert wurde, eignet es sich nicht für eine Einführung in ärmeren, aber rasch wachsenden mittel- und osteuropäischen Volkswirtschaften.[74] Die MOEL benötigen zwar prinzipiell marktwirtschaftliche Regeln zur Beseitigung der investitionshemmenden Rechtsunsicherheit. Auch die Übernahme *vorab* gesetzter Regeln wie des Acquis hat aus der Perspektive einer *glaubwürdigen Verpflichtung zum Transformationsprozess* (gegen andere Politiken vertreten-

---

[74] Man stelle sich vor, Korea, Taiwan und Hongkong hätten in einer vergleichbaren Stufe ihrer Entwicklung die Regeln der Sozialcharta übernehmen müssen. Vgl. Baldwin, François, Portes (1997), S. 128.

de Interessengruppen) etwas für sich.[75] Weiterhin muss berücksichtigt werden, dass die MOEL für den institutionellen Wandel nur wenige Jahre Zeit hatten, während er in der EU Jahrzehnte dauerte (Martens (2000), S. 3). Jedoch stellt der Acquis in seiner undifferenzierten Gesamtheit ein ungeeignetes Regelwerk für Volkswirtschaften dar, die sich erst in der Mitte ihres ‚Abhebens' befinden (Baldwin, François, Portes (1997), S. 128).

3. Unterstellt man Beharrungstendenzen von Seiten der bisherigen Hauptempfänger der Mittel aus dem europäischen System interregionaler Umverteilung und der GAP, ist, statt einer bloßen Umschichtung, möglicherweise eine *Aufstockung* der Fonds zu befürchten. Diese Fonds sind - wie die GAP - zu großen Teilen ineffizient und erhöhen die Kosten der Osterweiterung.[76] Wird diesem Druck seitens der bisherigen Empfängerländer, die aufgrund ihrer Lage und Produktionsstruktur nicht zu den Hauptprofiteuren der Erweiterung gehören dürften, nachgegeben und werden finanzielle Transfers geleistet, steigt die Steuer- und Abgabenbelastung in den alten EU-Staaten noch weiter an. Damit würde das Ziel der Senkung der Lohnnebenkosten bei gleichzeitiger Konsolidierung des Staatshaushalts stark gefährdet. Für die Arbeitsmärkte bedeutet dies in Verbindung mit der von der EU angestrebten Begrenzung der Freizügigkeit, dass die Löhne weder durch größere Konkurrenz von Einwanderern unter Druck geraten werden noch dass die Lohnkosten durch eine Senkung der Lohnnebenkosten sinken werden. Eine Senkung der Löhne in den von der Arbeitslosigkeit am stärksten betroffenen Bereichen der eher gering qualifizierten Arbeit ist aber, neben den dringend notwendigen strukturellen Reformen, zur Bekämpfung der dauerhaft hohen Arbeitslosigkeit in Westeuropa dringend notwendig. Gleichzeitig wächst die Abhängigkeit der weniger entwickelten MOEL von - nicht immer in effizientester Form zugeordneten - Transfers. Wie die deutsche Wiedervereinigung und die Entwicklung Süditaliens zeigen, unterbleiben dann oft reale Anpassungen, die für permanente Beschäftigungserfolge der betreffenden Länder unverzichtbar erscheinen.

4. An der bisherigen Argumentation dieses Abschnitts fällt auf, dass sie stark derjenigen im Rahmen der Debatte um die *Beschäftigungswirkungen der Sozialunion* im Gefolge der *deutsch-deutschen Vereinigung* und später auch um die Arbeitsmarkteffekte der *EWWU* ähnelt (Belke (2001), Jovanovic (1999), S. 493). Insofern, als ein EU-Beitritt der MOEL auch die Übernahme und Implementierung der Sozialcharta durch diese Länder impliziert, erscheint es im Zusammenhang mit der EU-Osterweiterung gerechtfertigt, von möglichen Beschäftigungseffekten

---

[75] Vgl. Baldwin, François, Portes (1997), S. 169 f., 173, Kohler (1999), S. 2.
[76] Vgl. Jovanovic (1999), S. 492 f., Seidel (1999), Steinherr (1999) und Weimann (1999).

einer erweiterten Sozialunion zu sprechen. Eine erweiterte europäische Sozialunion in Form von umfassenden Kündigungsschutzregelungen, einer (indirekt erfolgten) Harmonisierung von Mindestlöhnen sowie von Allgemeinverbindlichkeitserklärungen von Tarifabschlüssen etc. verursacht in einem ersten Schritt *zusätzliche Arbeitslosigkeit* vor allem in den MOEL *mit bisher niedrigeren Sozialstandards.* Gleichzeitig steigen dort die Lohnstückkosten an, wenn die Arbeitsplatzbesitzer, die ‚Insider‘, keine hinreichende Lohnzurückhaltung üben oder - wie schon im Fall der deutschen Wiedervereinigung überaus deutlich wurde - wenn in den MOEL fälschlicherweise eine Hochlohnpolitik forciert wird, um eine Massenemigration zu vermeiden (Jovanovic (1999), S. 493, Sinn (1999), S. 15). Der Anreiz zu einer Lohnzurückhaltung ist in den MOEL wegen der - in einer erweiterten EU wahrscheinlichen und von den ‚Insidern‘ antizipierten - fiskalischen Aktivitäten des Wohlfahrtsstaates zur Vermeidung von Emigrationsanreizen aus den MOEL (staatliche Beschäftigung oder staatliche Einkommen ohne Arbeit wie z. B. die Arbeitslosenunterstützung, die Sozialhilfe und Regelungen des vorzeitigen Ruhestands) eher gering.

Demnach schränkt die Einführung einer um die potentiellen EU-Beitrittsländer *erweiterten Sozialunion* in Gestalt einer Vorab-Harmonisierung und einer Zentralisierung der Sozialpolitik die Flexibilität des Arbeitsmarktes als marktlichen Koordinierungsmechanismus weiter ein. Der durch die EU-Osterweiterung erfolgende signifikante Abbau von Beschränkungen auf Güter- und Faktormärkten wird durch eine erweiterte Sozialunion implizit zum Teil wieder zurückgenommen. Gleichzeitig wird in einer Sozialunion auf die dynamischen Effizienzgewinne eines institutionellen Wettbewerbs auf sozialpolitischem Gebiet und somit auf zusätzliche Beschäftigungspotentiale verzichtet. Komparative Kostenvorteile der neuen Peripherie (MOEL) gehen durch das Verhalten der beschäftigten Insider in den Ländern mit bisher niedrigen Sozialstandards verloren. Dieses Verhalten wird tendenziell verstärkt durch die Erwartung eines aktiven Mittelflusses, einer Hochlohnpolitik oder einer Abschottungspolitik durch politisch-juristische Normen zur Vermeidung von Emigrationsströmen aus den MOEL (Straubhaar (1999)). In der Folge des Verlustes komparativer Kostenvorteile entsteht den Erfahrungen mit der deutschen Vereinigung zufolge ein *politischer Druck auf einen Ausgleich durch Transferzahlungen.* Dies stellt eine unmittelbare Konsequenz der grundlegend falschen Einschätzung dar, dass eine potentielle Massenemigration durch überhöhte Löhne gestoppt werden kann (siehe Kapitel 4).

Eine derartige Politik bleibt natürlich nicht ohne Folgekosten. Sinn (1999) beziffert die potentiellen Kosten des gerade dargestellten Policy-Mix, d. h. einer *Hochlohnpolitik* verbunden mit der *Zahlung von wohlfahrtsstaatlichen ‚stay-put-premia‘*, im Zusammenhang mit der Osterweiterung der EU auf über 2600 Milliarden Euro pro Jahrzehnt. Die hierdurch ausgedrückten sozialen Kosten bestehen zum einen darin, dass es dieser Policy-Mix entlassenen Arbeitnehmern nicht erlaubt, aus den MOEL zu emigrieren und am Produktionsprozess in den alten EU-Ländern teilzunehmen. Zum anderen werden Arbeitsplätze ohne gleichwertigen Ersatz vernichtet, deren Produktivität die (um die Migrationskosten verminderte) Produktivität von Arbeitsplätzen in den alten EU-Ländern übertrifft (Sinn (1999), S. 15). Diese enorme finanzielle Belastung führt in den alten EU-Staaten zu weiteren Wachstums- und Beschäftigungseinbußen, zumal sich die Abgabenschere und auch die Staatsquote durch steigende Steuern und vor allem Sozialabgaben bereits seit Beginn der achtziger Jahre im EU-Durchschnitt deutlich erhöht hat. Die hiermit verbundenen fiskalischen Lasten der Erweiterung werden auch die bisherigen Mitgliedsländer und deren Arbeitsmärkte - wenn auch in unterschiedlichem Umfang - treffen.[77] Aus beschäftigungspolitischer Sicht ist ohnehin eine unerlässliche Voraussetzung für die Osterweiterung, dass die Verantwortung für die Einkommensstützung der Landwirtschaft in nationale Zuständigkeit überführt wird. Denn da die Einkommens- und Lohnpolitik gemäß Maastrichter Vertrag eine Aufgabe der Mitgliedsstaaten darstellt, sollte Gleiches auch für die Finanzierung der Einkommensstützung gelten (Seidel (1999)).

Da eine erweiterte Sozialunion somit zu unbefriedigenden wirtschaftlichen Ergebnissen und einem *Teufelskreis* Transfers-Arbeitslosigkeit-Transfers-... führt, drohen aller Erfahrung nach *weitere, nicht marktkonforme Interventionen* wie z. B. eine europäische Industriepolitik (Art. 130 EGV): „the persistent lack of well-functioning markets provide strong arguments in favor of formulating industrial policies to strengthen the competitiveness of manufacturing firms (...). The EU's legal framework leaves room for designing such a policy with subsidies" (Gabrisch, Werner (1998), S. 79). Eine derartige Politik ist jedoch im Falle negativer dynamischer Anreizeffekte langfristig gesehen nicht ohne Einschränkungen beschäftigungsfreundlich. Unter Würdigung dieser Zusammenhänge erscheint es für die Beschäftigungswirkungen der geplanten EU-Osterweiterung *nicht eben günstig*, wenn man aufgrund einer mangelnden Konsensfähigkeit in anderen Bereichen eine *Sozialunion* als Ausdruck einer Politischen Union in den Vordergrund rücken würde.

---

[77] Vgl. Breuss (1998), S. 1, Breuss, Schebeck (1998), S. 742, Cichy (1995), S. 665, Kohler (1999), und Weimann (1999), S. 3 ff.

3.2. Arbeitsmarkteffekte veränderter Handelsströme und ausländischer Direktinvestitionen

Im vorangegangenen Kapitel wurde gezeigt, dass die arbeitsmarktrelevanten Rechtsakte des sozialpolitischen Kapitels des Acquis zum größten Teil erst in den letzten zehn Jahren mit Bezug auf die EU-Sozialcharta geschaffen wurden. Die Übernahme der resultierenden Arbeitsmarktinstitutionen durch die MOEL ist aus beschäftigungspolitischer Sicht äußerst kritisch zu sehen. In diesem Abschnitt wird die Frage beantwortet, ob diese negativen Effekte für die MOEL durch positive Arbeitsmarkteffekte, die auf eine Zunahme des Handelsvolumens oder der Direktinvestitionen im Zuge des EU-Beitritts zurückzuführen sind, kompensiert werden können. Basierend auf der traditionellen und auch der modernen Integrationstheorie können Wohlfahrtseffekte der vertieften Integration der Gütermärkte analysiert werden. Detailliertere Kosten-Nutzen-Analysen der Osterweiterung für die MOEL in den Bereichen des Außenhandels, der ausländischen Direktinvestitionen, und des Strukturwandels finden sich bei Baldwin, François, Portes (1997), Richter, Landesmann, Havlik (1998), Wisniewski (1999) und van Aarle, Skuratowicz (2000).

Die Prognose der Außenhandelsentwicklung erlaubt Aussagen über Wachstumsgewinne des Einkommens, es ist jedoch sehr fraglich, ob sich diese auch in einer verbesserten Arbeitsmarktperformance niederschlagen (Belke, Gros (1999)). Dies gilt um so mehr, da in den die einschlägigen Analysen dominierenden CGE (‚Computable General Equilibrium')-Modellen (Baldwin, François, Portes (1997) und Brown u. a. (1997)) die *Annahme der Vollbeschäftigung* getroffen wird. Statt der Veränderung des Beschäftigungs*niveaus* wird in diesen Modellen die aus der Osterweiterung resultierende Umschichtung der *sektoralen* Zusammensetzung der Beschäftigung betont (Breuss (1998), S. 9). Schließlich tragen die CGE-Modelle generell *ahistorischen* Charakter und enthalten implizit die neoklassische Annahme der Integration als einer ‚win-win-option'. Sie lassen ex definitione nicht zu, dass es trotz eines Beitritts *nicht* zur Integration der Märkte kommt. Die Prognosen der CGE-Modelle erscheinen aus dieser Sicht *zu optimistisch* (Kramer (1998), S. 720). Berücksichtigt man hingegen die Möglichkeit, dass der EU-Beitritt der MOEL genauso gut auch scheitern könnte, erscheinen sie *zu pessimistisch*. Denn die Kosten des *Nicht*beitritts würden dann in den gängigen CGE-Modellen zu niedrig angesetzt. Die *Investitions*entwicklung hingegen erlaubt wegen ihres wesentlich engeren Konnexes mit dem Arbeitsmarkt (Belke, Gros (1999)) schon eher Prognosen über die Beschäftigungsentwicklung. Es folgen zunächst einige *‚fundierte Spekulationen'* über die Beschäftigungseffekte der Ostintegration in den MOEL, die über ein mit dem Beitritt erweitertes Potential für den *Außenhandel* ablaufen (Abschnitt 3.2.1). Anschließend wird das *Potential für weitere Kapital-flüsse* in die beitretenden MOEL und die hieraus resultierenden Arbeitsmarktef-fekte untersucht (Abschnitt 3.2.2). Der Ausgangspunkt der Überlegungen ist, dass die Osterweiterung der EU ökonomisch bereits weitgehend antizipiert, d. h. erwartet und in Dispositionen umgesetzt, wurde. Die bisher erreichte Integration zwischen der EU-15 und den beitrittswilligen MOEL kann deshalb als durchaus signifikant angesehen werden (Dresdner Bank (2001), S. 35). Neben einer Bestandsaufnahme des Grads der bisherigen Integration ist deshalb zu fragen: Liefert die EU-Erweiterung den MOEL zum Zeitpunkt ihres Beitritts noch einen *weiteren* Schub für die Konjunktur und die Beschäftigung oder sind die Grenzen des Wachstums der MOEL bereits erreicht? Eine Antwort hierauf wird in den folgenden beiden Abschnitten zum Teil auch vor dem Hintergrund *vergangener* Erweiterungsrunden versucht.

3.2.1. Veränderungen des Außenhandels

Positive Wohlfahrtseffekte einer Integrationsmaßnahme werden nach der traditionellen Integrationstheorie vor allem mit dem Ausmaß der Handelsschaffung verknüpft. Die Exporte der EU in die MOEL-6 sind bis 1998 auf das 6,5fache ihres 1988er Ausgangswertes gestiegen (siehe Tabelle 10). Allein zwischen 1993 und 1998 sind die Importe der MOEL-10 aus der EU noch mal um 158 %, d. h. ungefähr um den Faktor 2,6 gestiegen (siehe Tabelle 11). Ist zukünftig noch mit einer weiteren Zunahme des Handelsvolumens zu rechnen oder ist das gegenwärtige Handelspotential bereits ausgeschöpft?

Der Handel zwischen der EU und den MOEL hat seit der Ostöffnung mit zweistelligen jährlichen Wachstumsraten zugenommen. Der gesamte in Dollar gemessene Außenhandel wuchs seit 1994 um 10-20 % jährlich. Der Anteil der Exporte der MOEL in die EU wuchs von 1994 bis 1999 um 10 Prozentpunkte auf nahezu 60 %; der Anteil der Importe aus der EU stieg um 5 Prozentpunkte auf etwas über 58 %. Anhand dieser Daten deutet sich bereits ein hoher außenwirtschaftlicher Verflechtungsgrad an, der gemeinsam mit den in Kapitel 2.1.3 genauer beschriebenen asymmetrisch eingeräumten Handelspräferenzen die Hypothese nahe legt, dass der zukünftige faktische EU-Beitritt *keinen exportinduzierten Wachstumsschock* in den MOEL mehr auslösen wird (Dresdner Bank (2001), S. 36).[78] Der Gültigkeit dieser Hypothese wird im folgenden weiter nachgegangen.

---

[78] Auch Spaniens und Portugals Exportwachstum entsprach unabhängig von ihrem EU-Beitritt durchgehend in etwa dem BIP-Wachstum. Die EU-Mitgliedschaft bewirkte in diesen Referenzländern auch keinen Export-Boom.

Brenton, Gros (1997, S. 69) kommen auf Grundlage eines Gravitationsmodells zu dem Ergebnis, dass eine weitere massive Zunahme des Handels nicht zu erwarten sei, da die geographische Umorientierung der MOEL (von Ost nach West) bereits vollzogen sei. Das Gravitationsmodell erklärt das Ausmaß des Handels zwischen zwei Regionen im wesentlichen durch drei Variablen: die Nachfrage einer Region (im Modell durch das BIP geschätzt), das Angebot der anderen Region (ebenfalls durch das BIP geschätzt) und die Transportkosten (durch die Entfernung geschätzt). Brenton, Gros (1997, S. 68) legen in ihrer Schätzung das BIP zu laufenden Wechselkursen zugrunde, weil dieses die externe Kaufkraft und damit die relevante Variable für das Angebot und die Nachfrage eines Landes auf dem Weltmarkt darstelle. Schumacher, Trübswetter (2000, S. 15) kommen dagegen zu dem Ergebnis, dass die Importe der MOEL aus der EU noch um 50 % und die Exporte der MOEL in die EU noch um 40 % unter den ‚normalen' Volumina des Handels der EU mit gemessen am Pro-Kopf-Einkommen vergleichbaren Marktwirtschaften außerhalb der EU lägen. Verglichen mit den Handelsbeziehungen der EU-Mitglieder untereinander sei das Potential sogar noch größer. Es liegt für die Exporte der MOEL bei 70 % und für die Importe bei 60 %. Dabei kann die Tschechische Republik mit dem stärksten Anstieg rechnen, gefolgt von der Slowakei, Polen und Slowenien. Die Volkswirtschaften Estland, Litauen und Ungarn weisen dagegen heute schon Exporte auf, die über dem errechneten maximalen Potential liegen (Brücker (2000), S. 102 f.). Die Autoren erklären diesen Unterschied zu der Studie von Brenton, Gros (1997) damit, dass sie methodisch abweichend bei ihrer Schätzung das BIP zu Kaufkraftparitäten benutzen (Schumacher, Trübswetter (2000), S. 16). Letzteres erhöht angeblich die Prognosequalität des Modells (Brücker (2001), S. 79).

Die Meinungen über das quantitative Potential des Ost-West-Handels liegen somit relativ weit auseinander. Während Brenton, di Mauro (1998, S. 285) feststellen: „actual total imports and exports between the EU and the CEECs are largely in line with their potential", kommt Brücker (2000, S. 102) zu dem Schluss, „that the trade potential between the EU and the CEECs is not yet exhausted." Übereinstimmendes Ergebnis beider Studien ist jedoch, dass das Handelspotential - ob es gegenwärtig ausgeschöpft ist oder nicht - in Zukunft mit steigendem Einkommen der MOEL noch zunehmen wird. Gleichzeitig wird auch der Abbau nichttarifärer Handelshemmnisse im Zuge des EU-Beitritts vorangetrieben. Baldwin, François, Portes (1997, S. 132) unterstellen, dass Transport- und sonstige Transaktionskosten (Anti-Dumping-Regeln, Preisfixierungen, Kontingente) für den Handel zwischen den MOEL und der EU immer noch relativ hoch sind („zero statutory tariffs do not mean free trade") und der EU-Beitritt beide noch stark reduzieren wird. Der Abbau nichttarifärer Handelshemmnisse und die Übernahme der Normen und Standards der EU im Vorfeld des EU-Beitritts der MOEL werden zu weiteren positiven Effekten auf den Außenhandel, wegen der Forcierung von Ex- und Importen aber weniger auf das BIP-Wachstum führen (Dresdner Bank (2001), S. 37).

Impulse für den Außenhandel der MOEL durch den EU-Beitritt können sich lediglich noch deshalb einstellen, weil die Außenzölle der EU gegenüber Drittländern vielfach niedriger sind als die Außenzölle der MOEL (siehe Kapitel 2.1.3). Darüber hinaus nimmt vor allem noch der *Agrarsektor* eine Sonderrolle ein. Hier ist die Protektion auf EU-Seite noch recht hoch, obwohl sich am Beispiel Tschechiens, Ungarns und *vor allem Polens* zeigen lässt, dass EU-Ängste vor einem *Niedriglohn- und Preiswettbewerb* mit der Landwirtschaft der MOEL eher *nicht gerechtfertigt* sind. Die Landwirtschaft dieser Länder benötigt dringend eine Strukturverbesserung, um überhaupt wettbewerbsfähig zu sein. Ihre Agrarpreise sind zwar sehr niedrig, jedoch sind die Qualität und der hygienische Standard der Agrarprodukte auf EU-Märkten wohl kaum konkurrenzfähig.[79]

Handelsprognosen zur Quantifizierung positiver Handelsschaffung und negativer Handelsumlenkung (gemäß der traditionellen Integrationstheorie) sind neben modernen Integrationseffekten (zunehmender Wettbewerb, Wachstumseffekte) wesentliche Bestandteile der bereits angesprochenen ökonomischen Studien zur Abschätzung der Wohlfahrtseffekte der geplanten EU-Ostererweiterung. Wohlfahrtseffekte können als Anstieg der Wachstumsrate des Bruttoinlandsproduktes oder als absoluter Einkommenseffekt ausgedrückt werden. Die sich aus der Betrachtung der Zollsätze ergebenden Tendenzaussagen werden selbst durch die *konservativste Variante* (d. h. Abbau von Handelskosten, aber Abstraktion von der Eliminierung von Risikoprämien durch den EU-Beitritt) der Modellergebnisse von Baldwin, François, Portes (1997) klar bestätigt.[80] Alle europäischen Regionen (also auch die EU) gewinnen durch die Osterweiterung. Die MOEL gewinnen relativ gesehen jedoch viel (etwa sieben mal) mehr als die EU. Ein Vergleich der Wachstumsraten des realen Einkommens mit dem Basisszenario ohne Osterweiterung im langfristigen Gleichgewicht („steady state') ergibt für die EU15 eine Änderung von + 0,2 %, für die MOEL7 (ohne die baltischen Staaten) hingegen einen Zuwachs von 1,5 Prozentpunkten. Da die EU jedoch etwa zehn Mal größer als die Gesamtheit der untersuchten MOEL ist, gilt dies *nicht* in *absoluten* Größen. Der reale Einkommensgewinn der Osterweiterung fällt mit 9,8 Milliarden ECU für die

---

[79] Vgl. Breuss, Schebeck (1998), S. 742, Lankes (1999), Pouliquen (1998), S. 520, und Lavigne (1998), S. 52.

[80] Vgl. auch Breuss, Schebeck (1998), S. 745 ff. Für eine Kritik der Vorgehensweise von Baldwin, François, Portes (1997) vgl. beispielsweise Emerson, Gros (1998), S. 25 ff.

EU etwa vier mal so hoch aus wie für die MOEL (2,5 Milliarden ECU).[81] Dieser Gewinn verteilt sich jedoch asymmetrisch auf die einzelnen EU-Länder. Deutschland allein vereinnahmt ein Drittel des Gewinns; *Deutschland, Frankreich und Großbritannien* gemeinsam kommen zwei Drittel des errechneten Gewinns zu. Eine methodisch abweichende Studie von Brown u. a. (1997), die sich auf die Wohlfahrtseffekte einer Freihandelszone zwischen den Visegradstaaten (Tschechien, Ungarn, Polen, Slowakei) und der EU bezieht, bestätigt in etwa die Größenordnungen für die EU (13,3 Milliarden). Eine andere Schätzung mit einem dynamischen CGE-Modell ('McKibbin-Sachs Global (MSG2) Model') stützt die oben zitierten Ergebnisse dagegen nur zum Teil. Sie kommt auch auf einen Anstieg der langfristigen Wachstumsrate in den MOEL von 1,6 %, allerdings mit geringen Effekten für den Rest der Welt und bei Berücksichtigung der Verringerung der Risikoprämie durch den EU-Beitritt (Neck, Haber, McKibbin (2000), S. 77 ff.).[82] Zusammenfassend lässt sich somit festhalten: für die MOEL stellt sich die Teilnahme an der EU selbst *ohne die Berücksichtigung von Transfers aus dem EU-Haushalt* als äußerst lukrativ heraus.

Ist die prognostizierte Zunahme des Handels jedoch auch mit positiven Arbeitsmarkteffekten verbunden? Eine nähere Analyse der Effekte des Außenhandels der MOEL mit der EU durch van Aarle, Skuratowicz (2000, S. 17 ff.) zeigt, dass auf der einen Seite steigende Exporte in die EU einen positiven Effekt auf die Beschäftigung in den MOEL haben, während auf der anderen Seite zunehmende Importe dort tendenziell inländische Beschäftigung verdrängen und die Arbeitslosigkeit erhöhen. Darüber hinaus kommen die genannten Autoren zu dem Ergebnis, dass steigende Importe aus der EU die Investitionen in den MOEL reduzieren, weil durch die Importkonkurrenz heimische Produktion verdrängt wird, während steigende Exporte einen positiven Investitionseffekt haben, da die Exportchancen den Aufbau konkurrenzfähiger Exportsektoren stimulieren. Betrachtet man Investitionen als wichtige Bestimmungsgröße der Beschäftigungsnachfrage, so wird die oben angeführte Argumentation verstärkt.

Zusammenfassend kann aus diesen Ergebnissen geschlussfolgert werden, dass die *Zunahme der Handelsverflechtungen* verbunden mit einer Erhöhung des Wett-

---

[81] In der von den Autoren präferierten *weniger konservativen Variante* ihrer Schätzung gewinnen die MOEL dagegen 30 Mrd. und die EU-Staaten 11,2 Mrd. ECU, vgl. Baldwin, François, Portes (1997), S. 148.

[82] Im Vergleich mit der weniger konservativen Schätzung von Baldwin, François, Portes (1997, S. 147) die ebenfalls die Verminderung der Risikoprämie berücksichtigt und zu einen Anstieg von 18,8 % in den MOEL kommt findet sich damit ein deutlicher Unterschied.

bewerbsdruckes *die Umstrukturierung der* Wirtschaft im allgemeinen und des Außenhandels im speziellen *forciert.* Damit können zwar kurzfristig höhere Arbeitslosenquoten verbunden sein, die langfristige Arbeitsmarkt-Performance hängt jedoch entscheidend von der Ausgestaltung der Arbeitsmarktinstitutionen ab. Auf flexiblen Arbeitsmärkten wären negativen Effekte nur vorübergehend, weil die rasche Umstrukturierung zu einem den Nachfragepräferenzen entsprechenden Markt dazu führt, dass die Arbeitslosen in anderen Bereichen schnell wieder einen Arbeitsplatz finden können.[83] Inflexible Arbeitsmärkte dagegen verhindern die rasche Umstrukturierung und können dazu führen, dass die ursprünglich temporäre Arbeitslosigkeit in den MOEL auf einem hohen Niveau verharrt.

3.2.2. Veränderungen der Direktinvestitionen

Um die Arbeitsmarkteffekte der EU-Osterweiterung für die MOEL abzuschätzen, lohnt sich nun eine Abschätzung der Perspektiven für Direktinvestitionen, d. h. langfristige Beteiligungen, in die MOEL. Denn letztere leisten einen entscheidenden Beitrag zur Modernisierung und Erweiterung eines veralteten Kapitalstocks, schaffen deshalb neue Wachstumspotentiale und gelten deshalb auch als wichtige Einflussgröße für die Arbeitsmarkt-Performance (Dresdner Bank (2001), S. 37 f.). Auf Dauer werden sicherlich nicht die Ausmaße an FDI in den MOEL zu beobachten sein, wie sie in den Jahren 1999 und 2000 vorlagen. Allerdings wird das Investitionsumfeld gerade für *mittlere und kleine Unternehmen* aus den EU sicherer; sie können mit einer Angleichung der Rechtssysteme, der ökonomischen Strukturen, des Finanzsektors und der Verwaltung rechnen. Dies dürfte zu einem anhaltend hohen Zustrom von FDI in die MOEL führen, den Strukturwandel beschleunigen und als Feedback wiederum das FDI-Volumen ankurbeln (Dresdner Bank (2001), S. 38 f.). Dies gilt allerdings weniger für die Staaten, für die ein früher Beitritt in Kapitel 1 als unwahrscheinlich eingeschätzt wurde. Diese dürften eher einen unterproportionalen Zufluss an FDI verzeichnen. Ein Vergleich des Bestands an langfristigem Beteiligungskapital pro Kopf zeigt, dass Ungarn und Estland, und mit kleinem Abstand auch Tschechien und Slowenien immer näher an Spanien und Portugal heranreichen. Die Geschwindigkeit der Konvergenz wird natürlich von dem zukünftigen Ausmaß der Privatisierungen in den MOEL, dem Ausmaß der komparativen Arbeitskostenvorteile der MOEL und der relativen Erschließungstiefe der Märkte in den MOEL bestimmt (Dresdner Bank (2001), S. 38 f.).

---

[83] Voraussetzung ist dabei allerdings ein ausreichendes Maß an individueller qualifikatorischer und eventuell auch räumlicher Mobilität der Arbeitnehmer.

Die Mehrheit der bislang veröffentlichten Studien betont, dass die EU-Osterweiterung das Ausmaß der ausländischen Direktinvestitionen in den MOEL noch
weiter vergrößern wird. Durch die Erwartung der, die Vorbereitungen auf die und
den Eintritt der Osterweiterung der EU werden die Stabilität, die Nachhaltigkeit
und das Niveau der Kapitalzuflüsse wohl deutlich erhöht.[84] Die potentielle *Verbesserung des Investitionsklimas* in den MOEL (Sicherheit über den zukünftigen
politischen und wirtschaftlichen Kurs), die *Verringerung der Risikoprämie* auf Direktinvestitionen und der Zugang zum internationalen Kapitalmarkt wird als der
Hauptvorteil der EU-Mitgliedschaft aus der Perspektive der MOEL gesehen.[85]
Denn FDI-Ströme weisen im allgemeinen *hohe Fixkosten* auf, so dass eine Auflösung von Unsicherheit den *Optionswert des Wartens* mit der Investitionsentscheidung verringert (siehe Kapitel 3.1.5).

Insofern wird fast durchweg für die MOEL ein Anstoß für aus der EU zuströ-
mende FDIs vermutet, wie dies die Erfahrungen Spaniens und Portugals bezüglich
ihres EU-Beitritts und Mexikos bezüglich seines NAFTA-Beitritts nahe legen
(Brenton, di Mauro, Lücke (1998), S. 12, Martín, Velázquez (1997)). Bei dieser
Interpretation wird jedoch vernachlässigt, dass gleichzeitig mit dem EU-Beitritt
der südeuropäischen Länder ein Anstieg globaler Kapitalströme zu verzeichnen
war. Portugal und Spanien sind andererseits ein guter Vergleichsmaßstab für die
MOEL, da auch sie durch die Integration einen Zustand relativer Autarkie aufgaben (Buch (1999), S. 24, Martín, Velázquez (1997)). Eine weitere Determinante
des Ausmaßes der FDI-Ströme in die MOEL dürfte die Wahl des Wechselkursregimes (und damit der Volatilität) im Verhältnis zum Euro sein (Lavigne (1998),
S. 43). In Kapitel 5.2 wird auf die Abhängigkeit der Wahl geeigneter Wechselkursregimes für die Beitrittskandidaten von internationalen Kapitalströmen noch
genauer eingegangen.

Darüber hinaus wird - häufig auch von Unternehmensberatern - argumentiert,
die Osterweiterung verstärke den Strom von Direktinvestitionen in die MOEL, da
der Beitritt den Zufluss von *Mitteln aus dem EU-Struktur- und dem Kohäsionsfonds* sicherstelle. Mit diesen Mitteln könnten Humankapital und Infrastruktur
ausgebaut werden, die beide wiederum - wie am Beispiel Spaniens ersichtlich -

---

[84] Vgl. Baldwin u.a. (1992), S. 90, Breuss (1998), S. 30, Brenton, di Mauro, Lücke (1998),
S. 2, Cichy (1995), S. 664, Landesmann, Poeschl (1997), Lankes (1999), Richter, Landesmann, Havlik (1998), S. 13.

[85] Vgl. Baldwin, François, Portes (1997), S. 139 ff., 172, 174, Breuss, Schebeck (1998),
S. 747, Walterskirchen (1998), S. 531 ff. Als Beispiel für die MOEL lässt sich Österreich anführen, wo die Direktinvestitionen *als Folge des EU-Beitritts* dieses Landes
merklich zugenommen haben. Vgl. Walterskirchen (1998), S. 532.

Voraussetzungen für den FDI-Zustrom sind (Cichy (1995), S. 664, Martín, Velázquez (1997)). Das Argument wird oft durch den Hinweis auf Irland untermauert, dessen Aufschwung durch EU-Strukturmittel entscheidend mit initiiert worden sei. Allerdings zeigt die Entwicklung in einem anderen Kohäsionsland Griechenland, dass EU-Strukturmittel alleine keine Gewähr für einen wirtschaftlichen ‚Take-off' bieten, wenn die Aufnahme- und Umsetzungsfähigkeit einer Gesellschaft gegenüber Neuerungen nicht hinreichend ist und die politischen und ökonomischen Institutionen nicht anreizkonform ausgestaltet sind (Kramer (1998), S. 722). Auch in den Kohäsionsländern Spanien und Portugal gleicht sich der Lebensstandard dem EU-Durchschnitt nur langsam an. Außerdem muss berücksichtigt werden, dass die Mittelzuflüsse projektgebunden sind, so dass erst eine ausreichende Absorptionskapazität, die durch die Möglichkeiten der Kofinanzierung, dem institutionellen Umfeld auf der Ebene der Gebietskörperschaften und der Fähigkeit, innovative nationale oder grenzüberschreitende Kooperationsformen einzugehen, determiniert wird, einen *stetigen Mittelzufluss* garantieren kann. Dieser Gesichtspunkt lässt gerade die ersten Jahre nach einem Beitritt zur EU kritisch erscheinen. Das Problem könnte dadurch entschärft werden, dass ‚Heranführungsmittel' im Vorfeld der Osterweiterung nach denselben Kriterien vergeben werden, wie die Mittel aus den Strukturfonds. Ein hoher Anteil an bewilligten Projekten würde dann die Beitrittsreife auf diesem Gebiet signalisieren (Richter, Landesmann, Havlik (1998), S. 5 ff.).

Vor allem am ‚Centre for European Policy Studies' in Brüssel wurde im Hinblick auf die Frage zusätzlicher FDI-Effekte des EU-Beitritts in den MOEL in einer Reihe von Studien untersucht, welchen *Umfang* angesichts der (mittelfristigen Erwartung der) EU-Osterweiterung FDI-Ströme *in die MOEL* haben (Brenton, di Mauro, Lücke (1998), Emerson, Gros (1998), S. 30 ff.). Insgesamt kommen diese Studien auf der Grundlage von Gravitationsmodellen für FDI-Determinanten (‚gravity models') im Gegensatz zur oben zitierten Mehrheit der Studien zu dem Ergebnis, dass die fortgeschritteneren MOEL im Augenblick in etwa bereits die FDI-Zuströme verzeichnen, die sie aufgrund ihrer gegenwärtigen Einkommensentwicklung und relativen Nähe zur EU auch erwarten können. Ein aufgestauter Bedarf an ausländischen Direktinvestitionen in den MOEL besteht aus dieser Sicht nicht mehr. Die FDI-Zuströme könnten sich folglich mit dem EU-Beitritt volumenmäßig höchstens noch etwas verstärken (wie dies bereits für Spanien und Portugal zum Zeitpunkt ihres EU-Beitritts Mitte der achziger Jahre der Fall war).

Falls es doch zu einem Anstieg der FDI-Ströme kommen sollte, rechnet die

Mehrheit der Studien mit zusätzlichen positiven Arbeitsmarkteffekten.[86] Wachsende FDI-Ströme forcieren dabei den Aufholprozess der Produktqualität, was verbesserte Terms-of-trade und symmetrischere Import- und Exportelastizitäten im Vergleich zur EU bedeutet. Der Abwertungsdruck wird verringert, die strukturellen Determinanten der Handelsbilanzen verbessert, die Zahlungsbilanz-Beschränkung reduziert und der Aufholprozess des quantitativen Wachstums beschleunigt (Landesmann, Poeschl (1997), Richter, Landesmann, Havlik (1998), S. 13 f.). Auf der Basis eines allgemeinen Gleichgewichtsmodells lässt sich beispielsweise demonstrieren, dass bei einer Verlagerung von nur 2,5 % des österreichischen Kapitalstocks nach Ungarn das reale BIP in Ungarn langfristig um 1,3 % steigen könnte (Breuss, Tesche (1994)). Natürlich bestimmen die Zusammensetzung des Außenhandels und der Produktion sowie die hieraus resultierende *Struktur der Arbeitsnachfrage* die exakten Beschäftigungseffekte einer gegebenen Änderung des FDI-Volumens. Ein maximaler Beschäftigungseffekt entsteht dann, wenn die Produktion durch FDI-Ströme näher an die Struktur rückt, die den komparativen Vorteilen des betrachteten Landes entspricht (Baldwin u. a. (1998), S. 90, Jovanovic (1999), S. 475). Ebenfalls relevant ist die institutionell (durch die Verpflichtung zur Übernahme des Acquis, siehe Kapitel 3.1) bedingt hohe Beschäftigungsschwelle des Wirtschaftswachstums, d. h. desjenigen Wachstums, das mindestens notwendig ist, um einen Beitrag zum Abbau der Arbeitslosigkeit zu leisten. Folglich sind auch Zuströme von FDI *kein Allheilmittel* gegen Arbeitslosigkeit in den MOEL (Biffl (1998), S. 1).

3.3. Schlussfolgerungen

1. Die Analyse der gegenwärtigen Handelsströme zeigt die Dominanz *intra-industriellen* Handels mit ähnlichen Produkten unterschiedlicher Qualität. Aus dieser Sicht führt eine beidseitige Liberalisierung wegen der verbesserten Nutzung von Größenvorteilen zu einer Expansion der entsprechenden Sektoren in beiden Regionen. Lediglich in den Bereichen ‚Chemie, Gummi und Plastik' und ‚Kapitalgüter' ist die EU immer noch ein deutlicher Nettoexporteur in die MOEL. Dies deutet eine - durch die Erweiterung induzierte - Umstrukturierung der MOEL zu Lasten der Kapitalgüterindustrie an.

---

[86] Im Gegensatz dazu finden van Aarle, Skuratowicz (2000, S. 20) einen signifikant negativen Einfluss der FDI-Ströme in die MOEL auf die Höhe der Arbeitslosigkeit. Weil sie aber auch auf den Einfluss der Unternehmen mit ausländischen Eigentümern auf die Umstrukturierung und den technologischen Aufholprozess in den MOEL hinweisen, kann erwartet werden, dass die negative Korrelation langfristig verschwindet.

2. Die Untersuchung der gegenwärtigen Zollstruktur weist auf einen größeren verbleibenden Liberalisierungsbedarf im Zuge des EU-Beitritts auf Seiten der MOEL hin – mit der erwähnten Ausnahme der baltischen Staaten -, der in der Regel mit einem größeren Potential an Wohlfahrtsgewinnen verbunden ist. Somit induzieren die skizzierten Ausgangsniveaus der Protektion noch *weitaus höhere Realeinkommenszuwächse in den MOEL* als in der EU. Gleichzeitig deutet sich wie schon durch die Gestalt des Außenhandels an, dass die Umstrukturierung in den MOEL voraussichtlich zu Lasten der Schwerindustrie gehen wird (Baldwin, François, Portes (1997), S. 133)). Die Trendaussage aus der Untersuchung der Zollstruktur wird durch zahlreiche Studien bestätigt. Eine gängige Auffassung ist derzeit, dass die wirtschaftlichen *Vorteile* der Ostintegration u. a. aufgrund des Größenverhältnisses zur EU (Gravitationsmodelle) eher den neuen mittel- und osteuropäischen Mitgliedern der EU zugute komme.[87] Auf der anderen Seite lassen die vorstehenden Ausführungen zur Übernahme des sozialpolitischen Acquis jedoch den Schluss zu, dass die Arbeitsmarktwirkungen der Osterweiterung in den Kandidatenländern selbst auf der Makroebene *deutlich* in ,*negativer'* Weise fühlbar sein werden. Die Nettogewinne der beitretenden MOEL im Handels- und Investitionsbereich werden somit vermutlich *an den Arbeitsmärkten vorbei gehen.* Der Hauptgrund für diese Schlussfolgerung besteht darin, dass die Handelsschaffung und die Handelsumlenkung (hier: *wachsender intra-industrieller* Handel)[88] zwar die ökonomische Umstrukturierung innerhalb dieser Ländern forcieren und dabei eine starke Reallokation des Faktors Arbeit induzieren werden (Steinherr (1999)). Aber wenn nun (wie dies aus den vorhergehenden Abschnitten hervorgeht) ein Beitritt zur EU mit der Übernahme von Normen einhergeht, welche die Flexibilität und die *Anpassungsfähigkeit von Arbeitsmärkten* z. B. durch die Verringerung von Arbeitsanreizen *beeinträchtigen*, steigt die Arbeitslosigkeit in den Beitrittsländern jedoch zumindest in der kurzen Frist, wahrscheinlich wegen des Auftretens von Hysteresis-Effekten aber sogar längerfristig an. Negative Beschäftigungseffekte der Ostintegration dürften folglich selbst auf der *makro*ökonomischen Ebene der MOEL *deutlich fühlbar* sein (Boeri (1998), S. 2).

3. Darüber hinaus können negative Beschäftigungseffekte in den MOEL von noch ausgeprägterer Größenordnung von einem *Abbau spezifischer Handelsprotektion im Agrarsektor* der MOEL durch die EU-Erweiterung erwartet werden. Der direkte Wettbewerb der MOEL mit der EU im Agrarsektor nach dem Beitritt

---

[87] Vgl. Baldwin (1995), S. 480, Baldwin, François, Portes (1997), Kramer (1998), S. 721, Steinherr (1999) und Walterskirchen (1998).

[88] Vgl. Baldwin, François, Portes (1997), S. 130, Biffl (1998), S. 1, Boeri (1998), S. 2, und Emerson, Gros (1998), S. 19.

könnte deshalb tendenziell eine allgemeine Rezession in den Landwirtschaften der Beitrittskandidaten und eine weitere Verschlechterung der Handelsbilanzen mit den EU-Ländern auslösen. Der einzige potentiell wettbewerbsfähige landwirtschaftliche Subsektor vieler MOEL ist der Getreidesektor. Diese Entwicklung kann letztlich nur durch eine rasche Annäherung des Produktivitätsniveaus an das wesentlich höhere EU-Niveau durch eine Modernisierung des Kapitalstocks und die Übernahme westlicher Management-Techniken abgemildert werden. Viele Unternehmen in Polen und in einem geringeren Umfang auch in Rumänien konvergieren deshalb mittlerweile zu den Strukturen und Management-Praktiken, die auch in Spanien zur Wettbewerbsfähigkeit der Landwirtschaft beigetragen haben (Lankes (1999)). Dies wird jedoch nicht kostenlos zu haben sein und führt vermutlich zu einem *scharfen Rückgang der Beschäftigung* im Agrarsektor der MOEL.[89] Schätzungen der EU-Kommission (1998) kommen zu dem Ergebnis, dass eine Steigerung der Produktivität der Landwirtschaft auf die Hälfte des EU-Niveaus zu einer Verringerung von 4 Millionen (!) Arbeitsplätzen im Agrarbereich der zehn MOEL, davon der Großteil in Polen, führen wird.

4. Die vorstehende Analyse legt deshalb einen *potentiell negativen Effekt des EU-Beitritts* auf die Arbeitsmärkte der MOEL nahe. Der aus der beschleunigten Integration resultierende Anpassungsdruck in Richtung einer Schließung ineffizienter Industrien kann von den MOEL möglicherweise weniger effizient bewältigt werden, wenn ein MOEL zu früh der EU beitritt. Obwohl die Quantifizierung hiermit verbundener Kosten zwar wichtig, jedoch fast unmöglich erscheint (Baldwin, François, Portes (1997), S. 128), versuchen Boeri, Burda, Köllö (1998), die in diesem Abschnitt herausgearbeitete Hypothese *zeitreihenanalytisch zu testen*. Sie untersuchen den zeitlichen Verlauf der (strukturellen) Arbeitslosenraten und des Beschäftigungswachstums für die westeuropäischen EU-Mitglieder, die nach 1970 der EU beitraten. Sie nehmen dabei in Kauf, dass die Aussagen ihres Analysemodells auf *historischen* Parametern beruhen, gegenüber denen die *aktuelle* Beitrittslage einen *Strukturbruch* bedeutet. Denn die Süderweiterung der EU war weder hinsichtlich ihrer Größenordnung noch ihres Schwierigkeitsgrads mit der kommenden Osterweiterung vergleichbar (Kramer (1998), S. 720). Verstärkend wirkt, dass das damals von den Ländern der Südschiene zu übernehmende Regelwerk der EU hinsichtlich seines Umfangs und Inhalts nur einen Bruchteil des heutigen von den MOEL zu übernehmenden Acquis communautaire darstellte.[90] Auf der Grundlage einer einleitenden ‚Burns-Mitchell'-Analyse (Referenzzyklusmethode)

---

[89] Vgl. Baldwin u.a. (1998), S. 87, Pouliquen (1998), S. 518, Wisniewski (1999).
[90] Dieses Argument verdanken wir Erhard Busek, dem Regierungsbeauftragten der Republik Österreich für Fragen der Osterweiterung.

für die früheren EU-Beitrittsländer schlussfolgern Boeri, Burda, Köllö (1998), dass sich die betrachteten Länder parallel zu ihrer Bewerbung um den EU-Beitritt dem stärksten Anstieg der strukturellen gleichgewichtigen Arbeitslosigkeit ausgesetzt sahen. Dieser Anstieg hielt nach dem faktischen EU-Beitritt vor allem im Verhältnis zu den Kernländern an.

Im Rahmen einer gepoolten Cross-Country-Zeitreihenanalyse kommen sie ganz analog zu ihrer ‚Burns-Mitchell'-Analyse zu dem Ergebnis, dass sowohl die Bewerbung um den Beitritt als auch der tatsächliche (spätere) Beitritt selbst jeweils zu einer signifikant höheren Arbeitslosenrate im Verhältnis zu den EU-Kernländern führte. Interessanterweise erwies sich der *Zeitpunkt der Bewerbung* dabei im Vergleich zum Zeitpunkt des faktischen Beitritts als vergleichsweise *bedeutsamer* (Boeri (1998), S. 2, Burda (1999), S. 3).[91] Die Bewerbung führt zu einem Anstieg der Arbeitslosigkeit (relativ zum Kern Frankreich, Italien, Deutschland) um 14 bis 22 Prozent. Dies verdeutlicht die bedeutende Rolle der Erwartungen beispielsweise der Tarifparteien bezüglich des Timing des EU-Beitritts.[92] Dies muss bei der Abschätzung von Arbeitsmarkteffekten der EU-Osterweiterung in Rechnung gestellt werden. Die Ergebnisse erweisen sich sogar als robust gegenüber der Nichtberücksichtigung von Österreich, Schweden und Finnland. Dies unterstreicht die negative Bedeutung der Integration noch, da es sich hierbei um Länder handelt, die während ihrer Nichtmitgliedschaft in der EU keinen steigenden Anteil ihrer strukturellen Arbeitslosigkeit zu verzeichnen hatten (Burda (1998), S. 21). Überträgt man den Fall Spaniens auf das hinsichtlich seiner Produktionsstruktur (hoher landwirtschaftlicher Anteil der Beschäftigung) ähnliche Polen, so lässt sich auf der Grundlage der erzielten Ergebnisse für Polen (bei einer Quote von 10 % im Kern) ein Anstieg der Arbeitslosenrate von 1,5 bis 2 Prozent prognostizieren (Burda (1999), S. 4).

5. Die zentrale *Botschaft* dieses Abschnitts ist *eindeutig*. Bei der Analyse der beschäftigungspolitischen Implikationen der Übernahme der EU-Institutionen in den MOEL muss der außerordentlich *hohe verbleibende Anpassungsbedarf* beachtet werden. Während die Mitgliedschaft in der EU den beitretenden MOEL durchaus auch signifikante Vorteile verheißen mag, wird sie diesen Ländern in jedem Fall die zusätzliche Last struktureller Anpassung aufbürden. Die institutionenökonomischen Überlegungen im Rahmen dieser Studie legen nahe, dass der *notwen-*

---

[91] Dieses Ergebnis deckt sich hervorragend mit dem Fazit von Richter, Landesmann, Havlik (1998), S. 22: „the accession process (and not the formal accession as such) probably plays a more important role in the (...) European integration".

[92] Hingegen wird der EU-Beitritt in bestimmten Spezifikationen der verwendeten Testgleichungen von einem signifikanten Beschäftigungsanstieg begleitet.

dige Anpassungsprozeß selbst durch einen *zu frühen* Beitritt zur EU *gefährdet* werden kann. Denn die Übernahme des Acquis communautaire führt zu Kosten, die außer in der häufig als Kostenkomponente diskutierten Finanzierung der Übernahme und der Durchsetzung des Acquis (Jovanovic (1999), S. 489 f.) vor allem in den negativen Wirkungen auf die Anpassungskapazität von Arbeitsmärkten in den MOEL begründet liegen.

Aus dieser Sicht wäre es ein gravierender Fehler, die beschäftigungs- und sozialpolitischen Rigiditäten kontinentaleuropäischen Typs zu einem solch frühen Zeitpunkt der Transformation gerade im Bereich kleiner und mittlerer Unternehmen und dem (gegenwärtig) informellen Sektor der mittel- und osteuropäischen Volkswirtschaften einfach zu übernehmen.[93] Denn der Beitritt zur EU wird in den Kandidatenländern unausweichlich zu einer Intensivierung der Umstrukturierung und zu einer steigenden Arbeitsplatzvernichtung in schrumpfenden Sektoren und zu einer beschleunigten Arbeitsplatzschaffung in anderen Segmenten der MOEL führen (,churning'). Vor diesem Hintergrund werden Politiken, welche die interindustrielle Mobilität der Arbeitnehmer erhöhen und auf regionale Arbeitslosigkeitsunterschiede abstellen, noch eine bedeutende Rolle bei der Erhöhung der Brutto- und Netto-Arbeitsplatzschaffung in der Folge des EU-Beitritts zu spielen haben. Diese betreffen gemäß Kapitel 2 vor allem das institutionelle Design der Lohnersatzleistungen, der Lohnverhandlungssysteme und der Ausbildungssysteme in den MOEL (Biffl (1998), S. 1, Boeri (1998), S. 2 f.).

Eine strikte Implementierung von Arbeitsmarktregulierungen im speziellen und der EU-Sozialcharta im allgemeinen würde für die beitretenden MOEL einen Verlust ihrer internationalen Exportwettbewerbsfähigkeit sowie eine Vergabe der Gelegenheit, Lebensstandards rasch zu erhöhen, bedeuten. Gerade die im Acquis enthaltenen Sozialstandards werden deshalb folgerichtig als möglicher Bereich identifiziert, in dem Bewerber aus dem Kreis der MOEL *Ausnahmen von den Standardregeln* der EU - sogenannte Derogationen - verlangen sollten.[94] Die am ehesten noch von der EU akzeptierte offizielle Begründung dürfte dabei lauten: *,no funding available'* und bezieht sich auf Bereiche, in denen die Anpassung an die EU-Normen bedeutende Investitionen oder untragbare Ausweitungen der

---

[93] Vgl. Baldwin, François, Portes (1997), S. 128, Bell, Mickiewicz (1999), Burda (1998), S. 22.

[94] Dieser Forderung nach Ausnahmen seitens der MOEL stehen beschäftigungsrelevante Ausnahmeforderungen der EU aus Furcht vor mehr Wettbewerb in den Bereichen *Migration* und *Agrarmarkt* gegenüber. Bei Gewährung dieser Ausnahmen haben die MOEL Einkommens- und Beschäftigungsverluste zu tragen. Vgl. Richter (1998), Richter, Landesmann, Havlik (1998), S. 9, und Inotai, Vida (1999), S. 254.

Budgetausgaben verlangt (Richter (1998), Richter, Landesmann, Havlik (1998), S. 8 ff.). Eine Gewährung derartiger Ausnahmen entspricht selbst bei möglichst ansprechender Formulierung allerdings nicht dem Interesse der EU, denn es entstünden ihr im Falle der Akzeptanz „losses through competition under unequal conditions" (Richter, Landesmann, Havlik (1998), S. 9).

Zusammenfassend lässt sich für die Arbeitsmarkteffekte des EU-Beitritts in den mittel- und osteuropäischen Ländern festhalten: Substantielle Gefahren für die Arbeitsmarktentwicklung in den MOEL durch die unvermeidliche Übernahme ineffizienter Arbeitsmarktinstitutionen der EU-Sozialpolitik sind nicht zu übersehen. Positive Wohlfahrtseffekte aus zunehmenden Handelsvolumina und ausländischen Direktinvestitionen sind nicht ausreichend, um die drohenden negativen Arbeitsmarkteffekte in den MOEL zu kompensieren. Im Gegenteil, weil der aus zunehmendem Handel und steigenden ausländischen Direktinvestitionen resultierende Wettbewerbsdruck die Umstrukturierung der mittel- und osteuropäischen Volkswirtschaften sogar noch antreiben wird, ist bei vollständiger Übernahme und strikter Implementierung des Acquis eher ein zusätzlicher negativer Arbeitsmarkteffekt zu erwarten. Diese negativen Ergebnisse decken sich mit der Skepsis, die mittlerweile auch in der Bevölkerung vieler MOEL in bezug auf den EU-Beitritt aufkommt. Erst die Erkenntnis über die Gefahren ermöglicht eine rationale Diskussion dieses für die Zukunft der EU extrem wichtigen politischen Themas. Unsere Ergebnisse und Schlussfolgerungen sollen deshalb keinesfalls als Ablehnung der Osterweiterung interpretiert werden. Sie stellen lediglich klar, dass die von der Politik gewählte Integrationsmethode substantielle Kosten verursacht - nicht zuletzt für die Arbeitsmärkte in den MOEL. Die Gesellschaften in den Transformationsökonomien Mittel- und Osteuropas müssen die extremen Herausforderungen eines Systembruchs bewältigen. Ihre Antwort bestand in der Rückkehr zum Nationalstaat. Hingegen lässt sich kein Enthusiasmus für die Übertragung von erst jüngst wieder erlangten Souveränitätsrechten auf EU-Instanzen ausmachen. Mit gutem Grund – wie die Ausführungen in diesem Kapitel zeigen.

4. Die Auswirkungen der Osterweiterung auf die Beschäftigung in der EU

In diesem Kapitel werden die Effekte der Osterweiterung auf die Arbeitsmärkte der jetzigen EU-Mitgliedsstaaten untersucht. Dabei wird neben den Handels- und Kapitalströmen als dritter Einflusskanal auf Löhne und Beschäftigung die zu erwartende Wanderung der Arbeitskräfte untersucht. Aufgrund ihrer engen Verbindung zum Arbeitsmarkt - denn jede Wanderung verringert das Arbeitskräfteangebot im Emigrationsland und erhöht es im Immigrationsland - und der besonderen Rolle, welche die Regelung der Freizügigkeit und die zu erwartende Größenordnung der Einwanderung aus Mittel- und Osteuropa in wichtigen EU-Staaten wie Deutschland, Österreich und Schweden für die Akzeptanz der Osterweiterung bei der Bevölkerung hat, steht letztere im Mittelpunkt dieses Kapitels. Anschließend wird analog zur Analyse der Arbeitsmarkteffekte des Außenhandels und der Direktinvestitionen in den MOEL im vorigen Kapitel auf Grundlage bisher vorliegender empirischer Arbeiten eine ‚fundierte Spekulation' über die Wohlfahrtswirkungen und die resultierenden Arbeitsmarkteffekte einer Zunahme der Handels- und Kapitalströme im Zuge der Osterweiterung in der EU angestellt.

4.1. Arbeitsmarkteffekte durch vermehrte Einwanderung?

Die Osterweiterung wird Möglichkeiten zur Migration von Arbeitskräften (im folgenden verkürzt ‚Migration') der beitretenden Staaten fundamental ausweiten. Die Freizügigkeit für Personen und die Niederlassungsfreiheit für Unternehmen sowie Selbständige sind konstitutive Elemente des Gemeinsamen Marktes. EU-Bürger haben das Recht, sich für drei Monate in anderen EU-Mitgliedsstaaten aufzuhalten und einen Job zu suchen. Ihnen wird darüber hinaus eine Aufenthaltsgenehmigung für fünf Jahre eingeräumt. Diskriminierungen nach Nationalität sollen grundsätzlich in allen Bereichen der ‚Arbeitswelt' abgeschafft werden.[95] Deshalb wird in der öffentlichen Diskussion oft von einem *Migrationsproblem* bei der anstehenden EU-Osterweiterung gesprochen. Dieser Abschnitt wird die Frage beantworten, ob es aus ökonomischer Sicht überhaupt ein Migrationsproblem gibt. Dabei werden drei Dimensionen der Einwanderungsfrage unterschieden. Erstens

---

[95] Probleme gibt es allerdings noch bei der gegenseitigen Anerkennung von Berufs- und Hochschulabschlüssen, sowie bei der Beschäftigung in der öffentlichen Verwaltung. Eine Harmonisierung der Besteuerung steht auch noch aus.

die Größenordnung der zu erwartenden Einwanderung, nachdem die MOEL der EU beigetreten sind und die volle Freizügigkeit gewährt wurde, zweitens die Arbeitsmarkteffekte der Einwanderung und drittens die Art der wandernden Arbeit, d. h. die Qualifikation der Migranten.

Im Juni 2001 verfügten EU-Politiker bei ihren Entscheidungen über Einschränkungen der Freizügigkeit im Zuge der Osterweiterung über eine große Anzahl empirischer Studien über die zu erwartende Größenordnung der Immigrationsströme aus den MOEL in die EU. Die prognostizierten Größenordnungen bewegen sich in einem derart großen Intervall, dass die Punktprognosen weniger interessant sein dürften als die Ursachen für die unterschiedlichen Prognosen. Darüber hinaus erscheint vor dem Hintergrund der starken Streuung der Prognosen die Frage, welche Art von Arbeit wandern wird, für die Abschätzung von Arbeitsmarkteffekten wichtiger zu sein als das prognostizierte Volumen. Schließlich erscheinen die Auswirkungen auf die Einkommensverteilung im Migranten-Empfängerland um ein vielfaches gravierender als die Effekte auf das Einkommensvolumen. Die sich andeutenden Verteilungseffekte bzw. -kämpfe führen zu zunehmendem Interesse der Politiker an dieser Frage.[96]

Unserer Meinung nach kann aus Sicht der bislang in der EU vereinigten Staaten nur dann von einem Migrationsproblem gesprochen werden, wenn negative ökonomische Effekte, insbesondere auf dem Arbeitsmarkt,[97] zu erwarten sind. Auch wenn eine Volkswirtschaft insgesamt von Einwanderung profitiert, könnten einzelne Bevölkerungsgruppen negativ betroffen sein, so dass aus deren Sicht durchaus ein Migrationsproblem vorläge. Für die Diskussion der Verteilungswirkungen wird die Qualifikation der potentiellen Einwanderer aus Mittel- und Osteuropa eine entscheidende Rolle spielen. Aus diesem Aspekt ergibt sich eine weitere ökonomische Dimension eines möglichen Migrationsproblems. Sollten in erster Linie hoch qualifizierte Arbeitnehmer wandern, so könnten sich für die Auswanderungsländer (hier: die MOEL) Probleme ergeben, die seit den 70er Jahren in den Sozialwissenschaften unter dem Stichwort ‚brain drain' diskutiert werden (Straubhaar (1998), S. 158).

Mit diesen Punkten ist die ökonomische Analyse erschöpft. Es darf jedoch nicht vergessen werden, dass umfangreiche Einwanderung, auch wenn sie kein ökonomisches Problem darstellt, ein gesellschaftlich-kulturelles Problem sein

---

[96] Diese zentralen Einsichten verdanken wir Diskussionen mit Peter Huber (WIFO-Institut Wien).

[97] Wir stellen die Arbeitsmarktwirkungen zwar in den Vordergrund, gehen aber auch auf andere ökonomische Effekte von Einwanderung, wie z. B. die von Sinn (2000) und Sinn u. a. (2001) betonten fiskalischen Effekte, ein.

kann, wenn größere Teile einer Gesellschaft Angst davor haben, ihre kulturelle I-dentität zu verlieren. Die Größenordnung dieser nicht-ökonomischen Dimension des Migrationsproblems kann durch einen Vergleich der zu erwartenden Einwanderung mit historischen Einwanderungsströmen geschätzt werden, da letztere die Integrationstradition und –fähigkeit einer Gesellschaft widerspiegeln. Denn typischerweise finden sich – zumindest in Deutschland – die angesprochenen Ängste vor dem Verlust der kulturellen Identität, die sich in Ausländerfeindlichkeit niederschlagen können, nicht in Regionen mit hohen Anteilen im Ausland geborener Einwohner, sondern in eher dünn von Ausländern bewohnten Gegenden (Ribhegge (2000), S. 27).

Im folgenden geben wir zunächst eine Übersicht der wichtigsten der bislang vorliegenden Schätzungen des Migrationspotentials. Danach stellen wir unsere eigenen theoriegeleiteten makroökonomischen Überlegungen zum Migrationspotential vor. Auf dieser Grundlage untersuchen wir im Anschluss die möglichen Arbeitsmarkteffekte der Migration einerseits auf Basis der ökonomischen Integrationstheorie (die uns wichtige Aussagen über die Verteilungseffekte von Einwanderung liefert) und andererseits auf Grundlage polit-ökonomischer Überlegungen. Letzteres führt – gewissermaßen als Nebenprodukt – zu Aussagen über das wahrscheinliche Szenario der Gewährung der Freizügigkeit nach einem Beitritt der MOEL zur EU. In den Schlussfolgerungen dieses Abschnitts stellen wir auf Grundlage unserer Schätzung des Migrationspotentials und der theoretischen Ansätze der Integrationstheorie eine ,fundierte' Spekulation über die Arbeitsmarkteffekte der möglichen Einwanderung aus den MOEL nach der Gewährung der Freizügigkeit an und beantworten die Frage, ob aus ökonomischer Sicht von einem Migrationsproblem gesprochen werden kann, bzw. wie wahrscheinlich das Auftreten eines gesellschaftlichen Migrationsproblems ist.

4.1.1. Theoretische Grundlagen

Die Größenordnung von zukünftigen Wanderungsbewegungen kann nur dann geschätzt werden, wenn Informationen über die Gründe der Migration vorliegen. Soweit die direkte Befragung von Migranten nach ihren Auswanderungsmotiven nicht möglich ist, können Wanderungsdeterminanten nur theoretisch abgeleitet werden.

1. Die gängige Annäherung an die makroökonomischen Bestimmungsgründe der Migration basiert auf der *neoklassischen Theorie*. Im einfachsten Fall (Lewis (1954)) wird die Migration monokausal durch Lohndifferenzen im Heimat- und Zielland wie folgt erklärt: Im Standardmodell der klassischen Außenhandelstheorie (Heckscher-Ohlin-Samuelson-Modell) mit zwei Ländern und zwei gehandelten

Gütern produzieren die Länder zwar mit der gleichen Technologie (identische Produktionsfunktionen) bei vollkommener Konkurrenz, sind aber ungleich mit den beiden Produktionsfaktoren Arbeit und Kapital ausgestattet. In Abwesenheit von Güterhandel und Faktormobilität werden im kapitalreichen Land das Zinsniveau niedriger und das Lohnniveau höher ausfallen als im arbeitsreichen Land. Diese Unterschiede von Löhnen und Zinsen verursachen Kapital- und Arbeitsströme zwischen Ländern, falls Faktormobilität zugelassen wird. Die Arbeitskräfte wandern vom Niedriglohnland in das Hochlohnland und das Kapitel fließt in entgegengesetzter Richtung. In der Folge sinken die Löhne und steigen die Zinsen im vormals kapitalreichen Land und es steigen die Löhne und sinken die Zinsen im vormals arbeitsreichen Land. Die Faktorströme versiegen, wenn die Lohn- oder Zinsunterschiede nicht mehr die Wanderungskosten decken (z. B. Beckmann, Hebler, Kösters (2001), S. 50 ff., Steinmann (1996), S. 38).

Durch Aufgabe einiger restriktiver Annahmen dieses Lehrbuch-Modells, wie z. B. der Annahme flexibler Arbeitsmärkte mit Vollbeschäftigung, kann der Erklärungswert stark erhöht werden. Die weithin akzeptierte Hauptrichtung der ökonomischen Migrationstheorie ist seit den Arbeiten von Sjaastad (1962), Todaro (1969) und Harris, Todaro (1970) der *Humankapitalansatz der neoklassischen Migrationstheorie*. Dabei wird die Migrationsentscheidung zunächst mikroökonomisch, also aus der Sicht eines Individuums, als Investitionsproblem unter Unsicherheit angesehen. Ein Wirtschaftsubjekt wird genau dann in eine andere Region wandern, wenn die zukünftig erwarteten Erträge die Kosten der Migration übersteigen. Erstere werden im wesentlichen durch die erwartete *Lohndifferenz*, d. h. durch die mit der Wahrscheinlichkeit, im Zielland einen Arbeitsplatz zu finden, gewichtete Höhe des mit der jeweiligen Qualifikation erzielbaren Einkommens, und das *Alter* des Individuums, da ein jüngerer Mensch länger von den höheren Löhnen im Zielland der Migration profitieren würde, bestimmt. Letztere, also die Kosten der Migration, werden in direkte Migrationskosten, wie z. B. die Such- und Informationskosten und die (entfernungsabhängigen) Reisekosten und indirekte Migrationskosten, wie soziale und psychische Kosten aber auch der individuellen Grad der Abneigung gegen Risiken (Risikoaversion), unterteilt.[98]

Während die potentiellen Erträge der Migration relativ einfach makroökonomisch angenähert werden können, da die Chance auf ein höheres Einkommen durch den Abstand der Pro-Kopf-Einkommen zweier Regionen und die Wahrscheinlichkeit, einen Arbeitsplatz zu finden, durch die Höhe der Arbeitslosigkeit

---

[98] Vgl. z. B. Steinmann (1996), S. 39, Bauer, Zimmermann (1999), S. 15 f., und Alecke, Untiedt (2001a), S. 3 ff.

gemessen werden können, lassen sich die Kosten der Migration als makroökonomische Determinante kaum operationalisieren. Sie können am einfachsten durch die Annahme berücksichtigt werden, dass die Individuen einer Gesellschaft sich nach der Höhe der Kosten reihen lassen (z. B. Sinn (2000a), S. 302). Die Reihe setzt mit den Individuen an, für die eine Auswanderung die geringsten Kosten verursachen würde, z. B. weil sie kaum familiäre Bindungen im Heimatland haben oder weil sie in Grenznähe wohnen, also relativ leicht Informationen über das Zielland einholen und im Falle der Auswanderung mit geringen Kosten zu Besuchszwecken in ihre alte Heimat reisen können. Am Ende der Reihe stehen die Mitglieder einer Gesellschaft, deren Ausreise eher unwahrscheinlich ist, z. B. Rentner, die ihre Rentenansprüche nicht ins Zielland mitnehmen können oder – um ein kleines Gedankenexperiment anzustellen – als letzter potentieller Auswanderer das Staatsoberhaupt selbst („der Kapitän verlässt als letzter das Schiff').

Erst in jüngerer Zeit hat man die Bedeutung von *Netzwerken* für die *Dynamik der Wanderungsbewegungen* erkannt. Durch den Aufbau von Netzwerken in den Zielländern der Migration sinken die Auswanderungskosten der bisher im Heimatland verbliebenen Personen. Als Begründung lassen sich z. B. geringere Informations- und Suchkosten, da durch Auswanderer ein Kommunikationskanal ins Emigrationsland aufgebaut wird, oder niedrigere soziale und psychologische Kosten, da eine ethnische Gesellschaft im Auswanderungsland existiert, anführen (Straubhaar (1998), S. 148, Bauer, Zimmermann (1999), S. 18 f.). Die Funktion der Auswanderungskosten verläuft also bei Berücksichtigung von Netzwerkeffekten für alle Mitglieder einer Gesellschaft flacher.[99] Selbst das Staatsoberhaupt als letzter Auswanderer hat geringere Kosten, da das Netzwerk der Landsleute im Ausland ihn wieder an die Spitze der informellen Verwaltung wählen könnte.

Ein weiterer wichtiger Aspekt bei der Untersuchung der Dynamik von Migrationsbewegungen ergibt sich aus der Theorie des *Optionswerts des Wartens*.[100] Bei Interpretation der Wanderungsentscheidung als dynamischem Entscheidungsproblem unter Unsicherheit, erhält das Warten als Option einen eigenen Wert und wird zu einer relevanten Variable für die Migrationsentscheidung. Eine Verschiebung der Migrationsentscheidung auf einen späteren Zeitpunkt verringert die Unsicherheit und damit die Risiken, denn die Wartezeit ermöglicht es, zusätzliche Information zu gewinnen (Straubhaar (1998), S. 147, Siebert (2001), S. 5). Somit kann die

---

[99] Technisch gesehen handelt es sich um eine Drehung, nicht um eine Verschiebung, der Funktion, wobei der erste potentielle Auswanderer, also derjenige mit den geringsten individuellen Migrationskosten, den Angelpunkt definiert.

[100] Vgl. Siebert (1993), Burda (1995), Bauer (1995) und Kraus, Schwager (2000).

vom Humankapitalansatz untersuchte Investitionsentscheidung negativ ausfallen, wenn die erwarteten Erträge die Kosten übersteigen, weil die Wirtschaftssubjekte unsicher über die Zuverlässigkeit ihrer Datengrundlage sind (Bauer, Zimmermann, S. 15 (FN 9)). Ein positiver Optionswert des Wartens verringert die Wahrscheinlichkeit der Auswanderung und der Optionswert des Wartens ist umso größer, je unsicherer die Zukunft erscheint. Insbesondere die wahrnehmbare Angleichung der Einkommenssituation im Heimatland an die des Ziellands (Konvergenz) impliziert einen positiven Optionswert des Wartens, so dass trotz großer aktueller Einkommensdifferenzen größere Migrationströme ausbleiben könnten (Straubhaar (1998), S. 147, Siebert (2001), S. 5).

2. Eine *‚neue ökonomische Migrationstheorie'* (Stark (1991)) betont die Bedeutung der relativen Einkommensunterschiede im Heimatland. Migration dient dazu, das Haushalteinkommen relativ zu dem Einkommen eines Referenzhaushaltes im Heimatland zu verbessern. Typischerweise wird in diesem Ansatz eine starke familiäre Bindung und die Annahme zugrunde gelegt, dass nur ein Teil der Familienmitglieder auswandert. Die Ausgewanderten überweisen einen Teil ihrer im Ausland erworbenen Einkommen an die Heimgebliebenen, die damit ihre relative Einkommenssituation im Heimatland verbessern können. Dieser Ansatz kann Migration auch in Abwesenheit von Lohndifferenzen durch die Annahme erklären, dass die Haushalte das mit der Einkommenserzielung verbundene Risiko dadurch streuen (diversifizieren), dass Familienmitglieder in Regionen auswandern, deren Einkommensmöglichkeiten in keinerlei Verbindung mit der Einkommenssituation im Heimatland stehen (Bauer, Zimmermann (1999), S. 18).

3. Die *‚moderne ökonomische Migrationstheorie'* kann durch die Analyse von Push- und Pull-Faktoren (Druck- und Zugfaktoren) nicht nur die Wahrscheinlichkeit und das Ausmaß, sondern auch die Richtung von Wanderungsbewegungen näher bestimmen. Dazu werden makroökonomische Determinanten untersucht, die sich aus den in den oben dargestellten Ansätzen abgeleiteten mikroökonomischen Wanderungsmotiven ergeben. Das Ziel ist es, Aussagen über den Auswanderungsdruck in einer Region (Push-Faktoren) oder die Attraktivität als Immigrationsland (Pull-Faktoren) zu erhalten.[101]

---

[101] Analog könnte übrigens die Wahrscheinlichkeit und das Ausmaß von Kapitalströmen anhand von Faktoren wie der Gewährung von Eigentumsrechten, politischer Stabilität, Wechselkursunsicherheiten usw. untersucht werden.

Tabelle 28
Push- und Pull-Faktoren der modernen ökonomischen Migrationstheorie

Push-Faktoren	Pull-Faktoren
niedriger Lebensstandard und geringe Wachstumsraten	hoher Lebensstandard
hohe Arbeitslosigkeit, insb. unter Jugendlichen	geringe Arbeitslosigkeit
rasches Bevölkerungswachstum	alternde und schrumpfende Bevölkerung
fehlende oder geringe soziale Sicherung	gute soziale Sicherungssysteme
hohe Besteuerung	geringe Besteuerung
Mangel an Wohnraum	niedrige Mieten für gute Wohnungen
geringe Umweltqualität	hohe Umweltqualität
schlechte Infrastruktur	gute Infrastruktur
	gute Beschäftigungsmöglichkeiten für Zuwanderer (abhängig von der Qualifikation potentieller Einwanderer)
	bestehende Netzwerke von Ausländern (abhängig von der Herkunft potentieller Einwanderer)

Quelle: Eigene Darstellung nach Steinmann (1996), S. 42, Hönekopp, Werner (1999), S. 3.

4.1.2. Literaturübersicht: Schätzwerte für das Migrationspotential in den MOEL

In den vergangenen Jahren wurden eine ganze Reihe wissenschaftlicher Studien erstellt, die versuchen, die mögliche Zuwanderung aus den MOEL nach dem EU-Beitritt und nach der Gewährung der Freizügigkeit abzuschätzen. Dabei lassen sich grundlegend *zwei Vorgehensweisen* unterscheiden. Einerseits existieren Schätzungen auf der Basis von Plausibilitätsüberlegungen und andererseits Schätzungen, die entweder durch den Einsatz von ökonometrischen Verfahren (makroökonomisch) oder durch Befragung (mikroökonomisch) fundiert werden. Zunächst werden kurz einige der wichtigsten auf Plausibilitätsüberlegungen fußenden Schätzungen vorgestellt. Danach gehen wir auf die in Befragungen der Einwohner der MOEL gewonnenen Erkenntnisse über das Migrationspotential dieser Länder ein, bevor wir uns mit den, die wissenschaftliche und öffentliche Diskussion in jüngster Zeit dominierenden, ökonometrischen Studien kritisch auseinandersetzen.

Vorangeschickt sei jedoch eine kurze Begriffsdefinition: die *Migrationsrate* (auch Bruttomigrationsrate) bezeichnet den Anteil der Bevölkerung eines Landes, der im Ausland lebt. Es handelt sich hierbei somit um eine Bestandsgröße. Die *Nettomigrationsrate* ist der auf Grundlage der Migrationsraten zu zwei verschiedenen Zeitpunkten berechnete Migrationsstrom. Die *Nettomigration* ist der Saldo von Ein- und Auswanderern (Stromgröße). Für ein Einwanderungsland ist die Nettowanderung positiv und für ein Auswanderungsland negativ. Das *Migrationspotential* bezeichnet die mögliche Abwanderung aus einer Region, falls alle Hindernisse für die Freizügigkeit sofort beseitigt würden. Das Migrationspotential muss nicht unbedingt der tatsächlichen Auswanderung entsprechen, da es immer auch abhängig von den nicht-ökonomischen Rahmenbedingungen zum Zeitpunkt der Schätzung ist. Das Migrationspotential kann entweder als Migrationsrate oder als Nettowanderung geschätzt werden. In beiden Fällen können jährliche Werte oder langfristige Gesamtwerte angegeben werden.

4.1.2.1. Schätzungen des Migrationspotentials auf Grundlage von Plausibilitätsüberlegungen

Da wir angesichts der Vielzahl von Stellungnahmen keine erschöpfende Übersicht über alle in den vergangenen 10 Jahren von Ökonomen angestellten Plausibilitätsüberlegungen zum Migrationspotential der Beitrittskandidaten geben können, beschränken wir unsere Übersicht auf die wichtigsten und aktuellsten Studien.

Ältere Studien: Die erste wichtige fundierte Spekulation, die auf Analogieschlüssen aus der Süd-Nord-Migration in Europa in den 50er und 60er Jahren und einer Untersuchung von Push- und Pull-Faktoren der Migration basierte, ist die Arbeit von Layard u. a. (1992). Sie kommt zu dem Ergebnis, dass 3 % der Bevölkerung der MOEL, also ungefähr 3 Millionen Menschen, langfristig in die EU auswandern könnte. Eine andere frühe Schätzung vor dem Hintergrund der Süd-Nord-Wanderung in Europa stammt von Baldwin (1994, S. 190). Er schätzt, dass langfristig viel mehr, nämlich 5-10 % der Bevölkerung der MOEL (= 5-10 Mill.), auswandern würden, wenn die Freizügigkeit für Arbeitnehmer in die EU gewährt würde.

Jüngere Studien: Aus den zahlreichen jüngeren Veröffentlichungen seien nur zwei herausgegriffen, um die Spannweite der aktuellen Einschätzungen unter Ökonomen zu verdeutlichen. Siebert (2001) kommt unter Berücksichtigung der Überlegung, dass eine Konvergenz der Einkommen zwischen der EU und den MOEL äußerst wahrscheinlich und der Optionswert des Wartens mit der Migrationsentscheidung deshalb positiv sei, sowie auf Grundlage der Erfahrungen mit der deutschen Wiedervereinigung und der Süderweiterung der EU zu dem Ergebnis, dass „we will not see a major wave of immigration from the new EU-members except in the event of a political shock" Siebert (2001, S. 7). Größere Migrationsströme könnten nur dann nicht ausgeschlossen werden, wenn eine massive Störung auftritt, z. B. ein größeres politisches Risiko in Russland virulent wird. Das Migrationspotential der beiden größeren MOEL mit einem sehr niedrigem Pro-

Kopf-Einkommen, Bulgarien und Rumänien, schätzt Siebert zwar als bedeutender ein, berücksichtigt es in seiner Schätzung jedoch nicht, da diese Staaten mit Sicherheit erst zu einem späteren Zeitpunkt der EU beitreten werden. Lediglich die Pendlerströme in den Grenzregionen könnten ein größeres Ausmaß annehmen (Siebert (2001), S. 4 ff.). Diese Sichtweise repräsentiert allem Anschein nach die Mehrheitsmeinung unter Ökonomen. Dagegen kommt Sinn (2000, S. 6) zu dem Ergebnis, dass „a mass migration can be expected when the right to settle freely is granted to the people in the east". Er begründet diese Erwartung mit einem Analogieschluss aus den Erfahrungen mit der Einwanderung von Türken in die Bundesrepublik unter besonderer Berücksichtigung des Lohndifferentials. Da 4 % der türkischen Bevölkerung in Deutschland lebe, sei dies die Untergrenze für die zu erwartende Einwanderung aus den MOEL (Sinn (2000), S. 4 ff.).

Festzuhalten bleibt, dass jede politische Richtung gegenwärtig problemlos einen einflussreichen deutschen Ökonomen finden kann, um gegen oder für Freizügigkeit im Zuge der Osterweiterung Stimmung zu machen. In der interessierten Öffentlichkeit führt dieses diffuse Bild eher zu Verwirrung. Deshalb sei ausdrücklich darauf hingewiesen, dass es sich bei den zitierten Studien eher um etwas handelt, das mit dem englischen Kunstwort ‚guesstimate' (wörtlich: Rateschätzung) bezeichnet werden kann. Trotzdem sind diese ‚fundierten Spekulationen' auf neuem Gebiet wichtig, um weitere Forschungsvorhaben zu motivieren. So weist Ribhegge (2000, S. 22 ff.) darauf hin, dass Ostdeutschland nicht von Einwanderung oder Pendlerströmen betroffen sein wird. Lediglich Ballungszentren, wie Berlin oder Dresden, könnten zu potentiellen Zielen von Arbeitnehmern aus den MOEL werden. Er begründet diese Meinung mit strukturierten Plausibilitätsüberlegungen auf Grundlage mehrerer theoretischer Migrationsdeterminanten (Einkommensunterschied, Arbeitslosenquote, Netzwerke). Straubhaar (1998) kommt auf Grundlage eines theoriegeleiteten Analogieschlusses aus der EU-Süderweiterung zu dem interessanten Ergebnis, dass in Folge der wirtschaftlichen Integration der MOEL in die EU die Wanderung innerhalb der erweiterten EU ab- und die Wanderung von außen (aus dem Osten der erweiterten EU) in die MOEL zunehmen wird. Straubhaar spekuliert auf Grundlage eines einfachen Regressionsmodells zum Zusammenhang von Einkommensentwicklung und Nettowanderung. Er stellt fest, dass ein statistisch signifikanter positiver Zusammenhang zwischen wirtschaftlichem Entwicklungsstand und Nettoeinwanderung besteht. Damit findet er einen empirischen Beleg für die, in allen anderen oben zitierten Studien implizit und allein durch das neoklassische Migrationsmodell begründete, Annahme zum Zusammenhang von relativem Einkommen und Wanderungsbewegungen (Straubhaar (1998), S. 156).

4.1.2.2. Schätzungen des Migrationspotentials auf Grundlage von Befragungen

Auf Befragungen basierende empirische Studien sind zu unserem Untersuchungsgegenstand bislang *eher selten*, da - vor allem international angelegte - Feldstudien sehr teuer sind. Befragungen werfen immer die Probleme der Repräsentativität und der Verlässlichkeit auf. Auch wenn durch eine geeignete Stichprobentechnik die Repräsentativität der Umfrage gegeben ist, stellt sich die Frage, wie verlässlich die quantitativen Angaben zum Migrationspotential sind. 1991 wurde erstmals vom Sozio-ökonomischen Panel (SOEP) in Ostdeutschland nach der Bereitschaft gefragt in den Westen zu ziehen. 36,1 % der Befragten äußerten eine Umzugsabsicht. Davon realisierten in den folgenden zwei Jahren lediglich 5 % (also 1,8 % der gesamten Befragten) diese Pläne.[102] Da die Befragten in der Regel schlecht zwischen eher vagen Migrationswünschen und konkreten Migrationsplänen trennen können, handelt es sich bei den Umfrageergebnissen eher um Momentaufnahmen gegenwärtiger *Migrationswünsche*, die sich abhängig von den individuellen und allgemeinen Rahmenbedingungen nur zu einem Bruchteil in tatsächlicher Auswanderung niederschlagen (Alecke, Untiedt (2001a), S. 15). Wertvoller als die quantitativen Aussagen der Umfragen zum Migrationspotential sind deshalb auch die qualitativen Ergebnisse zu möglichen Migrationszielen, dem Alter und der Qualifikation sowie den Motiven der Auswanderung. Größere Beachtung haben bisher vor allem zwei Arbeiten gefunden.

1. Das Wiener ‚Institut für Stadt- und Regionalforschung' veröffentlichte 1997 die Ergebnisse einer Befragung von 4.392 Personen aus Polen, Ungarn, der Tschechischen und der Slowakischen Republik, die als repräsentativ für die Bevölkerung ab 14 Jahren ausgewählt wurden (Faßmann, Hintermann (1997)). Die Autoren differenzieren zwischen dem allgemeinen, dem wahrscheinlichen und dem tatsächlichen Auswanderungspotential. Zum allgemeinen Potential wurden alle diejenigen gezählt, die überhaupt in Betracht zogen auszuwandern, zum wahrscheinlichen Potential diejenigen, die schon Informationen über das Zielland eingeholt hatten und zum tatsächlichen Auswanderungspotential zählen alle Befragten, die bereits um eine Aufenthalts- bzw. Arbeitsgenehmigung nachgesucht hatten (Alecke, Untiedt (2001a), S. 11 f.). Die Ergebnisse der Studie werden in Tabelle 29 zusammengefasst.

Festzuhalten ist: a) Das wahrscheinliche Auswanderungspotential beträgt nach dieser Studie ungefähr 5,2 Millionen Menschen nur für die genannten vier Staaten. Es handelt sich dabei um einen sehr hohen Wert, der auf alle 10 MOEL hochge-

---

[102] Vgl. Alecke, Untiedt (2001a), S. 15, und die dort angegebene Literatur.

rechnet 8,5 Millionen beträgt, auch wenn relativierend eingewendet wird, dass die Knappheit an Arbeitsplätzen in den potentiellen Zielländern noch einen Teil dieser möglichen Migranten von der tatsächlichen Wanderungsentscheidung Abstand nehmen lassen wird. b) Wenn berücksichtigt wird, dass die neoklassische Migrationstheorie als entscheidende Determinante der Wanderungsentscheidung das relative Pro-Kopf-Einkommen nennt und dass Polen gemessen an diesem Indikator gegenüber den anderen Staaten der Studie klar zurückliegt, überrascht der relativ moderate Wert für Polen vor allem im Vergleich zur Slowakei. c) Als wichtigstes Migrationsmotiv wird in den Umfragen die Aussicht auf ein höheres Gehalt genannt (Walterskirchen, Dietz (1998), S. 60 f.). d) Als Zielländer der Migration wurden mit rund 60 % Deutschland und Österreich und nur zu 40 % andere Länder, wie die Schweiz, Frankreich, Großbritannien und Italien angegeben (Walterskirchen, Dietz (1998), S. 43 f.). e) Die Untersuchung deutet auf einen bestimmten, eher mittelfristig angelegten ‚Migrationstyp' hin, denn rund 63 % der Befragten geben an, dass sie nicht länger als fünf Jahre im Ausland verbringen wollen. Nur 7 % können sich vorstellen, für immer auszuwandern (Alecke, Untiedt (2001a), S. 12 f.).

Tabelle 29
Migrationswünsche in vier MOEL nach Faßmann, Hintermann (1997)

	allgemein		wahrscheinlich		tatsächlich	
	in %	in Mill.	in %	in Mill.	in %	in Mill.
Tschechien	20,1	2.070.300	11,8	1.215.400	2,1	216.300
Slowakei	30,1	1.625.400	17,7	955.800	2,2	118.800
Polen	16,6	6.424.200	5,5	2.128.500	1,3	503.100
Ungarn	20,5	2.070.500	8,6	868.600	0,7	70.700
gesamt	18,9	12.190.400	8,1	5.168.300	1,4	908.900

Quelle: Alecke, Untiedt (2001a), S. 24.

2. Von der ‚International Organization for Migration' (Genf) wurde die bisher umfangreichste Befragung in Mittel- und Osteuropa durchgeführt (Wallace (1998)). In sieben der Beitrittskandidaten (alle außer den baltischen Staaten), Weißrussland, Kroatien und Rest-Jugoslawien wurden jeweils 1.000, in der Ukraine 1.200 Einwohner befragt. In dieser Studie wurde die Frage über die Auswanderungsneigung mit der Frage nach der Dauer der Auswanderung verknüpft, wobei Mehrfachnennungen möglich waren. Interessant für Spekulationen über das Migrationspotential sind nur die Angaben über die Anteile der Befragten, die eine Auswanderung für ‚ein paar Jahre' oder ‚für immer' als ‚wahrscheinlich' oder ‚sehr wahrscheinlich' eingestuft haben.

Tabelle 30
Migrationswünsche in sieben MOEL nach Wallace (1998)

| | Auslandsaufenthalt ‚wahrscheinlich' oder ‚sehr wahrscheinlich' | | | |
| | für ein paar Jahre | | für immer | |
	in %	in Mill.	in %	in Mill.
Polen	18	6,966	14	5,418
Tschechien	24	2,472	11	1,133
Slowakei	27	1,458	10	0,54
Ungarn	20	2,020	8	0,808
Slowenien	18	0,36	7	0,140
Bulgarien	19	1,577	7	0,581
Rumänien	36	8,100	21	4,725
gesamt	22	22,953	13	13,345

Anmerkung: Mehrfachnennung möglich.
Quelle: Alecke, Untiedt (2001a), S. 26. Eigene Berechnungen.

Die Ergebnisse stützen tendenziell die Schlussfolgerung von Faßmann, Hintermann (1997), dass die Einwanderung aus den MOEL in die EU eher auf einige Jahre denn auf Dauer angelegt sein wird. Quantitativ stellt Wallace (1998) einen ähnlich hohen Anteil der Befragten mit Migrationswunsch in Tschechien und Ungarn, in der Slowakei jedoch einen niedrigeren und in Polen einen sehr viel höheren Anteil fest. Aufgrund des niedrigen Entwicklungsstandes überrascht die geringe Zahl auswanderungswilliger Bulgaren. Vor allem Polen und Rumänien sind in dieser Studie für die hohe Gesamtzahl der Migrationswilligen verantwortlich. Die Zahl derjenigen, die schon konkrete Schritte zur Vorbereitung der Auswanderung unternommen haben, ist jedoch niedriger.

Tabelle 31
Konkrete Migrationsvorbereitung in sieben MOEL nach Wallace (1998)

	POL	TR	SR	U	SL	BU	R
für einen Arbeitsplatz beworben	28	5	5	4	2	6	4
Einreise beantragt	24	3	3	3	2	5	2
Eigentum verkauft	11	1	2	0	2	0	2

Anmerkung: Mehrfachnennung möglich.
Quelle: Alecke, Untiedt (2001a), S. 28.

Trotzdem bleibt festzuhalten, dass nach Wallace (1998) immerhin 11 % der befragten Polen angaben, bereits im Hinblick auf die Auswanderung ihr Eigentum im Heimatland verkauft zu haben (wenn die Umfrage repräsentativ war, dann entspräche das einer Zahl von mindestens 4,25 Millionen Menschen) und dass die

Hauptgründe für die geplante Auswanderung in den Westen die Verbesserung des Lebensstandards und die Aussicht auf höhere Löhne sind (Bauer, Zimmermann (1999), S. 36).

Zusammengefasst ergibt sich auf Grundlage beider Studien als Profil des durchschnittlichen Ost-West-Migranten ein überdurchschnittlich schulisch oder beruflich qualifizierter, relativ junger Mann (bis 40 Jahre), der zur Verbesserung des Lebenseinkommens einen kurz- bis mittelfristigen Arbeitsaufenthalt ohne Familie anstrebt und, da er die schlechte Arbeitsmarktsituation im Westen kennt, bereit ist, eine Arbeit anzunehmen, die unter seinem Ausbildungsniveau liegt (Alecke, Untiedt (2001a), S. 15).

4.1.2.3. Ökonometrisch fundierte Schätzungen des Migrationspotentials

Die Schätzungen, die durch den Einsatz von ökonometrischen Verfahren fundiert werden, finden in der Regel die größte Resonanz in der Öffentlichkeit und dienen oft als Entscheidungsgrundlage für die Wirtschaftspolitik. Wiederum gilt jedoch, dass wir uns auf die Studien konzentrieren mussten, die bislang die größte Öffentlichkeit erreicht haben.[103]

Allgemeine Vorgehensweise ökonometrisch fundierter Schätzungen des Migrationspotentials der MOEL

Bis auf die Studien von Fertig (2000) und Fertig, Schmidt (2000) handelt es sich bei den gegenwärtig vorliegenden ökonometrisch fundierten Schätzungen des Migrationspotentials der MOEL um strukturelle Modelle, die alle nach demselben Schema aufgebaut sind.

1. Zuerst erfolgt die theoriegeleitete Auswahl der nach Meinung der jeweiligen Autoren entscheidenden Migrationsdeterminanten. Die Modelle müssen sich deshalb den Vorwurf gefallen lassen, nur einer Intuition zu folgen, und deshalb lediglich ad hoc-Spezifikationen zu sein (Straubhaar (2001), S. 10, Fertig, Schmidt (2001), S. 1). Die Determinanten werden anhand geeigneter makroökonomischer Variablen operationalisiert. Z. B. wird in allen Studien die Lohndifferenz als Determinante berücksichtigt. Sie wird in der Regel durch das relative Pro Kopf-BIP (definiert als das Pro Kopf-BIP der Auswanderungsregion geteilt durch das des Einwanderungslandes) operationalisiert, wobei jedoch umstritten ist, ob diese Variable mit KKS (realen Wechselkursen) oder zu tatsächlichen Wechselkursen umgerechnet

---

[103] Die Auswahl der hier vorgestellten Studien richtet sich u. a. nach ihrer Relevanz für die Entscheidungsfindung der EU in den Beitrittsverhandlungen. In der ‚Information note' der EU-Kommission vom 6. 3. 2001 zur damals unmittelbar bevorstehenden Verhandlung über die Freizügigkeit werden die Ergebnisse von Faßmann, Hintermann (1997), Walterskirchen, Dietz (1998), Bauer, Zimmermann (1999), Salt u. a. (1999), Brücker (2000), Hille, Straubhaar (2001) und Sinn u. a. (2001) zitiert (EU-Kommission (2001), S. 34). Bis auf Salt u. a. (1999) werden wir alle diese Studien in diesem Kapitel näher betrachten.

werden soll. Die Unterschiede zwischen beiden Abgrenzungen sind gerade für die MOEL beträchtlich. Beide Standpunkte lassen sich begründen. Wenn ein Großteil der Ausland verdienten Einkommen in das Heimatland zurücktransferiert wird oder zum Aufbau einer Existenz im Heimatland dienen soll, so sollten eher die nominalen Wechselkurse betrachtet werden, da das in Euro verdiente Geld vor dem Konsum erst in die Währung des Heimatlandes umgetauscht wird. Wenn jedoch davon ausgegangen wird, dass die Auswanderung dem Aufbau einer dauerhaften Lebensgrundlage im Zielland dient, dann müssen die Pro-Kopf-Einkommen mit KKS gewichtet werden, denn nur so lassen sich die im jeweiligen Land mit dem erzielbaren Einkommen möglichen Konsumniveaus vergleichen (siehe auch Sinn u. a. (2001), S. 6.). Die Definition der Migration als dauerhafter Verlagerung des Lebensmittelpunktes in eine andere Region legt eher letztere Vorgehensweise nahe, die Ergebnisse der Umfragen, die eher auf eine mittlere Dauer des Auslandsaufenthalts hinweisen, eher erstere.

2. Der Einfluss der ausgewählten erklärenden Variablen auf die Nettomigration oder die Migrationsrate wird in einem historischen Kontext, der möglichst viel Ähnlichkeit mit den Rahmenbedingungen der Osterweiterung haben sollte, geschätzt. Der Großteil der vorliegenden Studien untersucht z. B. die Migrationsströme aus Spanien, Portugal und Griechenland in die nord- und mitteleuropäischen EU-Mitgliedsstaaten im Zuge der EU-Süderweiterung.

3. Die so ermittelte Funktion wird für eine Projektion der Migration bei Gewährung der Freizügigkeit für die MOEL genutzt. Dazu müssen für alle erklärenden Variablen realistische Werte in die Funktion eingesetzt werden, um einen theoretischen Wert für die abhängige Variable ermitteln zu können. Dabei ist zu unterscheiden: a) Wenn die aktuellen Niveaus der Determinanten benutzt werden, so wird das gegenwärtige Migrationspotential, d. h. die mögliche Wanderung im Falle der sofortigen Mitgliedschaft mit voller Freizügigkeit, geschätzt. b) Wenn zukünftige Werte der erklärenden Variablen geschätzt und in die Gleichung eingesetzt werden, so wird eher das Auswanderungspotential zu einem möglichen Termin der Herstellung der Freizügigkeit prognostiziert. Die Schätzung eines zukünftigen Migrationspotentials verlangt natürlich ein möglichst genaues Szenario der chronologischen Abfolge der Beitritte und der Gewährung der Freizügigkeit. c) Wenn sich die zukünftigen Werte der erklärenden Variablen im Zeitablauf verändern, so handelt es sich um dynamische Strukturmodelle, die insbesondere einen möglichen Zeitpfad der Migrationsströme abbilden. Zur Ermittlung zukünftiger Werte der erklärenden Variablen stehen prinzipiell zwei Möglichkeiten zur Verfügung: die der ‚fundierten Spekulation' und die der Fundierung durch ökonometrische Verfahren. Z. B. könnten die Entwicklungen des Pro-Kopf-Einkommens in der EU und den MOEL in einem dynamischen Strukturmodell entweder aufgrund bisheriger Erfahrungen mit Konvergenzprozessen durch eine Konvergenzrate – d. h. eine jährliche Verringerung des Einkommensdifferentials - von z. B. 2 % oder durch ein wachstumstheoretisches Modell geschätzt werden. Letzteres Verfahren ist in den uns vorliegenden Arbeiten bisher nicht zum Einsatz gekommen. Es wird bisweilen kritisch angemerkt, dass die Projektionen des Migrationspotentials der MOEL nach der eben geschilderten Methodik eine zweifache – zeitliche und räumliche – ‚out-of-panel'-Analyse seien. Die Güte der Projektionen hänge deshalb von der Richtigkeit der Annahmen ab, dass zwischen der EU-Süd- und der EU-Osterweiterung gewisse Gemeinsamkeiten bestehen und dass die Zukunft nicht völlig anders als die Vergangenheit sein wird (Straubhaar (2001), S. 21, Fertig, Schmidt (2000a), S. 3 f.).

Ältere Studien: Das DIW (Berlin) (Brücker, Franzmeyer (1997)) greift bei einer der ersten ökonometrisch fundierten Berechnungen des Migrationspotentials der MOEL auf die Schätzungen von Barro, Sala-I-Martin (1995) zurück. Diese haben Nettomigrationsströme (1950-1999) in den USA, Japan und Europa (Deutschland, Frankreich, Großbritannien, Spanien und Italien) zwischen zwei Regionen mit der Differenz der Pro-Kopf-Einkommen erklärt, wie es durch die neoklassische Migrationstheorie nahegelegt wird. Brücker, Franzmeyer (1997) unterstellen in Anlehnung an die Ergebnisse von Barro, Sala-I-Martin (1995), dass pro 10 % Wohlstandsgefälle zwischen den MOEL und der EU jährlich mindestens 0,08 % (niedriges Szenario) und höchstens 0,165 % (hohes Szenario) der Bevölkerung der MOEL auswandern oder grenzüberschreitend zum Arbeitsplatz pendeln.[104] Für ihre Schätzung des Migrationspotentials der MOEL nehmen Brücker, Franzmeyer (1997) ein Bevölkerungswachstum in den MOEL von 0,15 % jährlich und eine mit fortschreitender Integration abnehmende Konvergenzrate der Einkommen von anfänglich 3 % an. Auf Grundlage dieser Überlegungen prognostizieren Brücker, Franzmeyer (1997) eine *jährliche* Nettoauswanderung in Höhe von anfänglich 590.000 (niedriges Szenario) bis 1.180.000 (hohes Szenario) Personen aus den MOEL in die EU, die *bis 2030* auf jährlich 300.000 bis 530.000 absinkt. Damit wären bis 2030 netto 23,3 bzw. 36,8 Millionen Einwohner der MOEL in die EU übergesiedelt (Brücker, Franzmeyer (1997), S. 93).

Die Ergebnisse dieser Studie stellen sich bei näherer Betrachtung als *weit überhöht* heraus. Die Kritik an der Methodik ist umfangreich und scheint berechtigt. Alecke, Untiedt (2001, S. 372) verweisen z. B. darauf, dass allein die Korrektur methodischer Fehler die Schätzergebnisse mindestens halbieren würde. Rückwirkungen der immensen Auswanderung auf die Einkommensangleichung werden nicht berücksichtigt. Darüber hinaus zeigt sich, dass sich die Einkommenslücke zwischen den MOEL und der EU in den letzten Jahren sehr viel schneller schließt als im Konvergenzszenario von Brücker, Franzmeyer (1997) angenommen. Z. B. wurde der Schätzwert der Studie für das durchschnittliche Pro-Kopf-Einkommen der MOEL im Jahr 2005 (38,7 % des EU-Durchschnitts) bereits 1998 mit 38 % fast erreicht. Auch die zugrunde gelegten Annahmen über das Bevölkerungswachstum in den MOEL müssen deutlich relativiert werden. Nach neueren Projektionen der Weltbank wird die Bevölkerung der MOEL im Jahr 2030 mit 106 Millionen signifikant unter den von Brücker, Franzmeyer (1997) geschätzten 118,9 Millionen liegen.

---

[104] Für eine umfassende Kritik an der Vorgehensweise von Brücker, Franzmeyer (1997) siehe Alecke, Untiedt (2001), S. 367 ff.

Trotz dieser Mängel wurde die Methodik der Studie in anderen älteren Arbeiten übernommen. Das österreichische WIFO geht ebenfalls unter Berufung auf Barro, Sala-I-Martin (1995) von einem Migrationskoeffizienten von 0,05 % für dauerhafte Einwanderung aus und schätzt die Pendlerströme separat (Walterskirchen, Dietz (1998)). Diese Autoren schätzen für die 5 MOEL Polen, Ungarn, Tschechien, Slowakei und Slowenien eine jährliche Nettomigration in die EU von 220.000 Personen, die bis 2015 auf 129.000 abnimmt. Dazu könnten aber bis zu 150.000 Pendler jährlich kommen, so dass in dieser Studie die Untergrenze der Schätzung von Brücker, Franzmeyer (1997) erreicht wird. Neben den methodischen Einwänden gilt auch für diese frühe Studie, dass die Dynamik des Aufholprozesses wohl unterschätzt wurde. Die zugrunde gelegten Schätzwerte für den Einkommensunterschied im Jahr 2005 (Walterskirchen, Dietz (1998), S. 44) wurden von Ungarn und Slowenien 1998 schon deutlich übertroffen (um 7 %) und von den anderen drei Staaten fast erreicht.

In einer methodisch abweichenden Studie des IZA (Bonn) stellen Bauer, Zimmermann (1999) im Auftrag des britischen Arbeits- und Erziehungsministeriums eine Analogie zur Süderweiterung der EU an. Sie schätzen den Einfluss des relativen realen (d. h. zu KKS umgerechnete) Pro-Kopf Einkommens (Abstand zwischen Herkunfts- und Zielland) und der relativen Arbeitslosenquote (ALQ Herkunftsland geteilt durch ALQ Zielland) auf die Migrationsrate (Zahl der im Zielland lebenden Emigranten dividiert durch die Bevölkerung des Auswanderungslandes im Vorjahr) anhand der Einwanderung aus Griechenland, Spanien und Portugal in die anderen EU-Länder zwischen 1985-1997. Dabei unterscheiden die

Tabelle 32
Migrationspotential im ersten Jahr nach dem Beitritt der MOEL
nach Bauer, Zimmermann (1999)

	total		Mitgliedschaft ohne Freizügigkeit		Mitgliedschaft mit Freizügigkeit	
	in %	absolut	in %	absolut	in %	absolut
POL	1,83	708.210	1,29	499.230	6,11	2.364.570
TR	0,46	47.380	0,74	76.220	0,33	33.990
SR	0,41	22.140	0,36	19.440	0,95	51.300
U	1,05	106.050	0,94	94.940	2,20	222.200
SL	0,15	3.000	0,22	4.400	0,13	2.600
Summe		886.780		694.230		2.674.660
R	6,54	1.471.500	4,06	913.500	27,73	6.239.250
B	3,16	262.280	1,80	149.400	15,72	1.304.760
Summe		2.620.560		1.757.130		10.218.670

Quelle: Bauer, Zimmermann (1999), S. 45, eigene Berechnungen.

Autoren zwischen der Mitgliedschaft ohne volle Freizügigkeit und mit voller Freizügigkeit und dem Gesamtzeitraum. Für die Prognose des Migrationspotentials
der MOEL (ohne die baltischen Staaten) werden die Pro-Kopf-Einkommen der
MOEL aus dem Jahr 1995 und die Arbeitslosenquoten von 1997 zugrunde gelegt.
Eine Annahme über die Konvergenzrate und die Rückkopplungseffekte der Auswanderung auf die Einkommensdifferenz wird nicht gemacht. Die Studie kann
deshalb nur das Migrationspotential für das erste Jahr nach einem Beitritt in der
zweiten Hälfte der neunziger Jahre prognostizieren. Aus heutiger Sicht scheinen
die Ergebnisse deshalb schon überholt zu sein.

Die Autoren selbst relativieren ihre Ergebnisse und weisen darauf hin, dass
diese möglicherweise einem größeren Fehler unterliegen. Plausibilitätsüberlegungen veranlassen sie zur Korrektur ihrer Schätzung des Auswanderungspotentials
auf langfristig (15 Jahre nach Herstellung der Freizügigkeit) nur noch insgesamt 2
bis 3 % der Bevölkerung der MOEL (Bauer, Zimmermann (1999), S. 46).

Jüngere Studien: In jüngerer Zeit sind eine ganze Reihe ökonometrisch fun-
dierter Studien zum Migrationspotential der MOEL veröffentlicht worden, deren
Ergebnisse trotz einer ähnlichen Methodik jedoch stark streuen, wie die folgende
Übersicht zeigt.

Tabelle 33
Übersicht über jüngere Schätzungen des Migrationspotentials der MOEL

	Analogie zur	Stützzeitraum	Projektion der Nettozuwande-rung aus den MOEL-10	
			in die EU15	nach Deutsch-land
Hille, Straubhaar (2001), Straubhaar (2001)	EU-Süderweiterung	ab 1988 bzw. ab 1993	1,5-2 Mill. nach 15 Jah-ren	
Brücker (2000)	Zuwanderung nach Deutschland aus 18 Staaten	1967 - 1998	3,15 Mill. nach 30 Jah-ren	2 Mill. nach 30 Jahren
Sinn u. a. (2001)	EU-Süderweiterung und Emigration von Türken in die BRD	1974 - 1997		4 - 5 Mill. (Untergrenze) nach 15 Jahren

Quelle: Eigene Darstellung.

1. Hille, Straubhaar (2001) und Straubhaar (2001) orientieren sich bei ihrer
Untersuchung der Migration zwischen den Ländern der Süderweiterung und den
EU-Staaten ohne Italien und Irland ab 1988 (Griechenland) und ab 1993 (Spanien
und Portugal), also für den Zeitraum der vollen Freizügigkeit für Arbeitnehmer,
ausdrücklich am relativ einfachen Schätzmodell des IZA (Bauer, Zimmermann
(1999)) und ergänzen es lediglich um zwei Determinanten. Eine der zusätzlichen

Variablen soll Netzwerkeffekte berücksichtigen (Bestand der bereits in den sieben nördlichen EU-Staaten lebenden Südeuropäer) und die andere die räumliche Entfernung zwischen Ziel- und Heimatland abbilden (Distanz zwischen den Hauptstädten). Bis auf letztere sind alle erklärenden Variablen um eine Periode zurückgesetzt, weil angenommen wird, dass eine aktuelle Auswanderungsentscheidung auf Informationen der Vergangenheit beruht. Die geschätzten Parameter werden verwendet, um die Migrationsraten der MOEL-10 und der MOEL-8 in die EU15 zu extrapolieren. Unter den Annahmen, dass die durchschnittliche ALQ in der EU 10,5 % und den MOEL-10 15 % beträgt, dass zum Zeitpunkt der Herstellung der Freizügigkeit bereits 1 Million MOEL-Bürger in der ‚alten' EU leben und dass die durchschnittliche Entfernung zwischen der EU und den MOEL 1500 km beträgt, werden verschiedene Projektionen, abhängig von der Annahme über die Einkommensdifferenz, errechnet.

Tabelle 34
Jährliche Migrationsraten der MOEL nach Straubhaar (2001)

Einkommensdifferenz in %	jährliche Bruttomigrationsrate			jährliche Nettomigrationsrate		
	in %	absolut		in %	absolut	
		MOEL-10	MOEL8		MOEL-10	MOEL8
70	0,40	419.000	296.000	0,15	157.000	111.000
60	0,34	356.000	252.000	0,13	136.000	96.000
50	0,27	283.000	200.000	0,10	105.000	74.000
40	0,19	199.000	141.000	0,06	63.000	44.000

MOEL8: MOEL-10 ohne Rumänien und Bulgarien.
Quelle: Straubhaar (2001), S. 22 f.

Für die Interpretation der Zahlen gilt, wie schon bei Bauer, Zimmermann (1999), dass sie im Prinzip nur die Auswanderung im ersten Jahr nach dem Beitritt angeben. Allerdings sind diese Zahlen für eine Prognose der Einwanderung zu einem in der Zukunft liegenden Zeitpunkt der Herstellung der Freizügigkeit brauchbarer, da sie verschiedene Konvergenzszenarien abbilden. Wenn z. B. bei der Herstellung der Freizügigkeit für die zuerst beitretenden MOEL-8 der durchschnittliche Einkommensunterschied zur EU gemessen am Pro Kopf-BIP zu KKS, nur noch 40 % beträgt, so sagt diese Studie eine Nettoeinwanderung im ersten Jahr von nur 44.000 Bürgern der MOEL in die EU voraus usw. Die weitergehende Interpretation, dass 15 Jahre nach dem Beitritt aus den MOEL-8 netto 1 bis 1,5 (MOEL-10: 1,5 bis 2) Millionen Menschen aus den MOEL in die EU eingewandert sein werden (Straubhaar (2001), S. 24), vernachlässigt mögliche Rückwirkungen der Migration auf die Einkommensentwicklung in den MOEL, die nur durch ein dynamisches Modell adäquat abgebildet werden könnten.

2. Das DIW u. a. (Berlin) legt auf Grundlage eines dynamischen Strukturmodells in einer von der Europäischen Kommission in Auftrag gegebenen Gemeinschaftsstudie fünf großer europäischer Wirtschaftsforschungsinstitute eine sehr moderate Schätzung des Migrationspotentials vor (Brücker (2000, S. 111 ff.)).[105] Die Schätzung stützt sich auf eine ökonometrische Analyse der Zuwanderung nach Deutschland aus achtzehn Herkunftsländern über den Zeitraum von 1967 bis 1998 im Rahmen eines Fehlerkorrekturmodells. Das Schätzmodell berücksichtigt die Bildung von Erwartungen über die künftigen Einkommens- und Beschäftigungschancen in den Heimat- und Zielländern. Wichtigste Variablen sind demnach das Wohlstandsgefälle (Unterschiede im Pro Kopf-BIP zu Kaufkraftparitäten) als Näherungsgröße für die Lohndifferenz und die Höhe der Arbeitslosigkeit als Indikator für die Wahrscheinlichkeit, ein Arbeitseinkommen zu erzielen. Auch der Bestand der bereits in Deutschland lebenden Staatsangehörigen des jeweiligen Auswanderungslands wird in der geschätzten Gleichung berücksichtigt. Es wird darüber hinaus davon ausgegangen, dass die individuellen Kosten der Migration unterschiedlich sind, so dass bei einem bestimmten Einkommensdifferential nur der Teil der Bevölkerung auswandert, dessen Kosten durch die erwarteten (abdiskontierten) Erträge der Migration übertroffen werden. Wenn dieser Anteil der Bevölkerung ausgewandert ist, sinkt bei gleichbleibendem Einkommensunterschied die Nettomigration auf Null (Brücker, Trübswetter, Weise (2000), S. 320).

Für die Prognose des Auswanderungspotentials der MOEL werden die Arbeitslosenquoten in der EU und den MOEL auf ihrem jetzigen Niveau eingefroren und eine Konvergenzrate von 2 % jährlich (Basisszenario) für den Aufholprozess der MOEL angenommen. Die Projektion wird zunächst für Deutschland durchgeführt und dann, unter der Annahme, dass die regionale Verteilung der mittel- und osteuropäischen Migranten konstant im Verhältnis 2/3 in Deutschland zu 1/3 im Rest der EU bleibt, auf die EU hochgerechnet. Brücker (2000) gibt als Größenordnung für die zu erwartende Nettoeinwanderung aus den MOEL in die EU im Basisszenario die Zahl von 335.000 Personen an, wenn *ab dem Jahr 2002 alle zehn Kandidatenländer* mit sofortigem Abbau der Freizügigkeitsbarrieren *beitreten* würden. Die Zahl bezieht sich also auf die erwartete Einwanderung aus allen 10 MOEL im Jahr 2002. Die Autoren der Studie erwarten ein Absinken der jährlichen Nettoeinwanderung in die EU auf 150.000 jährlich innerhalb von 10 Jahren. Ungefähr 30 Jahre nach dem Beitritt wird ein Gleichgewicht erreicht, bei dem sich Ein- und Auswanderung zwischen den MOEL und der EU ausgleichen. In der ‚al-

---

[105] Zusammenfassungen der Ergebnisse finden sich in Brücker, Trübswetter, Weise (2000), Brücker (2001), Boeri, Brücker (2000) und Boeri, Brücker (2001).

ten' EU werden dann 3,9 Menschen aus den MOEL leben (davon 2,5 Millionen in Deutschland). Der Bestand der in der ‚alten' EU lebenden Staatsbürger der MOEL hätte sich demnach um 3,15 Millionen (1,95 Millionen in Deutschland) erhöht. Festzuhalten ist allerdings, dass die Annahme, dass alle MOEL im Jahr 2002 bereits Mitglieder der EU seien im Lichte jüngerer Entwicklungen modifiziert werden müsste. Allein *41 %* der für das Jahr 2002 prognostizierten Nettoeinwanderung kommt aus Bulgarien und Rumänien, deren Beitritt frühestens zum Ende der laufenden Dekade erwartet werden kann. Unter Berücksichtigung realistischer Beitrittstermine verringert sich die im Vergleich zu früheren Schätzungen ohnehin schon geringere Zahl der Migranten dieser aktuellen Projektion deshalb nochmals beträchtlich.

3. Vom ifo - Institut für Wirtschaftsforschung (München) wurde im Auftrag des Bundesministeriums für Arbeit und Sozialordnung in Zusammenarbeit mit dem Max-Planck-Institut für ausländisches und internationales Sozialrecht eine Studie erstellt, die auf Grundlage eines dynamischen Strukturmodells im Gegensatz zu den oben zitierten moderaten Schätzungen eher höhere Einwanderungsströme aus den MOEL in die EU voraussagt (Sinn u. a. (2001), S. 5 ff.). Auf Grundlage einer Analogie zur EU-Süderweiterung und den Wanderungen aus der Türkei in die BRD im Zeitraum von 1974 bis 1997 wird die Zuwanderung nach Deutschland aus den fünf größten Kandidatenländern (Polen, Rumänien, Tschechien, Slowakei und Ungarn) geschätzt und eine Hochrechnung für alle 10 MOEL vorgenommen. Zur Tragfähigkeit der Analogie wurden Plausibilitätsüberlegungen ergänzt. Determinanten des Schätzmodells sind der Einkommensabstand zu KKS, die Arbeitsmarktlage, repräsentiert durch die Abweichung des tatsächlichen BIP von seinem Potentialwert, und Netzwerkeffekte (wie in den anderen Modellen durch den Bestand der bereits im Zielland der Migranten lebenden ausländischen Bevölkerung abgebildet).

Die Variable, die den Einfluss der Arbeitsmarktlage abbildet, wird für die Projektion der Zuwanderung aus den betrachteten MOEL nach Deutschland auf Null gesetzt, um konjunkturelle Einflüsse auszublenden. Für die Einkommensentwicklung wurde im hohen Szenario unterstellt, dass es keine Konvergenz gibt und die Einkommensdifferenz *auf dem Niveau von 1997* (!) verharrt. Im niedrigen Szenario würde – wie bei Brücker (2000) – eine Konvergenzrate von 2 % angenommen. Damit kommen Sinn u. a. (2001) zu dem Ergebnis, dass in den ersten 15 Jahren nach dem Beitritt eine Nettozuwanderung von 3,2 - 4 Mill. Personen (5 größte MOEL) bzw. 4 - 5 Mill. Personen (MOEL-10) zu erwarten sei. Das entspricht einer Migrationsrate von 4 bis 5 %. Anfänglich würden jährlich mindestens 200-250.000 (MOEL-5) bzw. 250-300.000 (MOEL-10) Menschen pro Jahr in die ‚alte' EU einwandern. Plausibilitätsüberlegungen (1. Kandidaten sind ärmer, weniger gut funktionierende Marktwirtschaften und räumlich näher an Deutschland gelegen, als die Staaten der Süderweiterung und die Türkei; 2. Wanderungsdruck konnte nicht wie im Falle Portugals und Spaniens schon vor dem Beitritt abgebaut werden, da die nach der politischen Wende rasch erhöhten Wanderungsbarrieren potentielle Emigranten zurückhielten) lassen diese Werte nach Meinung der Autoren als *Untergrenzen* erscheinen.

Sinn, Werding (2001, S. 21) liefern auf Grundlage des gleichen Modells Schätzergebnisse für einen Beitritt der 8 in den Verhandlungen am weitesten fortgeschrittenen Staaten (MOEL-8). Sie rechnen mit einem Nettozuwanderungspotential von 2,5 bis 3,3 Millionen Personen in den ersten 15 Jahren nach dem Beitritt. Das entspräche einer Migrationsrate von 3,4 bis 4,3 % der Bevölkerung. Die Autoren weisen allerdings ausdrücklich darauf hin, dass nicht zu erwarten ist, dass dieses Potential der tatsächlichen Zuwanderung entspricht.

4. Alecke, Huber, Untiedt (2001) üben fundamentale Kritik an der Methode aller bis hierhin vorgestellten jüngeren oder älteren ökonometrisch fundierten Schätzungen des Migrationspotentials auf der Grundlage einer ökonometrischen Untersuchung des Einflusses mikroökonomischer Wanderungsdeterminanten (Alter, Qualifikation, Familiengröße, relatives Einkommen im Heimatland, direkte Migrationskosten, Informations- und Suchkosten, andere Determinanten der sozialen, psychologischen und politischen Kosten) auf die innerdeutsche Nettowanderung nach dem 9. 11. 1989 und auf die Veränderung des Anteil von Ausländern in Belgien, Frankreich, Deutschland, den Niederlanden und Großbritannien von 1983 bis 1991. Sie kommen zu dem Ergebnis, dass die Vernachlässigung der mikroökonomischen Bestimmungsgrößen für Migration in den Modellen, die implizit oder explizit das relative Pro-Kopf-Einkommen als Wanderungsdeterminante in den Vordergrund stellen, zu einer starken Überschätzung des Migrationspotentials führt.

5. Fertig (2000) und Fertig, Schmidt (2000) verwenden ein nicht-strukturelles Modell zur Schätzung der Migrationsneigung in Abhängigkeit von einer länderspezifischen (über die Zeit konstanten) Variablen (z. B. Distanz, Sprache, gemeinsame Grenzen, Klima) und einer im Zeitablauf veränderlichen aber für alle Länder gleichen Variablen (z. B. Weltkonjunktur, Schocks, politische Großereignisse) (Straubhaar (2001), S. 11). Ähnlich wie Brücker (2000) verwenden sie Daten über die Einwanderung aus 17 Staaten nach Deutschland im Zeitraum von 1960-1997 (Fertig, Schmidt (2000), S. 20). Damit erhalten sie Schätzungen der altersspezifischen Migrationsneigung. Unter besonderer Beachtung der Demographie werden die so ermittelten Werte für eine Projektion der Wanderung aus Polen Tschechien, Ungarn und Estland (MOEL4) in die EU benutzt. Wenn die Einwohner dieser vier

Staaten sich so verhalten, wie der durchschnittliche Einwohner eines Quelllandes bisheriger Einwanderung nach Deutschland, so ist nur mit 15-18.000 Migranten jährlich bzw. mit insgesamt 300-400.000 Einwanderern nach 20 Jahren zu rechnen. Selbst wenn die MOEL4 eine außerordentliche Auswanderungsregion darstellen, sei nur mit 49-63.000 Einwanderern in Deutschland, d. h. 900.000 bis 1,2 Millionen nach 20 Jahren, zu rechnen (Fertig, Schmidt (2000), S. 25).

4.1.3. Wie wahrscheinlich ist eine spürbare Ost-West-Wanderung wirklich?

Das Fazit des vorangegangenen Abschnitts ist: die älteren auf Umfragen oder ökonometrischen Verfahren beruhenden Untersuchungen haben das Migrationspotential der MOEL nur aus damaliger Sicht, als z. B. für einen Beitritt im Jahr 1997 mit sofortiger Freizügigkeit, angegeben. Ihre Ergebnisse scheinen vom heutigen Standpunkt weit überholt, wurden durch jüngere Studien relativiert und sollten deshalb in der öffentlichen und politischen Debatte keine Rolle mehr spielen. Jüngere ökonometrisch fundierte Studien bringen trotz ähnlicher Methodik keine einheitlichen Ergebnisse hervor. Implizit oder explizit stellen sie alle das Pro-Kopf-Einkommen als entscheidende Migrationsdeterminante in den Mittelpunkt, vernachlässigen demnach die Erkenntnisse der modernen Migrationstheorie (Alecke, Huber, Untiedt (2001), S. 64). Daraus ergibt sich für uns die Motivation, in diesem Abschnitt die Ergebnisse der zitierten Studien durch Plausibilitätsüberlegungen zu ergänzen und zu relativieren. Darüber hinaus erhalten wir durch Berücksichtigung der Erkenntnisse der modernen Migrationstheorie wichtige Einsichten über die geographische Richtung des Auswanderungsdruckes (Sender- und Empfängerländer) sowie die Qualifikation möglicher Migranten. Am Ende dieses Kapitels werden wir in der Lage sein, eine ‚fundierte Spekulation' über das Ausmaß, die Richtung und die Art der Arbeitskräftewanderung anzustellen.

4.1.3.1. Berücksichtigung der klassischen Außenhandelstheorie

Die Grundannahmen der klassischen Außenhandelstheorie (Heckscher-Ohlin-Samuelson-Modell) wurden bereits in Kapitel 4.1.1 kurz angeführt: Zwei Länder produzieren nur zwei Güter mit identischen Produktionsfunktionen bei vollkommener Konkurrenz, sind aber ungleich mit Arbeit und Kapital ausgestattet. Unter diesen Bedingungen produziert das reichlich mit Arbeit ausgestattete Land dasjenige der beiden Produkte kostengünstiger, dessen Herstellung arbeitsintensiver ist. Man spricht von einem vergleichsweisen (komparativen) Kostenvorteil bei der Produktion dieses Gutes. Bei dieser Konstellation wird ein internationaler Tausch der Güter attraktiv (der bei der Ableitung der Motive für Migration in Kapitel 4.1.1 noch nicht berücksichtigt wurde). Jedes Land bietet auf dem Weltmarkt die

Güter an, deren relativer Preis (also der Preis ausgedrückt in Einheiten der anderen Güter) niedriger ist als beim Handelspartner. Dadurch nimmt in allen beteiligten Staaten die Wohlfahrt zu und für jedes Land wird die Spezialisierung auf die Güter attraktiv, bei denen es komparative Kostenvorteile besitzt (Hebler (1998)).

Durch den Außenhandel resultiert somit eine *internationale Arbeitsteilung entsprechend den komparativen Kostenvorteilen*. Der Wert eines jeden Gutes wird dabei auf einen bestimmten spezifischen Anteil der eingesetzten Arbeit und des eingesetzten Kapitals zurückgeführt. Durch den internationalen Güterhandel wird somit auch der Einsatz der Produktionsfaktoren gehandelt. Wenn das arbeitsreiche Land die Leistungen des Faktors Arbeit international vermehrt absetzen kann, so steigt die Nachfrage nach diesem Produktionsfaktor und damit dessen Entlohnung, d. h. der Faktorpreis. Im arbeitsarmen Importland ist das Gegenteil zu beobachten: die relativ teureren Leistungen des knappen einheimischen Faktors Arbeit werden weniger nachgefragt, wenn sie auch durch den internationalen Handel in Form von Gütern eingekauft werden können. Die Entlohnung des Faktors sinkt. Damit gleicht sich also der Preis des Faktors Arbeit in den beiden Ländern an.[106] Durch die Aufnahme von Außenhandel verschwindet deshalb mit den Einkommensunterschieden das Hauptmotiv der neoklassischen Modellwelt für die Migration von Arbeitskräften. Wenn unterstellt wird, dass der Güterhandel weniger (Transaktions-) Kosten als die Migration verursacht, oder gar, dass die Integration der Gütermärkte vor der Herstellung der Freizügigkeit für Arbeitskräfte bereits vollzogen ist, so wird die Anpassung an das neue Gleichgewicht im Integrationsraum primär über den Güterhandel laufen. Es gilt die traditionelle Position des Außenhandelsmodells von Heckscher-Ohlin, *dass der Faktoreinsatz in geronnener Form in den produzierten Gütern vorliegt* und der internationale Handel dadurch zu einem zumindest teilweisen *Ausgleich unterschiedlicher* Faktorpreise führt (*Faktorpreisausgleichstheorem*).[107]

1. *Substitution von Arbeitskräftewanderungen durch Handel*: Obwohl dieses Ergebnis auf Prämissen beruht, die bekanntermaßen *restriktiv* sind, soll zunächst auf Grundlage der klassischen Außenhandelstheorie angenommen werden, dass der Außenhandel Migration ersetzen kann. Wenn also zwischen der EU und den

---

[106] Gleiches gilt für das andere Gut im Modell, das relativ viel Kapital zur Produktion benötigt. Der internationale Handel mit diesem Gut führt dazu, dass sich zwischen den beiden Ländern auch der Preis des Faktors Kapital angleicht. Er wird in dem kapitalreichen Land steigen und in dem arbeitsreichen Land sinken, da die Leistungen des Faktors Kapital importiert werden können, das Angebot an diesen Leistungen also steigt.

[107] Vgl. Rose, Sauernheimer (1999), S. 412 ff. Unter restriktiven Bedingungen kann auch der Grenzfall eines totalen Faktorpreisausgleichs theoretisch abgeleitet werden.

MOEL bereits in signifikantem Umfang eine Außenhandelsintegration stattgefunden hat, so kann dies als Argument für einen *eher geringen Auswanderungsdruck* gelten. Mit der gebotenen Vorsicht angesichts der Heterogenität der einschlägigen Literatur (siehe Kapitel 3.2.1), lauten unsere Schlussfolgerungen wie folgt.

a. Das gegenwärtige Handelspotential wird, bei den gegebenen Wechselkursen und Einkommensniveaus, weitgehend ausgeschöpft. Denn die EU hat - außer im weiter unten näher behandelten Agrarsektor - keine signifikanten tarifären und quantitativen Beschränkungen mehr gegenüber Importen aus den assoziierten MOEL errichtet. Gleichzeitig werden auch die MOEL ihrerseits die meisten Barrieren gegenüber EU-Exporten spätestens bis 2002 abbauen (siehe Kapitel 2.1.3).

b. Der weitere Abbau von nichttarifären Handelshemmnissen, ein steigendes Einkommen in den MOEL und die Übernahme westlicher Standards in der Produktion werden das Potential der Handels mit der EU bis zum Beitritt noch stark steigern können (siehe Kapitel 3.2.1). Es ist jedoch nicht ersichtlich, warum dieses steigende Potential nicht ebenso ausgenutzt werden sollte wie das gegenwärtige. Die *Handelsintegration hat* zum Zeitpunkt des ersten Beitritts also *bereits zum großen Teil stattgefunden.* Auch ein Export ‚billiger‘ Arbeit in der Gestalt von Importen ‚sensibler‘ Produkte aus den MOEL in die EU ist im Zweifel bereits erfolgt; der noch verbleibende Migrationsbedarf hat sich folglich verringert.[108]

Als Ausnahme muss jedoch der Agrarbereich gelten. Dort kann noch nicht von einem Vollzug der Handelsintegration gemäß der klassischen Außenhandelstheorie gesprochen werden (siehe Kapitel 2.1.3). Vielmehr besteht gemäß der Integrationstheorie vor allem in diesem Bereich ceteris paribus noch ein hohes Migrationspotential. Die Frage ist aber, inwieweit dieses Potential durch die vereinbarten Liberalisierungsschritte und die damit verbundene Strukturanpassung *noch vor dem Beitritt* der MOEL freigesetzt und abgebaut wird. Außerdem bedeutet dieses Migrationspotential natürlich nicht zwingend eine körperliche Wanderung von Agrararbeitern in die EU. Wahrscheinlicher ist die Wanderung innerhalb des Heimatlandes in die Städte (‚Landflucht‘), die dann aber dort den Auswanderungsdruck für andere gering qualifizierte Arbeitnehmer erhöht (Baldwin u. a. (1992), S. 87).

2. *Substitution von Arbeitskräftewanderungen durch Kapitalströme:* Die klassische Außenhandelstheorie leitet nur im Grenzfall eine vollkommene Angleichung der Faktorpreise durch den Güterhandel ab. Im Normalfall verbleiben demnach Faktorpreisunterschiede. Dann, so die These der klassischen Außenhandels-

---

[108] Siehe Kapitel 2.1.3, Jovanovic (1999), S. 490, Lavigne (1998), S. 51, Straubhaar (1998), S. 155 f.

theorie, werden jedoch Wanderungen des Faktors Arbeit unwahrscheinlich sein, da der Faktor Kapital viel mobiler sei. Werden die (im Vergleich zum Faktor Arbeit viel ‚mobileren') ausländischen Direktinvestitionen dazu tendieren, die *Migration* von Arbeitskräften in weitem Maße *zu substituieren*, weil die Transaktionskosten beim Güterhandel und beim Kapitalverkehr in aller Regel geringer sind als bei Arbeitskräftewanderungen?

Zunächst muss festgehalten werden, dass die MOEL bereits heute einen sehr großen Offenheitsgrad für ausländische Direktinvestitionen aufweisen. Die in Kapitel 3.2.2 zitierten Studien des CEPS kommen in diesem Zusammenhang zu dem Ergebnis, dass gegenwärtig kein aufgestauter Bedarf an FDI in den MOEL feststellbar sei. Im Umkehrschluss ergibt sich, dass aus diesem Aspekt heraus *kein Migrationsdruck* in den MOEL begründet werden kann. Analog zu unseren weiter oben angestellten Überlegungen bezüglich der Substitution von Migration durch den Außenhandel kann festgestellt werden: eine Beschäftigung ‚billiger' Arbeit aus den MOEL hat in der Gestalt von Verlagerungen von Produktionsstätten in diese Länder im Zweifel bereits stattgefunden; der noch verbleibende Migrationsbedarf hat sich folglich verringert.

Ein weiterer Hinweis auf einen verminderten Migrationsdruck durch die bislang in die MOEL geflossenen FDIs ergibt sich aus der qualitativen Außenhandelsstruktur (siehe Kapitel 2.1.3). Wenn das Kapital dorthin wandert, wo die Lohnkosten gering sind, dann ist nicht mit einer kompletten Verlagerungen von Unternehmen zu rechnen, sondern eher mit der Verlagerung von arbeitsintensiven Produktionsstätten im Sinne ‚verlängerter Werkbänke'. In der Folge wird der intra-industrielle Handel ansteigen, ein Hinweis darauf, dass Migration durch Direktinvestitionen ersetzt wird. Genau dies kann für den Außenhandel der EU mit den MOEL in der vergangenen Dekade zunehmend festgestellt werden. Dieser ‚*Veredelungsverkehr*' bedeutet *mehr Komplementarität* als Wettbewerb und dürfte tendenziell zu *weniger Migration* führen.

Zusammenfassend kann festgehalten werden, dass aus der Perspektive der klassischen Außenhandelstheorie gegenwärtig einige Anzeichen für einen eher *geringen Migrationsdruck* aus den MOEL in Richtung EU sprechen. „Die Realität nähert sich so einer neoklassischen Modellwelt. (...) ‚Handel statt Migration' und ‚Maschinen zu den Arbeitskräften statt Arbeitskräfte zu den Maschinen' werden dann eher wahrscheinliche Szenarien" (Straubhaar (1998), S.155). Gerade der Anstieg des intra-industriellen Handels war in der Vergangenheit ein zentrales Kennzeichen der europäischen Integration. Darüber hinaus wird die im bisherigen Verlauf der europäischen Integration beobachtbare *Verringerung des Wohlstandsgefälles* als einer Determinante der Migration auf die *Ausweitung des Außenhandels* zurückgeführt. Komplementär zu den Handelsströmen ausgerichtete Migration fand auf dem Territorium der bisherigen EU deshalb nicht in großem Umfang statt (Molle (1997), Tassinopoulos, Werner (1999), S. 8). Es wird auch darauf hingewiesen, dass bereits bei der EU-*Süderweiterung* die Marktkräfte so ‚normal' wirkten, dass eine Freizügigkeit der Arbeitskräfte bei gleichzeitiger Liberalisierung des Güterhandels und des Kapitalverkehrs für alle beteiligten Vertragsparteien vorteilhaftige Impulse auslöste. Die in der Folge durchschnittlich *verbesserten ökonomischen Rahmenbedingungen* hätten zu einer deutlichen *Einebnung der Migrationsanreize* geführt. Es habe sich wieder einmal gezeigt, dass die (deutschen) *Überschwemmungsängste* so alt seien wie die EWG selbst und sich trotzdem *nie bewahrheitet* haben: „Was einst die Italiener, dann die Griechen, Spanier oder Portugiesen, sind heute die Polen, Tschechen oder Ungarn: Erwartete Gäste, die nicht eintreffen!" (Straubhaar (1999), S. 4).

Die Sichtweise der klassischen Außenhandelstheorie kann jedoch nicht nur auf der theoretischen Ebene sondern auch auf der empirischen Ebene in Frage gestellt werden. So kommen Collins, O'Rourke, Williamson (1997, S. 25) in einer wirtschaftshistorischen Analyse des Zusammenhanges von Handel und Migration im Zeitraum von 1870 bis 1940 zu dem Ergebnis, dass Handel und Migration sich *eher komplementär* als substitutiv verhalten haben. Zur näheren Bestimmung des Migrationsdrucks werden deshalb im folgenden die Push- und Pull-Faktoren der modernen Migrationstheorie für die Osterweiterung untersucht. Hierdurch wird der Migrationsdruck nicht a priori schon als vernachlässigbar angenommen.

4.1.3.2. Berücksichtigung der Push- und Pull-Faktoren

Zusätzliche Informationen für eine Prognose des Migrationsdrucks aus Mittel- und Osteuropa im Falle eines Beitrittes mit sofortiger Freizügigkeit lassen sich durch eine Untersuchung der Push- und Pull-Faktoren der moderneren Migrationstheorie gewinnen. Dabei handelt sich allerdings nur um eine rein deskriptive qualitative Einordnung zur Bestimmung der Wahrscheinlichkeit der Migration *für einzelne Regionen*.

1. Einkommen, Wachstumsaussichten, räumliche Entfernung, bestehende Netzwerke: Die Einkommensdifferenzen zwischen den MOEL und der EU sind, wie bereits in Abschnitt 2.1.1 gezeigt, noch erheblich. In der modernen ökonomischen Migrationstheorie ist das erwartete Einkommensdifferential, welches auch in traditionellen Modellen zur Schätzung des Migrationsdrucks herangezogen wird, ein wichtiges Instrument zur Feststellung der Wahrscheinlichkeit und der Richtung von Migrationsströmen. Zunächst kann die Einkommensdifferenz als Push-Faktor zur Identifizierung möglicher Auswanderungsregionen herangezogen werden. Die Faustregel anhand der Erfahrungen mit der EU-Süderweiterung ist,

dass die *Wanderungsströme* weitgehend *versiegen*, wenn das *Wohlstandsgefälle* nur noch *30 %* beträgt (*Migrationsschwelle*) und zugleich günstige Einkommensperspektiven der jüngeren Generation vorliegen.[109] Wenn diese Argumentation auf die Osterweiterung übertragbar ist, dann lässt sich eine einfache Überschlagsrechnung anstellen.

Das Sozialprodukt pro Kopf (gemessen in Kaufkraftstandards (KKS)) übertraf im Jahr 1999 nur in Slowenien und Tschechien die Hälfte des EU-Durchschnitts; in Ungarn und der Slowakei lag es ungefähr bei 50 %; hingegen erreichte es in Polen aber nur etwas mehr als ein Drittel (siehe Tabelle 8). Eine grobe Überschlagsrechnung kann auf Grundlage der in mehreren Studien unterstellten Konvergenzrate von jährlich 2 % angestellt werden (Brücker (2001), S. 101 f., Sinn u. a. (2001), S.15). Die MOEL als Gruppe wiesen 1999 einen Output in Höhe von 38 % des EU-Niveaus auf (siehe Tabelle 1). Wenn die Erfahrungen der südlichen EU-Mitgliedsstaaten auf die Osterweiterung übertragbar sind und die Einkommensunterschiede als Migrationsdeterminante ab einem Niveau von 70 % des EU-Durchschnittes vernachlässigt werden können, so wäre dies erst im Jahr 2015 der Fall. Für die einzelnen Staaten muss jedoch ein differenzierteres Bild gezeichnet werden (siehe Tabelle 35).

Tabelle 35
Dauer der Einkommenskonvergenz auf 70 % des EU-Durchschnittes

	Bevölkerung in Millionen	BIP 1999 in Kaufkraftparitäten (€ / Einw. in % des EU-Durchschnitts)	Jahr in dem 70 % des EU-Durchschnitts erreicht werden*
Slowenien	2,0	71	1999
Tschechien	10,3	59	2004/5
Ungarn	10,1	51	2008/9
Slowakei	5,4	49	2009/10
Polen	38,7	37	2015/16
Estland	1,4	36	2016
Litauen	3,7	29	2019/20
Rumänien	22,5	27	2020/21
Lettland	2,4	27	2020/21
Bulgarien	8,3	22	2023
Summe	**104,8**	**38**	**2015**

* unter Annahme einer jährlichen Konvergenzrate von 2 %.
Quelle: EU-Kommission (1999b), Annex 2; eigene Berechnungen.

---

[109] Vgl. Walterskirchen, Dietz (1998), S. 2, Tassinopoulos, Werner (1999), S. 7 f., Hönekopp, Werner (1999), S. 4, Walterskirchen (1998), S. 535.

Wenn der Beitritt 2004 erfolgt und die siebenjährige Übergangsfrist bis zur Herstellung der vollen Freizügigkeit für Arbeitskräfte von den ‚alten' EU-Mitgliedsstaaten ausgeschöpft wird, so dürfte in Slowenien, [110] Tschechien, Ungarn und der Slowakei von der Einkommensdifferenz zur EU kein Auswanderungsdruck mehr ausgehen. Es zeigt sich, dass von den mit den Verhandlungen am weitesten fortgeschrittenen MOEL-8 – abgesehen von den baltischen Staaten, die aufgrund ihrer geringen Größe vernachlässigt werden können - auf Grundlage dieses Kriteriums, nur in Polen ein nennenswerter Auswanderungsdruck wegen des geringeren Einkommens zu erwarten ist. Unzweifelhaft erhöht das niedrige Einkommen als Push-Faktor den Migrationsdruck aus Polen in die EU.

Wenn die Einkommensdifferenz spiegelbildlich als Zugfaktor interpretiert wird, so kommt man zu dem Ergebnis, dass als Ziele der Migration am ehesten die reicheren nördlichen EU-Mitglieder (mit der bedeutenden Ausnahme der ehemaligen DDR) in Frage kommen. Die Berücksichtung der räumlichen Distanz zwischen den MOEL und der EU und bestehender Netzwerke verstärkt diesen Eindruck noch und führt zu dem vorläufigen Ergebnis, dass es im Kontext der EU-Osterweiterung am ehesten zu Wanderungsbewegungen aus Polen nach (West-) Deutschland kommen wird.

2. Arbeitslosigkeit: Einige der empirischen Arbeiten zur Migration gehen explizit davon aus, dass die MOEL dauerhaft höhere Arbeitslosenquoten aufweisen werden, als die bisherigen Mitglieder der EU (z. B. Straubhaar (2001)). Daraus ergibt sich in den Projektionen des Migrationspotentials ein positiver – d. h. das Potential erhöhender – Effekt. Die moderne Migrationstheorie legt eine etwas differenziertere Sichtweise nahe. Wenn die bisherige Analyse zutrifft und ökonomische Integration zu einer internationalen Arbeitsteilung führt, in der entwickelte Volkswirtschaften Hochproduktivitäts-Güter mit hohem Bedarf an qualifizierter Arbeit produzieren und Produkte mit einem lediglich geringen Bedarf an Qualifikation der Arbeit importieren, wird sich in der ‚alten' EU am ehesten ein Bedarf an hochqualifizierter Arbeit, in jedem Fall jedoch nur ein *geringer Bedarf an unqualifizierter Arbeit* manifestieren. Dieser dürfte genau die Produktion der Güter betreffen, die nicht handelbar sind (Touristik, persönliche Dienstleistungen o.ä.).

---

[110] Gerade wegen der beeindruckenden Konvergenzleistungen Sloweniens deutete jüngst die Bundesrepublik Deutschland Verständnis dafür an, dass Slowenien Bedenken dagegen hat, bei der Einschränkung der Freizügigkeit genauso behandelt zu werden wie Polen. Die flexiblen Übergangsfristen würden in Sloweniens Fall großzügiger ausgelegt, kündigte der deutsche Kanzler Schröder bei seinem Slowenienbesuch am 25. Juni 2001 an. Diese Einschätzung wurde sicherlich dadurch begünstigt, dass Slowenien seinerseits keine Übergangsfristen etwa beim Erwerb von Grundstücken durch EU-Ausländer fordert.

Ein gewisser Bedarf an Migration niedrig qualifizierter Arbeit aus den MOEL in die EU ergibt sich dann einfach daraus, dass diese einfachen Tätigkeiten sehr gering bezahlt und daher sehr unattraktiv für Arbeitnehmer aus der EU sind. Allerdings ist gerade die unqualifizierte Arbeit in den EU-Ländern in besonderem Maße von Arbeitslosigkeit betroffen (Werner (1998), S. 325), so dass selbst dieser geringe Bedarf an Migration bedeutungslos werden dürfte. Ende September 1997 hatten 37,8 % der Arbeitslosen in Deutschland keine abgeschlossene Berufsausbildung. 51 % hatten lediglich eine betriebliche Ausbildung. Zusammengenommen waren also 88,8 % aller Arbeitslosen gar nicht oder nur gering qualifiziert (Statistisches Bundesamt (1998), S. 122). Dieser Anteil ist seit den 70er Jahren fast unverändert geblieben: Im September 1978 lag er bei 90,2 % (Statistisches Bundesamt (1979), S. 105). Die schwache Verfassung der Arbeitsmärkte in dem Segment niedrig qualifizierter Arbeit in den meisten EU-Ländern dürfte demnach nur *geringe Sogwirkungen* auf MOEL-Arbeitsmärkte entfalten. Darüber hinaus wird sich der Migrationseffekt einer Dienstleistungsliberalisierung tendenziell auf *Grenzregionen* der bisherigen EU beschränken (Biffl (1998), S. 1 f., Tassinopoulos, Werner (1999), S. 14).

Gegen eine hohe Wahrscheinlichkeit der Emigration aus den MOEL in die EU spricht also, dass ein wichtiger ‚Pull'-Faktor, die *Verfügbarkeit von Arbeitsplätzen in der EU*, wegen der nach wie vor hohen Arbeitslosigkeit in vielen Volkswirtschaften Westeuropas nicht hinreichend ausgeprägt sein könnte, um die Bedingung für Wanderungsdruck (*gleichzeitiges* Vorliegen von ‚Pull'- und ‚Push'-Faktoren in den MOEL und in der EU) zu erfüllen. Die Beschäftigungsmöglichkeiten in der EU, insbesondere im potentiellen Einwanderungsland Deutschland, haben nur moderat zugenommen; die Arbeitslosenrate ist bis vor kurzem im Zeitablauf angestiegen (Jovanovic (1999), S. 478, Tassinopoulos, Werner (1999), S. 8). Auch ist zu beachten, dass die *Arbeitslosenrate der Ausländer* in vielen europäischen Ländern *überdurchschnittlich* hoch ist (Walterskirchen (1998), S. 536, Werner (1998)).

Am ehesten werden die westeuropäischen Arbeitsmärkte hochqualifizierte Osteuropäer anziehen. Wachstumstheoretisch fundiert schlussfolgert Straubhaar (1998, S. 158): „Wandern vor allem Hochqualifizierte, öffnet sich die Wachstumsschere." Die erwartete Konvergenz der Pro-Kopf-Einkommen wird dann also ausbleiben und die Argumentation des vorherigen Abschnitts ist hinfällig. Die Einwanderungsregionen würden zwar gewinnen, so dass auch Beschäftigungsmöglichkeiten für weitere Auswanderer entstehen, die bei Realisierung ihrer enttäuschten Konvergenzerwartungen folgen könnten, jedoch steht die erweiterte EU dann vor dem Problem, dass „nicht mehr Einwanderung, sondern Auswanderung (...) zu Ängsten Anlaß bieten sollte" (Straubhaar (1998, S. 158). Eine Analogie zu Ost-

deutschland liegt auf der Hand. So werden dort im Moment Maßnahmen diskutiert, wie man Abiturienten oder Hochschulabsolventen dazu bewegen kann, im
Land zu bleiben bzw. nach Abschluss ihrer Ausbildung im Westen Deutschlands
zurückzukehren.

3. Soziale Sicherungssysteme: Es gilt als gemeinhin akzeptiert, dass die hohe
strukturelle Arbeitslosigkeit in der EU als die Folge makroökonomischer Rigiditäten auf Güter- und Arbeitsmärkten, anpassungsfeindlicher wirtschaftspolitischer
Interventionen und - dies ist in dem hier betrachteten Zusammenhang entscheidend - einer *mangelnden individuellen Mobilität der Arbeitskräfte* interpretiert
werden kann (Belke (1998), Belke, Gros (1998a)). Diese unzureichende Mobilität
wird unter anderem durch *falsch ausgerichtete sozialpolitische Signale* erzeugt.
Diese ‚belohnen' tendenziell die Immobilität und ‚bestrafen' in gegenwärtiger
Ausgestaltung die Mobilität. Hieraus folgt, dass die innergemeinschaftliche Mobilität in der EU bisher ein wenig genutzter Anpassungsmechanismus an asymmetrische Schocks war. Entsprechend war die *Freizügigkeit* die bisher in der EU *am
wenigsten genutzte* Grundfreiheit des Binnenmarktes. Aktuell sind nur etwa 2 %
aller abhängig Beschäftigten in der EU in einem anderen EU-Mitgliedstaat beschäftigt (Tassinopoulos, Werner (1999), S. 6 f.). Stützt man sich auf die Ergebnisse aus dem Abschnitt 3.1, lässt sich eine analoge Argumentation auch für geringe Emigrationsanreize in den MOEL führen. Denn die Erhöhung des Optionswerts des Wartens durch - von der EU übernommene - falsch gesetzte sozialpolitische Signale dürfte vor diesem Hintergrund tendenziell zu einer *Verringerung der
zu erwartenden Emigration* aus den MOEL führen. Im Rahmen (auch) der (osterweiterten) EU wird aus der gerade beschriebenen Sicht also eher ein *zu geringes*
als ein zu hohes *Ausmaß der Migration* zu *Anpassungsproblemen* führen.[111]

4. Weitere Push- und Pull-Faktoren (Wohnraum, Infrastruktur, demographische Entwicklung): Schließlich schwächt sich der Wanderungsdruck, nach Abküh-
lung der erweiterungsinduzierten Konjunktur in der EU, durch die mit anhaltender
Migration steigenden Wohnungsprobleme und durch die steigenden Verkehrs-
probleme (Transaktionskosten) einer wachsenden Pendlerzahl mit der Zeit ab
(Walterskirchen (1998), S. 538). Für wenig Migrationsdruck aus den MOEL
spricht auch, dass die Immobilität als solche wie in den EU-Ländern auch in den
MOEL einen *Eigenwert* für das Individuum sowie die Gesellschaft als Ganzes
aufweisen kann (Fischer, Martin, Straubhaar (1997), Straubhaar (1998),
S. 147 ff.). Darüber hinaus verweisen einige Autoren darauf, dass sich der ökonomische Druck verringert, in das EU-Ausland zu emigrieren, wenn große *regionale*

---

[111] Vgl. Belke, Gros (1998a), Straubhaar (1999), S. 3, Tassinopoulos, Werner (1999), S. 2.

Einkommensunterschiede *innerhalb* dieser Länder existieren.[112] Es werde dann verstärkt die Option einer Wanderung von einer Niedriglohn- in eine Hochlohnregion in Anspruch genommen. Regionale Disparitäten finden sich vor allem innerhalb Polens, aber auch zwischen dem Osten und dem Westen Ungarns. Es komme somit zu einer eher *interregionalen Migration innerhalb der Beitrittsländer*. Eine Emigration aus den MOEL über nationale Grenzen hinweg in die EU-Länder nach dem Beitritt werde weniger wahrscheinlich.[113]

Fertig, Schmidt (2000, S. 12 ff.) betonen die Bedeutung demographischer Faktoren für das Ausmaß von Migrationsbewegungen. Sie stellen fest, dass ein Großteil der Einwanderer in Deutschland seit dem 2. Weltkrieg junge Erwachsene waren. Ein großer Anteil 20 - 35jähriger (ohne familiäre Bindungen) an der Bevölkerung, scheint deshalb ein bedeutender Push-Faktor zu sein. In Bezug auf die MOEL lässt sich festhalten, dass zwar 1993 – vor allem in Polen (ca. 31 %) – ein größerer Anteil der Bevölkerung als in Deutschland (ca. 21 %) noch keine zwanzig Jahre alt war, dass jedoch die Transformationskrise ab 1989 zu einem starken Einbruch der Geburtenraten geführt hat (Fertig, Schmidt (2000), S. 33). Unter Berücksichtigung des wahrscheinlichsten Szenarios der Herstellung der vollen Freizügigkeit erst ab 2011, ergibt sich die Schlussfolgerung, dass die Bevölkerungsentwicklung in Osteuropa langfristig keinen Druck mehr auf das Wanderungspotential ausüben wird. Lediglich kurzfristig treten noch Baby-Boomer-Jahrgänge in den Arbeitsmarkt ein, langfristig wird sich die Bevölkerung in den MOEL wie in der bisherigen EU verringern.[114] Die demographische Entwicklung kann andererseits auch als Pull-Faktor interpretiert werden. So entspannt sich in schrumpfenden Bevölkerungen mit einem hohen Anteil alter Menschen langfristig die Lage am Arbeits- und Wohnungsmarkt und die Belastung der allgemeinen Infrastruktur nimmt ab. Aus diesem Aspekt heraus sind die stark schrumpfenden Gesellschaften der ‚alten' EU-Länder für Migranten relativ attraktiv.

Weitere Push-Faktoren erhöhen den Auswanderungsdruck im Zweifel eher für

---

[112] Dieses Argument darf nicht mit dem Argument Starks (1991) verwechselt werden. Stark (1991) zeigt in seinem ‚relative deprivation'-Ansatz (wörtlich: relativer Entzug) das eine große Lohnspreizung und eine extreme Vermögensverteilung – in dem Sinne, dass ‚wenige fast alles und viele fast gar nichts' besitzen - Migrationsbewegungen sogar in Abwesenheit regionaler Einkommensunterschiede erklären kann, da viele Arbeitskräfte keine Chance sehen, durch den Erwerb von Arbeitseinkommen im Inland den Lebensstandard des ‚wohlhabenden Nachbarn' jemals zu erreichen.

[113] Vgl. Biffl (1998), S. 2, Boeri (1998), S. 1, Hönekopp, Werner (1999), S. 3, Tassinopoulos und Werner (1999), S. 8. Für eine ähnliche Argumentation im Hinblick auf die bisherige EU vgl. Belke, Gros (1998).

[114] Vgl. Baldwin u.a. (1992), S. 87, Kucera u.a. (2000) und Walterskirchen (1998), S. 536.

*hoch*qualifizierte Arbeitnehmer der MOEL. Erstens weisen die MOEL eine relativ komprimierte Lohnstruktur auf, die keine vergleichsweise hohe Entlohnung für Hochqualifizierte zulässt, zweitens wird auf die bisher wenig flexiblen Karrieremöglichkeiten hingewiesen, und drittens ist das Angebot an Wohngelegenheiten hoher Qualität in den MOEL begrenzt (Baldwin u. a. (1992), S. 88, Layard u. a. (1992), S. 37). Die Migration hochqualifizierter Arbeitnehmer scheint auch weltweit im Trend zu liegen: „More and more the migration pattern changes from a blue-collar migration of low qualified workers towards a white-collar mobility of highly skilled professionals" (Straubhaar (2000), S. 19). Aus dieser Sicht sei die Angst vor der Personenfreizügigkeit zwischen der EU und Mittel- und Osteuropa in der Tat aus der Sicht der EU, anders als aus der Perspektive der MOEL (‚brain drain'), unbegründet. Wenn die Immigration dieser qualifizierten Fachkräfte die im Zielland vorherrschende Differenz zwischen Nachfrage und Angebot genau dieser Qualifikation verringert, kann dies sogar zu einer Verringerung der natürlichen Rate der Arbeitslosigkeit im Zielland führen (Layard u. a. (1992), S. 43 f.).

Die Position der MOEL ist in dieser Frage uneinheitlich. In Polen gibt man sich z. B relativ gelassen. Die informationstechnische Elite werde nicht abwandern, weil die Löhne in Polen mit seinem großen Nachholbedarf bei der ‚Computerisierung' weit oberhalb der Durchschnittslöhne liege (Ludwig (2001)).[115] Bezeichnend hierfür sei, dass bis zum Frühjahr 2001 gerade einmal rund 100-200 polnische Informatiker die deutsche Green-Card in Anspruch genommen hatten. Dies sehen aber längst nicht alle MOEL so. Die Regierung *Estlands* beispielsweise befürchtet, anders als die polnische Regierung, offensichtlich doch eine Abwanderung der Akademiker und IT-Spezialisten aus Estland und erwägt die Verpflichtung zu einer Zahlung von 60.000 DM pro Kopf als *Ablösesumme für hochqualifizierte Arbeitskräfte* aus den MOEL. Dies folgt jedenfalls aus Verlautbarungen aus Tallinn im Frühjahr 2001. Damit sich die EU-Länder nicht einfach ohne Gegenleistung bei den MOEL bedienen, aber gleichzeitig den eigenen Arbeitsmarkt gegen selbst kleine hochindustrialisierte Länder wie Estland durch Einschränkungen der Freizügigkeit abschotten, suchte sie im Frühjahr 2001 für ihren damals noch inoffiziellen Vorschlag Unterstützung bei den anderen Beitrittskandidaten.

Auch aus *slowakischer* Sicht besteht nach Ansicht der Finanzministerin dieses Landes, Brigita Schmögnerová, die Gefahr, dass vor allem die qualifiziertesten

---

[115] Sinn u. a. (2001, S. 109 f.) zeigen, dass in Polen „die relative Lohnposition für Wissenschaftler und technische Assistenzberufe außerhalb des Bildungs- und Gesundheitssektor mit der Deutschlands bereits etwa vergleichbar ist."

Arbeitskräfte das Land nach einem EU-Beitritt verlassen würden. Abwerbeversuchen, wie die Green-Card-Initiative des deutschen Bundeskanzlers Schröder, sehe man deshalb mit deutlichen Vorbehalten entgegen. Im Rahmen einer Informationsveranstaltung der Commerzbank in Frankfurt Mitte Mai 2001 betonte sie, ein derartiger ‚brain drain' sei eine Entlastung an der falschen Stelle. Die Gründe dafür, dass die Arbeitslosenrate in der Slowakei mit 17 bis 19 % immer noch die höchste innerhalb der MOEL darstellt, liegen in der ehemals großen Bedeutung der Rüstungs- und Schwerindustrie und dem hierdurch ausgelösten hohen Bedarf an Strukturwandel nach der Wende. Darüber hinaus habe der Export neu ausgerichtet werden müssen, nachdem die Märkte im Osten weggebrochen seien.[116] Hoch qualifizierte Arbeitskräfte würden deshalb in der Slowakei mit Priorität benötigt, um die zum Teil durch ein noch starkes Bevölkerungswachstum bewirkte hohe Arbeitslosigkeit auf Dauer zu drücken.

Fazit: Der Migrationsdruck durch gering qualifizierte Arbeitnehmer aus den MOEL in die EU scheint nach den vorstehenden Ausführungen relativ gering sein, allerdings gibt es Anzeichen (Wohlstandsgefälle) dafür, dass Polen eine Ausnahme darstellen könnte. Aufgrund der großen Bedeutung Polens für die absolute Zahl der potentiellen Migranten (Polen hat fast 40 % der Bevölkerung der zehn MOEL) und für Deutschland als direktem Nachbarn ist eine detailliertere Analyse angebracht.

4.1.3.3. Schlussfolgerungen: Die Sonderrolle Polens

Im Rahmen einer Untersuchung des polnischen Instituts für öffentliche Angelegenheiten über die wechselseitige Wahrnehmung von Polen, Deutschen und Franzosen sprach sich fast die Hälfte der befragten Deutschen (40 %) gegen einen Beitritt Polens zur EU innerhalb der nächsten fünf Jahre aus. Dabei wurde als Begründung am häufigsten (45 %) genannt, dass ein Zustrom „billiger und wenig qualifizierter Arbeitskräfte" verhindert werden müsse. Die hier zum Ausdruck kommende Angst in der Bevölkerung mag zum Teil auch durch die in Abschnitt 4.1.2 beschriebenen früheren, heute nachträglich als deutlich überhöht anzusehenden, Prognosen des Migrationspotentials aus den MOEL der Luxemburg-Gruppe

---

[116] Noch 1993 flossen 60 % des Exports nach Osteuropa, und nur knapp 30 % in die EU. Dieses Verhältnis hat sich heute (Mai 2001) annähernd umgekehrt. Etwas mehr als 30 % sind für Mittelosteuropa bestimmt, vor allem für die Tschechische Republik; knapp 60 % der Exporte fließen in die EU. Ein Teil der Handelsintegration der Slowakei in die EU hat somit bereits stattgefunden. Vgl. hierfür auch Kapitel 3.2.1. Der früher traditionell intensive Außenhandel mit der Ukraine hat auch zum Teil deshalb starke Einbußen hinnehmen müssen, da die Slowakei zur Erfüllung des Schengener Abkommens eine Visumspflicht einführen musste.

verursacht worden sein. Jüngere Studien rechnen in der Mehrzahl zwar mit einem geringeren Migrationspotential, bieten jedoch kein einheitliches Bild. Schließlich hat unsere eigene Analyse in den vorangegangenen Abschnitten deutliche Hinweise darauf gegeben, dass Polen bzgl. des Auswanderungsdruckes eine Sonderrolle unter den MOEL spielen könnte. Es ist nun also zu fragen: Wie hoch ist die Migrationswahrscheinlichkeit *gering qualifizierter* Arbeitskräfte nach der Osterweiterung *aus Polen* wirklich einzuschätzen?

Polen stellt das bevölkerungsreichste Land der Beitrittskandidaten der ersten Runde dar. Darüber hinaus liegt Polen geographisch gesehen näher an Deutschland und am ‚Kern‘ der EU-Länder als die Volkswirtschaften der vormaligen Süderweiterung der EU. Schließlich wurde in Abschnitt 2.1.1 hergeleitet, dass eine Steigerung der Produktivität der Landwirtschaft in den MOEL zu einer Verringerung von Arbeitsplätzen im Agrarbereich vor allem in Polen führen wird. Es lässt sich beobachten, dass in den Transformationsökonomien nach der Aufteilung des landwirtschaftlichen ‚Volkseigentums‘ auf viele kleine Privateigentümer zunächst für einige Jahre der Beschäftigungsanteil des Agrarsektors stabil ist oder sogar steigt, da die Kleinbauern versuchen, ihre Unabhängigkeit zu bewahren und ihre Höfe in die Gewinnzone zu führen. Dies lässt sich momentan in Bulgarien und Rumänien beobachten (siehe Tabelle 7). Im Gegensatz dazu hat die frühe Privatisierung der Landwirtschaft in Polen die Folge, dass die Kleinbauern eher entmutigt dem Zwang zur Produktivitätssteigerung durch größere Einheiten nachgeben. Der Zwang zu einer Produktivitätserhöhung wird demnach in Polen tendenziell zu einem stärkeren sofortigen ‚Exodus‘ von Arbeitskräften führen (Baldwin (1992), S. 87). Deshalb erscheint es angezeigt, die Emigrationswahrscheinlichkeit aus den MOEL in die EU gerade *am Beispiel des potentiellen Beitrittslandes Polen* kritisch zu analysieren. Denn „among the (...) CEECs, only Poland seems likely to generate large flows, and then only in the short-run" (Baldwin u. a. (1992), S. 88). Als makroökonomische (relativ zur EU zu interpretierende) Indikatoren werden im folgenden zu diesem Zweck der *Außenhandel*, das *Sozialprodukt pro Kopf* sowie die *Arbeitsmarktlage* genauer analysiert.

Hinsichtlich seiner *Außenhandelsbeziehungen* hat sich Polen im Verlauf des Transformationsprozesses stark *umorientiert*. Mehr als zwei Drittel seines Außenhandels wurde bereits 1996 mit der EU abgewickelt. Zwischen 1994 und 1997 verdoppelte sich der Wert der ausländischen Direktinvestitionen in Polen auf beachtliche 5 Milliarden US-Dollar. Trotz hoher Wachstumsraten des BIP pro Kopf, die seit 1993 erheblich über dem EU-Durchschnitt liegen, wird es noch lange dauern, bis das EU-Niveau erreicht sein wird. Denn das *Pro-Kopf-Sozialprodukt* lag 1998 nur knapp über einem Drittel des EU-Durchschnitts. Im Verhältnis zum Nachbarn Deutschland ist der Aufholbedarf noch größer. Die *Beschäftigung* in Polen fiel, wie in Abschnitt 2.1.2 bereits dargestellt, Anfang der neunziger Jahre stark ab, ohne im weiteren Verlauf das frühere Niveau auch nur annähernd wieder zu erreichen. Der Transformationsprozess zu Lasten der Landwirtschaft, der Schwerindustrie, des Bergbaus und veraltetem Gewerbe, ist noch nicht beendet. Vielmehr dürfte dieser Prozess durch einen EU-Beitritt noch forciert werden, da im Bereich des Handels und der Direktinvestitionen weitere Hemmnisse beseitigt werden. Die *Arbeitslosigkeit* erreichte im Jahr 1994 mit 16,7 Prozent ihr Maximum, um anschließend langsam auf Werte von gegenwärtig 10 Prozent zu sinken. In Abschnitt 2.2.6. wurde aber bereits auf erhebliche regionale Unterschiede dieser Entwicklung hingewiesen. Der Druck zur befristeten und dauerhaften Auswanderung aus Polen in die EU dürfte angesichts der relativen Entwicklungen des *Außenhandels*, des *Sozialprodukts pro Kopf* sowie der *Arbeitsmarktlage* auch zukünftig nicht unbeachtlich sein (Brücker, Franzmeyer (1997), S. 92, Lavigne (1998), S. 50).

Zusammenfassend lässt sich konstatieren, dass der *Anpassungsprozeß in Polen* noch *Zeit* brauchen wird. Die Arbeitsmarktlage in Polen wird bis auf weiteres noch angespannt bleiben. Unterstellt man mit Barro, Sala-i-Martin (1995, S. 401 ff.), dass ein Wohlstandsgefälle von 10 % eine jährliche Abwanderung von 0,05 % bis 0,15 % der Bevölkerung auslöst, so wird deutlich, dass insbesondere *im landwirtschaftlichen Sektor*, in dem gegenwärtig noch ca. 19 % der Erwerbstätigen beschäftigt sind, noch weitere *große Freisetzungen* zu erwarten sind (Walterskirchen (1998), S. 534). Entscheidungen zur *Migration in die EU* können hierdurch durchaus *begünstigt* werden, vor allem, wenn man auf die ‚Push'-Faktoren in den MOEL abstellt. Ergänzend hierzu spricht für eine gewisse Emigrationsneigung aus Polen in die EU, dass der *Dienstleistungssektor* noch *unterentwickelt* ist (siehe Tabelle 7). Die relativ hohen Direktinvestitionen und das hohe Wirtschaftswachstum haben bisher zu keiner nennenswerten Ankurbelung der Beschäftigung geführt. Denn bei der Mehrheit der Direktinvestitionen handelt es sich um Rationalisierungsinvestitionen oder um Investitionen in ‚moderne' Wirtschaftsbereiche (Hönekopp, Werner (1999), S. 6, und Kapitel 3.2.2). Darüber hinaus wird in der Migrationstheorie der positive und selbstverstärkende Einfluss von *Netzwerken* auf Wanderungsentscheidungen betont. Diese vermitteln aufgrund von früheren Beziehungen oder der Existenz von Migranten, welche den Zuzug neuer Immigranten erleichtern, wichtige Informationen über das Zielland. Die Bedeutung von Netzwerken dürfte für Emigrationsentscheidungen von Polen (im Gegensatz zu denjenigen der Tschechen) in die EU durchaus relevant sein. Denn 1995 befanden sich bereits 161.000 Polen (also ca. zwei Drittel der insgesamt in der EU arbeitenden Polen) in einem Arbeitsverhältnis in Deutschland.[117]

Eine volle EU-Integration Polens in näherer Zukunft wird aus den genannten Gründen zu einer zumindest kurzfristig stärkeren Emigrationswelle in die EU führen. *Massenhafte* Zuwanderungstendenzen lassen sich jedoch wegen der nachweisbaren Bedeutung von *Zukunftserwartungen* für Migrationsentscheidungen[118] in Verbindung mit der erkennbaren *konvergenten Entwicklung* der einschlägigen makroökonomischen Indikatoren Polens mit denen der EU *nicht* ableiten (,Substitution der Migration durch Außenhandel oder FDI'). Auch der fehlende ,Pull'-Faktor in Form von geeigneten Beschäftigungsmöglichkeiten für niedrig qualifizierte Arbeitnehmer spricht gegen eine hohe Migrationswahrscheinlichkeit aus Polen. Ein weiteres Argument gegen eine allzu hohe Migrationswahrscheinlichkeit aus Polen in die EU ergibt sich aus der sicherlich notwendigen *Unterscheidung zwischen permanenter und temporärer Migration.* Es kann gerade für (nicht grenznah lebende) polnische Arbeitnehmer empfehlenswert sein, *nur temporär* in die EU zu emigrieren und das verdiente Einkommen in Polen auszugeben. Zwar ist der Lohn beispielsweise in Deutschland wesentlich höher, dieser ist aufgrund der Kaufkraft des aus Deutschland transferierten Einkommens in Polen noch mehr wert. Eine dauerhafte Wohnsitzverlagerung mit Familiennachzug erweist sich wegen der hohen Lebenshaltungskosten für Miete u. a. als unnötig. Diese Argumentation trifft prinzipiell natürlich auch auf MOEL wie *Tschechien* zu, das jedoch eine *geringere Emigrationstradition* und ein höheres Pro-Kopf-Einkommen aufweist (Boeri (1998), S. 1).

Zusammenfassend lässt sich festhalten, dass die Zahl der Einwanderer sowohl bei der Süderweiterung der EU Anfang und Mitte der 80er Jahre als auch bei den frühen Prognosen zur Osterweiterung *überschätzt* wurde. Eine Überschwemmung der Arbeitsmärkte der EU mit billigen Arbeitskräften aus den Ländern der Südschiene fand auch nach Beendigung der Übergangsphase beschränkter Freizügigkeit nicht statt. Vielmehr setzte bereits nach dem EU-Beitritt im Jahr 1986 eine Rückwanderung von Spaniern und Portugiesen in ihre Heimat ein. Schon damals wurde exemplarisch deutlich, dass ein Lohngefälle für sich genommen nicht in der Lage ist, gravierende und permanente Wanderungsströme auszulösen. Dieser As-

---

[117] Vgl. Kapitel 2.1.5, Hönekopp, Werner (1999), S. 3, Walterskirchen (1998), S. 536. Ein gutes Beispiel für den Nutzen von Netzwerken ist aus österreichischer Sicht die Neigung illegaler Migranten, Kontakt zu Institutionen der katholischen Kirche im Zielland zu halten. Neben der Befriedigung religiöser Bedürfnisse ist auch die Absicherung materieller Ansprüche ein Ziel (Erlangung einer Wohnung etc.). Netzwerke dienen folglich zur Verringerung der Integrationskosten.

[118] Vgl. Baldwin (1998), S. 88, Brücker, Franzmeyer (1997), S. 90, Tassinopoulos, Werner (1999), S. 8, von Hagen (1996), S. 9, und Walterskirchen (1998), S. 535.

pekt wurde von uns auch für Polen deutlich hervorgehoben. Wie in Kapitel 4.1.1 gezeigt, sind familiäre Bindungen und persönliche Lebenspläne ebenfalls für Migrationsentscheidungen bedeutsam und machen Prognosen mit hoher Treffer-wahrscheinlichkeit unmöglich. Die Zahl der Ökonomen, die noch mit massiver Einwanderung aus den MOEL rechnen, ist mit der Zeit geringer geworden.[119]

Auch unsere ,fundierte Spekulation' kommt zu dem Ergebnis, dass es nach Herstellung der Freizügigkeit für die 8 MOEL der voraussichtlich ersten Beitritts-gruppe, nur zu relativ geringer Einwanderung relativ hoch qualifizierter Arbeit-nehmer vor allem aus Polen am ehesten nach (West-)Deutschland kommen wird. Diese Immigranten werden jedoch in Deutschland in erster Linie mit den gering qualifizierten Arbeitnehmern in Konkurrenz treten. Ihre Migrationsentscheidung dürfte vorerst unter der Perspektive einer mittelfristigen Rückkehr in die Heimat getroffen werden. Erfahrungen der ,Gastarbeiterforschung' deuten jedoch darauf hin, dass diese auf mittlere Frist angelegte Auswanderung zu dauerhafter Nieder-lassung und dem Nachzug der Familien führen kann.[120] Das Volumen der Einwan-derung wird nach unserer Schätzung nicht die Höhe erreichen, in der es makro-ökonomisch spürbare Arbeitsmarkteffekte verursachen kann.

Dennoch kann nicht ausgeschlossen werden, dass aufgrund politischer oder ökonomischer Besonderheiten (z. B. aufgrund asymmetrischer Schocks siehe Ka-pitel 2.3) die Determinanten der Migrationsentscheidung in Zukunft andere Vor-zeichen bekommen. Wenn den neuen Mitgliedern Freizügigkeit gewährt wird kann es somit, auch wenn es auf Grundlage bisheriger Erfahrungen eher unwahr-scheinlich erscheint, in Zukunft zu einem Ausmaß an Zuwanderung in den ,alten' EU-Mitgliedsstaaten kommen, das ausreicht, um die Arbeitsmärkte zu beeinflus-sen. Im nächsten Schritt wird deshalb die Frage beantwortet, welche Arbeits-markteffekte Einwanderung haben kann. Darauf aufbauend kann als Abschluss dieses Abschnitts eine polit-ökonomische Analyse die Frage nach der Wahr-scheinlichkeit von Übergangsregelungen beantworten.

4.1.4. Arbeitsmarkteffekte der Ost-West-Migration

Generell muss bei den Schätzergebnissen zur Migration hinsichtlich ihrer Ar-beitsmarktimplikationen beachtet werden, dass nicht alle Migranten dem Arbeits-markt zur Verfügung stehen. Es ist also eine zusätzliche Annahme über den Anteil

---

[119] Eine neue hier nicht vertiefend behandelte Entwicklung ist jedoch die mögliche Emigra-tion aus den Nachfolgestaaten der ehemaligen Sowjetunion durch die MOEL in die EU. Vgl. Lavigne (1998), S. 50.
[120] Vgl. Alecke, Untiedt (2001a), S.13 FN 26, und die dort angegebene Literatur.

der Arbeitsuchenden an den Migranten notwendig, um die Erhöhung des Arbeits-
angebotes durch Migration quantifizieren zu können. Beispielsweise gehen Boeri,
Brücker (2000, S. 1) „according to past experience" davon aus, dass nur 35 % der
Einwanderer aus Mittel- und Osteuropa dem Arbeitsmarkt tatsächlich zur Verfügung stehen werden. Damit sinken die ohnehin schon niedrigen Prognosewerte
aus der Arbeitsmarktsicht noch einmal beträchtlich. Trotzdem soll in diesem Abschnitt zunächst unterstellt werden, dass es zu spürbarer Einwanderung in die EU
kommen wird, um auf dieser Grundlage die Frage nach möglichen Arbeitsmarkteffekten zu beantworten.

Eine differenziertere Auseinandersetzung mit der Frage der Arbeitsmarktwirkungen von Einwanderung verlangt zunächst nach einer *modelltheoretischen Fundierung*. Aussagen über die Wirkungen von Faktorwanderungen lassen sich
grundsätzlich auf Basis der ökonomischen Integrationstheorie ableiten. Obwohl
auch diese Modelle hinsichtlich ihrer Annahmen ebenso wie die klassischen Modelle der Außenhandelstheorie nicht den aktuellen Verhältnissen entsprechen
(Tassinopoulos, Werner (1999), S. 3 f.), werden sie hier als Orientierungspunkt
verwendet. Denn ausschließlich diese Modelle werden im Rahmen der Debatte um
die Beschäftigungswirkungen der Osterweiterung verwendet.

Die *klassische Außenhandelstheorie* nimmt den Standpunkt ein, dass aus theoretischen Gründen bei liberalisierten Gütermärkten keine Migration von Arbeitskräften zu erwarten sei. Die Eliminierung jeglicher Faktorpreisunterschiede wird
durch den freien Güterhandel erklärt (siehe Kapitel 4.1.1). In der Folge kommt es
zu einem Ausgleich und sogar zu einer Steigerung der Wohlfahrt für beide Länder
durch vermehrtes Wachstum (Konvergenz-These, Integration als ‚win-win-
option'). Der *Güterhandel* ist in diesem Fall ein *perfektes Substitut für Faktorwanderungen*.[121] Damit folgt aber auch, dass unter diesen Voraussetzungen von
einem Gemeinsamen Markt (mit Freizügigkeit der Faktorbewegungen) im Vergleich zu einer Zollunion keine zusätzlichen Effekte zu erwarten sind. Wenn demnach in einer Region ungehinderten Güteraustauschs (Zollunion) die Faktorpreisunterschiede verschwinden, ist es überflüssig, Faktorwanderungen zu analysieren.
Zum anderen würden die viel ‚mobileren' Kapitalströme die Migration substituieren, falls es aufgrund einer nicht vollständigen Angleichung der Faktorpreise zu
Faktorwanderungen käme.

Die *Integrationstheorie* geht hingegen davon aus, dass bei Relativierung der
restriktiven Annahmen der klassischen Außenhandelstheorie eine Faktorpreis-
angleichung nicht zu erwarten sei, es also zu nennenswerten Faktorströmen kom-

---

[121] Vgl. Baldwin (1995), S. 476, Cichy (1995), S. 662 f., und Lavigne (1998), S. 51.

men kann. Die Integrationstheorie analysiert jedoch nicht in erster Linie das zu erwartende Ausmaß der Migration sondern eher die Effekte von Migration (und Kapitalbewegungen) auf die gesamtwirtschaftliche Wohlfahrt und die Einkommen einzelner gesellschaftlicher Gruppen (siehe z. B. Borjas (1989)).

Arbeitsmarkteffekte ergeben sich aus der Perspektive der klassischen Außenhandelstheorie somit nur indirekt über zunehmende Handelsvolumina (siehe Kapitel 4.2.1) und durch zunehmende Kapitalströme (siehe Kapitel 4.2.2) durch die Angleichung der Faktorpreise und aus der Perspektive der Integrationstheorie direkt durch die Zuwanderung. Im ersten Fall basiert die Prognose der Arbeitsmarktwirkungen der EU-Osterweiterung demnach auf der Prognose der Handelsentwicklung bzw. der Direktinvestitionen und im zweiten Fall auf einer Prognose der Migrationsströme. Die Integrationstheorie bietet damit eine Grundlage für eine Analyse der zu erwartenden Wohlfahrtseffekte, vorausgesetzt es gibt nennenswerte Arbeitskräftewanderungen.

Über diese Übertragungskanäle auf den Arbeitsmarkt hinaus wurde in jüngster Zeit auch die These diskutiert, dass sich der aus der Osterweiterung erwachsende Integrationsschock in Gestalt höherer Kapital- und Arbeitsmobilität sowie eines ausgeprägteren Außenhandels aus polit-ökonomischen Überlegungen heraus mittel- bis langfristig *positiv auf die EU-Arbeitsmärkte* auswirken könnte, wenn er wie ein ‚Trojanisches Pferd‘ (Burda (1999)) zu einem heilsamen Reformdruck und zur Auflösung von Rigiditäten am Arbeitsmarkt beiträgt. Dieser Zusammenhang wird im folgenden als die ‚Burda-Hypothese‘ bezeichnet.

4.1.4.1. Arbeitsmarkteffekte gemäß der Integrationstheorie

Unbestritten sind die Annahmen der klassischen Außenhandelstheorie so restriktiv, dass sie in Bezug auf einen Vergleich der EU mit den MOEL kritisch überprüft werden müssen. Beispielsweise wird in den MOEL *mit einer anderen Produktionsfunktion* (niedrigerer Effizienz) produziert als in der EU (Layard u. a. (1992), S. 56 ff.), so dass der Außenhandel die Migration nicht voll substituieren kann. Er kann die Effekte des Kapitalmangels in den MOEL auf die Reallöhne in den MOEL im besten Fall höchstens abmildern, nicht aber die Lohnlücke zwischen Ost und West ganz beseitigen. Darüber hinaus herrscht *keinesfalls vollständige Konkurrenz* auf den Güter- sowie vor allem auf den Faktormärkten. Wenn von der Annahme der *vollkommenen* Märkte *abgewichen* wird, *gibt es* internationale Faktorpreisunterschiede, und die *Zulassung von Faktormobilität* (vor allem des mobileren Faktors Kapital) führt grundsätzlich zu *Wohlfahrtsgewinnen* aufgrund einer effizienteren Allokation der Produktionsfaktoren (Borjas (1989), Molle (1997), S. 158 ff.).[122] Dieser Reallokationseffekt beschreibt also den Wohlfahrtsgewinn (gemessen am Output), den ein Integrationsraum erzielt, wenn die Produktionsfaktoren Arbeit und Kapital in ihrer *produktivsten Verwendung* eingesetzt werden. Wenn also z. B. in der gegenwärtigen Situation Kapital in der Tschechischen Republik produktiver als in Deutschland ‚arbeitet', so ergibt sich ein Nettowohlfahrtsgewinn, wenn deutsche Direktinvestitionen in Tschechien zugelassen werden. Für den Faktor Arbeit gilt das gleiche, jedoch ist er nicht so mobil wie Kapital. Aus dieser Perspektive heraus wurde in Kapitel 4.1.3.1 die Frage gestellt, ob die Kapitalmobilität Wanderungen des Faktors Arbeit ersetzen kann.

Was sind über den positiven Reallokationseffekt hinaus die Auswirkungen von Faktorbewegungen auf die beteiligten Volkswirtschaften? Molle (1997) beispielsweise analysiert Reallokations-, Handels- und Terms of Trade-Effekte einer Integration von Faktormärkten (ohne Handelsintegration) bei unterschiedlichen Faktorpreisen in einem Zwei-Länder-Modell. Voraussetzung dieser Analyse ist neben der Funktionsfähigkeit des Preismechanismus (d. h. die Löhne sind flexibel) auch die Annahme, dass Vollbeschäftigung herrscht bzw. die Arbeitslosigkeit ignoriert wird. Land A sei hinsichtlich seiner Faktorausstattung durch reichlich vorhandenes Kapital und relative Knappheit an Arbeit gekennzeichnet (hier: EU). Der Zins sei in Land A relativ niedriger und der Lohn relativ höher als in einem Land B, das, anders als Land A, durch reichlich vorhandene Arbeit und weniger reichliches Kapital charakterisiert werde (hier: MOEL). Durch die Beseitigung von Barrieren für Wanderungen des Faktors *Kapital* werden Kapitalströme von Land A in Land B ausgelöst.

Welche Effekte lassen sich ableiten? In dem kapitalimportierenden Land B (hier: MOEL) kommt es zu einer Zinssenkung aufgrund des höheren Kapitalangebots. Dadurch verringern sich die Kapitaleinkommen, und in gleichem Umfang steigen die Arbeitseinkommen in diesem Land (Umverteilung zugunsten des Faktors Arbeit). Der Kapitalstock nimmt zu, und deshalb gibt es einen positiven Nettowohlfahrtseffekt, der jedoch *allein dem Faktor Arbeit* zugute kommt. Im kapitalexportierenden Land A (hier: EU) kommt es spiegelbildlich zu einem Zinsanstieg (niedrigeres Kapitalangebot). Ein Nettowohlfahrtsgewinn stellt sich ein, der

---

[122] Darüber hinaus waren bis in die jüngste Vergangenheit, d. h. auch unter Berücksichtigung der Einwanderungswelle zwischen 1988 und 1995, mit dem Zuzug von Ausländern in die Bundesrepublik nach einer Studie des RWI *positive fiskalische Effekte* verbunden: „In fiskalischer Hinsicht wirkten sich Zuzug und Aufenthalt von ausländischen Zuwanderern bisher positiv auf die öffentlichen Finanzen aus" (von Loeffelholz, Köpp (1998) S. 117). Von kulturellen Externalitäten der Migration wird hierbei abgesehen. Ebenfalls keine Rolle spielen ‚market size effects', ‚schlechte Information über die Wohlfahrt im Westen' und ‚endogenous tastes'. Vgl. Layard u.a. (1992), S. 37 ff.

jedoch *allein dem Faktor Kapital* zugute kommt. Zusätzlich steigen die Kapitaleinkommen *zu Lasten der Arbeitseinkommen*. Dies erklärt, warum Gewerkschaften in Land A (hier: EU) Investitionen aus Land B (hier: MOEL) in Land A begrüßen, heimische Investitionen in Land B hingegen ablehnen dürften (Molle (1997), S. 164). Ein Teil des inländischen Kapitaleinkommens des Landes A wird bei einer Liberalisierung des Kapitalverkehrs zwischen Land A und Land B durch Kapitaleinkommen von Inländern im Ausland ersetzt. Der inländische Kapitalstock sinkt.

Tabelle 36
Effekte einer Liberalisierung des Kapitalverkehrs im 2-Länder-2-Güter-Modell

	Zins	Kapitalstock	Kapitalein-kommen	Arbeitsein-kommen	gesamtwirt-schaftliche Wohlfahrt
Land A (EU)	⇑	⇓	⇑	⇓	⇑
Land B (MOEL)	⇓	⇑	⇓	⇑	⇑

Quelle: Eigene Darstellung.

Eine analoge Argumentation lässt sich in bezug auf die Beseitigung von Hindernissen für Wanderungen des Faktors *Arbeit* führen. Nach einer Liberalisierung des Personenverkehrs werden die Arbeitskräfte von dem Niedriglohnland B (hier: MOEL) zum Hochlohnland A (hier: EU) wandern. Dort sollten die Löhne sinken (also keine Abschottung durch Mindestlohn- und Entsendegesetze, Sozialstandards oder Übergangsregelungen für die Freizügigkeit der Arbeitnehmer im Integrationsraum!), damit es zu einem Nettowohlfahrtsgewinn kommen kann. Dann werden jedoch in Land A (hier: EU) auch die Arbeitnehmereinkommen zugunsten der Arbeitgebereinkommen sinken. Diese ‚interne Umverteilung' in Land A kann zum Teil durch den entstandenen Wohlfahrtsgewinn kompensiert werden, dieser kommt jedoch auch den zugewanderten Arbeitskräften zugute. Im arbeitexportierenden Land B (hier: MOEL) kommt es zu einem Lohnanstieg, verbunden mit einem Nettowohlfahrtsverlust und einer ‚Umverteilung' der Einkommen von Arbeitgebern (Kapital) hin zu den Arbeitnehmern. Wenn die Migranten jedoch einen Teil ihrer Arbeitseinkommen in ihr Heimatland B (hier: MOEL) transferieren, so ändert sich das Ergebnis. Im Grenzfall eines hundertprozentigen Einkommenstransfers ist der Nettoeffekt auch für das Niedriglohnland B positiv. Dann ist die Analogie zur Liberalisierung des Kapitalverkehrs vollständig, denn dabei wurde angenommen, dass die im Ausland erzielten Einkommen des Faktors Kapital in voller Höhe in das Heimatland transferiert werden.[123] In der folgenden Tabelle

---

[123] Vgl. Molle (1998), S. 158 ff., Breuss (1998), S. 34, und Layard u.a. (1992), S. 33 ff.

sind die Effekte der Herstellung von Freizügigkeit ohne die Rücküberweisung von Einkommensbestandteilen durch die Migranten in ihre alte Heimat dargestellt.

Tabelle 37
Effekte einer Liberalisierung des Personenverkehrs im 2-Länder-2-Güter-Modell

	Lohn	Arbeitsangebot	Kapitaleinkommen	Arbeitseinkommen	gesamtwirtschaftliche Wohlfahrt
Land A (EU)	⇓	⇑	⇑	⇓	⇑
Land B (MOEL)	⇑	⇓	⇓	⇑	⇓

Quelle: Eigene Darstellung.

Dieses theoretische Modell vernachlässigt einen Kerngedanken der Integrationstheorie, nämlich die Analyse der Wirkungen auf dritte, nicht an der Integration beteiligte Länder C und die Rückkopplungseffekte für die beteiligten Volkswirtschaften A und B. Diese Analyse kann grundsätzlich nur in einem Drei-Länder-Modell durchgeführt werden (Hebler, Neimke (2000), S. 10 f.). Für die Untersuchung der grundsätzlichen Wirkungen von Arbeitskräftewanderungen im Kontext der EU-Osterweiterung, scheint das 2-Länder-Modell jedoch ausreichend zu sein. Es kommt zu dem wichtigen Ergebnis, dass Einwanderung die gesamtwirtschaftliche Wohlfahrt erhöht, jedoch einen Druck auf die Löhne verursacht und die Kapitaleinkommen zu Lasten der Arbeitseinkommen steigert.

In bezug auf die Osterweiterung kommen jedoch selbst Sinn u. a. (2001), die von den Autoren aktueller Studien die höchste Schätzergebnisse für die mögliche Zuwanderung geliefert haben, zu dem Ergebnis, dass sich die mittelfristigen Effekte der Zuwanderung auf das allgemeine Lohnniveau in Deutschland in Grenzen halten werden, wenn das zuvor geschätzte Migrationsvolumen realisiert wird. Stärkere Effekte seinen im Hinblick auf die Lohnstruktur zu erwarten, da der Lohndruck am ehesten in den Arbeitsmärkten für Geringqualifizierte, insbesondere in der Industrie und dem Baugewerbe, wirksam werden könnte. Dort könnten die Löhne bei Zuwanderung für einige Jahre eventuell weniger stark steigen als im Rest der Wirtschaft, insbesondere im Arbeitsmarkt für Hochqualifizierte. Nur weil die kontinentaleuropäischen und deutschen Arbeitsmärkte im internationalen Vergleich relativ inflexibel seien, sei anstelle von Lohneffekten kurzfristig auch mit gewissen Verdrängungseffekten, d. h. steigender Arbeitslosigkeit für Geringqualifizierte, zu rechnen (Sinn u. a. (2001) S. 7). Dies scheint die Mehrheitsmeinung unter den deutschen Ökonomen zu sein. So kommt das DIW (2000, S. 332) zu dem ähnlichen Ergebnis, dass im ungünstigsten Fall „geringfügige Einkommenseinbußen und Arbeitsplatzverluste zu erwarten" seien. „Dem stehen im günstigeren Fall deutlich positive Auswirkungen auf den Arbeitsmarkt und die Löhne gegenüber, wenn es sich bei den Immigranten überwiegend um qualifizierte Facharbeiter handelt." Dabei wird allerdings implizit unterstellt, dass letztere auch gemäß ihrer Qualifikation eingesetzt werden, was nach den bisherigen Erfahrungen mit Einwanderung aus den MOEL jedoch nicht zu erwarten ist.[124]

Während aus internationaler Sicht die Welt durch Migration an Wohlfahrt gewinnt, ist es aus nationaler Sicht für die *Wahl der Migrationspolitik* (wie bei Arbeitsmarktreformen) entscheidend, *wer* bei Migration verliert und *wer* gewinnt (Belke (1997)). Durch die zuvor dargestellten Modelle der Integrationstheorie kann begründet werden, warum der Migration im Zuwanderungsland durch Vertreter des Faktors Kapital mit Zustimmung und von Vertretern des Faktors *Arbeit* (beschäftigte ‚Insider' auf Arbeitsmärkten, Gewerkschaften) *mit Ablehnung* begegnet wird.[125] Bei dieser Argumentation sollte jedoch zwischen dem Typus der immigrierenden Arbeit - qualifiziert oder (gering- bzw.) unqualifiziert - unterschieden werden. Bauer, Zimmermann (1998, S. 86 ff.) differenzieren das einfache Modell dieses Abschnitts durch die Annahme zweier komplementär verknüpfter Ausprägungen des Faktors Arbeit in Form von qualifizierten und unqualifizierten Arbeitern und durch die Berücksichtigung von Gewerkschaftsmacht bei der Lohnfindung (Monopolgewerkschaftsmodell). Wenn unter diesen Bedingungen unqualifizierte Arbeit einwandert, so werden die qualifizierten Einheimischen durch höhere Löhne gewinnen und die unqualifizierten Einheimischen werden sowohl von geringeren Löhnen, als auch von höherer Arbeitslosigkeit betroffen sein. Wenn vor allem qualifizierte Arbeitnehmer einwandern, so steigt die Beschäftigung in beiden Segmenten des Arbeitsmarktes, die Löhne für alle einheimischen Arbeitnehmer werden jedoch sinken (Bauer, Zimmermann (1998), S. 89).

Die Grundaussage des einfachen Modells bleibt damit erhalten: Immigration hat über *sinkende* Löhne *positive* Wohlfahrtseffekte. Wenn jedoch die Löhne aus institutionellen oder anderen Gründen nicht sinken können, so steigt im Einwanderungsland (hier: EU) die Arbeitslosigkeit. Im Kontext der Osterweiterung ist nach den Ergebnissen bisheriger empirischer Studien zwar mit der Einwanderung relativ hoch qualifizierter Arbeitskräfte zu rechnen, die jedoch tendenziell das Arbeitsangebot auf dem Arbeitsmarkt für gering Qualifizierte erhöhen werden (siehe Kap. 4.1.2.). Deshalb wird zusätzlich zu den dargestellten Effekten im Einwanderungsland bei einer Erhöhung des Angebotes im Arbeitsmarktsegment für unqualifizierte Arbeitnehmer mit einer *Umverteilung* von den einheimischen *unqualifi-*

---

[124] So kam z. B. in den ersten Jahren nach der politischen Wende die akademische Elite aus Polen als Erntehelfer nach Deutschland. Vgl. Siebert (2001) S. 6.

[125] Umgekehrtes gilt für das Emigrationsland. Vgl. Layard u.a. (1992), S. 36, und Molle (1997), S. 158 und 161.

zierten zu den einheimischen *qualifizierten* Arbeitskräften wahrscheinlich (von Loeffelholz, Köpp (1998), S. 76). Damit dürften die qualifizierten Arbeitskräfte sowie die Vertreter des Produktionsfaktors Kapital in der EU die Immigration von Arbeitskräften aus den MOEL tendenziell eher begrüßen.

4.1.4.2. Arbeitsmarkteffekte durch erhöhten Reformdruck

Der aus der Osterweiterung erwachsende Integrationsschock in Gestalt höherer Kapital- und Arbeitsmobilität sowie eines ausgeprägteren Außenhandels könnte sich aus polit-ökonomischen Überlegungen heraus mittel- bis langfristig *positiv auf die EU-Arbeitsmärkte* auswirken, wenn er wie ein ‚Trojanisches Pferd‘ (Burda (1999)) zu einem heilsamen Reformdruck und zur Auflösung von Rigiditäten am Arbeitsmarkt beiträgt (‚Burda-Hypothese‘). Dies könnte beispielsweise bereits an den historischen Integrationserfahrungen einiger kleiner EU-Volkswirtschaften sowie dem *Einfluss Ostdeutschlands* auf die westdeutschen Besitzstände im Rahmen der deutschen Vereinigung abzulesen sein. Änderungen der Lohnstruktur, das Abbröckeln der kollektiven Lohnfindung (Mitgliederverluste der ostdeutschen Arbeitgeberverbände und der Gewerkschaften, Tarifvereinbarungen *auf Betriebsebene*) sowie die Auflockerung des Ladenschlusses und die sich abzeichnende Erkenntnis einer Übernivellierung der Finanzkraft durch den Länderfinanzausgleich sind für den Fall Deutschlands durchaus treffende Beispiele (Burda (1999), S. 4). In eine ähnliche Richtung gehen die Überlegungen von Bruno S. Frey in seinem Kommentar zu Baldwin, François, Portes (1997, S. 175): „integration would be beneficial to both the East and the West if it induced more political competition within these countries".

Um die Effekte eines ‚Trojanischen Pferdes‘ ableiten zu können, muss jedoch gezeigt werden, wie man dem Dilemma beikommt, dass der Lohn- und Sozialwettbewerb seitens der Mitgliedsländer der EU15 nicht erwünscht ist, während es sich bei den MOEL genau umgekehrt verhält (Belke (1999), Bruha, Straubhaar (1998)). Diese Anreizkonstellation erinnert stark an die Anreizlage hinsichtlich der Agrarpolitik (Richter, Landesmann, Havlik (1998), S. 9). Auch dort ist es bisher in der EU noch nicht gelungen, die Osterweiterung als Hebel für die Modernisierung der EU zu nutzen (Lippert (1999), S. 43). Als Vertreter der Burda-Hypothese müsste man zeigen, warum man denn gerade bei den immer noch sklerotisierten kontinentaleuropäischen Arbeitsmärkten diesbezüglich deutlich optimistischer sein sollte.

Die Burda-Hypothese eines Trojanischen Pferds könnte folglich nur dann relevant werden, wenn entweder a) die Kapitaleigner im Westen wegen ihres Eigeninteresses an der Migration die Abneigung der Arbeitsplatzbesitzer im Westen gegenüber der Ost-West-Migration nicht wirksam werden lassen und deshalb keine

Abschottungspolitik durch ein Kartell mit den EU-Arbeitsplatzbesitzern betreiben oder b) hauptsächlich unqualifizierte Arbeit in die EU einwandert und das Kapital in Verbindung mit den qualifizierten Arbeitsplatzbesitzern wegen der Eigeninteressen beider Parteien an dieser Migration ein Bündnis zur Verhinderung einer Abschottung durch die unqualifizierte Arbeit in der EU eingeht oder c) zwar hauptsächlich qualifizierte Arbeit in die EU einwandern würde, aber die Vertreter des Faktors Kapital in Verbindung mit den unqualifizierten Arbeitsplatzbesitzern wegen der Eigeninteressen beider an dieser Migration ein Kartell zur Verhinderung einer Abschottung durch die qualifizierte Arbeit in der EU bilden.

Die gerade dargestellten Konstellationen bieten erste Anhaltspunkte für eine *Erklärung der zu erwartenden Migrationspolitik* und damit für eine *Abschätzung der* aus der Osterweiterung tatsächlich resultierenden *Wanderungsbewegungen*. Dabei sind eine Migrationspolitik, die nicht den Abschottungstendenzen des negativ betroffenen Faktors folgt und eine hinreichende Größenordnung der Zuwanderung Voraussetzungen für das Eintreten positiver Arbeitsmarkteffekte durch zunehmenden Flexibilisierungsdruck gemäß der Burda-Hypothese.

In bezug auf diesen Aspekt kann leicht auf die Systematik der ‚strategischen Implementierungshemmnisse geeigneter Arbeitsmarktpolitiken' zurückgegriffen werden. Politische Entscheidungen richten sich nicht an der ökonomischen Größe gesamtwirtschaftliche Wohlfahrt aus, sondern sind durch das Wiederwahlinteresse der Regierung bestimmt. Damit unterliegen sie einem starken Einfluss von Interessengruppen und lassen sich am besten durch die Betrachtung des sogenannten ‚Medianwählers' prognostizieren (Belke (1997), S. 260). Der Medianwähler ist der Wähler, der genau in der Mitte des Meinungsspektrums angesiedelt ist. Am Beispiel der Gewährung der Freizügigkeit für mittel- und osteuropäische Arbeitnehmer lassen sich stark vereinfacht zwei politische Optionen unterscheiden: 1. die Gewährung der Freizügigkeit mit dem Beitritt oder 2. die Gewährung der Freizügigkeit erst, wenn eine nennenswerte Migration ausgeschlossen werden kann. Die oben angesprochene Systematik potentieller durch Migration betroffener Parteien differenziert zwischen fünf Gruppen: 1. hochqualifizierte Arbeitnehmer, 2. un- und geringqualifizierte Arbeitnehmer (mit Job !), 3. kurzfristig Arbeitslose, 4. langfristig Arbeitslose und 5. Kapitaleigner. Sehr wahrscheinlich ist der Medianwähler ein Mitglied der zweiten gerade dargestellten Gruppe, die in Westeuropa mehr als 70 % der Erwerbspersonen umfasst (Belke (1997), S. 261 f.).

Vorläufige empirische Ergebnisse aus Arbeitskräfteerhebungen deuten an, dass die formale Qualifikation von bisher in die EU eingewanderten Arbeitskräften aus den MOEL signifikant höher ist als die von anderen Ausländern und von Einheimischen in einer vergleichbaren Stellung. Die Einwanderer konkurrieren in erster

Linie mit den Erwerbspersonen der zweiten Gruppe um einfache Jobs in verarbeitenden Industrie oder im Dienstleistungssektor und haben aufgrund ihrer formal höheren Qualifikation Vorteile, die andere Nachteile ausgleichen können (Brücker (2000), S. 50). Demnach dürfte im Standardfall die *Immigration* von Arbeitskräften aus den MOEL von den geringqualifizierten beschäftigten Arbeitskräften (,Insider') in der EU *abgelehnt* werden. Insider der Gruppe 2 sind aber den Facharbeitern (Gruppe 1), Outsidern (Gruppen 3 und 4) und Kapitaleignern nicht nur zahlenmäßig überlegen, sondern stellen wegen ihrer *höheren Homogenität* und *geringeren Organisationskosten* auch eine *effektive Lobby* dar.[126]

Aufgrund dieser Überlegungen war bereits vorab eine Migrationspolitik der EU zu erwarten, die der Präferenz des Medianwählers für Abschottung folgend die volle Freizügigkeit für Arbeitskräfte aus den MOEL erst nach einer Übergangsfrist einräumt. Dabei konnte bereits im Vorfeld der Zeitraum von sechs bis sieben Jahren, der als Übergangsfrist auch beim EU-Beitritt Spaniens und Portugals gewählt wurde, als eine plausible und wahrscheinlich auch implementierte Richtgröße dienen. Ein Reformdruck auf die deutschen Arbeitsmärkte ist deshalb wenig wahrscheinlich.

Es lässt sich darüber hinaus jedoch auch am *Beispiel* des *deutschen* Arbeitsmarkts aufzeigen, dass der zu erwartende Migrationsdruck *nicht* zwingend zu einer *Deregulierung* des Arbeitsmarktes führt, wie in der ,Burda-Hypothese' unterstellt. In Kapitel 2 wurde verdeutlicht, dass die Beitrittsländer durch ein großes Arbeitsangebot bei geringem Kapitalstock und im Vergleich zu Westeuropa stark nachhinkender Arbeitsproduktivität charakterisiert werden können. Das durch Migration aus den MOEL zusätzlich entstehende Arbeitsangebot wird sich in der EU also überwiegend in Bereiche *niedriger Produktivität* bewegen (Walterskirchen (1998), S. 539). Begrenzt man dieses Angebot administrativ nicht, so ist damit zu rechnen, dass sich die Beschäftigung vor allem in den Niedriglohnsektoren erhöht. Dies würde den Erfahrungen Österreichs mit dem ,sozialen Experiment' einer limitierten Freigabe der Zuwanderung in den frühen neunziger Jahren entsprechen (Walterskirchen (1998), S. 538). Es ist dabei jedoch zu berücksichtigen, dass gerade dieser Bereich *niedrig qualifizierter* Arbeit einen Kernproblembereich des deutschen Arbeitsmarktes darstellt (Weimann (1999)). Aus institutionellen Gründen stellt sich hier weder ein signifikantes Arbeitsangebot, noch eine signifi-

---

[126] Es kann sogar zu einer Koalition der Vertreter des Faktors Kapital und der beschäftigten ,Insider' kommen, wenn durch die Verhinderung von Migration, z.B. durch Mindestlöhne, Einkommensunterschiede zwischen Kapital und Arbeit verringert und politisch stabile (aber sklerotisierende) Verhältnisse im Sinne Olsons (1982) erzielt werden können.

kante Arbeitsnachfrage ein. Im deutschen Lohngefüge fehlt deshalb ein Niedriglohnsektor völlig, wohingegen die Beitrittsländer mit insgesamt über 100 Millionen Menschen (über 60 Millionen davon in den Beitrittsländern der ‚ersten Welle') durchweg Niedriglohnländer sind.[127]

Auch ist *fraglich*, ob ein potentieller Zustrom gering qualifizierter Arbeitsanbieter die bisher bestehenden institutionellen Barrieren für die Einrichtung eines Niedriglohnsektors *einreißt*. Denn die Regulierungen der Arbeitsmärkte und die ‚Schutzvorschriften' für gering qualifizierte Arbeit in der EU bewirken tendenziell eher, dass jedes Arbeitsangebot künstlich auf das Niveau des jeweiligen Hochlohnlandes heraufgeschleust wird. Aus dieser Sicht kann der von Burda (1999) erwartete lohnsenkende Wettbewerb um Arbeitsplätze im Niedriglohnsektor gar nicht erst stattfinden, da ein entsprechender Sektor in Westeuropa *bisher nicht* existiert. Welche neuen strategischen Anreize sollten dafür sprechen, dass die hierfür verantwortlichen Institutionen aufgrund der EU-Osterweiterung in Richtung mehr Flexibilität *zukünftig geändert* werden?

Angesichts vergangener Erfahrungen ist es eher wahrscheinlich, dass *institutionelle Vorkehrungen* zur Vermeidung eines vermeintlichen Lohndumpings durch den in gewissem Umfang zu Unrecht erwarteten massiven Zustrom an gering qualifizierten Arbeitskräften getroffen werden. Die Arbeitskräftewanderung wird in den Europaabkommen als eine Angelegenheit der *nationalen Gesetzgebungen* betrachtet. Daher gilt das Prinzip der Nichtdiskriminierung nur für die bereits in der EU beschäftigten Arbeitnehmer. Die Freizügigkeit der Personen ist als einzige der vier Grundfreiheiten nicht Bestandteil der Heranführungsstrategie der EU (siehe Kapitel 1.1). Den Arbeitskräften aus den MOEL wurden keine neuen Möglichkeiten der Beschäftigung im ‚Westen' eingeräumt. In der Tat wurden die Einwanderungsgesetze in der EU immer restriktiver. Einwanderungswillige aus den MOEL in die EU mussten - wenn sie nicht höher qualifiziert waren - mit immer mehr Widerstand der EU-Mitgliedsstaaten, insbesondere der ‚Grenzstaaten' zu den MOEL, rechnen (Bruha, Straubhaar (1998), Lavigne (1998), S. 49 f.). Darüber hinaus machte Deutschland beispielsweise seine Zustimmung zum Vertrag von Amsterdam davon abhängig, dass es bei der Entscheidung weiterhin unabhängig bleibt, ob Angehörigen aus Nicht-EU-Ländern eine Arbeitserlaubnis erteilt werden soll

---

[127] Dieses Argument ist aus EU-Sicht jedoch teilweise zu relativieren, wenn man berücksichtigt, dass das Wirtschaftswachstum in Frankreich in der Vergangenheit zu einem vergleichsweise stärkeren Anstieg der Beschäftigung (Beschäftigungsschwelle des Wachstums von 1,25 %) geführt hat als in Deutschland (Beschäftigungsschwelle von 2 %). Hierin zeigt sich unter anderem, dass Frankreich im Niedriglohnsektor aktiver als Deutschland ist.

(Straubhaar (1999), S. 3). Auch das am 30. November 1995 verabschiedete und jüngst unbefristet verlängerte deutsche Entsendegesetz, das vor allem den deutschen Bausektor vor ausländischer Konkurrenz ('Lohndumping') schützen soll, ist ein treffendes und warnendes Beispiel für derartige *Abschottungsstrategien*.[128]

Die von Seiten der Interessengruppen (v.a. der Gewerkschaften) geäußerten Befürchtungen einer Verdrängung inländischer Arbeitnehmer durch Migranten, wenn Migration in nennenswertem Umfang auftritt, sind nicht ganz unbegründet. Auch diesbezüglich sind die Erfahrungen Österreichs zielführend. Das oben schon erwähnte ,soziale Experiment' der frühen neunziger Jahre führte zu einer *Dämpfung der Inländerbeschäftigung* vor allem im Niedriglohnsektor. Die Arbeitslosigkeit erhöhte sich durch Prozesse der Verdrängung älterer in- und ausländischer Arbeitnehmer durch hochmotivierte Zuwanderer (Walterskirchen (1998), S. 539). Darüber hinaus liegt Evidenz dafür vor, dass auch nach dem EU-Beitritt und der Einführung der Freizügigkeit viele *Schwarzarbeiter* aus den MOEL bereit sein werden, zu Konditionen unterhalb des Kollektivlohns zu arbeiten. Auch die garantiert gleichen Lohn- und Arbeitsbedingungen für gemeldete Arbeitskräfte - so die Gewerkschaften - hätten in der Vergangenheit Ausländerzuströme nicht abwehren können. Denn Unternehmen seien in der Lage gewesen, zu gleichen Bedingungen im Ausland *höher qualifiziertere* und *anpassungsfähigere* Arbeitskräfte zu finden. Dabei würden sie weit unter ihrer Qualifikation bezahlt (Walterskirchen (1998), S. 538).

Weimann (1999, S. 1) interpretiert diese Zusammenhänge konsequenterweise wie folgt: „Was hätten die Trojaner gemacht, wenn sie gewusst hätten, was in dem hölzernen Pferd steckt? Sie hätten es vermutlich zugenagelt". In der Tat tragen die momentan gültigen Europaabkommen mit den beitrittswilligen MOEL im Bereich der Personenfreizügigkeit einen ausgeprägt *defensiven* Charakter: Die Freizügigkeit der Arbeiter wird weitgehend schlicht ausgeschlossen! Auch zukünftig können gerade von Deutschland kaum mehr als minimale Zugeständnisse an eine gemeinsame EU-Politik eines Abbaus der Wanderungsrestriktionen erwartet werden.[129] In einer hoch arbeitsteiligen erweiterten EU wirkt eine Abschottung der Arbeitsmärkte per Dekret wie ein Anachronismus. Sie ist ökonomisch teuer, setzt

---

[128] Vgl. Belke (1998), Cyrus (1997), S. 12 f. und Schäfer (1998), S. 4.

einen teuren Kontrollapparat voraus und fordert möglicherweise illegale Umgehungsgeschäfte geradezu heraus (Straubhaar (1999), S. 3). Eine Abschottung durch Mindestlöhne hat ebenfalls hohe Opportunitätskosten. Die Zuwanderung kann unter einem ‚fixed wage regime' für den Arbeitsmarkt des Zuwanderungslandes wegen der entstehenden Arbeitslosigkeit teurer werden als unter einem ‚flexible wage regime' (Breuss (1998), S. 34). *Was aber, wenn es das Trojanische Pferd (mit versteckten Migranten) gar nicht geben wird?*

4.1.5. Schlussfolgerungen

Baldwin u. a. (1992, S. 88) kommentieren die Größenordnungen der erwarteten Einwanderung aus Mittel- und Ost- nach Zentraleuropa im Vergleich mit der Migration nach dem Krieg in die Bundesrepublik, der Rückkehrer aus Algerien nach Frankreich und der heutigen Immigranten in die USA wie folgt: „These orders of magnitude do not suggest that migration flows would be an insurmountable problem". Kurzfristigen Problemen im Bereich der Arbeitsmarktintegration in wenigen Regionen oder Sektoren stünden langfristig gesellschaftliche Erträge einer gesteuerten Zuwanderung gerade junger Migranten gegenüber (Baldwin (1992) u. a., S. 88, Brücker, Franzmeyer (1997), S. 92). In einer längerfristigen Vorausschau erscheint die Öffnung der EU-Arbeitsmärkte ohnehin deutlich weniger dramatisch als aus der heutigen, durch die Erfahrung mit lang andauernder hoher Arbeitslosigkeit geprägten Perspektive in vielen EU-Staaten. Die absolute *Abnahme der Bevölkerung im erwerbsfähigen Alter*, die z. B. in Deutschland und Österreich in der zweiten Dekade dieses Jahrtausends einsetzen wird, wird auf EU-Arbeitsmärkten ohne eine erhebliche Zuwanderung aus den MOEL die Arbeitsnachfrage beschränken und die Finanzierung der Alterssicherungssysteme gefährden. Dagegen kann ein positiver Wanderungssaldo von 300.000 Personen jährlich langfristig die Bevölkerungszahl in Deutschland stabilisieren und die Zahl der Erwerbspersonen um 2 Millionen erhöhen (Brücker, Franzmeyer (1997), S. 95).

Die kurzfristige Integration der Einwanderer in den Arbeitsmarkt dürfte angesichts der Tatsache, dass die Verfügbarkeit von Beschäftigungsmöglichkeiten im Zielland ein wesentlicher Pull-Faktor der Migration ist, nicht so schwierig sein

---

[129] Vgl. stellvertretend hierfür die bei Straubhaar (1999), S. 4, aus dem Hamburger Abendblatt, Nr. 88 vom 16.04.1998, S.4, zitierte Haltung der CSU: „Die CSU hat ultimativ gefordert, den deutschen Arbeitsmarkt für die osteuropäischen Beitrittskandidaten nicht vor dem Jahr 2015 zu öffnen. (...) Ohne vorherige klare Regelung der Freizügigkeitsfrage könnten die Beitrittsverhandlungen mit Polen, Ungarn, Tschechien, Slowenien, Estland und Zypern nicht abgeschlossen werden und sei ein Beitritt nicht möglich. In dieser Frage sehe die CSU ein Junktim".

wie von einigen Autoren befürchtet.[130] Die Untersuchung der regionalen Verteilung der bisherigen Einwanderer aus den MOEL nach Deutschland zeigt deutlich, dass fast ausschließlich Regionen mit geringer Arbeitslosigkeit und hoher Arbeitsnachfrage angesteuert werden - bevorzugt, jedoch nicht ausschließlich im grenznahen Raum. „Thus, migration from the CEECs to Germany follows - beyond geography - mainly the agglomeration of prosperous industries" (Brücker (2000), S. 55). Eine Schätzung der Auswirkungen nicht nachfrageinduzierter Einwanderung, wie sie von Breuss, Schebeck (1995) vorgenommen wird, prognostiziert deshalb deutlich überhöhte negative Effekte auf die Arbeitslosenquote im Zielland.

Ein ökonomisches Migrationsproblem ist aus unserer Sicht nicht auszumachen. Weder die zu erwartenden Einwanderungsströme, noch die daraus ableitbaren Arbeitsmarkteffekte werden zu ökonomischen Verwerfungen führen. Im Gegenteil: Die Migration wird wahrscheinlich eher positive Wohlfahrtseffekte für die Einwanderungsregionen verursachen. Unsere polit-ökonomischen Überlegungen haben gezeigt, warum sich Politiker und Gewerkschaften in Deutschland dennoch vor dem geringen Zustrom ausländischer Arbeitskräfte fürchten oder zu fürchten vorgeben. Es sind die Verteilungseffekte der Zuwanderung, die eventuell die relative Lohnsituation des gering qualifizierten Medianwählers in den auf die Herstellung der Freizügigkeit folgenden Jahren etwas verschlechtern werden, die zu der momentan betriebenen Abschottungspolitik (europäische Entsenderichtlinie, deutsches Vergabegesetz öffentlicher Aufträge, Übergangsfristen für die Freizügigkeit) führen.

Was ist unsere Handlungsempfehlung an die Politik? Aus ökonomischer Sicht sollte die Abschottung möglichst bald, aber spätestens nach der nächsten Bundestagswahl, aufgehoben werden, um volkswirtschaftliche Gewinne der Osterweiterung realisieren zu können. Die dazu notwendigen institutionellen Reformen der deutschen Arbeitsmärkte und Sozialpolitik werden von Sinn (1999) heraus gearbeitet. Er studiert die internationalen Implikationen der EU-Osterweiterung, basierend auf einem formalen Modell mit Migrationskosten für Kapital und Arbeit. Sein Modell prognostiziert zunächst Migrationsströme von den neuen in die alten EU-Volkswirtschaften, die sich im weiteren Zeitablauf wieder *umkehren*. Aus den Erfahrungen der Einwanderung aus Südeuropa nach Deutschland und der Landnahme im Westen der USA im vergangenen Jahrhundert kann das Argument abgeleitet werden, dass die Einwanderung nur dauerhafter Natur sei, solange Dauer-

---

[130] Vgl. Brücker, Franzmeyer (1997), S. 94 f., Walterskirchen, Dietz (1998), S. 68 ff., und Walterskirchen (1998), S. 538 f.

arbeitsplätze (bzw. Land) vorhanden seien. Bei hoher Arbeitslosigkeit im Zielland werden die Migranten tendenziell nur so lange bleiben, bis sie genug verdient haben, um sich in ihrem Heimatland eine Existenz aufzubauen. Ob und wie viele der Migranten diese Perspektive haben, lässt sich allerdings nur schwer feststellen. Dies deckt sich auch mit Vorhersagen von Boeri (1998): „In any event, East-west migration will be of a temporary nature, whilst permanent migration can continue to be of a East-to-east type, especially if the present strong economic recovery in central and eastern Europe will gain momentum". Die Einwanderung mit späterer Rückkehr ('two-sided migration') ohne staatliche Interventionen ist nach Sinn (1999) die beste Lösung, da sie den effizientesten Einsatz der vorhandenen Ressourcen herbeiführt.[131] Somit sollte Migration (auch in der Übergangsphase) *im Idealfall* nicht durch gesetzliche Beschränkungen oder Transferzahlungen künstlich reduziert werden. Falls die Migration aufgrund der Unterschiede der Höhe der Löhne und Sozialleistungen jedoch über ihr wirtschaftlich optimales Maß hinaus zu gehen droht, ist als zweitbeste Lösung die Reform der wohlfahrtsstaatlichen Systeme in den *alten* EU-Volkswirtschaften zu wählen, statt durch Subventionen für Nicht-Migration ('stay-put-premia') ineffiziente Strukturen in den MOEL zu erhalten.[132] Derartige institutionelle Reformen könnten die Einführung des Heimatlandprinzips für wohlfahrtsstaatliche Transfers und von Lohnsubventionen, welche die Anpassungskapazität der Arbeitsmärkte erhöhen, einschließen.

Bei der Ableitung seiner Empfehlungen zur Ausgestaltung der wohlfahrtsstaatlichen und Arbeitsmarktinstitutionen, gerade in der Übergangsphase zur EU-Integration der MOEL, zieht Sinn (1999) deutliche *Parallelen zur deutschen Vereinigung*. Die EU-Ostintegration ähnele hinsichtlich ihres Charakters der deutsch-deutschen Vereinigung (vgl. auch Jovanovic (1999), S. 493). In beiden Fällen wurde bzw. wird aus stilisierter Sicht eine prosperierende Volkswirtschaft um eine ärmere und unterentwickelte Volkswirtschaft erweitert. Sogar die relativen Umfänge der Erweiterungen sind ähnlich: Während die deutsche Vereinigung die Population der Marktwirtschaft um ein Viertel erhöhte, wird die geplante EU-Osterweiterung die Bevölkerung in der EU um etwa ein Sechstel erhöhen. Bei der deutschen Wiedervereinigung wurden jedoch entscheidende *Fehler bei der Institu-*

---

[131] Genau dies konnte in den neunziger Jahren für Polen beobachtet werden, als 300.000 der ursprünglich 600.000 in den achtziger Jahren in die EU emigrierten Arbeitnehmer wieder zurückkehrten. Vgl. Ludwig (2001).

[132] Für einen derartigen Vorschlag vgl. beispielsweise Wildasin (1991). Falls Arbeitnehmer in den Westen wandern, ganz einfach um Empfänger wohlfahrtsstaatlicher Leistungen zu werden, führt Migration zu Ineffizienz. In einer solchen Situation könnte die Zahlung von 'stay-put-premia' aus der Sicht der alten EU-Mitglieder preiswerter sein als die Immigranten zu behalten.

tionenwahl für die Übergangsperiode mit verheerenden Folgen für Arbeitsmärkte und die öffentlichen Budgets (jährliche Kosten öffentlicher Transfers von 5 % des BIP für Westdeutschland) gemacht. Folglich kann man auf die Vermeidung derartiger Fehler im Rahmen der EU-Osterweiterung nur hoffen. Denn Berechnungen von Sinn (1999) zufolge wäre im (nicht unwahrscheinlichen - siehe Kapitel 3.1) Fall einer Kopie der westdeutschen Institutionenwahl auf die EU-Osterweiterung mit jährlichen Kosten von bis zu 4,5 % des EU-BIP bzw. mehr als 300 Mrd. Euro zu rechnen.

Aus diesen Vorüberlegungen ergeben sich nun wichtige Schlussfolgerungen für die im Rahmen der EU-Osterweiterung *notwendig werdenden institutionellen Anpassungen in den alten EU-Ländern.* Da sich die gegenwärtigen EU-Länder die Zahlung von Nicht-Migrations-Prämien an die MOEL nicht leisten können, wie bereits das Beispiel Westdeutschlands nach der Wiedervereinigung gezeigt habe, und diese zudem nur die drittbeste Lösung darstellen, sind *andere institutionelle Weichenstellungen* vorzuziehen. Lehnt man eine eingeschränkte Niederlassungsfreiheit gemäß dem zuvor dargestellten Idealmodell (ohne wohlfahrtsstaatliche Restriktionen in der EU) ab und vernachlässigt man die politisch nicht wünschenswerte Alternative einer weiteren Verschiebung der Osterweiterung, so besteht eine billigere Alternative darin, die *wohlfahrtsstaatlichen Programme* der alten EU-Mitgliedsländer *auf ihre eigenen Staatsbürger* zu beschränken. Dies liefe auf tiefgreifende Umbauten am Sozialsystem in Form eines Ersatzes des bisher in der EU bei wohlfahrtsstaatlichen Transfers angewandten Wohnsitzprinzips durch das *Heimatlandprinzip* hinaus. Die Zuwanderung würde nicht mehr durch Leistungen des Sozialstaats noch zusätzlich gefördert. Die Anwendung des Heimatlandprinzips wäre im Rahmen der Sinn'schen Konzeption ohnehin ein geeignetes Mittel, die Erosion des Wohlfahrtsstaates durch die Kräfte des Systemwettbewerbs zu verhindern. Darüber hinaus wäre sie eine entscheidende Vorbedingung für eine vollständige Realisierung der vier Grundfreiheiten des EU-Vertrags.[133]

Selbst bei lückenloser Anwendung des Heimatlandprinzips jedoch könnte eine freie Migration dazu führen, dass die Migranten aus den MOEL einen Teil der bisher in der EU beschäftigten Arbeitnehmer ersetzen (,replacement effect'). Dies könnte *letztere* zu Ansprüchen auf wohlfahrtsstaatliche Leistungen berechtigen. Um diesen Effekt auszuschließen, *sind die Arbeitsmärkte in den EU-Volkswirtschaften weiter zu flexibilisieren.* Die Bedingungen für die Inanspruchnahme von Arbeitslosenunterstützungszahlungen, für den vorzeitigen Altersruhestand und andere ,Subventionen der Nichtarbeit' sind strikter auszugestalten. Gleichzeitig sind

---

[133] Vgl. Sinn (1990), Sinn (1999) und FAZ (1999c).

die hiermit einher gehenden Zahlungen ihrem Ausmaß nach zu beschränken. Die notwendige Flexibilisierung der Arbeitsmärkte könnte nach Sinn (1999) sogar unter Einhaltung sozialer Zielsetzungen erreicht werden, falls die hierdurch eingesparten Beträge für Lohnsubventionen für niedrig bezahlte Arbeitnehmer eingesetzt würden (Sinn (1999), S. 19). Zur Abfederung der zu erwartenden Verteilungswirkungen könne die Vermögensbildung für Arbeitnehmer durch Beteiligungsmodelle und kapitalgedeckte Vorsorgesysteme forciert werden (FAZ (1999c)).

Die Anwendung des Heimatlandprinzips und der Ersatz üblicher wohlfahrtsstaatlicher Leistungen durch Lohnsubventionen werden somit von Sinn als *wichtige Bestandteile institutioneller Reformvorschläge* für die Übergangsphase der EU-Osterweiterung angesehen. Durch diese institutionellen Änderungen in den alten EU-Ländern könnten die Wohlfahrtsgewinne freier Migration zwischen den MOEL und Ländern der bisherigen EU realisiert werden. Gleichzeitig wäre die EU auf eine im Gefolge der Osterweiterung überraschend auftretende Migrationswelle aufgrund politischer Instabilitäten in Osteuropa relativ gut vorbereitet.

Abschließend sei kurz auf die in der Einleitung zu diesem Kapitel angesprochene gesellschaftliche Dimension des Migrationsproblems eingegangen. Die Bundesrepublik Deutschland hat in den mehr als fünfzig Jahren ihres Bestehens reichlich Erfahrung mit Zuwanderung gesammelt. In den ersten Nachkriegsjahren kamen die Vertriebenen aus den vormals deutschen Ostgebieten. Von 12 Millionen Flüchtlingen ließen sich damals rund 8 Millionen dauerhaft in den drei westlichen Besatzungszonen, die später die BRD bildeten, nieder (1. Einwanderungswelle). Die junge Demokratie integrierte danach in den ersten Jahren ihres Bestehens von 1950 bis zum Mauerbau im August 1961 2,3 Millionen Deutsche aus der DDR (2. Einwanderungswelle). Trotz dieser Massenzuwanderung war ein Arbeitskräftemangel durch das deutsche Wirtschaftswunder bereits absehbar. 1955 wurde das erste Gastarbeiterabkommen mit Italien geschlossen, dem Anwerbevereinbarungen mit Spanien, Griechenland (beide 1960), der Türkei (1961, 1964), Marokko (1963), Portugal (1964), Tunesien (1965) und Jugoslawien (1968) folgten (von Loeffelholz, Köpp (1998), S. 25). Von 1950 bis 1973 kamen im Saldo ungefähr 3,7 Millionen ausländische Zuwanderer nach Deutschland (3. Einwanderungswelle), während die Zahl der Aus- und Übersiedler zwischen 1962 und 1973 auf nur noch 563.000 sank. In den Jahren von 1974 bis 1987 verlor die BRD im Saldo der Wanderungsbewegungen 48.000 ausländische Mitbürger - dennoch stieg der Bevölkerungsanteil von Ausländern in Deutschland durch die hohen Geburtenraten unter den Zuwanderern noch an (von Loeffelholz, Köpp (1998), S. 29). Erst die politischen Umwälzungen in Mittel- und Osteuropa ab 1988 und vor allem der Balkan-Krieg resultierten in einer vierten Einwanderungswelle.

Zwischen 1988 und 1995 wanderten ca. 2,6 Millionen Ausländer und 2,8 Millionen Aus- und Übersiedler nach Westdeutschland ein (siehe Tabelle 38). Aus den 10 Ländern Mittel- und Osteuropas, die sich jetzt um eine Mitgliedschaft in der EU bewerben, kamen in den wenigen Jahren bis zur Abschottung der EU gegen Zuwanderung (Verschärfung des Asylrechts in Deutschland, Schengener Abkommen der EU-Staaten) 585.417 Personen nach Deutschland (siehe Tabelle 18).

Tabelle 38
Zuwanderungen nach Deutschland 1946-1995 in 1.000 Personen

| | Deutsche | | Ausländer | Zuwanderung |
	Vertriebene und Aussiedler	Übersiedler aus der DDR		insgesamt
1946-49	5.054	425	k.A.	5.479
1950-61	2.053	2.257	508	4.818
1962-73	283	280	3.150	3.713
1974-87	660	244	- 48	856
1988-95	2.075	773*	2.588	5.436
1946-1995	**10.125**	**3.979**	**6.198**	**20.302**

* bis zum 3. 10. 1990.
Quelle: von Loeffelholz, Köpp (1998), Tabelle 2 (gekürzt).

Es bleibt festzuhalten: Die Bundesrepublik Deutschland hat eine lange *Zuwanderungstradition*, nicht nur deutschstämmiger Migranten. Insgesamt haben seit 1946 20 Millionen Menschen im Westen Deutschlands eine neue Heimat gefunden. Einwanderung aus den in naher Zukunft ‚neuen' mittel- und osteuropäischen Mitgliedsstaaten der EU dürfte deshalb kein gesellschaftliches Problem sein, solange sie sich auf die westlichen Bundesländer konzentriert. Für die fünf Länder, die ehemals die DDR bildeten, muss jedoch konstatiert werden, dass dort weder eine mit dem Westen vergleichbare Zuwanderungstradition existiert, noch ein hoher Ausländeranteil vorzufinden ist, der nach allen bisherigen Erfahrungen mit Ausländerfeindlichkeit in Deutschland eher mit einer kulturell toleranten einheimischen Bevölkerung einher geht. Daher dürfte weitere Einwanderung auch aus diesem Grund eher den Westen Deutschlands zum Ziel haben. Aufgabe der Politik wäre es, die *Integrationsfähigkeit* (West-)Deutschlands durch geeignete Maßnahmen zu erhalten, sie - wenn möglich - auf den Ostteil des Landes auszudehnen und die Zuwanderungstradition Deutschlands als *Bestandteil demokratischer Kultur* und als *ökonomischen Standortvorteil* zu betonen.

4.2. Arbeitsmarkteffekte veränderter Handelsströme und ausländischer Direktinvestitionen

Im vorangegangenen Abschnitt wurde gezeigt, dass eine arbeitsmarktrelevante und nicht zu bewältigende Einwanderungswelle aus den MOEL im Zuge der Osterweiterung nicht zu erwarten ist. Falls es unter geänderten Rahmenbedingungen dennoch nach einem EU-Beitritt der MOEL zu einer nennenswerten Zuwanderung vor allem aus Polen kommen sollte, so sind die Erwartungen der Ökonomen für die Beschäftigungswirkungen in den Einwanderungsländern überwiegend positiv. Selbst wenn die existierenden Rigiditäten zunächst das für die positiven Beschäftigungseffekte benötigte Absinken der Löhne noch verhindern könnten, stiege die Wahrscheinlichkeit von Arbeitsmarktreformen. In diesem Abschnitt wird die Frage beantwortet, ob neben der Migration noch andere Einflusskanäle für Arbeitsmarkteffekte der Osterweiterung in der EU existieren. Die aus der EU-Osterweiterung resultierenden potentiellen Auswirkungen *auf die EU-Arbeitsmärkte* lassen sich ebenfalls aus detaillierten Kosten-Nutzen-Analysen der Osterweiterung für die EU ableiten, in denen die Außenhandelswirkungen und alternativ die Effekte auf ausländische Direktinvestitionen (FDI) prognostiziert werden. In Abschnitt 3.2 wurde bereits darauf hingewiesen, dass Extrapolationen für die zukünftige Arbeitsmarktentwicklung aus Prognosen für die Außenhandelsentwicklung problematisch sein können. Zusätzlich werden hier deshalb Prognosen für die FDI-Entwicklung genutzt. Ausführlichere Darstellungen liefern Baldwin, François, Portes (1997), Breuss (1998) und Brücker (2000) für die gesamte EU, Emerson, Gros (1998) für die EU, aber besonders Portugal, Breuss, Schebeck (1998) und Walterskirchen (1998) für Österreich. Ist die verbreitete Vorstellung von der ökonomischen Integration als ein ‚Nullsummenspiel' richtig: ‚Was der Osten hinzubekommt, muss der Westen hergeben' (Dresdner Bank (2001), S. 5) oder sogar ‚Was der Osten verliert, gewinnt der Westen nicht hinzu'?

4.2.1. Arbeitsmarktwirkungen des Außenhandels

Wie schon in Kapitel 3.2 gezeigt, lassen sich die aus einer steigenden Handelsverflechtung resultierenden Wohlfahrtseffekte nur bedingt zu einer Ableitung von direkten (Mengen-) Effekten auf das nachgefragte Arbeitsvolumen in den am Integrationsprozess teilnehmenden Volkswirtschaften heranziehen. Durch ein gestiegenes Außenhandelsvolumen zieht nicht notwendigerweise das Beschäftigungsvolumen automatisch ebenfalls an. Andererseits kann unter den restriktiven Annahmen der klassischen Außenhandelstheorie ein indirekt zu begründender Zusammenhang mit der Arbeitsmarktperformance abgeleitet werden. In der bereits zuvor skizzierten Modellwelt mit zwei Produktionsfaktoren, zwei Ländern und zwei Gütern ergibt sich bei zunehmender Handelsverflechtung eine Veränderung der relativen Preise der Güter. Darauf folgt eine überproportionale Einwirkung auf die Löhne in den betreffenden Sektoren und damit ein Effekt auf die Beschäftigungsnachfrage (Jones (1965)). Hingegen können auf der Grundlage der klassischen Außenhandelstheorie durch die Osterweiterung der EU *Arbeitsmarkteffekte* genau dann *ausgeschlossen werden*, wenn die Handelsbeziehungen mit den MOEL bereits vor ihrem EU-Beitritt ein mit einer Zollunion vergleichbares Niveau erreicht haben, so dass kein signifikanter Anstieg des Handels mehr durch den faktischen Beitritt erwartet werden kann. Obwohl Brücker (2000, S. 31 ff.) eine Verdoppelung des Handels der EU mit den MOEL durch die Osterweiterung erwartet und damit die optimistischste Schätzung vorlegt, stellt er in bezug auf mögliche Arbeitsmarktwirkungen fest: „However the trade shares of the CEECs are too low to expect an impact on wages and employment even in the most strongly affected countries" (Brücker (2000), S. 32). Nur in wenigen (grenznahen) Regionen und Industriesektoren der bisherigen EU seien spürbare Arbeitsmarkteffekte überhaupt denkbar. Aber gerade die grenznahen Regionen in Österreich und Deutschland haben das ‚normale' Handelsvolumen mit den MOEL erreicht oder bereits überschritten.

Die Quantifizierung der Kosten und Nutzen der Osterweiterung für die EU, vor allem vor dem Hintergrund des liberalisierten *Außenhandels*, liefern *je nach Methode* verschiedene Größenordnungen. Bisher werden für Simulationen dieser Effekte vor allem zwei Typen verwendet: Makro-Modelle[134] und numerische allgemeine Gleichgewichtsmodelle (CGE)[135]. In Abschnitt 3.2.1 wurde bereits ausführlich auf die Studie von Baldwin, François, Portes (1997) zu den Nutzen und Kosten der Osterweiterung und deren Implikationen für die MOEL eingegangen. Die hier vorzunehmende Einschätzung der Beschäftigungseffekte in der EU kann nicht ohne eine Prognose der Effekte in den MOEL auskommen (Breuss (1998), S. 4). Da in Kapitel 3.2.1 teilweise auch schon die Handelseffekte der EU-Osterweiterung für die EU analysiert wurden, sollen an dieser Stelle ergänzend die prognostizierten *Netto*gewinne für die einzelnen EU-Länder untersucht werden (Breuss (1998), S. 223 f.). Denn diese bestimmen das Stimmverhalten der einzelnen Länder bei den gemeinsamen EU-Beschlüssen, die das Timing, die Finanzierung und andere Aspekte des EU-Beitritts der MOEL berühren (vgl. Abschnitt 3.1.3.). Die aus der EU-Osterweiterung zu erwartenden Nettogewinne der EU-

---

[134] Vgl. Breuss (1998) für Auswirkungen der Osterweiterung auf den ‚Rest der Welt'.

[135] Vgl. Baldwin, François, Portes (1997) und Brown u.a. (1997) für Auswirkungen der Osterweiterung auf den ‚Rest der Welt' sowie Keuschnigg, Kohler (1997, 1998) für Auswirkungen auf Österreich.

Staaten werden von Breuss (1998) unter Verwendung der Ergebnisse von Baldwin, François, Portes (1997) ermittelt. Es lassen sich hieraus zwei zentrale Aussagen ermitteln. Gemessen an ihrem BIP-Anteil fallen diese Nettogewinne erstens *gering* aus. Zweitens sind diejenigen Länder die Gewinner, welche die *intensivsten Handelsbeziehungen* zu den MOEL aufweisen. Dies trifft besonders für Deutschland (0,13 % des BIP), Finnland (0,11 %) und Österreich (0,09 %) zu. Hingegen sind die Länder mit nur geringen Handelsbeziehungen zu den MOEL, wie zum Beispiel die Kohäsionsfonds-Länder Irland und Griechenland, die voraussichtlichen Verlierer des ‚enlargement game'. Dies gilt vor allem deshalb, weil sie Transfers aus dem EU-Haushalt an die MOEL verlieren (Breuss, Schebeck (1998), S. 741, Cichy (1995), S. 666).

Neueren Simulationen (auf der Basis moderner Integrationstheorien) folgend wird die Osterweiterung der EU in Deutschland und Österreich vor allem durch deren steigende Exporte in die MOEL zu einem volkswirtschaftlichen Nettogewinn führen (Keuschnigg, Kohler (1999)).[136] *Geringere Rückflüsse aus den Strukturfonds* sowie *höhere Beiträge an den Gemeinschaftshaushalt* werden demnach durch *höhere Steuereinnahmen* als Folge eines stärkeren Wirtschaftswachstums mehr als kompensiert.[137] Die Wachstumsgewinne durch die Integration der EU mit den Beitrittskandidaten der *ersten* Welle werden von Keuschnigg, Kohler (1999) auf jährlich 0,4 bis 0,5 Prozent des BIP veranschlagt. Ähnlich positive Effekte ergeben sich durch eine Integration mit Volkswirtschaften der ‚zweiten Welle'. Insgesamt kommen die gängigen Untersuchungen zu dem einheitlichen Bild, dass diejenigen Länder von einer Liberalisierung des Warenverkehrs mehr profitieren, deren Exportstruktur durch *industrielle Fertigwaren* (Maschinen-, Fahrzeug-, Elektroindustrie) sowie *Chemieprodukte* dominiert wird. Im Zusammenhang mit den zu erwartenden höheren Direktinvestitionen in den MOEL dürften vor allem die *Investitionsgüterindustrien* in der EU von der Osterweiterung profitieren. In Brüssel wird es deshalb schon längst nicht mehr als ein Geheimnis gehandelt, dass neben Deutschland und Österreich vor allem Großbritannien und Frankreich zu den Hauptgewinnern der EU-Osterweiterung zählen dürften (Keuschnigg, Kohler

---

[136] Zu den Annahmen der Studie zählen die Verwirklichung der Reformen in der Agrar-, Struktur- und Finanzpolitik sowie die bereits beschlossenen Handelserleichterungen zwischen der EU und den Beitrittskandidaten.

[137] Die ersten Kostenschätzungen der Osterweiterung für die EU wurden 1993 durchgeführt. Je *älter* sie sind, desto *höher* fallen sie aus. Denn zum einen wurde im Rahmen der Agenda 2000 für die Ausgaben für Strukturpolitik ein Plafonds von 4 % des MOEL-BIP eingeführt. Zum anderen beziehen die jüngeren Studien nur die Kosten für den Beitritt der ‚ersten Welle' mit ein, die in etwa zwei Drittel der Gesamtkosten ausmachen. Vgl. Breuss (1997) und Breuss, Schebeck (1998), S. 743 f.

(1999)). Sollten - entgegen allen gegenwärtig vorherrschenden polit-ökonomischen Anreizen - Liberalisierungen bald auch in den Bereichen der Agrarprodukte sowie arbeitsintensiven gewerblichen Dienstleistungen durchgeführt werden, so dürften die entsprechenden Industrien in der EU zu den Hauptverlierern der Osterweiterung zählen (Keuschnigg, Kohler (1999)).

Der Aufholprozess der MOEL-Volkswirtschaften bedeutet natürlich, dass ihre Exporte stärker wachsen als der Außenhandel im allgemeinen. Falls sich dieses Wachstum in bestimmten Industrien konzentriert, kann dies auch zu gewissen *Anpassungsproblemen* auf den EU-Arbeitsmärkten führen. Jedoch ist wiederum deutlich hervorzuheben, dass die Probleme *industriespezifischer* und nicht länderspezifischer Natur sind. Bislang gibt es *wenig Evidenz* dafür, dass Exporte aus den assoziierten MOEL-Volkswirtschaften *ausschließlich in den arbeitsintensiven* (und Niedriglohn-) Industrien konzentriert sind und dass sie Exporte aus ärmeren Mitgliedsländern überproportional verdrängen. Zum Beispiel lässt sich keine Evidenz dafür anführen, dass die Verdopplung der EU-Importe aus den assoziierten Ländern portugiesische Exporte in signifikantem Ausmaß verdrängt hat, obwohl eine gewisse Korrelation zwischen den Exportmustern der assoziierten Staaten und demjenigen Portugals besteht. Diese betrifft vor allem die Textilbranche.[138] Der Hauptgrund hierfür besteht darin, dass für viele Produktgruppen, welche die wichtigsten Exporte der zentraleuropäischen Länder darstellen, *ein Weltmarkt* existiert, auf dem China, Indien und einige der südostasiatischen (Ex-) Drachenstaaten die Hauptanbieter sind (Belke, Gros (1998), Jovanovic (1999), S. 475).

Darüber hinaus zeigten große Differenzen im Wert pro exportierter Gütereinheit, dass die MOEL nicht mit den südlichen EU-Staaten in den gleichen Preis- und Qualitätssegmenten konkurrierten (siehe Kapitel 2.1.3). Für Portugal als ein von der durchschnittlichen EU-Industriestruktur abweichendes Land ergibt sich den vorstehenden Ausführungen zufolge ein verstärkter Wettbewerb im Bereich der *wichtigsten* Exportbranche der MOEL, dem *Textilbereich*. Es kann bislang aber kein negativer (Verdrängungs-) Effekt des zunehmenden Osthandels Österreichs und Deutschland auf deren Handel mit den südlichen EU-Staaten festgestellt werden. Die Kohäsionsländer der EU im allgemeinen und Portugal im speziellen sollten daher nicht wegen der Importkonkurrenz aus den MOEL indirekt unter der kommenden Osterweiterung der EU zu leiden haben (Brücker (2000), S. 35)

Analysiert man weitere Studien zur Quantifizierung der Wohlfahrtsgewinne

---

[138] Vgl. Belke, Gros (1998), Emerson, Gros (1998), S. 20 ff. versus Baldwin, François, Portes (1997), S. 149.

durch die EU-Erweiterung, so wird vor allem Eines deutlich. Das Ergebnis
simulationsbasierter *Vergleiche* der Wohlfahrtsgewinne aus der Beseitigung von
Handelshemmnissen im Ost-West-Handel *mit den zu erwartenden fiskalischen
Belastungen* durch die Ostintegration für einzelne bestehende EU-Länder hängt
entscheidend davon ab, ob man die *traditionellen Integrationstheorien*
(handelsschaffende und handelsablenkende Effekte einer Zollunion) oder die
modernen Integrationstheorien (Binnenmarkt: Verringerung der Handelskosten
durch Wegfall der Grenzkontrollen, Verringerung der Preissegmentierung durch
wettbewerbsbedingte Reduktion monopolistischer Konkurrenz, Wachstumseffekte
durch ‚economies of scale') zugrunde legt. Im ersten Fall stimmen die Ergebnisse
mit der Ausnahme Österreichs eher *pessimistisch*, im zweiten Fall auf der Basis
von Wachstumsimpulsen, Wettbewerbseffekten und der Ausnutzung von
Größenvorteilen insbesondere für Deutschland, Österreich, die Niederlande und
Finnland eher *optimistisch.*[139]

Dagegen zeichnet Brücker (2000, S. 34 ff.) sogar bei der Abwägung von (positiver) Handelsschaffung und (negativer) Handelsablenkung eher ein optimistisches
Bild. Die Ähnlichkeit der Exporte der MOEL mit denen anderer Transformationsstaaten sei - gemessen mit einem geeigneten Index - seit 1989 stark gefallen und
unterscheide sich mittlerweile nur noch unwesentlich von den anderen Industrie-
staaten. Zweitens scheint der seit der Öffnung nach Osten stark zunehmende Handel der EU mit den MOEL bisher nicht zu Lasten der EU-Importe aus Entwick-
lungsländern gegangen zu sein. Die Handelsbeziehungen mit anderen Transformationsländern entwickelten sich im Gegensatz hierzu ‚nur' durchschnittlich. Damit
scheinen *handelsablenkende* Effekte in der Vergangenheit auf die *anderen* Transformationsländer Ost- und Südosteuropas begrenzt gewesen zu sein.

Ob und in welchem Ausmaß diese insgesamt für den EU-Handel und die EU-
Wachstumsraten als positiv beurteilte Entwicklung auf die Arbeitsmärkte durch-
schlägt, hängt natürlich von der institutionell bedingten Höhe der *Beschäftigungsschwelle in der EU* und der Zusammensetzung (Kapital/Arbeitsverhältnisse) der
Außenhandelseffekte ab. Darüber hinaus ist zu beachten, dass sich die Importfä-
higkeit der MOEL (und somit die Exporte der EU in die MOEL) langfristig nur in
dem Ausmaß erhöhen kann, wie sich die internationale Wettbewerbsfähigkeit und
Exportfähigkeit der MOEL verbessert. Die bisher *hohen Leistungsbilanzdefizite*
vieler MOEL stellen hierfür ein wesentliches *Hindernis* dar. Die Exportfähigkeit
dieser Länder dürfte neben der Gestalt der Arbeitsmarktinstitutionen (Lohnstückkosten), auch durch *höhere Direktinvestitionen*, durch die Gewährung der *Dienst-*

---

[139] Vgl. Breuss (1998), S. 23 f., Kohler (1999), Kohler, Keuschnigg (1999).

leistungsfreiheit und vor allem durch die *Öffnung der Agrarmärkte* (dies gilt besonders für die Agrarländer Polen und Ungarn) bestimmt werden (Conquest (1999), Walterskirchen (1998), S. 533). Gerade die Liberalisierung des Agrarmarktes und des Marktes für arbeitsintensive gewerbliche Dienstleistungen (z. B. Baugewerbe) dürfte sich aber eher negativ auf den EU-Arbeitsmärkten niederschlagen. Die hohen Leistungsbilanzdefizite der MOEL und der bereits erfolgte Abbau der Handelsbeschränkungen *begrenzen* somit den Einfluss der EU-Osterweiterung auf die Exporte und die Beschäftigung in der EU deutlich. Es folgen abschließend einige Anmerkungen zu Beschäftigungseffekten der Osterweiterung in der EU, die voraussichtlich durch veränderte *Direktinvestitionen* (FDI)) induziert werden.

4.2.2. Arbeitsmarktwirkungen veränderter Direktinvestitionen

In Abschnitt 3.2.2 wurde bereits gezeigt, dass die Osterweiterung der EU die Kapitalmarktintegration wohl nicht ohne weiteres signifikant erhöhen wird und *keine* zusätzlichen *starken Kapitalzuströme* in die MOEL auslösen wird. FDI-Zuströme in die MOEL werden folglich vom jetzt erreichten hohen Niveau nur in geringerem Umfang noch wachsen. Allerdings dürften *nicht alle* der durch die Ostöffnung induzierten Direktinvestitionen von EU-Unternehmen in den MOEL *zusätzlich* zu den Investitionen im Heimatland in der bisherigen EU erfolgen. Möglicherweise handelt es sich dabei zum Teil auch um echte Investitions*verlagerungen*, die sich auf eine *Mischkalkulation* (ausgehend von einer Hochlohnproduktion in der EU und einer Niedriglohnproduktion in den MOEL) gründen (Breuss, Schebeck (1998), S. 747). Für Zwecke einer Simulation auf der Basis des WIFO-Makromodells wird von Breuss, Schebeck (1998) für Österreich unterstellt, etwa ein Drittel der (durch die Ostöffnung induzierten) zusätzlichen FDI erfolge substitutiv. Kumuliert wirkt sich dies bis zum Jahr 2010 in Verlusten an realem BIP Österreichs von lediglich 0,2 %, d. h. einem Rückgang der Beschäftigung von knapp 5000 Personen, aus.

Am ‚Centre for European Policy Studies' (Brüssel) wurde in einer Reihe von Studien folgerichtig untersucht, *ob und in welchem Umfang* die (mittelfristige Erwartung der) EU-Osterweiterung FDI-Ströme aus Ländern der EU, insbesondere aus den Niedriglohnländern Portugal und Spanien, *in die MOEL umleitet.* Letzteres wird auch als ‚Domino FDI'-Effekt bezeichnet.[140] Denn aktuelle Daten zeigen, dass Spanien und Portugal seit 1995 weniger ausländische Direktinvestitionen verzeichnen als die MOEL-10. Es könnte deshalb durchaus vermutet werden, dass

---

[140] Vgl. Brenton, di Mauro, Lücke (1998) sowie Emerson, Gros (1998), S. 30 ff.

die südlichen EU-Länder mit den MOEL um Direktinvestitionen aus den anderen EU-Staaten konkurrieren. Insgesamt kommen die genannten Studien jedoch auf der Grundlage von Modellen, welche die üblichen in Abschnitt 3.2.2. bereits genannten FDI-Determinanten inkorporieren, zu dem Ergebnis, dass die FDI-Ströme in die MOEL in den Neunzigern *keinen klaren negativen* Einfluss auf das Volumen der Ströme von FDI aus der EU in EU-Länder wie Spanien und Portugal gehabt haben.[141] Aus dieser Sicht sind *FDI-induzierte negative Arbeitsmarkteffekte* der Osterweiterung in EU-Ländern wohl eher *zu verneinen*. Wie schon in Abschnitt 2.1.6 erwähnt, stiegen die Lohnniveaus (in ECU) in den MOEL stärker an als in Portugal, so dass die lohnbezogene Wettbewerbsfähigkeit Portugals als einer wichtigen Determinante seiner Attraktivität für FDI (neben der Reform- und Unternehmensfreundlichkeit seiner Wirtschaftspolitiken (Martín, Velázquez (1997))) sogar eher noch ansteigen dürfte.

Darüber hinaus wird gefragt, *ob die Ströme ausländischer Direktinvestitionen in die MOEL und der Außenhandel des Quellenlandes Komplemente* oder (wie von der Standard-Außenhandelstheorie und häufig von der einschlägigen Literatur zur Theorie der ausländischen Direktinvestitionen postuliert) *Substitute sind*. Im Fall *horizontaler*, d. h. auf der gleichen Verarbeitungsebene angesiedelter, auswärtiger Direktinvestitionen könnten Exporte von End- und Zwischenprodukten in die Partnerländer zugunsten der lokalen Produktion im FDI-Zielland reduziert werden (Substitution von Außenhandel durch FDI). *Vertikal*, d. h. auf die Vorproduktion, ausgerichtete ausländische Direktinvestitionen (die jedoch international eine vergleichsweise geringere Rolle spielen) könnten es Unternehmen erlauben, durch eine Ausgründung von Unternehmensteilen den Vorteil niedriger Lohnstückkosten im Ausland in Anspruch zu nehmen (wodurch im Prinzip ‚billige' Arbeitskräfte gebunden werden und eine Ost-West-Wanderung verringert wird, siehe Kapitel 4.1.3.1) und Güter zu importieren, die vorher im Heimatland produziert wurden (Komplementarität von Außenhandel und FDI). In den Studien des CEPS wird *keine empirische Evidenz für einen Substitutionseffekt* gefunden. Es wird vielmehr die These der Komplementarität von auswärtigen Direktinvestitionen und Außenhandel bestätigt.

Die in der EU häufig ausgedrückte *Angst vor einem massiven Export der Arbeitsplätze durch FDI-Ströme in die MOEL* ist trotzdem *fehl am Platze*, wenn die Investitionen durch den Marktzugang und die gesteigerte Marktpräsenz in den

---

[141] Griechenland wurde nicht untersucht, da es nie ein bedeutendes Zielland von FDIs aus EU-Ländern war. Insofern sind für dieses Land auch die zu erwartenden Beschäftigungseffekte der Osterweiterung durch den oben beschriebenen ‚Domino FDI'-Effekt insignifikant.

Zielländern zu einer Intensivierung der Außenhandelsbeziehungen führen und hierdurch die Verwaltung, Forschung und Endfertigung am EU-Standort gesichert wird.[142] Die Direktinvestitionen der EU-Länder in den MOEL erfüllen somit die Funktion eines Brückenkopfes für zukünftige Exporte der EU-Länder in die MOEL. Natürlich bestimmen die Zusammensetzung des Außenhandels und der Produktion hierbei die exakten Beschäftigungseffekte einer gegebenen Änderung des FDI-Volumens. Ein maximaler Beschäftigungseffekt entsteht dann, wenn die Produktion durch FDI-Ströme näher an die Struktur rückt, die den komparativen Vorteilen des betrachteten Landes entspricht (Baldwin u. a. (1998), S. 90). Schließlich wird gerade am Beispiel der Slowakei und des dortigen Bankensektors deutlich, dass ‚brownfield investment' der EU in die MOEL für qualifizierte Arbeitskräfte aus der bisherigen EU zusätzliche Beschäftigungsmöglichkeiten schafft.

Verfechter der Hypothese signifikanter negativer Beschäftigungseffekte der Osterweiterung in der EU hingegen bringen gegen die gerade dargestellte und durch empirische Studien mehrheitlich gestützte Evidenz oft die folgende Hypothese vor. Die wegen des geringeren Kapitalstocks und geringerer Produktionseffizienz niedrigen Löhne in den MOEL hätten, wegen bisher *schlechter Infrastruktur* in den Beitrittsländern, bedeutenden *Unsicherheiten* bezüglich des (westeuropäischen Standards nicht entsprechenden) Rechtssystems, *politischer Instabilität* sowie *unsicherer Eigentumsrechte* bislang keine entsprechenden Kapitalströme ausgelöst. Ein Vergleich mit den Direktinvestitionen in (und der Auswanderung aus) den neuen deutschen Bundesländern zeige das vermeintliche Potential der Direktinvestitionen (und der Migration) in den MOEL (Weimann (1999)). Beide Aspekte - sowohl die bisher weitgehend ausbleibende Migration und die vorgeblich bisher relativ geringen Direktinvestitionen - seien vor dem Hintergrund signifikanter Differenzen in den Lohnstückkosten[143] als noch bedeutsamer zu bewerten. Darüber hinaus wird vermutet, dass der Vollzug der Osterweiterung der EU die Bedingungen für Direktinvestitionen deutlich verbessern wird.[144] Ein gemeinsamer Binnenmarkt führt zu weitgehender Rechtssicherheit und klaren Spielregeln für innergemeinschaftliche Transaktionen zum Schutz vor allem von Eigentums- und Aktionärsrechten.

---

[142] Vgl. Emerson, Gros (1998), S. 29 ff., Brenton, di Mauro, Lücke (1998), S. 12, und Cichy (1995), S. 665.

[143] Diese werden sich nach einem potentiellen Beitritt der MOEL allerdings noch stark verringern. Vgl. Boeri (1998), S. 1, und Emerson, Gros (1998), S. 29 f.

[144] Vgl. Baldwin, François, Portes (1997), S. 139 ff., Straubhaar (1999), S. 4, Walterskirchen (1998), S. 532, und Weimann (1999), S. 2.

Gemäß dieser Argumentation werden die ausländischen Direktinvestitionen in die MOEL noch steigen und sich die Kapitaleinkommen der deutschen Kapitalbesitzer erhöhen (direkter Einkommenseffekt in Westeuropa). Negative Beschäftigungseffekte ergeben sich aus dieser Sichtweise einerseits durch Einwanderung in die EU, die auf inflexiblen Arbeitsmärkten für gering qualifizierte Arbeitnehmer kurzfristig die Arbeitslosigkeit erhöhen könnte und andererseits durch einen starken Anstieg der Flüsse von Direktinvestitionen in die MOEL, durch den in erster Linie _arbeitsintensive Produktion ausgelagert_ wird und die somit die Beschäftigungschancen einfacher Arbeit in der EU weiter verschlechtern. Insoweit wie diese Entwicklungen zu Lasten der neuen deutschen Länder gehen, kommt es möglicherweise zu _negativen_ Beschäftigungseffekten der EU-Osterweiterung in diesen bisherigen EU-Grenzregionen.[145] Die Gefahren einer Substitution von Direktinvestitionen in die EU-Länder durch Investitionen in die MOEL und die Wahrscheinlichkeit nennenswerter Einwanderung aus den MOEL wurden jedoch weiter oben schon genauer analysiert und letztlich eher gering eingeschätzt. Darüber hinaus könnten die neuen Länder aufgrund ihrer Lage und des vor der Wende akkumulierten spezifischen Humankapitals auch _Standortvorteile_ für den West-Ost-Handel aufweisen. Die Osterweiterung könnte dann zu einer vermehrten Niederlassung von Unternehmen, die West-Ost-Handel betreiben, in den neuen Ländern führen. Aber auch dieser Effekt dürfte quantitativ eher gering und auch ohne Ostintegration der MOEL erreichbar sein (Weimann (1999), S. 2).

4.3. Schlussfolgerungen

Da Prognosen für den Verlauf internationaler Migration erfahrungsgemäß mit hoher Unsicherheit verbunden sind, wurde in dieser Studie die Wahrscheinlichkeit für eine integrationsinduzierte Ost-West-Migration noch genauer analysiert. Dabei wird deutlich, dass _Ost-West-Migration_ im Zeitablauf zunehmend zu einem _temporären_ Phänomen wird und bei zunehmender Geschwindigkeit der gegenwärtig zu beobachtenden wirtschaftlichen Erholung in den MOEL sogar zu einer reinen _Ost-Ost-Wanderung_ werden kann. Aus dieser Gesamtsicht scheint die Befürchtung, dass der wachsende Wettbewerb durch mittel- und osteuropäische Niedriglohn- und Niedrigproduktivitätsländer die Arbeitslosigkeit niedrig qualifizierter Arbeitskräfte in der EU erhöht, nicht hinreichend begründet werden zu können.

---

[145] Weimann (1999), S. 2, drückt dies wie folgt aus: „Bisher: Investitionen sind an der östlichen EU-Grenze stehengeblieben. Das könnte nach der Osterweiterung wieder so sein - nur dass sich die Grenze nicht mehr in Ostdeutschland befindet". Ähnliche Befürchtungen werden für Österreich geäußert. Vgl. hierfür Walterskirchen (1998), S. 532.

Auf ähnliche Weise werden *alarmierende Szenarien*, in denen sich westeuropäische Länder einer Invasion von arbeitsplatzsuchenden Massen aus den Beitrittsländern (die um Arbeitsplätze mit den Westlern konkurrieren und deren Löhne unterbieten) gegenüber sehen, von diesen Studien *nicht* gestützt.[146] Lavigne (1998, S. 50) drückt dies treffend wie folgt aus: „These fears now appear to be largely exaggerated".

Ein signifikanter Beschäftigungseinfluss der Osterweiterung auch im Westen ist somit lediglich *in spezifischen Regionen und Sektoren* zu erwarten, wie z. B. denen, die wie die Bereiche Stahl, Kohle, Textil und Bekleidung lange von tarifären und nichttarifären institutionellen Barrieren profitierten[147] oder dem Bausektor. Allerdings wird dieser Einfluss nicht immer in die erwartete - bzw. befürchtete - Richtung gehen.[148] Die Landwirtschaft in der EU dürfte - zumindest aus ihrer eigenen Sicht - die Rolle eines potentiellen Verlierers der EU-Osterweiterung spielen. Die Abwanderungsneigung und die Arbeitsplatzverluste im Agrarbereich werden sich verstärken, denn die Osterweiterung führt - so wird es oft dargestellt, aber in Abschnitt 3.2.1 relativiert - zu verstärkter Konkurrenz mit leistungsfähigen Agrarproduzenten (vor allem aus Polen und Ungarn) sowie zu geringeren Transfers aus den Mitteln der Gemeinsamen Agrarpolitik (Walterskirchen (1998), S. 533). Aus einer Effizienzperspektive kann die EU-Osterweiterung jedoch den notwendigen Impuls darstellen, den schon lange notwendigen Strukturwandel in der EU zu forcieren. Erst die mangelnde Anpassungskapazität der kontinentaleuropäischen Arbeitsmärkte würde aus den Beschäftigungsfreisetzungen im Agrarsektor ein permanentes Problem machen.

Den Ausführungen in Abschnitt 3.1 folgend ergeben sich die *größeren und eindeutigeren Herausforderungen* der Osterweiterung an die Anpassungskapazität der Arbeitsmärkte (außer durch die in Abschnitt 3.1.4 betonten fiskalischen Lasten der Erweiterung) *vor allem im Bereich der institutionellen Ausgestaltung der Sozialpolitik* (vgl. sinngemäß auch Mencinger (1998)). Eine übereilte Rückkehr nach Europa dürfte in dieser Hinsicht die Transformation der Arbeitsmärkte in den Bei-

---

[146] Vgl. Baldwin u.a. (1992), S. 86, Biffl (1998), S. 1, Boeri (1998), Hönekopp, Werner (1999), S. 5 ff. und Tassinopoulos, Werner (1999).

[147] Weitere Liberalisierungsschritte kündigen sich an, beispielsweise das im Jahr 2004 geplante ‚Multi Fibre Agreement' mit dem Rest der Welt im Textilbereich. Dies dürfte zu einer bedeutenderen Intensivierung des Wettbewerbs führen als die Osterweiterung, vgl. Emerson, Gros (1998), S. 25.

[148] Vgl. Boeri (1998), S. 2, Emerson, Gros (1998), Karp, Paul (1998), Pouliquen (1998). Anzeichen sprechen dafür, dass die österreichische und die portugiesische Textil- und Bekleidungsindustrie aus der Ostintegration nicht verlieren oder sogar leicht gewinnen wird. Vgl. Boeri (1998), S. 2, und Emerson, Gros (1998), S. 17 ff.

trittsländern entscheidend beeinträchtigen. Die hieraus resultierenden *Rück-wirkungen* auf den EU-Raum (u. a. zusätzliche Transferflüsse in die MOEL) sind für die Entwicklung der Arbeitsmarktperformance in der EU entscheidend. Negative Arbeitsmarkteffekte in den ‚alten' EU-Mitgliedsstaaten können in dieser Konstellation (der Export von Arbeitsmarktrigiditäten verhindert die rasche Umstrukturierung und forciert Emigration, die auf inflexiblen EU-Arbeitsmärkten das Angebot an gering qualifizierter Arbeit erhöht) nicht ausgeschlossen werden.

Laufende Forschungen über die ökonomischen Konsequenzen der EU-Osterweiterung auf der Grundlage *konventioneller*, nicht polit-ökonomisch orientierter Modelle können diese Schlussfolgerung jedoch *nicht* bestätigen. Sie deuten durchweg *keine bedeutenden Effekte* in bezug auf die *aggregierte* Beschäftigung und Löhne in den westeuropäischen Ländern an. Dies gilt selbst für diejenigen Volkswirtschaften mit der größten geographischen Nähe zu und/oder intensivsten Handelsverflechtungen mit den MOEL.[149] Dies schließt nicht aus, dass es auf mikroökonomischer Ebene zu einer intersektoralen Reallokation von Arbeitskräften kommen kann. Die in der EU geführten Debatten über die Beschäftigungseffekte der Osterweiterung vernachlässigen jedoch dabei regelmäßig („fallacy of composition" nach Krugman (1998), S. 16 f.), dass eventuelle Verlierer aber durch den Nutzen der Integration, d. h. durch niedrigere Preise, ein vielfältigeres Angebot und eine höhere Produktivität, entschädigt werden.[150]

Insgesamt gesehen lassen sich auf der *makro*ökonomischen Ebene in der EU (anders als in den MOEL, siehe Abschnitt 3.3) also nur *geringe Beschäftigungseffekte* ausmachen. „The EU's economic interest in an Eastern enlargement is probably quite minor" (Baldwin (1995), S. 476). Die makroökonomische Entwicklung in Westeuropa kann als weitgehend *unabhängig von der Osterweiterung* eingestuft werden (Kramer (1998), S. 720). „The forthcoming enlargement would not bring EU extra efficiency or growth, it will neither create new jobs" (Jovanovic (1999), S. 493). Für diese Erwartung spricht auch die Position derjenigen, die der Politik der EZB den größten Einfluss auf die Höhe der Arbeitslosenrate in weiten Teilen der EU zuschreiben. Denn die Europäische Zentralbank wird der Handelsbilanz Eurolands mit den MOEL bei ihrer Politikwahl kaum Bedeutung zumessen (Jovanovic (1999), S. 476). Schließlich muss auch die Größenordnung der Integration gesehen werden. Falls alle MOEL der ‚ersten Welle' und Zypern der EU beitreten, würde sich die EU-Bevölkerung um 17 % und das EU-BIP nach den aktu-

---

[149] Für einen Überblick vgl. Boeri (1998); vgl. auch Cadot, de Melo (1994), Steinherr (1999).

[150] Vgl. Biffl (1998), S. 1, Boeri (1998), S. 1, Jovanovic (1999), S. 475 f..

ellen Zahlen um lediglich 3 Prozentpunkte erhöhen. Wenn überhaupt, dann sind Arbeitsmarkteffekte in der EU zumindest kurzfristig in den hinsichtlich ihrer sektoralen Spezialisierung und der Mobilität ihrer Arbeitskräfte *,geschlossenen' Regionen* oder - wie oben schon am Beispiel der neuen deutschen Länder gezeigt - *in den Grenzregionen* zu erwarten.[151] Der Vorteil eines vergrößerten Raums liberalisierter Wirtschaftsbeziehungen dürfte für verschiedene Länder der EU sowieso in Abhängigkeit von der *geographischen Lage* (Gravitationsmodelle) und von *strukturellen Besonderheiten* variieren.

---

[151] Vgl. Boeri (1998), Biffl (1998), Hönekopp, Kranzusch (1997), Kramer (1998), S. 721, und Walterskirchen (1998).

5. Geeignete währungspolitische Arrangements aus der Arbeitsmarktperspektive

In diesem Kapitel wird untersucht, durch welche Ausgestaltung der bilateralen Wechselkurspolitiken im Verhältnis zur EU die MOEL den Integrationsprozess am ehesten unterstützen können. Vor dem Hintergrund der gegenwärtigen politischen und ökonomischen Konstellation fällt die *Verantwortung* hierfür wohl ausschließlich *den MOEL*, nicht aber den verantwortlichen Gremien der Europäischen Währungsunion zu. Denn die Europäische Zentralbank ist per Statut zur strikten Ausrichtung ihrer einheitlichen Geldpolitik auf das Ziel der Wahrung der Preisniveaustabilität verpflichtet. Falls die EZB feste Wechselkurse zu einem MOEL mit schwachen und im Zeitablauf schwankenden Fundamentaldaten garantieren müsste, gerieten in der Eurozone möglicherweise das Ziel der Preisstabilität außer Reichweite und langfristig gesehen die Arbeitsmarktperformance unter Druck. Falls *Wechselkursbindungen* als notwendig angesehen werden, sollten diese zum gegenwärtigen Zeitpunkt allenfalls *einseitig* erfolgen.

Um bezüglich der Auswahl eines geeigneten Wechselkursregimes durch die MOEL einige grundlegende Zusammenhänge zu verdeutlichen, bietet sich zunächst ein Gedankenexperiment an. Dieses lautet wie folgt. Zwar konstituiert die anhaltende *Integration der Kandidatenländer* in das Welthandelssystem und die Ausdehnung ihres Handels mit der EU - wie zuvor ausführlich gezeigt - wegen ihres graduellen Charakters wohl *keinen Schock* im engeren Sinne bzw. keine bedeutende Quelle zukünftiger Schocks. Jedoch könnte der 1997 einsetzende *weltweite Aufruhr auf den Finanzmärkten* einen Schock für die Länder dargestellt haben, die im Vergleich mit anderen EWU-Mitgliedern mit den zentraleuropäischen Ländern relativ intensiv Außenhandel betreiben. Bei diesen Ländern handelt es sich wie zuvor ausgeführt hauptsächlich um Deutschland, Österreich und Finnland (Breuss, Schebeck (1998), S. 741). Im Vorfeld der EWU bestand die Gefahr darin, dass Finanzmärkte die Währungen einiger Beitrittskandidaten attackieren würden (‚emerging market crisis‘). Gerade Polen befand sich angesichts seines ‚Zahlungsbilanzdefizits und seiner ungelösten strukturellen Probleme sicherlich in einer sehr angreifbaren Position.[152] Es sollte dabei jedoch nicht in Vergessenheit geraten,

---

[152] Vgl. Gros (2001) und Kramer (1998), S. 726. Interessant ist jedoch in diesem Zusammenhang die Feststellung von Brandsma (1999), S. 3, dass „all countries with a realistic prospect of EU entry in the next decade have been shielded to some extent from the reluctance to invest in emerging markets". In der Tat konnten die fortgeschrittensten sowie einige der aufholenden MOEL (oft durch Privatisierungen wie z. B. in Polen der Telekommunikation) gerade in dieser Phase einen Anstieg der FDI erfahren.

dass möglicherweise eine Wiederholung der intra-europäischen Krise von 1995 gedroht hätte, falls der Beginn der EWU bereits zum damaligen Zeitpunkt nicht fest antizipiert worden wäre. In jenem Jahr lebten einige Spannungen im EWS aufgrund interner Faktoren (Chiracs wiederwahlorientierte Versprechen expansiverer Politiken) und externer Faktoren (signifikante Schwäche einiger Währungen wie der italienischen Lira und der schwedischen Krone, welche ihre Verbindungen zum Europäischen Währungssystem (EWS) im Jahr 1992 gelockert hatten) wieder auf. Sie führten sogar zu einer ‚Wachstumspause' in Europa. Im Vergleich zu dieser Alternative lassen sich die Effekte asymmetrischer Schocks aufgrund eines (damals befürchteten, jedoch nicht eingetretenen[153]) wirtschaftlichen Zusammenbruchs der Beitrittskandidaten als vergleichsweise *geringe Kosten* interpretieren. Wenn überhaupt, so die hier nahe liegende Interpretation, hatten die weltwirtschaftlichen Turbulenzen (u. a. der Kollaps Russlands) einmal mehr die Vorteilhaftigkeit der nahenden EWU nachhaltig angedeutet. Die Wechselkursturbulenzen in Dänemark, Schweden und Norwegen - außerhalb des Euroblocks - waren bei näherer Betrachtung weitaus größer als die eher milden Erschütterungen des Wechselkurses der Lira (Belke, Gros (1998), Financial Times (1998)).[154] Die entscheidende Frage vor dem Hintergrund der Episode ab 1997 lautet nun: Können feste Wechselkursbindungen und im Extremfall die Einbindung in die Eurozone die Volkswirtschaften der MOEL vor spekulativen Attacken schützen, und: Profitieren die Arbeitsmärkte der Eurozone und der MOEL von einem Zugewinn an Währungsstabilität? Der zweite Punkt betrifft das in letzter Zeit häufiger vorgebrachte Argument, dass Arbeitsmarkteffekte von der Eliminierung der Wechselkursvolatilität profitieren können (Belke, Gros (2001)). Bereits hier deutet sich an, dass im Rahmen der in diesem Kapitel geführten Debatte um die Währungspolitik der MOEL alte und bereits in den neunziger Jahren im Rahmen der Diskussion um die Sinnhaftigkeit einer und um den Teilnehmerkreis der EWU erprobte Argumentationsmuster im Rahmen der EU-Osterweiterung wieder anwendbar sind. Natürlich ist eine uneingeschränkte Analogie nur dann anwendbar, wenn sichergestellt

---

[153] Ein asymmetrischer Schock für die Eurozone wurde damals von den Gegnern einer (zu frühen) Währungsunion befürchtet, da Deutschland und Österreich anders als die übrigen Länder der Eurozone von einem Nachfrageeinbruch aus den MOEL besonders betroffen worden wären. Buch (1999), S. 28, Deutsche Bank Research (1998) und Lankes (1999) zeigen, dass die jüngeren Währungskrisen keinen permanenten Einfluss auf den Zugang der fortgeschritteneren MOEL (Tschechien, Ungarn, Polen) zu den internationalen Kapitalmärkten hatten.

[154] In der letzten Augustwoche 1998 kam es zu geringfügiger Spekulation gegen die italienische Lira. Die ‚spreads' zwischen deutschen und sowohl französischen als auch italienischen Bonds weiteten sich in der Folge der russischen Zahlungsunfähigkeit und Abwertung aus.

ist, dass sich die beitrittswilligen MOEL gegenwärtig auf einer *ähnlichen Entwick-lungsstufe* befinden wie damals die sogenannten Peripherie-Länder Griechenland, Irland, Portugal u. a. *zum Zeitpunkt ihrer Beurteilung.* Bei der Analyse des Reife-grads der MOEL für eine feste Wechselkursbindung orientiert sich dieses Kapitel durchgehend an dieser Referenz (Benchmark).

Betrachtet man die Beschäftigungswirkungen institutioneller Arbeitsmarktun-terschiede und währungspolitischer Arrangements im Rahmen der EU-Osterweiterung, so darf aber auch der zunehmend thematisierte *Zusammenhang zwischen* dem *Wechselkursregime,* der *Reformfreude* und der Arbeitsmarktlage nicht außer Acht gelassen werden.[155] Denn möglicherweise wirken sich die jeweils gewählten währungspolitischen Arrangements der MOEL vor diesem Hintergrund auf das Ausmaß der institutionellen Arbeitsmarktunterschiede zwischen den mit-tel- und osteuropäischen Volkswirtschaften und den EU-Ländern aus. Auch könn-te es für MOE- und EU-Länder durchaus einen wahrscheinlichen Verhandlungs-kompromiss darstellen, die MOEL die Karte „immediate accession against the participation in a monetary union" ausspielen zu lassen. Demnach würden die MOEL in den Beitrittsverhandlungen anbieten, auf eine sofortige einseitige Über-nahme des Euro (die prinzipiell ohne ausdrückliche Genehmigung der verantwort-lichen Institutionen der Eurozone jederzeit denkbar und durchführbar ist) zu ver-zichten, wenn ihnen eine schnelle Aufnahme in die EU in Aussicht gestellt wird (Boone, Maurel (1998), Orlowski (1998, 1998a)).

Einige liberale Ökonomen verbreiteten Ende der neunziger Jahre die Ansicht, dass eine Mitgliedschaft in der EWU aufgrund des *zunehmenden institutionellen Wettbewerbs* die Rückführung der Arbeitslosigkeit durch Deregulierungen erleich-tere. In der schwedischen Debatte um die EWU beispielsweise wurde von Seiten der Arbeitgeber- und Industrieverbände argumentiert, einer der Hauptvorteile der Einführung des Euro liege in stärkeren Anreizen für Arbeitsmarktreformen. Der Kernpunkt dieser Argumentation ist, dass eine unabhängige Geldpolitik das ent-scheidende Hindernis für eine Beseitigung von Rigiditäten auf Arbeits- und hier-mit verbundenen Märkten sei. Solange eine expansive Geldpolitik (und damit auf der Grundlage finanzmarkttheoretischer Standardmodelle zur Wechselkursbe-stimmung auch die Wechselkurspolitik) als eine einfachste Lösung zur Beseiti-gung des Arbeitslosigkeitsproblems angesehen werde, seien die Anreize für weit-reichende Reformen gering (Belke, Kamp (1999, 1999a)).

---

[155] Vgl. ausführlich Belke, Kamp (1999, 1999a) und Hefeker (2001). Hefeker (2000) baut das ursprünglich EWU-Modell im Hinblick auf die Zulassung der MOEL in die EWU aus.

Die EWU bzw. der Euro als eine Variante einer Regelbindung der Geldpolitik hat deshalb in der gängigen Argumentation eine disziplinierende Wirkung auf die nationalen Arbeitsmärkte. Eine größere Glaubwürdigkeit der auf Preisniveaustabilität ausgerichteten Geldpolitik sei zu erwarten. Inflationserwartungen würden abgebaut. Negative Beschäftigungseffekte überzogener Lohnforderungen könnten nicht mehr durch diskretionäre Geldpolitik ausgeglichen werden. Da es bei Reallohnverhandlungen effektiv um Reallohnzuwächse gehe, wachse die Verantwortung der Tarifverhandlungsparteien für die beschäftigungspolitische Wirksamkeit der Lohnpolitik. Die Zuordnung der Verantwortlichkeit für entstehende Arbeitslosigkeit zu denjenigen, die den relativen Preis der Arbeit aushandeln, werde transparenter. Eine unsystematische und fallweise (sogenannte diskretionäre) Geldpolitik hingegen hemme die Beseitigung von Rigiditäten auf den Arbeitsmärkten, da die Möglichkeit bestehe, durch eine expansive Geldpolitik das Arbeitslosigkeitsproblem zu lösen oder zumindest zu verschieben, und die Anreize zu weitreichenden Reformen schwinden. Sobald jedoch die geldpolitische Unabhängigkeit einer Volkswirtschaft mit dem Euro aufgehoben werde, steigen diese Anreize, da *keine alternative Option* mehr verfügbar sei. Diese Argumentationskette hat mittlerweile fast den Charakter eines zentralen Theorems (wie z.B. des *Folktheorem*s in der Spieltheorie) in der EWU-Debatte eingenommen und kann im Prinzip mit ähnlicher Stoßrichtung auch auf die Debatte um die Aufnahme der MOEL in die EWU angewendet werden. Die Hypothese einer lohndisziplinierenden Wirkung geldpolitischer Regeln wurde längst nicht nur im Hinblick auf die EWU diskutiert. Auch die Wirkung nationalstaatlicher Geldpolitik auf die Lohnsetzung wurde in der Literatur bereits thematisiert.

Weiter oben wurde bereits angedeutet, dass auch die *negativen Arbeitsmarktwirkungen kurzfristiger überschüssiger Wechselkursvolatilität* zwischen den Währungen der beitrittswilligen MOEL und dem Euro und die Möglichkeiten ihrer Überwindung thematisiert werden sollten (Belke, Gros (1998a), o.V. (1999), S. 55). Zwar handelt es sich bei diesen Arbeitsmarktwirkungen der Wechselkursunsicherheit in den meisten Fällen größenmäßig wohl lediglich um ,*second order'-Effekte*, wenn man die von Belke, Gros (1998a) für Westeuropa erzielten Ergebnisse auf Osteuropa extrapoliert. Jedoch ergeben sich aus einer erfolgreichen Unterdrückung dieser Volatilitäten grundsätzlich ökonomisch geringe, aber signifikante positive Renten vor allem durch höhere ausländische Direktinvestitionen (Richter, Landesmann, Havlik (1998), S. 13). Denn die Sicherheit über die zukünftige Entwicklung von Wechselkursen wurde in den Kapiteln 3.2 und 4.2 als eine wesentliche Determinante des Stroms an Direktinvestitionen hervorgehoben. Die entstehenden Renten könnten für die Kompensation der Verlierer des gerade in MOEL notwendigen Strukturwandels auf Arbeitsmärkten genutzt werden. Dieser Aspekt ist im Rahmen der Themenstellung ebenfalls von hoher Relevanz. Im folgenden werden in Kapitel 5.1 zunächst der Status quo sowie die Vorteile und Nachteile verschiedener *Wechselkursarrangements zwischen der Euro-Region und dem Nicht-EU-Europa* ausführlich analysiert, bevor schließlich in Kapitel 5.2 mit dem ‚Euroisierungsvorschlag' des CEPS für Südosteuropa ein konkretes, aber - aus didaktischer Motivation heraus gewähltes - extremes Anwendungsbeispiel diskutiert wird.

Aus den zuvor genannten Gründen ist die Diskussion der währungspolitischen Architektur der Osterweiterung gerade auch aus der Arbeitsmarktperspektive bedeutsam. Eine besondere Rolle sollte dabei die *regionale Nachbarschaft* der MOEL zu den gegenwärtigen Mitgliedern der Europäischen Währungsunion und die hierdurch induzierten intensiven Handels- und Investitionsbeziehungen spielen. Der Nutzen eines passend gewählten Wechselkursregimes wird vor diesem Hintergrund besonders groß, denn die durch den zukünftigen EU-Beitritt der MOEL bedingten Außenhandels- und Investitionseffekte werden vollständig internalisiert. Im folgenden werden die Optionen für die währungspolitische Architektur der EU-Osterweiterung diskutiert.

5.1. Währungspolitische Architektur der EU-Osterweiterung: Europäische Währungsunion, Currency Boards und Theorie optimaler Währungsräume

Das Interesse an systematischen Untersuchungen zur Angemessenheit verschiedener Wechselkursregimes ist in der letzten Dekade, verursacht durch *drei* miteinander in enger Beziehung stehende *Sachverhalte*, gestiegen. Diese Ereignisse können auch auf die MOEL bezogen werden. Erstens verursachten *Liberalisierungen des Kapitalverkehrs* in Verbindung mit der Integration von Finanzmärkten ein Anschwellen und heftige Schwankungen internationaler Kapitalströme (vgl. Abschnitte 3.2. und 4.2.). Zweitens führte eine Reihe von *Wechselkurs- und Zahlungsbilanzkrisen* (EWS 1992/93, Mexiko 1995, Russland 1998 und Asien 1997/98) zugleich zu zusätzlicher Finanzmarktinstabilität. Von den Krisen am stärksten betroffen waren Länder, die ihre Währung durch feste, aber anpassungsfähige Wechselkurse an eine andere stabilere Währung gekoppelt hatten. In einer Welt mit einem hohen Maß an Kapitalverkehr, so die Überlegungen einiger Analysten, luden Wechselkursanbindungen die Akteure auf den Finanzmärkten zu spekulativen Attacken auf die letztlich wenig glaubwürdigen Wechselkursbindungen geradezu ein.[156] Drittens führte der Wunsch der MOEL, der Europäischen Wirtschafts- und Währungsunion als vollwertige Mitglieder ohne Ausnahmeregelung (,derogation') beizutreten und letztlich auch *den Euro* als neue Landeswährung *zu übernehmen*, zur Frage nach den optimalen währungspolitischen ,Übergangsregimes' der MOEL auf ihrem *unterschiedlich langen* Weg zum Euro. Hierbei interessierte vor allem die Abfolge, das sogenannte ,Sequencing', der Wechselkurspolitiken im Zeitablauf. Das Eurosystem beispielsweise erstellte frühzeitig Analysen zu den wechselkurspolitischen Strategien der mittel- und osteuropäischen Beitrittskandidaten. Diese Analysen stellten einen ersten Beitrag der EZB zu den Debatten um die Eckpunkte der Wechselkursstrategien für Beitrittsländer im ECOFIN-Rat und zu dem entsprechenden Bericht des ECOFIN-Rats an den Europäischen Rat dar (EZB (2000b), S. 114). Die Aufmerksamkeit der EZB wurde nicht zuletzt durch die offensichtlichen Bemühungen einzelner Kandidatenländer, den Euro einseitig ohne Beteiligung der EZB einzuführen, erregt. Dieser Umstand führte bei den politischen Entscheidungsträgern in Westeuropa zunächst zu einigen Irritationen und wurde sehr bald in Anlehnung an die Tendenzen zur ,Dollarisierung' in Südamerika mit dem Begriff ,Euroisation' oder ,Euroisierung' umschrieben. Im folgenden werden vor allem die sich aus diesem dritten Aspekt ergebenden Problemstellungen aus der Arbeitsmarktperspektive erörtert.

Die jüngsten Erfahrungen mit volatilen Kapitalflüssen haben die Diskussion um die Anfälligkeit verschiedener Wechselkursregimes bei hoher Kapitalmobilität sowie um das ,optimale Sequencing' der Liberalisierung von Zahlungsbilanztransaktionen im allgemeinen und von Kapitalbilanztransaktionen im besonderen neu entfacht (Dresdner Bank (2001), S. 41). Während die MOEL ähnlich wie andere ,Emerging markets' heutzutage durch eine Vielzahl verschiedener Wechselkursregimes gekennzeichnet sind, haben *angelsächsische* Analysten Konsequenzen aus den Währungskrisen gezogen, die hauptsächlich feste, aber anpassungsfähige Wechselkurssysteme mit einbezogen. Sie favorisieren traditionell *Ecklösungen*, also einerseits *feste und nicht anpassungsfähige Wechselkursbindungen* (,hard pegs', wobei sich ,peg' als ein Anker übersetzen lässt) wie das später noch genauer zu beschreibende Currency Board oder sogar die ,Dollarisierung' bzw. ,Euroisierung' und andererseits *vollkommen flexible Wechselkurse* als einzige län-

---

[156] Alle späteren Krisenländer wiesen im Vorfeld *hohe Leistungsbilanzdefizite* auf. Diese sind hauptsächlich mit *drei Ursachenkomplexen* zu begründen: Inflation in Verbindung mit einem festen Wechselkurs, eine hohe Verschuldung in Verbindung mit externen Schocks und eine Öffnung der Kapitalmärkte in Verbindung mit einem schwachen Finanzwesen. Vgl. hierfür beispielsweise Gros (2001) und Schweickert (2000).

gerfristig trag- und durchhaltbare Alternativen.[157] Um spekulative Attacken zu vermeiden, bieten sich aus anglo-amerikanischer Sicht demnach nur wenige Möglichkeiten an. Entweder lässt die Regierung den Wechselkurs frei schwanken und unterlässt staatliche Eingriffe am Devisenmarkt oder sie eliminiert unwiderruflich (und deshalb glaubwürdig) jegliche Schwankungsmöglichkeit des Wechselkurses. Wesentliche Voraussetzungen für flexible Wechselkurse dürften wohl die richtige Rahmenordnung in Gestalt einer soliden Wirtschafts- und Finanzpolitik, eines gesunden Finanzsektors (vgl. Kapitel 5.2) und einer ausschließlich auf Preisniveaustabilität bedachten Geldpolitik sein. Nur dann sind die Voraussetzungen auch für die Beschäftigung gut.

Wie in der Einleitung zu diesem Kapitel schon angedeutet, betont diese Sichtweise auf der einen Seite die Funktion der ‚hard pegs' als eine einfache Technologie zur Selbstverpflichtung, welche die Wirtschaftspolitik beschränkt und wegen hoher Kosten eines Ausstiegs aus dieser Wechselkursbindung (‚Exit') zu mehr Stabilität führt. Beides führt annahmegemäß zu mehr Glaubwürdigkeit und demotiviert spekulative Attacken (Coricelli (2001)). Auf der anderen Seite können aber gerade flexible Wechselkurse die betreffenden Volkswirtschaften gegen derartige spekulative Attacken abschirmen. Dabei ist jedoch zu beachten, dass die _höhere Volatilität_ der Wechselkurse unter dem Regime eines ‚free floating' für kleinere ‚Emerging market'-Volkswirtschaften gerade aus der Arbeitsmarktperspektive tendenziell eine _kostenträchtige_ Option darstellt (Hochreiter (2000), Mussa u. a. (2000)).

Im Vergleich zu angelsächsischen Vertretern sind _kontinentaleuropäische_ Analysten in der Regel weniger skeptisch gegenüber ‚mittleren' Lösungen wie beispielsweise festen, aber anpassungsfähigen Wechselkursen. Dabei wird die relativ geringe Größe vieler Volkswirtschaften, deren enge Handelsbeziehungen mit dem ‚Pegging'-Partner, die Konsistenz der makroökonomischen Politiken, die Bedeutung mikroökonomischer Reformen sowie die Bedeutung politischer Erwartungen in bezug auf die EU- und EWU-Mitgliedschaft der MOEL in den Vorder-

---

[157] Nach Auskünften des US-amerikanischen Finanzministeriums werden gegenwärtig 71 Prozent der insgesamt 3,2 Milliarden Hundert-Dollar-Noten außerhalb der Vereinigten Staaten gehalten. Ein Grund für die weite internationale Verbreitung des Dollar liegt darin, dass der Dollar in Ländern mit einer hohen Inflationsrate als ein sicheres Mittel zur Wertaufbewahrung gilt. Gegen Ende der achtziger Jahre mit dem Zusammenbruch des Kommunismus ist der Dollar zusammen mit der D-Mark in einigen Ländern Osteuropas dann zum inoffiziellen Zahlungsmittel geworden. Sorgen um den Wertverlust der heimischen Währung, ausgelöst durch politische Unruhen und ungewisse Zukunftsaussichten, führen wie zuvor im Text schon angedeutet mittlerweile auch in Lateinamerika dazu, dass neben der heimischen Währung auch der Dollar umläuft (Parallelwährung).

grund gerückt. Als ein Beispiel für diese Sichtweise mögen die Ausführungen Bofinger, Wollmershäuser (2000) gelten. Sie argumentieren, für die mittel- und osteuropäischen EU-Beitrittskandidaten sei ein flexibles Wechselkursziel mit weiten Bandbreiten die sicherste Politikoption und die beste Lösung.

Bereits diese anfänglichen Überlegungen legen nahe, dass es a priori keine Vorabentscheidung für ein bestimmtes Wechselkursregime geben kann. Um letztlich nicht zuletzt auch hinsichtlich der Arbeitsmarkt-Performance erfolgreich zu sein, muss das währungspolitische Regime *mit den institutionellen Strukturen* einer Volkswirtschaft und dem dort gegebenen wirtschaftlichen Umfeld *kompatibel* sein (ein Punkt, der später noch betont werden wird). Kleinere Volkswirtschaften wie die MOEL mit einer Vergangenheit hoher Inflationsraten sowie instabilen und/oder schwachen Regierungen neigen erfahrungsgemäß eher dazu, eine Ecklösung in Gestalt fester und nicht anpassungsfähiger Wechselkurse zu wählen.

Die Funktionsfähigkeit einer derartigen Konstellation setzt jedoch eine *hinreichende Flexibilität von Löhnen und Märkten* (vgl. Kapitel 3) voraus, damit der reale, d. h. der um Inflationsdifferenzen bereinigte, Wechselkurs sein Gleichgewichtsniveau nach der Einwirkung von Schocks wieder erreichen kann (Halpern, Wyplosz (1997)). Gemäß der Vielzahl an Untersuchungen zur Kaufkraftparitätentheorie des Wechselkurses besteht eine wesentliche Auswirkung von Inflexibilitäten darin, dass der Wechselkurs nach Schocks betragsmäßig zu weit und zeitlich zu lange von seinem Gleichgewichtsniveau abweicht. Da die Anpassung des Wechselkurses an sein Gleichgewicht langsam erfolgt, sind die Arbeitsmarktwirkungen einer falschen Wahl des Wechselkursregimes in der Gegenwart von Inflexibilitäten ebenfalls beträchtlich. Allerdings ist zu berücksichtigen, dass für kleinere Volkswirtschaften mit einem klaren Ziel wie dem EU- und EWU-Beitritt, mit konsistenten Wirtschaftspolitiken und vor allem mit Zentralbanken, deren Reputation für eine anhaltend stabilitätsorientierte Geldpolitik groß ist, die Wahl eines festen Wechselkurs-Ankers selbst unter Bedingungen hoher Kapitalmobilität rational sein kann (Hochreiter (2000)). Denn die Nachdrücklichkeit der Absicht eines Landes, der Währungsunion beizutreten, dürfte seinen Willen und seine Fähigkeit, das feste Wechselkursregime beizubehalten, nicht unerheblich beeinflussen. Im Grunde entspricht diese Konstellation genau der Situation der MOEL. Diese Einsicht führt natürlich zu Fragen in bezug auf das *optimale währungspolitische Regime* vor dem Beitritt zur Währungsunion und in bezug auf den *Anpassungsbedarf dieses Regimes* während des systemischen Wandels in diesen Ländern (vgl. Kapitel 5.1.4). Da diese Aspekte nicht unabhängig vom währungspolitischen Status quo der MOEL erörtert werden können, wird im folgenden als Ausgangspunkt auf die Wechselkursregimes eingegangen, die von den MOEL *bisher* gewählt wurden.

5.1.1. Währungspolitische Historie

Alle fünf mittel- und osteuropäischen Länder der ehemaligen ‚Luxemburg-Gruppe' Estland, Polen, Slowenien, Tschechien und Ungarn haben - wie in Kapitel 3 ausgeführt - ihre Außenhandelsbeziehungen und ihre Kapitalströme bereits substantiell liberalisiert. Sie haben als Ergänzung hierzu *unterschiedliche* Formen *fester* Wechselkursregimes gewählt, die von einem Currency Board (Währungsrat) in Estland als restriktivster Version bis zur tschechischen Strategie des schmutzigen Floatens (seit Mai 1997) reichen.[158] Ungarn liegt - wie bis vor einiger Zeit auch Polen - hinsichtlich seiner Währungspolitik zwischen diesen beiden Extrema, denn es verfolgt einen vorab angekündigten 'Crawling Peg'.

Definition ‚Crawling peg'

Ein ‚Crawling peg' ist ein Währungssystem, in dem die für die Währungspolitik verantwortlichen Behörden vorab eine Änderungsrate des Wechselkurses fixieren und auch ankündigen. Das Ziel ist die Vorhersehbarkeit des Entwicklungspfads der Parität. Für die MOEL dürfte wegen der bis auf weiteres höheren inländischen Inflationsrate die Ankündigung einer *Abwertungs*rate einschlägig sein. Ist die angekündigte Abwertungsrate geringer als die erwartete Inflationsdifferenz, ergibt sich eine reale *Auf*wertung der Inlandswährung (aktiver ‚Crawling peg'). Hiermit wird die Bereitschaft zu einer Anti-Inflationierungspolitik betont. Entspricht die festgelegte Abwertungsrate genau der erwarteten Inflationsdifferenz, bleibt der reale Wechselkurs konstant und man spricht von einem passiven ‚Crawling peg'. Optiert eine Währungsbehörde für den passiven ‚Crawling peg', betont sie eher die Sicherung internationaler Wettbewerbsfähigkeit.
Quelle: Jarchow, Rühmann (1997), S. 354.

Zunächst sei auf die Problematik der Wahl eines geeigneten Wechselkursregimes *in der ersten Transformationsphase* eingegangen. Wie in Kapitel 2 ausführlich beschrieben, war der Ausgangspunkt der Zentralverwaltungswirtschaften ein spezifischer: ein Systemwandel musste in nahezu allen ökonomischen und politischen Bereichen vollzogen werden. Es existierten anfänglich weder marktwirtschaftliche Institutionen noch wurden Marktmechanismen oder private Unterneh-

---

[158] Vgl. auch Brandsma (1999), S. 2 f., Jarchow, Rühmann (1997), S. 354 ff., und Kopcke (1999), S. 21 ff. Ein Currency Board ist ein währungspolitisches Arrangement bzw. eine Institution, die eigene Banknoten emittiert und für diese eine hundertprozentige Deckung durch Währungsreserven vornimmt. Es wird dabei zugleich ein fester Wechselkurs zwischen der Landeswährung und einer ausländischen Währung gesetzlich fixiert. Es wird im Verlauf der Arbeit im Text noch ausführlicher definiert. Ein 'schmutziges Floaten' (Marktpflege) wird von Prag weiterhin favorisiert. Am 4. und 7. Oktober 1999 beispielsweise intervenierte die tschechische Zentralbank massiv am Devisenmarkt. Marktbeobachter schätzten, dass allein an diesen beiden Tagen mehrere Millionen Euro aus dem Verkehr gezogen wurden.

mungen in hinreichendem Umfang wirksam. Die anfänglichen Reformziele um-
fassten die Korrektur der Struktur relativer Preise, die Rückführung von Subventionen, die Eliminierung multipler Wechselkurse, die Liberalisierung von Wechselkursen, Zahlungsbilanztransaktionen, Zinsen sowie Löhnen und die Förderung
vielfältiger kurz- und langfristiger Kapitaltransaktionen. Die Umsetzung entsprechender Maßnahmen führte zunächst zu einem starken Anstieg des allgemeinen
Preisniveaus, was durch die drastische Abwertung („Overshooting") der Wechselkurse noch verstärkt wurde. Häufig wurden diese Preisanpassungen monetär ali-
mentiert, was beinahe zwangsläufig zu hoher Inflation führte (vgl. Kapitel 2). Die
gerade skizzierten Rahmenbedingungen schufen einen unmittelbaren *Bedarf nach
einem nominalen (Wechselkurs-) Anker*, um die ausbrechende Inflation und die Inflationserwartungen unter Kontrolle zu bringen. Denn mögliche Alternativen wie
beispielsweise makroökonomische Instrumente waren damals in den meisten
MOEL noch nicht verfügbar. Darüber hinaus fehlte den Politikern und den Zentralbanken der MOEL noch die Erfahrung im Umgang mit ihnen (Kopits (1999), S.
9). Eine Teilgruppe der mittel- und osteuropäischen Kandidatenländer, darunter
Tschechien, Estland und Polen, optierten zunächst für feste Wechselkurse als Anker für ihre Politiken. Andere Länder wie Ungarn und Slowenien, deren makroökonomische Performance anfänglich nicht so stark aus dem Gleichgewicht geraten war, wählten ein flexibleres Wechselkursregime. Im folgenden wird erläutert,
warum als Anker gerade Wechselkurse verwendet wurden.

Prinzipiell kann *jede nominale Variable* wie Löhne, Preise, Geldmengen und
Wechselkurse als ein *nominaler Anker* dienen. Lohn- und Preiskontrollen kamen
nach der Wende nicht in Frage. Für ein Inflation-Targeting, d. h. eine unmittelbare
Ausrichtung der Geldpolitik an der Inflation, fehlte zum damaligen Zeitpunkt
noch die technische und ökonomische Expertise. Folglich konnten die Politiker in
den MOEL nur noch zwischen einer Geldmengen- und einer Wechselkursorientierung wählen. Erstere war mit dem großen Problem konfrontiert, dass die hierfür
notwendigen funktionsfähigen Finanzmärkte und Politikinstrumente erst noch
entwickelt werden mussten. Darüber hinaus hätten hohe kurzfristige Schwankungen und langfristigere Misalignments des frei beweglichen Wechselkurses in den
relativ kleinen offenen MOEL-Volkswirtschaften möglicherweise die makroökonomische Stabilisierung entscheidend behindert. Die Wechselkursanbindung und
die Orientierung der heimischen Geldpolitik an diesen festen Kurs war daher zumindest in der frühen Transformationsphase für die meisten MOEL eindeutig die
bevorzugte Strategie. Flexible Wechselkurse wurden nur in Extremfällen gewählt,
in denen einigen beitrittswilligen MOEL Devisenreserven fehlten (Hochreiter
(2000)). Beispiele hierfür waren Slowenien und Bulgarien.

Die anfängliche Wechselkursbindung während der ersten Transformationsphase wurde von den MOEL in unterschiedlicher Weise erreicht: durch eine Bindung der heimischen Währung an den US-Dollar (Polen), an einen Währungskorb (Tschechien, Ungarn, Slowakei) sowie an die Deutsche Mark (Estland). Ausschließlich Estland optierte von Anfang an seit 1992 für ein Currency Board und tat dies bisher sehr erfolgreich. Die anfängliche Parität von acht Kronen zu einer DM konnte durchweg gehalten werden. Faktisch nahm Estland damit seit dem offiziellen Beginn der EWWU am 1. April 1999 bereits an der Eurozone teil (Kopits (1999), S. 10). Dass die Investoren von der stabilitätsorientierten Geld- und Fiskalpolitik profitierten, zeigen die Zahlen für auswärtige Direktinvestitionen in Estland, nach denen zwischen 1989 und 1999 insgesamt 1.115 Dollar je Einwohner nach Estland flossen. Estland als der ‚baltische Musterknabe' liegt damit auf Platz drei aller EU-Anwärter (IW (2001). Alle anderen Wechselkurs-‚Pegs' änderten sich in der ein oder anderen Weise im Zeitablauf. Unter anderem kam es zu Wechseln der Ankerwährung (-en), Übergängen von Systemen fester Wechselkurse auf ein kontrolliertes Floating (‚Managed floating') oder auf einen ‚Crawling peg' oder umgekehrt zu Übergängen von flexibleren Arrangements auf ein Currency Board (Hochreiter (1995), Tullio (1999)).[159]

Definition Currency Board

Bei diesem Wechselkursregime wird die eigene Währung unter Aufgabe einer selbständigen Geldpolitik mit einem festen Wechselkurs an eine Ankerwährung - meistens den Dollar, aber auch an die DM bzw. den Euro - gebunden. Die heimische Geldmenge darf nur in dem Maß ausgeweitet werden, wie Devisenreserven in der Ankerwährung vorhanden sind. Mit einem Currency Board dokumentiert eine Regierung, dass sie ihre Wirtschaftspolitik dem Ziel der Wechselkursstabilität unterordnet. Dies soll das Abfedern von Spekulationsdruck gegen die heimische Währung erleichtern.

Sowohl Polen als auch die Tschechische Republik wurden im weiteren Transformationsverlauf alsbald gezwungen, ihre fixe Wechselkursbindung aufzugeben. Im Falle Polens geschah dies noch in der ersten Transformationsphase, im Falle Tschechiens im Gefolge einer schweren Währungskrise. Unzureichender Fortschritt bei der Umstrukturierung sowie schwache Fundamentaldaten, welche die Anfälligkeit dieser Währungen für spekulative Attacken erhöhten, waren die Gründe (OECD (1998a)). Konfrontiert mit unhaltbaren externen und fiskalischen Ungleichgewichten sowie einer Erosion der politischen Glaubwürdigkeit, konnte auch Ungarn seine feste, aber anpassungsfähige Wechselkursfixierung nicht mehr

---

[159] Für detaillierte Übersichten über die jeweils gewählte geldpolitische Strategie zur Verteidigung des Wechselkursregimes vgl. EZB (2000), S. 42 ff., und Kopits (1999), S. 9 ff.

aufrecht erhalten. Stattdessen wechselte Ungarn wie schon Polen einige Jahre früher im Rahmen eines Stabilisierungsprogramms zu einem Wechselkursregime des „Crawling Peg" (Kopits (1999), S. 9).

Die Unterschiede in der Entwicklung der gewählten Wechselkursregimes der MOEL in den ersten zehn Jahren ihrer Transformation reflektieren somit wohl in erster Linie die divergierende Geschwindigkeit und Tiefe ihrer bisherigen institutionellen und mikroökonomischen Reformschritte (vgl. Kapitel 2 dieser Studie) sowie den jeweiligen Erfolg bei der makroökonomischen Stabilisierung. Auch deuten die verschiedenen Wechselkursregimes auf zwischen den MOEL divergierende Ansichten hin, wie die Wirtschaftspolitik geführt und wie die Inflation gesenkt werden soll (Darvas (2001), Hochreiter (2000)). Deshalb scheinen die zahlreichen *verschiedenen* Wechselkurssysteme für die spezifischen Anforderungen des Transformationsprozesses *vor der Aufnahme* in die EU a priori durchaus geeignet zu sein (EZB (2000b), S. 115). Hierfür spricht auch, dass die MOEL bis zu ihrem EU-Beitritt ohnehin keinen spezifischen rechtlichen Anforderungen im Hinblick auf ihre Wahl der Wechselkursregime unterliegen. Denn es wird erwartet, dass die MOEL während dieser Phase ihre Konzentration vor allem der Erfüllung der Kopenhagener Kriterien (vgl. Kapitel 1) widmen. Die möglichen neuen EU-Mitglieder sollten jedoch ihre Politiken im Hinblick auf ihre Geeignetheit für einen Beitritt zum Europäischen Wechselkursmechanismus II (vgl. Abschnitt 5.1.3.1) überdenken und eventuell sogar neu ausrichten. So will es jedenfalls die EZB. Denn nicht jedes der aktuellen Wechselkursregimes ist mit einer konsistenten Hinführung zum Euro vereinbar (EZB (2000b), S. 114 f.).

Die Tabelle 39 zeigt die gegenwärtigen Unterschiede hinsichtlich der Währungs- und Wechselkurspolitik zwischen den mittel- und osteuropäischen Beitrittskandidaten deutlich. Drei Kandidatenländer greifen auf ein Currency Board zurück, um Vertrauen der Devisenmärkte in ihre Währung zu schaffen: *Bulgarien* versucht dies mit einer Bindung seiner Landeswährung Lewa an den Euro (Gulde (1999)), *Estland* mit einer Koppelung an die DM (und somit indirekt auch schon an den Euro) und *Litauen* mit dem US-$ als Währungsanker für den Litas. Im Jahr 1993 wurde Litauens neue Währung im Verhältnis Vier zu Eins an den US-Dollar gekoppelt. Hiermit konnte die Hyperinflation rasch eingedämmt werden. Die litauische Währung wertete wegen ihrer Dollar-Bindung gegenüber dem Euro im Oktober 2000 als Spitzenwert um 35 Prozent auf. Dies bescherte den Exporten Litauens in die EU und somit auch der Arbeitsmarktperformance im Exportsektor Litauens einen erheblichen Dämpfer (IW 2001b)). Die Zentralbank Litauens kündigte Ende Juni 2001 die Modalitäten der für Februar 2002 geplanten Umstellung der Reservewährung von US-Dollar auf den Euro an.[160] Im Zentrum der Zielsetzungen bei der Wahl von Currency Board-Systemen standen die freie Konvertibilität der Valuta sowie ein fester Wechselkurs zu einer westlichen Ankerwährung. Die Entscheidung, die Autonomie über die Geldpolitik (und damit auf Erträge der Geldschöpfung) aufzugeben, führte zusätzlich zu einer Beschränkung des Staatshaushalts. Dies hielt die öffentlichen Ausgaben unter Kontrolle (Dresdner Bank (2001), S. 34, und Abschnitt 5.1.3.3).

Lettland hat seit 1994 eine Bindung seiner Währung Lats an die Sonderziehungsrechte (SZR) des Internationalen Währungsfonds gewählt; es betreibt somit wie das arabische Land Quatar, das sich als weltweit einzig anderes Land ebenfalls dieser Strategie bedient, faktisch ein Festkursregime. Die lettischen Exporte und die möglicherweise hieran hängenden Arbeitsplätze leiden allerdings nach wie vor stark unter der notorisch starken Landeswährung. Wegen des hohen Anteils von Dollar, Yen und britischem Pfund an diesem Währungskorb wertete der Lats gegenüber dem Euro in der Vergangenheit stark auf. Im Oktober 2000 lag der Kurs des Lats gegenüber dem Euro immerhin um 24 Prozent höher als im Januar 1999 (IW (2001a)).

Eine *Wechselkursanbindung mit gleitender Abwertung* und unterschiedlichen Schwankungsbreiten wurde über eine lange Zeit von Polen (Bindung an einen Währungskorb) und wird noch von Ungarn (Bindung an den Euro) gewählt. Polen hatte dabei bis zum 31. März 2000 den Euro in seinem Währungskorb mit über 50% gewichtet. Der Übergang zu flexiblen Wechselkursen wurde ab April 2000 vollzogen, da eine stärkere Flexibilisierung des Wechselkurses tendenziell zu einer Abkoppelung der Wirtschaftsentwicklung von den durch inländische und ausländische Investoren ausgelösten Kapitalströmen führt (Dresdner Bank (2001), S. 41). Seitdem hat der Zloty innerhalb eines Jahres rund 10 Prozent aufgewertet. Die Aufwertung seit Beginn des Jahres 2001 bis zum April diesen Jahres betrug für sich genommen sogar acht Prozent. Systeme eines *kontrollierten Floating* werden von Rumänien, der Slowakischen Republik, Slowenien und der Tschechischen Republik gewählt. Dabei dient der Euro als (zumindest inoffizielle) Referenzwährung.

---

[160] Die Umstellung wird auf der Grundlage des am 1. Februar 2002 von der EZB festgestellten US-Dollar-Euro-Referenzkurses erfolgen. Der neue Wechselkurs des Litas resultiert aus einer Multiplikation dieses Referenzkurses mit 4, da der Litas derzeit im Verhältnis Vier zu Eins an den Dollar gebunden ist und die Umstellung keine Auf- und Abwertungen verursachen soll. Es lässt sich jedoch nicht ganz ausschließen, dass Litauen bei einer ungünstigen Entwicklung des US-Dollar/Euro-Wechselkurses die Umstellung erneut verschieben wird. Dies war bereits seit 1997 mehrfach geschehen. Vgl. Dresdner Bank (2001a).

Tabelle 39
Aktuelle Wechselkursregime in den MOEL

Land	Merkmale	Anmerkungen
Bulgarien	Currency Board, Bindung an EUR/DM	Am 1. 7. 97 offiziell eingeführt. Laut nationaler Gesetzgebung ersetzt der Euro spätestens mit der Euro-Bargeldeinführung 2002 die DM
Tschechische Republik	Kontrolliertes Floating (informelle Referenzwährung: EUR)	Im Mai 97 wurde die zuletzt im Februar 96 angepasste Bindung an einen Währungskorb (65% DEM und 35% USD) mit einer Schwankungsbreite von ±7,5% aufgegeben; zuvor hatte seit 1991 eine Bindung an einen Währungskorb bestanden.
Estland	Currency Board, Bindung an EUR/DM	Im Juni 92 eingeführt.
Ungarn	Wechselkursanbindung an den EUR mit gleitender Abwertung, Schwankungsbandbreite: ±15%, vorangekündigte monatl. Abwertung: 0,2%	Im März 95 eingeführt. Der monatliche Abwertungssatz des Leitkurses und damit auch jener der Schwankungsbreite wurden im Lauf der Jahre mehrfach reduziert. Bis zum 3. 5. 01 Schwankungsbandbreite: ±2,25%. Die vorangekündigte monatl. Abwertung betrug bis zum 31. 3. 01 0,3%.
Lettland	Bindung an SZR („Peg")	De facto-Bindung an das Sonderziehungsrecht seit Februar 1994, seit 1997 formalisiert.
Litauen	Currency Board, Bindung an USD	Im April 1994 eingeführt. Die litauische Zentralbank hat ihre Absicht bekundet, die Litas in der zweiten Jahreshälfte 2001 an den Euro zu binden.
Polen	Relativ flexibler marktbestimmter Wechselkurs („Float"), gelegentliche Interventionen zur Glättung großer Wechselkursausschläge	Bindung an einen Währungskorb wurde im Mai 91 eingeführt; bis 31. 12. 98 blieben die Gewichte unverändert (45% USD, 35% DEM, 10% GBP, 5% CHF, 5% FRF). Ab Mai 95 Schwankungsbandbreite mit vorangekündigter monatl. Abwertung. Der Abwertungssatz wurde schrittweise reduziert und die Bandbreite erweitert. Seit 1. 1. 99 umfasst der Währungskorb nur noch Euro und US-$, marktbestimmter Flexkurs seit 1. 4 2000.
Rumänien	Kontrolliertes Floating (informelle Referenzwährung: EUR)	Im August 1992 eingeführt. Während der Monate vor dem Februar 2000 war die Währungspolitik vorrangig am Wechselkurs ausgerichtet. Eine Strategieänderung wurde nicht bekannt gegeben.
Slowakische Republik	Kontrolliertes Floating (informelle Referenzwährung: EUR)	Vom 14. 7. 94 bis zum 1. 10. 98 war die Slowakische Krone an einen Korb mit zwei Währungen gebunden (60% DEM und 40% USD). 1996 wurden die Schwankungsbreiten von ±1,5% auf ±7% erweitert. Am 2. 10. 98 wurde die Bindung aufgegeben und ein Managed-Floating-Regime eingeführt. Am 1. 1. 99 übernahm der Euro die Rolle der DM als Referenzwährung
Slowenien	Kontrolliertes Floating (informelle Referenzwährung: EUR)	Seit 1992 blieb der Wechselkurs innerhalb einer nicht veröffentlichten engen Bandbreite gegenüber der DM (seit dem 1. Januar gegenüber dem Euro)

Quellen: Deutsche Bank Research (2000a), S. 28, EZB (2000), Sherman (2000).

Eine interessante Implikation der bisher gewählten Wechselkurspolitiken der MOEL ist, dass sich vor allem die drei kleinen Staaten des Baltikums, Estland, Lettland und Litauen, dank einer straffen Geldpolitik und rigider Wechselkurssysteme bereits den Maastricht-Kriterien für einen uneingeschränkten Beitritt zur Europäischen Währungsunion (vgl. Abschnitt 5.1.3.3) angenähert haben. Slowenien und die Tschechische Republik könnten dieses Ziel in Kürze mit flexibleren Wechselkursen unter Beibehaltung einer eigenständigen Geldpolitik erreichen (Deutsche Bank Research (2000)).

Im Falle *Ungarns* zeichnet der ehemalige Finanzminister Zsigmond Járai ab dem 1. März 2001 als neuer Notenbankpräsident (auch Tschechien und Polen erfahren in diesen Tagen einen derartigen Wechsel) für die Geldpolitik verantwortlich. Er folgt dem international angesehenen und seit 1995 amtierenden Geldpolitiker Györgyi Surányi, dem seitens des Premierministers Wiktor Orban wohl aus politischen Gründen keine zweite Amtszeit gewährt wurde. Denn Györgyi Surányi hatte stets auf die Unabhängigkeit der Notenbank und deren kritische Distanz zur Regierungspolitik gedrungen. Wird sich die Notenbank nun ihrer Unabhängigkeit nicht mehr erinnern und sich den Vorgaben der Regierung unterordnen? Besteht die Möglichkeit eines politischen Konjunkturzyklus?

Folgt man der Einschätzung internationaler Analysten, so lautet die Antwort wohl: nein. Denn der ehemalige Finanzpolitiker Járai sieht eine seiner wichtigsten Aufgaben in dem weiteren Ausbau der *Unabhängigkeit der ungarischen Notenbank*. Eine *Novellierung des Notenbankgesetzes* nach Maßgabe der Standards der EWU-Mitgliedsländer vor ihrem EWU-Beitritt erscheint ihm angesichts des geplanten Beitritts Ungarns zur EU und später auch zur EWU unausweichlich. Neben notwendigen organisatorischen Änderungen betont er vor allem die klare Verpflichtung der Notenbank auf das *Ziel der Preisstabilität*; gemäß der aktuellen Gesetzesformulierung ist es die Aufgabe der ungarischen Notenbank, die Wirtschaftspolitik der Regierung zu unterstützen. Auch hier stellt sich wieder die Frage nach der Wahrscheinlichkeit eines politischen Konjunkturzyklus in Ungarn.

Járai unterstützte die Entscheidung seines Vorgängers, ab dem 1. April 2001 die gleitende Abwertung des Forint von 0,3 auf 0,2 Prozent monatlich zu verringern. Darüber hinaus befürwortete Járai die *baldige Erweiterung der Bandbreite zum Euro* von derzeit plus/minus 2,25 Prozent. Dabei legte er sich auf den genauen Zeitpunkt dieser Maßnahme noch nicht fest. Letztere erschien vor allem auch aus Gründen der Dämpfung der immer noch hohen Inflationsrate wichtig. Der bis Mitte 1999 erfolgreich durchgeführte Disinflationsprozeß in Ungarn sollte hiermit fortgesetzt werden.

In der Nacht zum 4. Mai wurde das *Wechselkursband* des Forint gegenüber dem Euro von der ungarischen Zentralbank dann tatsächlich auf plus/minus 15 Prozent *ausgedehnt*. Dieser erweiterte Schwankungsspielraum entspricht dem Band, zu dem potentielle Kandidaten für den Euro-Raum mindestens zwei Jahre vor dem Beitritt übergehen müssen (Abschnitt 5.1.3.1). Der Zeitpunkt für die Erweiterung der Bandbreite wurde augenscheinlich ohne äußeren Druck gewählt. Ähnlich wie Polen strebte auch die ungarische Notenbank hierdurch eine stärkere Flexibilisierung des Wechselkurses an, um sich von internationalen Kapitalbewegungen abzukoppeln und Raum für die Bekämpfung der Inflation zu gewinnen (Dresdner Bank (2001), S. 41). Dieser Befreiungsschlag der Notenbank zur Erlangung von Spielraum für eine aktive Zinspolitik gegen die Inflation kam zu diesem Zeitpunkt überraschend und ließ den Forint in den ersten Wochen nach der Erweiterung des Bandes gegenüber dem Euro um 4,66 Prozent aufwerten.[161] Gleichzeitig verkündete Járai, die *gleitende Abwertung* (d. h. den zuvor bereits erläuterten ‚Crawling peg') von monatlich 0,2 Prozent bis auf weiteres beizubehalten. Erst wenn sich die hartnäckig hohe Inflation anhaltend verringere, könne die gleitende Abwertung der ungarischen Währung aufgegeben werden. Da im Mai 2001 in Ungarn mit einem Rückgang der Inflationsrate auf gut sieben Prozent bis zum Jahresende 2001 gerechnet wurde, war man der Ansicht, man könne die gleitende Abwertung spätestens in der zweiten Hälfte des Jahres 2002 abschaffen. Auch die Dresdner Bank (2001a) rechnet mit einer Aufgabe des Crawling Pegs durch Ungarn in absehbarer Zeit.

Durch die jüngste Erweiterung des Wechselkursbandes betonte Ungarn nochmals seine Entschlossenheit, möglichst rasch nach dem EU-Beitritt auch dem Europäischen Währungssystem beizutreten. Denn gemäß der aktuell gültigen rechtlichen Regelung (vgl. Abschnitt 5.1.3.1) kann Ungarn erst dann der Eurozone beitreten, wenn es zwei Jahre lang seinen Wechselkurs ohne negative Effekte auf die

---

[161] Der Kurs des Forint notierte jedoch schon vor seiner teilweisen Freigabe am oberen Rand des schmaleren Bands von 4,5 Prozent, so dass die effektive Aufwertung Ende Mai 2001 nur 3,75 Prozent betrug. Ein derart moderater Satz dürfte für die ungarische Exportwirtschaft und die dort vorhandenen Arbeitsplätze zu verkraften sein. Negative Auswirkungen auf den Export und die dort ansässigen Arbeitsplätze wurden nicht befürchtet, da die Leistungsbilanz im ersten Quartal 2001 bei zweistelligem Exportwachstum positiv abgeschlossen hatte und die nominelle Aufwertung des Forint wegen des niedrigen Zinsniveaus und der wegen der Wahlen 2002 locker bleibenden Fiskalpolitik eher nur mäßig ausfallen dürfte. Da in Ungarn zudem keine Privatisierungen mehr in nennenswertem Umfang stattfinden dürften, ist auch nicht mehr mit hohen und steigenden auswärtigen Direktinvestitionen zu rechnen. Kurzfristig könnte sich aber die Volatilität des Forint spekulationsbedingt erhöhen mit der Folge, dass die ungarischen Arbeitsmärkte durch ein spekulatives Verhalten auswärtiger Investoren beeinträchtigt werden.

übrigen Konvergenzkriterien in einer Bandbreite von plus/minus fünfzehn Prozent zum Euro gehalten hat.[162] Realistisch erscheint Járai ein Beitritt Ungarns zum Europäischen Wechselkursmechanismus (WKM II) nach seinem von ihm für 2004 erwarteten EU-Beitritt in den Jahren 2006 oder 2007. Als (informelle) Voraussetzung hierfür sieht er die Erfüllung der Konvergenzkriterien hinsichtlich Inflation, Verschuldung und Budgetdefizit an. Als kritisch erweist sich in diesem Zusammenhang - wie später noch ausführlicher zu zeigen sein wird - wohl vor allem die seit etwa zwei Jahren (März 2001) bei etwas über 10 Prozent liegende Inflationsrate. Dies gilt um so mehr, da auch die Fiskalpolitik vor dem Hintergrund der Parlamentswahlen im Juni 2002 mittlerweile schon deutlich expansiver geworden ist (wieder ein Anhaltspunkt für einen politischen Konjunkturzyklus?). Bis zum Jahr 2004 wird von der ungarischen Regierung und der Notenbank ein Wachstum von 5 bis 5,5 Prozent angesteuert. Die Inflationsrate soll sich dann auf 5 bis 6 Prozent, das Budgetdefizit von heute 3,4 auf 2,5 Prozent und das Leistungsbilanzdefizit von 4,5 auf maximal 2 Prozent verringert haben. Spätestens für das Jahr 2004 wird also eine Erfüllung der Maastrichter Konvergenzkriterien angestrebt.

In bezug auf Ungarn hat man vor dem Hintergrund der vorstehenden Ausführungen mit einem EU-Beitrittskandidaten zu tun, für den in der Vergangenheit (geld-) *politisch erzeugte Schwankungen der Arbeitslosenrate* und der Beschäftigung nicht ganz auszuschließen waren. Mit einem klaren Kurs hin zum EU-Beitritt und zur Europäischen Währungsunion könnte sich dies ändern, da die Geld- und Währungspolitik als länderspezifische Instrumente aus der Hand gegeben werden. Dies wäre ein weiterer Beschäftigungseffekt der EU-Osterweiterung in einem MOEL. Ähnliche Illustrationen der währungspolitischen Historie könnten auch für weitere MOEL angestellt werden. Im Hinblick auf die Themenstellung dieses Buches unterleiben diese hier jedoch. Ungarn wurde als ein repräsentatives Beispiel herausgegriffen, da es ein MOEL darstellt, welches durch die Übernahme der im Rahmen des WKM II vorgeschriebenen Wechselkursbandbreite bereits auf den Pfad zur Euro-Teilnahme eingeschwenkt ist.

Berücksichtigt man die währungspolitischen Entscheidungen der ungarischen und litauischen Zentralbank im Frühsommer 2001, ergeben sich für die Beitrittskandidaten *zwei Szenarien* für den Übergang der Wechselkurspolitik. Die Wäh-

---

[162] Für andere MOEL könnte es nach dem EU-Beitritt noch nicht erstrebenswert sein, bald auch vollwertiges Mitglied der Eurozone zu werden. Diese Länder könnten durch die Verschiebung ihres Beitritts zum Europäischen Währungssystem (das später noch zu erläuternde EWS II) einen ansonsten möglicherweise nach ihrem EU-Beitritt einsetzenden ‚Euro-Automatismus' außer Kraft setzen. Der Beitritt zum EWS II wird hierdurch zu einem strategischen Parameter der MOEL.

rungspolitik der MOEL wird sich *am Euro orientieren* müssen, da der EU-Vertrag keine Opt-out Klauseln wie noch im Maastrichter Vertrag und in der mittleren Frist somit definitiv eine Teilname der mittel- und osteuropäischen Kandidaten an der EWU vorsieht (European Parliament (1999), S. 33 ff.). Eine *erste* Teilgruppe der MOEL (Polen, die Slowakei, Slowenien, Tschechien und Ungarn) geht mit einem tatsächlich oder faktisch (mit einer weiten Bandbreite) flexiblen Wechselkurssystem in die Phase vor dem EU-Beitritt. Eine *zweite* Teilgruppe bestehend aus Bulgarien und Estland weist bereits eine enge Bindung an den Euro auf und wird diese nach dem Beitritt zur EU aller Voraussicht nach auch beibehalten. Zu dieser Gruppe wird zusätzlich noch Litauen stoßen, das - wie zuvor gezeigt - im nächsten Jahr eine Umstellung seiner Reservewährung von US-Dollar auf den Euro anstrebt. Eine *dritte* Teilgruppe lässt sich nicht systematisch unter eine der beiden zuvor genannten Gruppen fassen. Lettland möchte auch weiterhin an der Bindung des Lats an einen Währungskorb festhalten. Seriöse Prognosen für die kommende Wechselkurspolitik Rumäniens im Vorfeld von dessen geplantem EU-Beitritt liegen noch nicht vor (Dresdner Bank (2001a)).

Ohne den folgenden Ausführungen vorgreifen zu wollen, lassen sich bereits an dieser Stelle die Hauptargumente zugunsten des Verfahrens der ersten und zweiten Teilgruppe kurz anführen. Die Vertreter der *ersten* Teilgruppe führen ins Feld, dass bei einer höheren nominalen Wechselkursflexibilität die Festlegung einer angemessenen Parität im Europäischen Wechselkursmechanismus, der eine wichtige Vorstufe für eine spätere Teilnahme an der EWU darstellt, erleichtert werde. Denn der Wechselkurs bilde sich aus dem Zusammenspiel von Angebot und Nachfrage. Ein Nachteil dieser Vorgehensweise liegt aber sicherlich darin, dass bis zum EU-Beitritt möglicherweise aufgrund von Veränderungen der außen- und binnenwirtschaftlichen Lage noch mit erheblichen Wechselkursschwankungen zu rechnen sein wird. Vor allem die aktuellen Wechselkursentwicklungen des polnischen Zloty und des ungarischen Forint wurden deshalb bereits ausführlich beschrieben und wiesen in genau diese Richtung (Dresdner Bank (2001)). Aber auch in Tschechien lassen sich ähnliche Entwicklungen identifizieren. Der noch nicht beendete Privatisierungsprozess und die durch die EU-Beitrittsperspektive bedingte hohe Attraktivität der Märkte lösen hohe ausländische Direktinvestitionen in diesen MOEL aus. Zusätzlich führt das hohe Realzinsniveau zu einem starken Zuwachs des Stroms der ausländischen Portfolioinvestitionen (vgl. Abschnitte 3.2. und 4.2.). Die preisliche Wettbewerbsfähigkeit der Exporteure verschlechtert sich durch die resultierenden Aufwertungstendenzen. Zusätzlich kann es zu ausgeprägten kurzfristigen und realwirtschaftlich nicht erklärbaren Wechselkursschwankungen kommen. Dies kann zu erheblichen realwirtschaftlichen Verwerfungen, nicht zuletzt auf Arbeitsmärkten, führen.

Für ein Currency Board-Arrangement (von der *zweiten* Teilgruppe der beitrittswilligen MOEL bevorzugt) spricht die erhöhte Glaubwürdigkeit einer Beibehaltung fester Wechselkurse. Während des Übergangs ist wegen der Anbindung an den Euro für eine höhere Sicherheit bezüglich der nominalen Wechselkursentwicklung gesorgt. Dies kann wegen der fallenden Ertragsunsicherheit für Investoren zu mehr Beschäftigung führen. Kritiker wenden jedoch ein, die Fixierungen der Wechselkurse reichen bereits weit in die Vergangenheit hinein. Es sei folglich fraglich, ob die von Estland 1992 und Bulgarien 1997 ursprünglich gewählten Wechselkursrelationen noch tragfähig seien. Gerade während des noch länger dauernden ökonomischen Aufholprozesses müssen dann andere Größen wie die Löhne eine verstärkte Anpassungslast tragen (Abschnitte 2.3. und 5.1.3.2.). Gelingt dies nicht, sind negative Arbeitsmarkteffekte zu befürchten. Beiden Argumentationssträngen 'pro flexible Wechselkurse und pro Currency Board' wird im Rahmen des fünften Kapitels noch genauer nachgegangen.

Bei der Wahl ihrer Wechselkurspolitiken sind die betrachteten MOEL jedoch bei weitem nicht frei und flexibel. Neben den rechtlichen Vorschriften für die Phase nach dem EU-Beitritt spielen auch der Status quo und die währungspolitische Historie eine große Rolle. Denn in vielen Fällen sind Sprünge von einem zu einem anderen Währungssystem nicht ohne gravierende Anpassungshärten möglich und politisch akzeptabel. Häufig wird deshalb aus der Sicht eines beitrittswilligen MOEL ein Verharren im Status quo oder eine andere Art des Einschwenkens (mit einer anderen Abfolge von Wechselkurspolitiken) auf die Vollmitgliedschaft in der EWU vorteilhaft. Dieser Zusammenhang wird im folgenden als *Zeitpfadabhängigkeit* bei der Überleitung historischer Wechselkursregimes in die Gegenwart bezeichnet.

5.1.2. Zeitpfadabhängigkeiten bei der Überleitung historischer Wechselkursregimes in die Gegenwart

In Kapitel 2 wurde bereits herausgearbeitet, dass Tschechien, Estland, Ungarn, Polen und Slowenien hinsichtlich ihrer makroökonomischen Performance und bei der Verbreitung marktwirtschaftlicher Institutionen und dem Ausmaß mikroökonomischer Umstrukturierung unter den MOEL mittlerweile am weitesten vorangekommen sind. In bezug auf Tschechien wurden jedoch in letzter Zeit Probleme hinsichtlich der allgemeinen makroökonomischen Performance und der Stabilität des Finanzsektors deutlich. Demgegenüber wird Ungarn bescheinigt, nach seiner 'Reformpause' gegen Mitte der neunziger Jahre das Reformtempo bei der Privatisierung, der Reform der Alterssicherung, der Devisenmarktliberalisierung u.ä. wieder signifikant erhöht zu haben (EBRD (1999)).

Ein wichtiger Aspekt in diesem Zusammenhang ist, dass die genannten fünf MOEL gemäß Abschnitt 5.1.1 nicht nur *äußerst verschiedene Wechselkurspolitiken* verfolgt haben, sondern diese darüber hinaus auch *im Zeitablauf häufig wechselten*. Lediglich Estland und Slowenien hielten lange an dem anfänglich gewählten Regime fest. Alle fünf Länder haben bei der Kapitalverkehrsliberalisierung große Anstrengungen unternommen, wobei Estland anders als das gegensätzliche Extrem Slowenien bereits sämtliche Beschränkungen beseitigt hat. Alle fünf Länder haben den Antrag gestellt, der EU und EWU beizutreten, und *möchten den Euro so früh wie möglich einführen*. An diesen Beispielen lässt sich verdeutlichen, dass *verschiedene* Wechselkursregimes mit hoher Kapitalmobilität und massivem strukturellem und institutionellem Wandel *kompatibel* sind, solange *zwei Bedingungen* erfüllt sind: a) Politiken sind intern konsistent und b) das gewählte Wechselkursregime ist glaubwürdig (Hochreiter (2000)).

In bezug auf Punkt a) wird von Analysten an Tschechiens Politik häufig kritisiert (vgl. Jahresberichte der tschechischen Nationalbank, verschiedene Jahrgänge), dass Beschränkungen der Finanzpolitik überschritten wurden, Lohnerhöhungen exzessiv ausfielen, und das Zahlungsbilanzdefizit rasch anwuchs. In der Folge habe die feste Wechselkursanbindung aufgegeben werden müssen. Ungarn, Polen, Slowenien und Estland hingegen schienen - gemessen an ihrer Politikwahl - die grundlegenden Spielregeln des von ihnen gewählten Wechselkursregimes zu respektieren. Bis in die Gegenwart hinein hat Ungarn seine Reform- und Stabilisierungsanstrengungen an seit der ‚Reformpause' um 1995 erhöht. Polen hatte, bevor es schließlich aus freien Stücken auf ein System flexibler Wechselkurse und auf ein Inflation Targeting überging, eine restriktive Fiskal- und Geldpolitik durchgeführt. Dieser spezifische Policy Mix verringerte die Binnennachfrage sowie das Zahlungsbilanzdefizit Polens.

Der *Übergang auf ein System flexibler Wechselkurse* entsprach im Prinzip durchaus der weiter oben beschriebenen anglo-amerikanischen These der Optimalität von Ecklösungen bei der Wahl geeigneter Wechselkursregimes. Denn ein System *fester* Wechselkurse weist – so lautet das Standardargument - potentiell die folgenden *Nachteile* auf: a) in der Gegenwart asymmetrischer externer Schocks, einer fortschreitenden Liberalisierung von Devisenmarkttransaktionen und eines beschleunigten Strukturwandels sei es schwierig, den gleichgewichtigen Wechselkurs festzulegen (Halpern, Wyplosz (1997)), b) der Geldpolitik seien auch bei der Pufferung heimischer Schocks die Hände gebunden, c) die Volkswirtschaft werde für negative Entwicklungen in dem Land, an dessen Währung die heimische Währung gekoppelt ist, empfänglich und d) die durch feste Wechselkurse verbundenen Volkswirtschaften werden für Krisen empfänglich, die großflächig in eine hohe Volatilität der Wechselkurse münden können. In bezug auf den oben genannten Punkt a) werden Estland und Slowenien allgemein besser beurteilt. Ihre Wirtschaftspolitiken werden häufig als intern konsistent bezeichnet, d. h. die geldpolitische Strategie wird als glaubwürdig eingestuft und es wird anerkannt, dass sich Politiker eine Selbstverpflichtung auferlegt haben, zeitig auf Änderungen des ausländischen Umfelds zu reagieren.

Mit anderen Worten: die Wahl des Wechselkursregimes kann von Faktoren wie dem (vergangenen) Fortschritt an Arbeitsmarktreformen *in endogener Weise abhängig* sein. Jedoch sind konsistente Makro-Politiken - wie die Asien-Krise wieder nachdrücklich aufzeigte - notwendig, aber nicht hinreichend, um die Nachhaltigkeit eines Wechselkursregimes zu gewährleisten. Weitere Faktoren für die Nachhaltigkeit, auf die hier themenbedingt nicht weiter eingegangen werden soll, sind die *Schwäche des Finanzsektors* sowie die Art und Weise, in der Finanzmarktderegulierungen durchgeführt wurden. Schließlich wird im folgenden noch zu erörtern sein, warum einige Volkswirtschaften in der Vergangenheit sehr lange an Currency Board-Systemen festgehalten haben (Zeitpfadabhängigkeit des Wechselkurssystems) und nicht zu flexiblen Wechselkursen übergegangen sind. Dies könnte nämlich Implikationen für diejenigen MOEL haben, die gegenwärtig ebenfalls (noch) ein Currency Board betreiben (Abschnitt 5.1.1). Möglicherweise wird es für diese Länder in den nächsten Jahren nicht mehr notwendig sein, im Rahmen ihres Einschwenkens auf den Euro ihre Wechselkurspolitik noch einmal in Richtung kurzfristig flexibler Wechselkurse zu ändern (z.B. um den Markt den gleichgewichtigen Umtausch-Wechselkurs zum Euro finden zu lassen).[163]

Abschließend sei auf einige bekannte Beispiele eingegangen, in denen sich die *Wahl der Wechselkurspolitik* als *zeitpfadabhängig* erwiesen hat. Argentinien und Estland beispielsweise zogen in der Vergangenheit offensichtlich den Schluss, dass die erwarteten langfristigen Kosten in Gestalt eines Glaubwürdigkeitsverlusts höher sei als der kurzfristige (starke) Outputverlust unter Beibehaltung des alten Regimes. Denn sie behielten die Ausgestaltung der Wechselkurspolitik der ‚Vor-Krisen'-Zeit bei. Das Hauptargument für eine derartige ‚Treue zum System' ist wohl, dass der Ersatz eines etablierten und daher glaubwürdigen Wechselkursanbindung durch einen neuen Anker (‚Peg'), der sich erst noch beweisen muss, für eine kleinere offene Volkswirtschaft kostenträchtig sein könnte. Im Falle gravierender interner und externer Schocks müssen die Kosten und Nutzen einer Beibehaltung oder Abschaffung eines ‚Pegs' sorgfältig miteinander verglichen werden.

---

[163] Für Ausführungen zum Punkt b) Glaubwürdigkeit des gewählten Wechselkursregimes über die gesamte Phase der Transformation, den Zusammenhang von Wechselkursregimes und Kapitalmobilität und Wechselkurssystemen vgl. Hochreiter (2000).

Das Verhältnis von Nutzen und Kosten der jeweiligen Regimewahl ist dabei natürlich von dem vorherrschenden Grad der *Lohn- und Preisflexibilität* abhängig (Hochreiter (2000)). Bevor man sich jedoch mit optimalen Entscheidungsmustern der Wahl geeigneter Wechselkurspolitiken für die Übergangsphasen vor dem EU-Beitritt und zwischen EU- und vollwertigem EWU-Beitritt befasst, sind zunächst die rechtlichen Grundlagen und die vorgeschriebene zeitliche Abfolge einer hier zunächst nicht näher spezifizierten Anbindung der MOEL an den Euro zu klären. Ebenfalls bleibt vor einer Diskussion möglicher ‚Sequencing'-Szenarien, d. h. der zeitlichen Abfolge verschiedener Wechselkursregimes, noch zu fragen, inwieweit und wann die Kandidatenländer gemeinsam mit den Ländern der bisherigen Eurozone die Kriterien für einen optimalen Währungsraum und für sich genommen die bekannten Maastricht-Kriterien für einen Beitritt zur EWU erfüllen. Denn zwischen der Wahl der Wechselkurspolitik und dem Erfüllungsgrad der gerade genannten Kriterien existieren bedeutende Wechselwirkungen (Frankel, Rose (1998), Hochreiter (2000)).

5.1.3. Euro-Anbindung: Einige Überlegungen zum ‚Ob und Wann'

5.1.3.1. Das Eurosystem und die EU-Osterweiterung: rechtliche Grundlagen

Analysiert man das aktuelle europapolitische Geschehen genauer, so wird vor allem eines offensichtlich. Die potentiellen Mitgliedsländer für die EU arbeiten nicht nur auf ihren EU-Beitritt hin, sondern treffen mittlerweile ebenfalls deutliche Vorbereitungen, ihre Währungen schon bald *an den Euro zu binden*. Eine Beschränkung auf eine vermeintliche ‚EU-Mitgliedschaft zweiter Klasse' ohne den Euro wird von den MOEL nicht angestrebt. Selbst die Einrichtung von Currency Boards scheint für die MOEL weniger attraktiv, da sie bei der Formulierung einer gemeinsamen Geldpolitik im ‚osterweiterten' Euro-Raum weiter keine Stimme hätten (Eichengreen, Ghironi (2001), S. 13). Gerade die am weitesten fortgeschrittenen Kandidaten wie Ungarn, Polen, Tschechien, Slowenien und Estland drückten auf dem Treffen der EU-Finanzminister vom 21. und 22. April 2001 in Malmö entsprechende Begehren aus.[164] Einige MOEL entwerfen sogar schon detaillierte und ehrgeizige Szenarien für ihre Aufnahme in den Euroraum, was allerdings mittlerweile schon zu deutlichen Distanzierungen aus den Reihen der EZB und der Bundesbank geführt hat. Dieses Verhalten erscheint auf den ersten Blick verständ-

---

[164] Die EU-Finanzminister hatten sich in Malmö erstmals mit den Finanzministern sowie Notenbankpräsidenten der Kandidatenländer getroffen.

lich, denn - verglichen mit ihren eigenen Währungen - ist die europäische Gemeinschaftswährung deutlich stabiler. Darüber hinaus erhoffen sich die MOEL niedrigere Zinsen und eine Eliminierung des Risikos von Wechselkursschwankungen für den Außenhandel mit dem aus ihrer Sicht wichtigsten Partner, der EU.

Gerade der letzte Aspekt ist für die folgende Analyse von herausragender Bedeutung, da die Außenhandelsverflechtung der MOEL mit den Volkswirtschaften der EU bereits im Vorfeld ihres EU-Beitritts stark zugenommen hat (Kapitel 3.2 und 4.2). Falls die Qualifikation eines MOEL für den EU-Beitritt automatisch auch zur Qualifikation für den Euro führen würde, reduzierte sich das strategische Problem der MOEL auf die Erfüllung der Kopenhagener Kriterien für den EU-Beitritt. Die MOEL könnten theoretisch „zwei Fliegen mit einer Klappe schlagen". Die rechtliche Realität sieht jedoch anders aus. Wichtig für die weitere Analyse ist, dass die Erlangung der EU-Mitgliedschaft *nicht* die automatische uneingeschränkte Übernahme des Euro bedeutet. Die offizielle Doktrin für den Weg der MOEL zum Euro lautet vielmehr: „first join the EU, then converge to the Maastricht criteria, then join the ECB" (Gros (2000a), S. 26).

Dass die hier betrachteten mittel- und osteuropäischen Staaten dem Euroraum möglichst bald beitreten wollen, kann als *Erfüllung der Forderungen des Acquis* interpretiert werden, wenn man die EWU als Flankierung des Binnenmarktes begreift (Jovanovic (1999), S. 485, Hochreiter (2000)). Denn der Beitritt zur EU verlangt - wie zu Beginn dieser Studie schon ausführlich erörtert - von den Kandidaten aus dem Kreis der MOEL die Erfüllung der sogenannten *Kopenhagener Kriterien*. Darunter fällt auch die Fähigkeit, die aus einer EU-Mitgliedschaft erwachsenden Verpflichtungen - wie das Streben nach einer Europäischen Wirtschafts- und Währungsunion (EWWU) - auf sich zu nehmen. Die für die EWWU relevanten Teile des gemeinschaftlichen rechtlichen Besitzstandes (Acquis Communautaire) müssen übernommen werden. Hierzu zählen auch die Garantie der Unabhängigkeit der Zentralbank, die Liberalisierung des Kapitalmarkts, die Schaffung von Rahmenbedingungen für ein gesundes Bankensystem und stabile Finanzmärkte. Insofern besteht trotz aller hier betonten inhaltlicher Trennung auch eine *Verbindungslinie von EU- und EWWU-Mitgliedschaft* mittel- und osteuropäischer Länder (Dresdner Bank (2001), S. 65).

Eine *Opting-out-Klausel* zur Nichtteilnahme an der EWWU, wie sie im Maastrichter Vertrag Dänemark und England noch gewährt wurde, wird es für die neuen Mitgliedsstaaten *nicht* geben. Die neuen EU-Mitglieder werden also von dem Zeitpunkt ihres EU-Beitritts an auch an der EWWU teilnehmen. Sie verpflichten sich mit dem EU-Beitritt, sich auf die volle Teilnahme an der EWWU vorzubereiten und den Euro zu einem späteren Zeitpunkt einzuführen.[165] Dies bedeutet für sie jedoch noch keine unmittelbare Aufgabe ihrer Landeswährung und ihrer monetären Souveränität. Ihnen wird vielmehr als Mitgliedsstaaten der EWWU gemäß Art. 122 EGV solange eine *Ausnahmeregelung* gewährt, bis sie die Bedingungen zur Einführung des Euro erfüllen (Dresdner Bank (2001), S. 65, ECOFIN (2000)).

Allerdings sind die neuen Mitgliedsstaaten gemäß Art. 124 des EG-Vertrags ab ihrem Beitritt zur EU verpflichtet, ihre „Wechselkurspolitik als eine Angelegenheit von gemeinsamem Interesse zu behandeln". Die Beitrittskandidaten dürfen keine Wechselkurspolitik mehr verfolgen, die das reibungslose Funktionieren des Binnenmarkts beeinträchtigen könnten. Es wird von ihnen folglich der Beitritt zum Wechselkursmechanismus II (der WKM II wird in diesem Abschnitt noch näher erläutert) erwartet, zumal für sie keine Opting out-Klausel vom WWU-Kapitel gelten wird.[166] Darüber hinaus werden sie „ihre Wirtschaftspolitik als eine Angelegenheit von gemeinsamem Interesse" betrachten (Art. 99 des EGV) und an der wirtschaftspolitischen Koordinierung und den Überwachungsmechanismen der EU teilnehmen. Wie alle Mitgliedsstaaten, für die aktuell eine Ausnahmeregelung gilt, unterliegen sie ab ihrem Beitritt dem *Verfahren bei einem übermäßigen Defizit* und den relevanten *Bestimmungen des Stabilitäts- und Wachstumspakts* (EZB (2000b), S. 114 ff.). Die Periode vor der Aufnahme der Kandidaten in die EU wird durch eine *verstärkte Zusammenarbeit* zwischen dem Eurosystem (bestehend aus der EZB und den nationalen Zentralbanken der EWU-Teilnehmerländer) und den Zentralbanken der Kandidatenländer gekennzeichnet sein. Jährliche Seminare auf hoher Ebene fanden beispielsweise in Helsinki im Dezember 1999 und in Wien im Dezember 2000 statt.

Die Aufnahme eines neuen Mitglieds aus dem Kreis der MOEL in die Währungsunion wird auf der Grundlage von Konvergenzberichten der EU-Kommission und der EZB von den Regierungs- und Staatschefs beschlossen. Für die Einführung des Euro - nicht aber für ihren EU-Beitritt - müssen die Kandidatenländer die sogenannten ‚Maastricht-Kriterien' *nachhaltig* und nicht nur punktgenau erfüllen. Die Erfüllung dieser Kriterien führt jedoch nicht automatisch zur Aufnahme in die Euro-Zone; alle Regierungen müssen einstimmig dem Antrag des betreffenden MOEL zustimmen (FAZ (2001f)). Der *EU-Beitritt* und die *Ein-*

---

[165] Der EU-Beitritt führt demnach zwingend zur Integration der jeweiligen Zentralbank in das europäische System der Zentralbanken (ESZB). Erst mit der Einführung des Euro hingegen wird die Zentralbank eines neuen Mitgliedstaats Bestandteil des Eurosystems. Vgl. Dresdner Bank (2001), S. 65, und EZB (2000).

[166] Vgl. EZB (2000b), S. 115. Ein Beitritt zum WKM II ist gemäß den Bestimmungen der betreffenden Entschließung des Rats jederzeit nach dem jeweiligen Beitritt möglich.

führung des Euro stellen folglich zwei _separate Schritte_ im Beitrittsprozess dar. Auch wird entgegen anders lautenden Forderungen wie beispielsweise von Coricelli (2001) _nicht_ vorgeschrieben, dass alle MOEL den Euro _gleichzeitig_ einführen sollen. Dabei sind die Hürden für die Übernahme des Euro nach einer _Einzelfall_-prüfung noch höher als für den EU-Beitritt, für den die Kopenhagener Kriterien eine funktionierende Marktwirtschaft vorschreiben. Diese Hürden sollten nach Ansicht der 15 EU-Finanzminister auf ihrem Treffen in Malmö im April 2001 unbedingt _glaubwürdig und strikt_ eingehalten werden, damit nicht der fatale Eindruck zugelassen wird, die Europäische Währungsunion entwickle sich zu einem Sammelbecken der ökonomisch schwächeren Volkswirtschaften. Es dürften keine ‚Weichmacher' erlaubt werden und keine ‚politischen Geschenke' hinsichtlich der Maastrichter Stabilitätskriterien verteilt werden. Die Maastrichter _Konvergenzkriterien_ für die Übernahme des Euro fordern bekanntlich, dass die Geldpolitik bestimmte Referenzwerte für Inflation und Zinsen und die Finanzpolitik gewisse Richtwerte für die Budgetdefizite und öffentliche Verschuldung erfüllt (vgl. genauer Tab. 33). Die vorstehend genannten Aspekte werden von EU-Regierungen immer wieder betont, wenn die Bewerberstaaten wie Anfang Juli 2001 auf einer internationalen Wirtschaftskonferenz in Dubrovnik überzogene Hoffnungen auf eine rasche Mitgliedschaft in der Euro-Zone äußern (FAZ (2001f)).

Schließlich wird gegenwärtig für die neuen Mitgliedsstaaten auf ihrem Weg zum Euro anvisiert, dass die Währung des MOEL-Kandidaten für eine Dauer von zwei Jahren _ohne Abwertungen am Europäischen Wechselkursmechanismus II (WKM II) teilgenommen_ hat. Untersuchungen des Eurosystems zufolge ist dieser Mechanismus so flexibel gestaltet, dass die potentiellen Beitrittsländer die strukturellen Entwicklungen ihrer Volkswirtschaften mit dem Ziel der Preis- und Wechselkursstabilität in Einklang bringen können. Für das Wie und Wann der Übernahme des Euro jedoch lassen die Maastricht-Kriterien einigen _Interpretationsspielraum_, wie der vergangene EWU-Aufnahmeprozess Italiens in aller Deutlichkeit bereits demonstrierte. Die künftige Aufnahmepolitik wurde noch am präzisesten im November 2000 vom EU-Finanzministerrat formuliert „Von den neuen Mitgliedern wird erwartet, dass sie sich einige Zeit nach dem Beitritt (zur EU) dem WKM II anschließen". Weiter heißt es dort, eine einseitige Anbindung an den Euro „sei kein Weg, die im Vertrag für die Einführung des Euro vorgesehenen Stufen zu umgehen".

Dies ist eine klare _Absage_ des EU-Finanzministerrats an Ideen für eine _beschleunigte_ Übernahme des Euro (vgl. ausführlich Abschnitt 5.1.4.). Weder sei die vorzeitige einseitige Einführung des Euro als gesetzliches Zahlungsmittel (‚Euroisierung' bzw. ‚Euroisation') akzeptabel. Denn wenn ein MOEL den Euro vor seinem EU-Beitritt einseitig einführt, unterliegt es (noch) nicht den Bestimmungen des Stabilitätspakts. Noch könnten sich Länder wie Estland und Bulgarien, die ihre Währung im Rahmen eines Currency Boards bereits unilateral an die DM bzw. den Euro gebunden haben, die Zeit vor dem EU-Beitritt als Teilnahme am neuen Wechselkursmechanismus II anrechnen lassen.[167] Wegen seiner zentralen Stellung im Rahmen des gerade beschriebenen Beitrittsszenarios der MOEL zum Euro wird das Europäische Währungssystem II (EWS II bzw. synonym der Wechselkursmechanismus WKM II) im folgenden genauer beschrieben.

Innerhalb der Europäischen Union (EU) waren bis Ende 1998 die Währungen der meisten EU-Länder in ein Festkurssystem, das Europäische Währungssystem (EWS), eingebunden. Dieses sogenannte EWS I war ein regional begrenztes Nachfolgesystem von „Bretton Woods". Das Kernstück des EWS waren feste, aber anpassungsfähige Wechselkurse, die durch unbeschränkte Interventionsverpflichtungen der beteiligten Notenbanken abgesichert waren. Faktisch fungierte die D-Mark als Ankerwährung, an der sich die anderen beteiligten Notenbanken orientierten.

Für EU-Mitgliedsstaaten, die sich für eine Teilnahme an der Währungsunion zum 01.01.1999 noch nicht qualifizieren konnten bzw. zum 01.01.1999 noch nicht an der Währungsunion teilnehmen wollten (die sogenannten „Pre-ins"), ist nun die Möglichkeit vorgesehen, ihre Währungen über das EWS II (offiziell: Wechselkursmechanismus II oder WKM II) anzubinden. Eine wesentliche Zielsetzung dabei ist die Erfüllung des Wechselkurskriteriums (viertes Maastricht-Kriterium). Dabei werden bilaterale Leitkurse gegenüber dem Euro festgelegt, wobei eine Standard-Bandbreite von +/– 15 % vorgesehen ist. Engere Bandbreiten können vereinbart werden. Bisher nahmen Dänemark und bis zu seinem Beitritt zur EWU am 1. Januar 2001 auch Griechenland am EWS II teil. Die griechische Drachme konnte in einer Bandbreite von +/– 15 %, die dänische Krone in einer Bandbreite von +/– 2,25 % um den Leitkurs schwanken. Die Option der Nichtteilnahme wurde von England und Schweden wahrgenommen. Devisenmarktinterventionen an den Interventionspunkten erfolgen automatisch und in unbegrenzter Höhe.

Wenn eine der beteiligten Währungen gegenüber dem Euro ihren oberen bzw. unteren Interventionspunkt erreicht, greifen die beiden beteiligten Zentralbanken ein *(bilaterale Interventionsverpflichtung)*. Die Zentralbank der starken Währung kauft dabei die ihr angebotene schwache Währung. Die Zentralbank, deren Währung am unteren Interventionspunkt notiert, verkauft dagegen die nachgefragte

---

[167] Für eine Aufnahme eines neuen Mitglieds in die Währungsunion sollen zudem der erreichte Grad der Marktintegration, der Stand der Leistungsbilanz sowie die Entwicklung der Lohnstückkosten und anderer Preisindizes mitberücksichtigt werden.

starke Währung. Die Anstöße zu solchen „obligatorischen" Interventionen gehen also vom Markt aus, d. h. die Abschlüsse kommen auf Initiative der Marktteilnehmer, nicht der Zentralbanken zustande. Im Fall der sogenannten „intramarginalen" Interventionen werden die Zentralbanken hingegen selbst aktiv. Noch vor Erreichen der Interventionspunkte greifen hier die Zentralbanken von sich aus in das Marktgeschehen ein, um die Kursentwicklung zu beeinflussen. Intramarginale Interventionen müssen unter den Zentralbanken abgestimmt werden, d. h. sie bedürfen der vorherigen Zustimmung der Zentralbank, welche die Interventionswährung emittiert. Allerdings wird die EZB grundsätzlich nicht intramarginal intervenieren. Dies ist als positiv zu bewerten, denn alle Maßnahmen zur ‚Kurspflege' obliegen somit _den Pre-Ins._[168]

Die Finanzierung der Interventionen fällt grundsätzlich derjenigen Zentralbank zu, deren Währung unter Verkaufsdruck steht (also der Schwachwährung). Um sicherzustellen, dass die obligatorischen Interventionen stets finanzierbar sind, haben die Teilnehmer am Wechselkursverbund einen gegenseitigen Beistand in Form der sogenannten ‚sehr kurzfristigen Finanzierung' vereinbart. Im Rahmen dieser Finanzierung verpflichten sich die teilnehmenden Notenbanken, einem in Not geratenen Partnerinstitut in unbegrenzter Höhe Mittel zur Verfügung zu stellen. Die Laufzeit dieser Kredite beträgt grundsätzlich 3,5 Monate, sie ist jedoch innerhalb bestimmter Grenzen um 3 Monate zu verlängern. Die Verzinsung erfolgt mit einem repräsentativen Dreimonats-Geldmarktsatz der Gläubigerwährung.

Ist nun davon auszugehen, dass das EWS II als eine glaubwürdige Selbstverpflichtung für Preisstabilität in den MOEL, aber auch in der bisherigen EWWU, sorgt? Wenn die Gefahr besteht, dass durch diese Interventionen das Ziel der Preisstabilität beeinträchtigt wird, können allerdings die EZB bzw. die nicht zum Euro-Währungsraum gehörenden teilnehmenden nationalen Zentralbanken die Interventionen und deren Finanzierung aussetzen (neu und anders als im EWS, trotzdem nicht ganz entpolitisiert). Interventionen sind nur als flankierende Maßnahme gedacht. Vor allem aber ist keine Wechselkursstützung durch die Zinspolitik der EZB angezeigt, da es sich sonst um eine explizite Wechselkursorientierung der Geldpolitik handeln würde. Im Vordergrund der Kursstabilisierung soll vielmehr eine stabilitätsorientierte Geld- und Fiskalpolitik stehen (Förderung der makroökonomischen Konvergenz, Stabilität). Die EZB und die nationalen Zentralbanken der beteiligten Länder können, sofern eine _Anpassung des Leitkurses_ angeraten erscheint, _jederzeit_ ein vertrauliches Verfahren zu Überprüfung der Leitkurse

---

[168] Eine guter Überblick über die folgenden Argumente findet sich bei Görgens, Ruckriegel, Seitz (1999).

einleiten. Dadurch sollen Leitkursänderungen entpolitisiert, flexibilisiert (keine abrupten Änderungen) und gegebenenfalls notwendige Anpassungen beschleunigt werden. Schwächen des alten EWS sollten hiermit beseitigt werden.

Gemeinsamkeiten und Unterschiede zwischen WKM I und WKM II

WKM I und WKM II weisen die folgenden *Gemeinsamkeiten* auf:

- Die Leitkurse und Bandbreiten werden im Rahmen eines gemeinsamen Verfahrens (unter Beteiligung der Finanzminister, der Präsidenten von EZB und den nationalen Zentralbanken sowie der Kommission) festgelegt.
- Die Standardbreite beträgt ± 15%, wobei engere Bandbreiten möglich sind.
- Interventionen erfolgen mit angemessener Finanzierung automatisch an den Interventionspunkten.
- Realignments werden im Rahmen eines gemeinsamen Verfahrens beschlossen.

Die *Hauptunterschiede* zwischen WKM I und WKM II sind:

- Die multilateralen Wechselkursbindungen des WKM I werden durch bilaterale Bindungen zwischen dem Euro und den Währungen der noch nicht teilnehmenden Mitgliedsstaaten ersetzt (sogenanntes ,hub and spokes-Modell' bzw. ,Nabe-und-Speichen'-Modell). Dementsprechend bestehen bilaterale Interventionsverpflichtungen zwischen der EZB und den Zentralbanken der noch nicht teilnehmenden Länder. Der WKM war hingegen durch multilaterale Interventionsverpflichtungen gekennzeichnet.
- Die multilateralen Wechselkursbindungen des WKM I werden durch bilaterale Bindungen zwischen dem Euro und den Währungen der noch nicht teilnehmenden Mitgliedsstaaten ersetzt (sogenanntes ,hub and spokes'-Modell bzw. ,Nabe-und-Speichen'-Modell). Dementsprechend bestehen bilaterale Interventionsverpflichtungen zwischen der EZB und den Zentralbanken der noch nicht teilnehmenden Länder. Der WKM I war hingegen durch multilaterale Interventionsverpflichtungen gekennzeichnet. Der Euro ist förmlicher Anker des WKM II; wenngleich die DEM de facto als Anker des WKM I fungierte, war dies doch nicht förmlich vorgesehen. Da der Euro als Anker des WKM II dient, wird beim praktischen Betrieb des Mechanismus zweifellos die Notwendigkeit im Mittelpunkt stehen, die Konvergenz der ,Pre-Ins' in Richtung auf die makroökonomischen Stabilitätsstandards des Euro-Gebiets zu fördern.
- Die EZB und alle nicht zum Euro-Gebiet gehörenden nationalen Zentralbanken haben das Recht, ihre Interventionen auszusetzen, wenn ihr Preisstabilitätsziel gefährdet ist; diese Vorbehaltsklausel gab es im WKM I offiziell nicht, obgleich die Vorfälle von 1992-93 gezeigt haben, dass auch die Verpflichtung zu ,unbegrenzten Interventionen' ihre Grenzen hatte.
- Realignments erfolgen rechtzeitig. Die Erfahrung mit dem WKM I in den Jahren 1992-93 hat gezeigt, welche Gefahren drohen, wenn die Leitkurse nicht angepasst werden, bevor Spekulationsdruck entsteht. Im WKM II sind alle Parteien einschließlich der EZB befugt, ein Verfahren einzuleiten, das zu einem Realignment führen kann. Im WKM I hingegen musste das Verfahren zur Neufestsetzung des Leitkurses einer Währung von dem betroffenen Mitgliedstaat ausgehen.

Quelle: EU-Kommission (2000b), Konvergenzbericht 2000 gem. Art. 122 Abs. 2 EGV.

Das EWS II soll einen wesentlichen Beitrag zur Integration der ‚noch außen vor stehenden' Länder leisten (*Warteraum für Osteuropa*). Die Option des Wartens mit der uneingeschränkten Mitgliedschaft in der EWU hat für die MOEL wegen der Beschleunigung des Strukturwandels und zu großer Inflationsdifferenzen zu Euroland einen hohen Nutzen. Die Gemeinsamkeiten und Unterschiede zwischen dem WKM und dem WKM II werden in der oben stehenden Box noch einmal systematisiert.

Nach Ansicht der EZB (2000b) ist das WKM II hinreichend flexibel, um mit den in den meisten Beitrittsländern geltenden Wechselkurssystemen (Abschnitt 5.1.1) kompatibel zu sein. Die Vereinbarkeit verschiedener Wechselkurssysteme mit den Anforderungen für eine Teilnahme am WKM II wurde vom Eurosystem genauer untersucht (EZB (2000b), S. 115). Im Falle einer festen Anbindung oder eines kontrollierten Floating mit dem Euro als Bezugswährung wird dabei - anders als bei einem System flexibler Wechselkurse - eine grundsätzliche Integrierbarkeit in den WKM II festgestellt. Nicht mit dem WKM II vereinbar sind nach Ansicht des Eurosystems hingegen Wechselkursanbindungen mit gleitender Abwertung und Wechselkursregime mit einer vom Euro abweichenden Referenzwährung. Was die auf Euro basierenden Currency Board-Vereinbarungen angeht, so können diese *nicht als Ersatz* für die Teilnahme am WKM II gelten. Möglicherweise können sie aber als eine *unilaterale* Verpflichtung zur Einhaltung der WKM II-Bestimmung im Dienst der Wechselkursstabilität gelten (EZB (2000b), S. 115).

Für das zeitliche ‚Sequencing' der Wechselkursregimes (Abschnitt 5.1.4.1) ist von Bedeutung, dass die Beitrittsländer, die eine stabile und verlässliche, auf Euro basierende Currency Board-Strategie verfolgen, zur Einführung des Euro nicht eine zweimalige Änderung ihres Wechselkursregimes vornehmen müssen. Der Grad der Stabilität und der Verlässlichkeit der jeweiligen Euro-basierten CBA-Strategien wird aber noch fallweise geprüft. Die aus einer CBA-Strategie beruhende unilaterale Verpflichtung führt zu keinerlei weiteren Pflichten für die EZB, außer derjenigen, die aus dem jeweiligen Abschluss des Rats (Boards) resultieren. Darüber hinaus würde die Beibehaltung einer Euro-basierten CBA-Strategie innerhalb des WKM II die Parteien des Board verpflichten, gemeinsam einen Leitkurs gegenüber dem Euro festzulegen (EZB (2000b), S. 115).

Die endgültige Entscheidung über die Einführung des Euro wird eine multilaterale Entscheidung sein, die einstimmig durch den Europäischen Rat in der Zusammensetzung der Regierungschefs zu erfolgen hat (Hochreiter (2000)). Bis die Bewerberländer den Euro einführen werden, durchlaufen sie einen aus *drei Stufen* bestehenden kontinuierlichen Prozess. Dieser besteht aus der Phase vor dem Beitritt zur EU, der Phase der Teilnahme an der WWU mit einer Ausnahmeregelung und schließlich der Phase der uneingeschränkten Teilnahme an der WWU. Wie schon für den EU-Beitritt (vgl. Kapitel 1) existiert auch für die Einführung des Euro *kein vorab fixierter Zeitplan*. Auch müssen *nicht alle* Kandidatenländer *gemeinsam* der Eurozone beitreten.[169]

5.1.3.2. Erfüllungsgrad der Kriterien eines optimalen Währungsraums

Die ökonomische Sinnhaftigkeit der Einbindung der MOEL in das WKM II und möglicherweise später auch deren uneingeschränkte Teilnahme an der Eurozone kann auf der Grundlage der *Theorie optimaler Währungsräume* nach Mundell (1961) beurteilt werden. Um die Kosten und Nutzen aus einem Beitritt der MOEL zur Eurozone abzuschätzen, reichen die spätestens seit Sachs (1996) bekannten Argumente für die Wahl fester versus flexibler Wechselkurse durch Transformationsländer längst nicht mehr aus (vgl. auch Abschnitt 5.1.4.1.). Denn die am meisten vorangeschrittenen MOEL sind längst nicht mehr die Länder, die sich wegen unzureichend entwickelter makroökonomischer Politikinstrumente und Institutionen destabilisierenden Kräften ausgesetzt sehen und deshalb einen starken Wechselkursanker benötigen (Kopits (1999), S. 4). Bereits in Abschnitt 2.3. wurde im Zusammenhang mit der Theorie optimaler Währungsräume auf die Wahrscheinlichkeit asymmetrischer Schocks in einer osterweiterten EU eingegangen. Die dort vorgebrachten einleitenden Argumente sollen im folgenden weiterentwickelt werden.

Für eine Abschätzung der Nutzen und Kosten einer Anbindung der Wechselkurse der mittel- und osteuropäischen Beitrittskandidaten an den Euro für die Arbeitsmärkte der MOEL lassen sich demnach *drei Arten von Kriterien* verwenden (Boone, Maurel (1998, 1999), Breuss, Luptacik, Mahlberg (2000)): 1) institutionelle Maastricht-Kriterien, 2) Maße realer Konvergenz und 3) Kriterien der Theorie optimaler Währungsräume (Belke, Gros (1999)). Je weniger die Kriterien als erfüllt angesehen werden können, um so mehr kommt es bei einer trotzdem aus anderen Gründen erfolgenden Festlegung auf (unwiderruflich) fixierte Wechselkurse auf die Arbeitsmarktinstitutionen an, alternativen Schock-Anpassungsmechanismen kurzfristig ihre Wirkung nicht zu verbauen (Belke (1998)).

Wie die jüngsten Währungskrisen in Asien und Lateinamerika gezeigt haben, brauchen Wechselkursbindungen wie eine Mitgliedschaft im WKM II oder gar eine Einführung des Euro auf längere Sicht eine ökonomische Fundierung, insbe-

---

[169] Gemäß EGV wird für einen Mitgliedstaat, für den eine Ausnahmeregelung gilt, mindestens alle zwei Jahre oder auf Antrag des betreffenden Landes eine Konvergenzprüfung durchgeführt.

Ansgar Belke und Martin Hebler

sondere Arbeitsmarktinstitutionen mit voller Anpassungsflexibilität. Ein instruktives Beispiel in diesem Zusammenhang ist _Österreich_, eine kleine und offene Volkswirtschaft. Bis zu Einführung des Euro am 1. Januar 1999 hatte Österreich den Wechselkurs des österreichischen Schilling gegenüber der Deutschen Mark erfolgreich fixiert. Als Österreich die ‚Quasi-Währungsunion' durch diese Hartwährungsstrategie mit Deutschland implementierte, _erfüllten_ Deutschland und Österreich die Kriterien eines optimalen Währungsraums _nicht_. Hochreiter und Winckler (1995) zeigen, dass dies hauptsächlich auf das Auftreten asymmetrischer realwirtschaftlicher Schocks zurückzuführen war. Trotzdem konnte die einseitige Bindung an die DM durchgehalten werden und war letztlich auch erfolgreich. Die wesentliche Ursache hierfür bestand in der hinreichenden Flexibilität der österreichischen Reallöhne. Diese Flexibilität wurde wesentlich durch das österreichische System der sozialen Partnerschaft und die Entschlossenheit der österreichischen Nationalbank (ÖNB), den Währungsanker beizubehalten, erleichtert. Die Sozialpartner reagierten in flexibler Weise auf die Hartwährungs-Signale der ÖNB und verhinderten auf diese Weise einen Einbruch der wirtschaftlichen Aktivität. Als Gegenleistung verzichtete die ÖNB auf Versuche, einen längerfristigen Einfluss auf die Aktivität des realwirtschaftlichen Sektors auszuüben. Darüber hinaus wurde die Beibehaltung des DM-Ankers im Zeitablauf einfacher, da der asymmetrische Charakter der Schocks, die auf Deutschland und Österreich einwirkten, schwächer wurde (Hochreiter, Winckler (1995)). Als Folge der Bildung einer Quasi-Währungsunion wurde somit der entstehende Währungsraum (noch) ‚optimaler'. Es handelt sich dabei um einen Effekt, der auch im Hinblick auf den Beitritt der MOEL in die Europäische Währungsunion (und die folgende Debatte um die Optimalität eines um einige der MOEL erweiterten Währungsraums) ex ante nicht auszuschließen sein dürfte.

Im allgemeinen dürfte der Nettonutzen eines Beitritts aus der Sicht eines MOEL um so höher ausfallen, (1) je kleiner das betrachtete Land im Verhältnis zur Union ist, (2) je höher das Ausmaß an politischer und ökonomischer Integration zwischen dem Kandidatenland und der Union, (3) je ausgeprägter die Ähnlichkeit der ökonomischen Strukturen zwischen dem Kandidatenland und der Union, und (4) je größer die öffentliche Verschuldung des beitretenden Landes ist. Die Kriterien (1) bis (3) verringern die Wahrscheinlichkeit asymmetrischer Schocks in der vergrößerten Währungsunion, auf die sonst durch nationale Politiken reagiert werden müsste. Das Kriterium (4) leitet sich aus der signifikanten Verringerung der Wechselkursrisikoprämie in der Währungsunion ab. Ein treffendes Beispiel war in bezug auf die bestehende EWU das hoch verschuldete Land Italien (Kopits (1999), S. 5).

Angesichts der kurzen und historisch einmaligen Vergangenheit der MOEL erscheint es nicht einfach, für die führenden MOEL den Nettoeffekt eines Beitritts zur Eurozone zu quantifizieren. Lange Zeit war aus der Literatur nur ein Versuch bekannt, derartige Effekte zu quantifizieren. Danach wurde Slowenien, dem Land mit dem höchsten Einkommensniveau unter den MOEL, attestiert, einen Nettonutzen aus einem Beitritt zur Eurozone zu ziehen (de Grauwe, Aksoy (1997)). Kopits (1999) zeigte anschließend, dass in gewisser Hinsicht alle fünf MOEL der ehemaligen ‚ersten Welle' hinsichtlich der Kriterien (1) bis (3) von einem Beitritt zur Eurozone profitieren würden. Sie sind relativ klein (vgl. Kapitel 1) und weisen bereits eine beachtliche ökonomische Integration mit der EU auf (vgl. Kapitel 3). Hinsichtlich des Kriteriums (4) lassen sich auch zwei potentielle Gewinner aus einem Beitritt zur Eurozone ausmachen, nämlich Ungarn und Polen (Kopits (1999), S. 6 ff.).

Mittlerweile liegt mit fortschreitendem verfügbaren Beobachtungszeitraum weitere empirische Evidenz vor. Dabei lässt sich ein deutlicher realwirtschaftlicher Konvergenzprozess feststellen. Das Schwankungsmuster der Arbeitslosenraten in der Mehrzahl der MOEL wurde in der Vergangenheit denen in Deutschland und Österreich als Mitgliedsländern der EWWU immer ähnlicher.[170] Schließlich lässt sich eine signifikante Korrelation der Konjunkturzyklen (industrielle Produktion und Arbeitslosigkeit) in MOEL mit den Euroland-Mitgliedern Deutschland und Österreich nachweisen. Letzteres deutet die Schlüsselrolle Deutschlands im Prozess der EU-Osterweiterung an und reduziert die Frage nach der Optimalität des osterweiterten Euroraums im Prinzip auf die Frage nach der Optimalität der Mitgliedschaft Deutschlands. Die Implementierung einer *gemeinsamen Währung* erscheint aus dieser Sicht *nicht allzu kostenträchtig*: „The economic cycle is close enough to that of the EU and Germany for a monetary union to bring them (the CEECs) great benefits. (...) These (results) suggest that the CEECs would not suffer from a common monetary policy." (Boone, Maurel (1999). Ein ähnlich positives Urteil in bezug auf die Kandidaten der ersten Runde liefern Kopits (1998) und der Abschnitt 2.3 dieses Buchs.

Frenkel, Nickel und Schmidt (1999) kommen hingegen auf der Basis struktureller Vektorautoregressionen, die unterschiedliche Arten an Schocks und Anpassungen hieran identifizieren, zu *weniger optimistischen* Schlussfolgerungen. Auch Buch, Döpke (1999) können auf der Grundlage von Korrelationsanalysen die Hypothese eines gemeinsamen europäischen Konjunkturzyklus, der die mittel- und osteuropäischen Länder einschließt, empirisch nicht bestätigen. Die *Debatte um*

---

[170] Vgl. Boone, Maurel (1998, 1999), Jovanovic (1999), S. 485 f., und Salvatore, Sgarbi (1997).

Konvergenz und Divergenz in einer Währungsunion hat durch den geplanten zukünftigen Beitritt der MOEL also eine neue Facette bekommen. Falls die geplante Osterweiterung Wirklichkeit wird, wird die Geld- und Währungspolitik mit Problemen einer *dreifachen Heterogenität* in bezug auf das Bruttoinlandsprodukt pro Kopf zu kämpfen haben (BHF-Bank (2001)). Es bestehen Niveaudivergenzen innerhalb der Gruppe der Bewerberländer, Größenabstände zwischen den MOEL und der EU sowie Größenunterschiede unter den aktuellen EWU-Mitgliedern. Vor diesem Hintergrund wird von Kritikern angezweifelt, dass die im EG-Vertrag aufgeführten Konvergenzkriterien wirklich für die Einschätzung einer nachhaltigen ökonomischen Annäherung der MOEL an die Eurozone hinreichen. Wegen der relativ niedrigen Pro-Kopf-Einkommen der MOEL (vgl. Kapitel 2) wird erwartet, dass es zu einer größeren Divergenz der Inflationsraten innerhalb einer erweiterten Währungsunion kommt.

Im Rahmen des *längerfristigen* Aufholprozesses der MOEL könnte der in Abschnitt 5.1.3.3 näher erläuterte *Balassa-Samuelson-Effekt* wirksam werden, der ‚Emerging markets' vergleichsweise höhere Inflationsraten aufgrund von überproportionalen Preissteigerungen im Bereich nicht-handelbarer Güter zuschreibt.[171] Es ist zu befürchten, dass aus den MOEL mehrere ‚kleine Irlands' werden (Dresdner Bank (2001), S. 67). Bereits gegenwärtig kommt es in der Eurozone zu Inflationsdifferenzen in der Höhe von mehreren Prozentpunkten, obwohl noch zum Zeitpunkt der Konvergenzprüfung ein Abstand von nicht mehr als 1,5 Prozentpunkten zu den drei preisstabilsten Ländern ausgemacht wurde. (EZB (2000a), S. 34). Anscheinend waren die damaligen EWU-Kandidaten mit Hilfe ihrer eigenen Geldpolitik in der Lage, eine zeitpunktbezogene Inflationsdämpfung zu erreichen. Probleme der Preisdivergenz werden dabei möglicherweise in die Zukunft, in der eine eigenständige Geldpolitik nicht mehr zur Verfügung steht, verschoben. Einschränkend ist jedoch anzumerken, dass Unterschiede im Pro-Kopf-Einkommen kein allzu zuverlässiger Indikator für strukturelle Inflationsdifferenzen sind (Alberola, Tyriväinen (1998) und de Grauwe, Skudelny (2000)).

Aus der dreifachen Heterogenität könnten bei einem Beitritt der MOEL zur Eurozone vor allem den bisherigen Mitgliedern wegen der zu befürchtenden

---

[171] Oben wurde der längerfristige Aufholprozess der MOEL thematisiert. Interessant ist aber, dass der Verlauf sektoraler Preisindizes auch für eine Einschätzung der kurzfristigen konjunkturellen Konvergenz verwendet werden kann. Die relativen Preise für nicht-handelbare Güter in Polen ‚der Tschechischen Republik und Ungarn zeichnen sich durch eine deutlich höhere Volatilität als diejenigen in Deutschland oder Frankreich aus. Die Störungen in Ungarn und Polen erwiesen sich dabei als überwiegend gegenläufig zur Entwicklung der Konjunktur in Deutschland. Vgl. Remsperger (2001).

wachsenden Divergenz der Preisentwicklungen wirtschaftliche Risiken u. a. für die Höhe der Arbeitslosigkeit erwachsen. Wird das Preisniveaustabilitätsziel nämlich unionsweit vorgegeben, so gelangen die Länder mit geringeren Preissteigerungen unter einen stärkeren Restriktionsdruck als die mittel- und osteuropäischen Volkswirtschaften (Remsperger (2001)). Dies könnte wiederum den politischen Druck auf die Europäische Zentralbank erhöhen, durch eine expansivere Geldpolitik auch ein Beschäftigungsziel zu verfolgen (Remsperger (2001)). Siebert (2001) fordert entsprechend eine hinreichende Korrelation von Konjunkturzyklen als ein zusätzliches *fünftes* Konvergenzkriterium neben den vier Maastrichter Kriterien für den Eintritt der MOEL in die Europäische Währungsunion. Denn wenig synchron verlaufende Konjunkturzyklen im Rahmen einer osterweiterten Währungsunion könnten eine gemeinsame preisstabilitätsorientierte Geldpolitik auf eine harte Probe stellen. Aus dieser Sicht haben Konvergenzkriterien viel mit der Erfolgswahrscheinlichkeit einer Euro-Übernahme zu tun.

Remsperger (2001) hingegen wendet dagegen deutlich ein, die Bestimmungen des EG-Vertrags seien durchaus geeignet, nicht nur den nominalen, sondern auch den realen Konvergenzfortschritt zu beurteilen. Die gegenwärtigen Bestimmungen seien nicht ausschließlich auf die alten Länder anwendbar. Die Einbeziehung eines Einschätzungs- und Analyseverfahrens, das auf einem direkten Vergleich der Preis- und Kostendynamik handelbarer und nicht-handelbarer Güter basiert, lasse sich gut unter Artikel 121 des EG-Vertrags subsumieren. Denn er verlange explizit, „die Entwicklung bei den Lohnstückkosten und andere Preisindizes" zu berücksichtigen. Es sei denn, die Inflationsdaten der MOEL sind noch zu sehr durch Sondereinflüsse wie durch eine noch unvollständige Deregulierung überlagert. Nominale und reale Konvergenz können somit parallel zueinander verfolgt werden.

Wie lassen sich nun aber angesichts der sich scheinbar widersprechenden Evidenz die Aussichten der MOEL, die Maastricht-Kriterien in absehbarer Zukunft zu erfüllen, abschließend beurteilen? Es sei zunächst auf den impliziten Einwand eingegangen, die Kandidatenländer befinden sich immer noch mitten in ihrem Transformationsprozess. Unterscheidet sich die geplante Erweiterung von den bisherigen Erweiterungen, weil die MOEL-10 'Transformationsländer' sind, d. h. weil sie bisher nicht in notwendigem Umfang institutionelle Rahmenbedingungen für eine funktionierende Marktwirtschaft geschaffen haben? Sicherlich kann die *institutionelle Infrastruktur* der Beitrittskandidaten im Falle einiger MOEL außer Estland, Ungarn und Polen, die von der Europäischen Kommission jüngst erneut als ‚funktionierende Marktwirtschaften' eingestuft wurden, nach wie vor als *schwächer* bezeichnet werden als in den meisten gegenwärtigen EU-Mitgliedsländern. Es liegt jedoch nahe, dies einfach als die *Folge eines niedrigen Pro-Kopf-*

Einkommens anzusehen.

Gros und Suhrcke (2000) kommen zu dem interessanten Ergebnis, dass die weiter fortgeschrittenen MOEL institutionelle Rahmenbedingungen aufweisen, die von ausländischen Investoren und den typischen systematischen Länderrankings als 'normal' für ihre Entwicklungsstufe (oder sogar etwas besser als man erwarten würde) angesehen werden. Darüber hinaus besteht wenig Grund zu erwarten, dass ein entsprechender Fortschritt im weiteren Verlauf des Aufholprozesses dieser Länder nicht anhalten wird. Gros und Suhrcke (2000) zeigen darüber hinaus, dass die weiter fortgeschrittenen MOEL tatsächlich über _Finanzmarktsektoren_ verfügen, die _für ihr Entwicklungsniveau angemessen_ sind. In diesem Bereich deutet sich sogar schon an, dass die Transformation bereits zu großen Teilen vorüber ist. Dies bedeutet zwar nicht, dass keinerlei Probleme mehr auftreten werden. Gerade die nachhaltigen Erschütterungen, die im tschechischen Bankensektor in den letzten Jahren auftraten, sollten als Mahnung an weiterhin existierende deutliche 'corporate governance'-Probleme in zuvor als gesund und zuverlässig eingeschätzten Bereichen dienen. Jedoch sahen sich vor nicht allzu langer Zeit auch einige EU-Volkswirtschaften mit ganz ähnlichen Problemen konfrontiert. Darüber hinaus dürften angesichts des rasanten Fortschritts bei der Bankenprivatisierung und der Übernahme durch Institutionen aus der EU (obwohl dies manchmal immer noch politisch kontrovers diskutiert wird) die meisten dieser Probleme bald der Vergangenheit angehören. In jedem Fall sollte der institutionalisierte 'Screening'-Prozess (vgl. Kapitel 1 dieses Buches) die verbleibenden institutionellen Defizite aufdecken. Dies dürfte sicherstellen, dass die Kandidatenländer zum Zeitpunkt ihres Beitritts über ein institutionelles Rahmenwerk verfügen dürften, das mit einem reibungslosen Funktionieren der EU kompatibel sein wird.

Möchte man seriöse Betrachtungen über die Optimalität eines Währungsraums anstellen, der neben den aktuellen EWU-Mitgliedsländern auch einige der MOEL umfasst, so darf aufgrund des bereits skizzierten zeitlichen Beitrittsfahrplans die zukünftige Entwicklung in den nächsten zehn Jahren nicht vernachlässigt werden. Die Euroregion im Jahre 2010 wird sich von derjenigen im Jahr 2000 deutlich unterscheiden. Euro-Banknoten und Euro-Münzen werden im Jahr 2010 bereits einige Jahre im Umlauf sein, und dies mit all den potentiell bedeutenden psychologischen Folgen, die dieser Schritt zweifellos mit sich bringen wird. Aktuelle Forschungsergebnisse (Frankel, Rose (1998) und andere Studien von Andrerw Rose) belegen, dass eine gemeinsame Währung zu einem Anstieg des Außenhandelsvolumens um den Faktor zwei bis drei führen kann. Nicht der gesamte entsprechende Anstieg des Handels innerhalb der EWU wird bereits 2010 stattgefunden haben; immerhin ist aber ein weiterer signifikanter Anstieg zu erwarten. Eine ähnlich Entwicklung ist im Bereich der Kapitalmärkte zu erwarten, die heute immer noch in gewissem Umfang durch nationale Regulierungen segmentiert werden.

Es ist darüber hinaus wahrscheinlich, dass sich de facto im Rahmen fortschreitender Integration innerhalb der Eurozone ein zunehmender Acquis in Gestalt einer Koordinierung von Wirtschaftspolitiken (insbesondere der Fiskalpolitiken) entwickeln wird. Das wichtigste Gebiet, in dem substantielle Fortschritte benötigt werden (und auch ein gewisser Fortschritt wahrscheinlich ist), ist das der Koordinierung der Besteuerung mobiler Produktionsfaktoren wie Kapital. Die jüngst vorgeschlagene Quellensteuer auf Zinseinkommen ist das bedeutsamste konkrete Beispiel einer wachsenden Übereinstimmung auf diesem Gebiet. Diese spezifische Maßnahme sollte in Kraft treten, bevor die Osterweiterung stattfindet, und müsste somit von den Kandidatenländern zum Zeitpunkt ihres Beitritts übernommen werden. Dies sollte jedoch für sie kein bedeutendes Problem darstellen und wäre zudem in ihrem eigenen Interesse.

Alle gerade geschilderten Entwicklungen sollten jedoch für die neuen Mitgliedsstaaten *kein größeres spezifisches Problem* darstellen. Die Mehrzahl der Kandidaten sind ohnehin kleine offene Volkswirtschaften, für die der Bedarf an einer Koordinierung der Finanzpolitik leichter einzusehen sein dürfte. Eine Koordinierung der Fiskal- und Steuerpolitik dürfte für ärmere Volkswirtschaften prinzipiell nicht schwieriger sein als für reichere (Gros (2000d)).

5.1.3.3. Aussichten einer Erfüllung der Maastricht-Kriterien durch die MOEL

In Wissenschaft und Politik gilt gegenwärtig als Konsens, dass die mittel- und osteuropäischen Länder momentan immer noch nicht durchweg die nominalen Maastricht-Kriterien erfüllen. Vor allem in deutschen Kreisen kursiert die Befürchtung, die Maastricht-Kriterien allein könnten nicht ausreichen. Beispielsweise schreibt die Deutsche Bundesbank in ihrem Geschäftsbericht für das Jahr 2000, kaum ein Beitrittskandidat dürfte nach Ablauf der Mindestwartezeit bereits alle Voraussetzungen für eine erfolgreiche Teilnahme an der Eurozone erfüllen. Sie führt dabei nicht nur die ‚offiziellen' Beitrittskriterien an, sondern ergänzt, ein Vergleich des Einkommensniveaus der Kandidaten mit dem EU-Durchschnitt könnte Anhaltspunkte liefern, in welchem Ausmaß sich das aus Aufholprozessen resultierende Spannungspotential verringert habe (Deutsche Bundesbank (2000), S. 103 ff., Dresdner Bank (2001), S. 65). Diese Formulierung erweckt allerdings den Eindruck, als würden *zusätzliche Beitrittskriterien* für die reale Konvergenz gefordert. Offiziell diskutiert wurde derartige Forderungen hingegen noch nie. Ihre Erfüllung wäre auch politisch nur schwer durchsetzbar und ökonomisch wenig sinnvoll, denn die erste Erweiterung der Eurozone könnte bei einer Projektion des EU-Beitritts der MOEL nicht vor 2004/2005, realistischerweise unter Einrechnung des Verfahrens zur Aufnahme in die Währungsunion sogar erst etwa im Jahr 2008 erfolgen. Damit verbleibt im Prinzip genügend Zeit für eine weitere reale und monetäre Konvergenz. Bereits jetzt sind manche Kandidaten nicht mehr weit von einer Erfüllung der Kriterien entfernt, wie die folgende Tabelle zeigt. Aus methodischen Gründen sind die Daten untereinander allerdings nur begrenzt vergleichbar.

Tabelle 40
Die Maastricht-Konvergenz der Beitrittskandidaten

	Preisstabilität (Jahresinfla- tion)[1]	Zinssatz[2]	Wechsel- kursstabi- lität [3]	Saldo Staats- haushalt	Staats- verschul- dung	BIP/Kopf in % des EU- Durch- schnitts[4]
	in %, 2000	jüngste zur Verfü- gung stehende Daten		% des BIP, 2000		1999
Referenz- wert	2,8	7,1	± 15	-3,0	60,0	/
Bulgarien	10,1	5,0	-1,4	-1,0	95,5	22
Estland	4,1	6,8	0,0	-0,7	11,0	36
Lettland	2,6	10,2	7,5	-2,8	9,6	27
Litauen	1,0	6,3	12,3	-3,2	23,8	29
Polen	10,1	10,9	-12,1	-3,2	43,9	37
Rumänien	49,0	45,0	-48,4	-3,7	30,2	27
Slowakei	12,0	7,7	-12,5	-5,1	27,0	47
Slowenien	8,9	/	-9,1	-1,7	25,0	71
Tschechien	3,9	6,5	-6,1	-4,9	29,2	59
Ungarn	9,8	8,3	-5,0	-3,5	78,4	51

[1] Konsumentenpreise (Konvergenzkriterium: max. 1,5 Prozentpunkte über dem Wert der 3 preisstabilsten Mitgliedsstaaten;[2] Konvergenzkriterium: durchschnittlicher langfristiger Nominalzinssatz während eines Jahres vor dem Konvergenztest nicht mehr als 2 Prozentpunkte über jenem der 3 preisstabilsten Mitgliedsstaaten;[3] Konvergenzkriterium: Einhaltung der normalen Bandbreiten für Wechselkurs- schwankungen im WKM II während mindestens 2 Jahren ohne große Spannungen und ohne unilaterale Abwertung;[4] kein Konvergenzkriterium, zu Kaufkraftparitäten.
Quelle: EU-Kommission, Eurostat, Deutsche Bank Research.

Etwa ein Jahr früher hatte entsprechend auch das Brüsseler Centre for European Policy Studies (CEPS) festgestellt, die für die erste Beitrittswelle in Frage kommenden MOEL seien der Erfüllung der Maastricht-Kriterien heute weitaus näher, als die südeuropäischen EU-Mitglieder es zu einer vergleichbaren Zeit vor der Euro-Einführung gewesen seien. Diese Beobachtung des CEPS und die hierbei zugrunde liegende Analyse verdient im folgenden eine genauere Beachtung.

Besonders die Erfüllung der *Fiskal*kriterien stellt für die Beitrittskandidaten grundsätzlich immer noch eine sehr anspruchsvolle Aufgabe dar, denn der erste Integrationsschritt der MOEL, der EU-Beitritt, erfordert hohe öffentliche Investi- tionen. Auf dem ersten informellen Treffen von 56 Finanzministern und Zentralbankchefs aus der EU und den Beitrittskandidaten im April 2001 in Malmö (,Jumbo-Rat') verwiesen selbst die Sprecher einiger Beitrittskandidaten darauf, dass die Spielräume in den öffentlichen Etats zu einer weiteren Verminderung der Verschuldung gegenwärtig gering seien. Ein großer Teil der staatlichen Ausgaben liege fest. Eine akute Konvergenz*krise* wurde jedoch im April 2001 übereinstimmend *nicht* festgestellt. Slowenien und einige weitere MOEL seien gerade bei der Haushaltskonsolidierung sehr weit vorangeschritten.[172] In Malmö wurde ein Zeitplan verabredet, nach dem alle Beitrittskandidaten bereits im Juni 2001 erste Stabilisierungsprogramme vorlegen. Derartige Programme sind nach Ansicht des ,Jumbo-Rats' besonders wichtig, da die MOEL nach wie vor für plötzlich auftretende Krisen stark anfällig sind und die Einhaltung der Konvergenzkriterien immer noch unter dem Vorbehalt einer Momentaufnahme stehen. Statistisch äußert sich dies darin, dass sich die für eine Beurteilung des Erfüllungsgrads der Maastricht-Kriterien herangezogenen *Zeitreihen* nach wie vor durch eine *hohe Varianz* auszeichnen. Von 2002 an müssen die zukünftigen EU-Mitgliedsstaaten deshalb im Rahmen der ,multilateralen Überwachung' bei der EU-Kommission *Konvergenzprogramme* zur Prüfung einreichen.

Insgesamt gesehen müssen aber besonders hinsichtlich der *nominalen* Kriterien in Teilbereichen noch wesentliche Fortschritte erzielt werden.[173] An der *fiskalischen* Front befinden sich die Länder allerdings bereits *näher* an den europäischen Zielvorgaben. In diesem Bereich kann sogar der Westen noch von den Anstrengungen des Ostens lernen. Die Stabilität der Schulden und Defizite ist allerdings stark an einen raschen Fortgang des Transformationsprozesses und somit insbesondere auch an geeignete Arbeitsmarktinstitutionen gekoppelt und kann insofern auch schnell wieder verspielt werden.

In der Debatte um die EU-Osterweiterung wird trotzdem häufig wie selbstverständlich davon ausgegangen, dass die Mitgliedschaft in der Europäischen Währungsunion erst wesentlich *später* als die EU-Mitgliedschaft erlangt werden kann, da die Kandidatenländer die Konvergenzkriterien noch nicht erfüllen (vgl. Abschnitt 5.3.1). Der Grund hierfür besteht offensichtlich auch darin, dass die Einschätzungen der Aussichten der zehn MOEL, die Maastricht-Kriterien zu erfüllen,

---

[172] Da die auswärtigen Direktinvestitionen gegenwärtig eine rückläufigen Trend verzeichneten, seien auch die Leistungsbilanz*defizite* nur schwer zu reduzieren. Auch müsse die Ausgaben*struktur* in einigen MOEL im Sinne einer besseren Wachstumsvorsorge geändert werden. Beide Aspekte berühren jedoch die Konvergenzkriterien nicht direkt.

[173] Vgl. Nitsche (1996), S. 497 ff., und Jovanovic (1999), S. 485 ff. Für eine positive Einschätzung der Wechselkurskonvergenz der Beitrittskandidaten der ersten Runde vgl. aber Kocenda (1999). Für eine insgesamt positivere Einschätzung hinsichtlich der nominalen Kriterien vgl. Brandsma (1999) und Conquest (1999).

mehrheitlich auf *gegenwärtigen* Daten beruhen. Hieraus wird unweigerlich gefolgert, dass die Kandidatenländer bis zur Einführung des Euro noch einen weiten Weg zurückzulegen haben. Dieser Ansatz führt jedoch möglicherweise in die Irre. Dies lässt sich leicht durch die Frage verdeutlichen, welche Aussichten man in den frühen neunziger Jahren den gegenwärtigen südeuropäischen EWU-Mitgliedsländern auf der Grundlage eines ähnlichen Ansatzes eingeräumt hätte (Gros (2000d)).

Was wäre denn der frühest mögliche Zeitpunkt, zu dem zumindest einige Mitgliedsländer ihre uneingeschränkte Mitgliedschaft in der EWU erhoffen könnten? Der Ausgangspunkt für eine Abschätzung muss zunächst zwingend die volle EU-Mitgliedschaft sein (vgl. Kapitel 5.3.1). Legt man das in Nizza beschlossene optimistische Szenario zugrunde, so könnten die Verhandlungen mit den am weitesten fortgeschrittenen Kandidaten über den EU-Beitritt Ende 2002 abgeschlossen werden. Da eine EU-Mitgliedschaft die volle Ratifizierung durch alle 15 nationalen Parlamente voraussetzt und bis zur Ratifizierung der Verträge 18 Monate vergehen dürften, erscheint ein Zeitpunkt vor dem 1. Januar 2004 ausgeschlossen, selbst wenn die Verhandlungen schnell abgeschlossen würden.[174] Der kleinstmögliche zeitliche Abstand zwischen dem Beginn der EU-Mitgliedschaft und dem offiziellen Beitritt zur Eurozone beträgt gemäß Abschnitt 5.3.1 folglich die (mindestens) zwei Jahre einer Mitgliedschaft im WKM II (falls der Vertrag wie im Fall Griechenlands und Italiens nicht allzu restriktiv ausgelegt wird). Falls sich die fortgeschritteneren MOEL dem WKM II sofort nach dem EU-Beitritt anschließen, d. h. zu Beginn des Jahres 2004, könnten sie somit im Juli 2006 die uneingeschränkte Mitgliedschaft in der EWU erlangen. Die Entscheidung, einige MOEL der Eurozone beitreten zu lassen, könnte dann - basierend auf Daten für das Jahr 2005 - durch einen Gipfel des Europäischen Rates zu Beginn des Jahres 2006 getroffen werden.[175]

Einschätzungen der EU-Beitrittsfähigkeit der Kandidatenländer basieren jedoch üblicherweise auf *Vergangenheitsdaten*. Die aktuellsten verfügbaren makroökonomischen Daten für die Kandidatenländer beziehen sich beispielsweise in EZB (2000) auf das Jahr 1998, also auf einen Zeitraum mindestens sieben Jahre

---

[174] Realistisch erscheint eher, dass die ersten Anwärter 2004 bis 2005 zur EU zugelassen werden. Folglich werden die Reformstaaten aus dem Osten im Durchschnitt erst 2008 dem Euroraum beitreten können, und dies auch nur dann, wenn die Konvergenzfortschritte dauerhaft sind und Störungen wie der Ölpreisanstieg im Jahr 1999 ausbleiben.

[175] Ein ähnliches Verfahren wurde im Falle Griechenlands angewendet. Ein Treffen des Europäischen Rates zu Beginn des Jahres 2000 basierte auf Daten für das Jahr 1999 and Griechenland wurde es ermöglicht, dem Euro fast augenblicklich zum 1. Januar 2001 offiziell beizutreten.

bevor eine Mitgliedschaft in der Eurozone überhaupt gesetzlich möglich wird.

Zum Vergleich: die Entscheidung darüber, welche Länder der ursprünglichen Euro-Gruppe beitreten konnten, wurde im Jahr 1998 auf der Grundlage von Daten des Jahres 1997 gefällt. Eine Beurteilung der Geeignetheit der MOEL auf der Grundlage von Daten für das Jahr 1998 ist daher mit einer Vorhersage über die Größe der EWU in den frühen neunziger Jahren zu vergleichen, die auf Daten für 1990 oder 1991 basiert (Gros, Nuñez Ferrer, Pelkmans (2000)). Wie schneiden die Kandidatenländer hinsichtlich eines derart neu formulierten Kriteriums ab?

Die Tabelle 41 zeigt die Ausprägungen der wichtigsten Variablen, die relevant für die Einhaltung der Maastricht-Kriterien sind: Inflation, Budgetdefizite und Staatsschulden. In der Tabelle wird zwischen drei Ländergruppen differenziert: der (ehemaligen) ersten Welle der Beitrittskandidaten, den Ländern der zweiten Welle und den südlichen Mitgliedsländern der EU. Innerhalb der letztgenannten Gruppe sind die Daten für Griechenland zwei Jahre jünger. Hiermit wird der Tatsache entsprochen, dass dieses Land der EWU zwei Jahre später als die anderen beitrat. Die unterste Zeile der Tabelle 41 zeigt Durchschnittswerte für die dritte Gruppe. Ein Vergleich zwischen den Daten für die MOEL und den entsprechenden Daten für die sogenannten ClubMed-Länder führt zu einer eindeutigen Schlussfolgerung. *Die 'erste Welle' der Beitrittsländer ist definitiv näher am Ziel einer Erfüllung der Maastricht-Kriterien als die ClubMed-Länder zu einem vergleichbaren Zeitpunkt* vor dem Beginn der EWU (Gros, Nuñez Ferrer, Pelkmans (2000)).

- Die durchschnittliche Inflationsrate der ersten Welle beträgt ungefähr 5 %, die Hälfte der ClubMed-Inflation in den frühen neunziger Jahren.

- Budgetdefizite nähern sich BIP innerhalb der 'ersten Welle' bereits ihrem Referenzwert von 3 % des BIP, also sogar weniger als die Hälfte des ClubMed im Vergleichszeitpunkt (8,6 %).

- Ähnliche Beobachtungen treffen auch für den Grad der öffentlichen Verschuldung zu. Der Durchschnitt für die ‚erste Welle' beträgt nur ungefähr 30 % des BIP gegenüber ungefähr 80 % für den ClubMed in den frühen neunziger Jahren.

Darüber hinaus *stieg* in Italien und Spanien der Anteil der Staatsschulden am BIP sogar um mehr als 20 Prozentpunkte zwischen den frühen Neunzigern und dem Zeitpunkt ihres Beitritts zur EWU, während er während der letzten fünf Jahre in den meisten Kandidatenländern deutlich gesunken ist (um über 20 Prozentpunkte in Polen, Ungarn und der Slowakei).

Interessanterweise fällt die Performance der Länder der ehemaligen 'zweiten

Welle' hinsichtlich der Fiskalkriterien im Durchschnitt *genauso gut* aus wie diejenige der 'ersten'. Die schlechte Performance der Länder der ‚zweiten Welle' im Hinblick auf die Höhe der Inflationsraten ist im wesentlichen auf Rumänien mit einer Inflationsrate von über 60 % zurückzuführen. Im Hinblick auf die öffentliche Verschuldung ist Bulgarien mit einem Wert von 95 % des BIP der 'Ausreißer' nach oben. Abgesehen von Bulgarien und Rumänien gibt es folglich keinen wirklichen Unterschied bei der makroökonomischen Performance dieser beiden Gruppen, wenn man auf die Maastricht-Kriterien zurückgreift. Bulgarien und Rumänien hingegen realisieren bereits heute, dass sie mit hoher Wahrscheinlichkeit der EU und der EWU deutlich später als die übrigen MOEL werden beitreten können.

Die zuvor angeführten und ausgewerteten Daten zeigen überaus deutlich, dass die Kandidatenländer, die der EU wahrscheinlich als Erste beitreten werden, einer *Erfüllung* der Maastricht-Kriterien bereits *wesentlich näher* sind als die südlichen Mitgliedsländer der EU in den frühen neunziger Jahren. Darüber hinaus zeigt die Erfahrung, dass eine zeitlich kurze und deutliche Anpassung politisch und ökonomisch weniger schmerzhaft ist als eine länger andauernde und daher annahme-

Tabelle 41
Für Maastricht relevante makroökonomische Indikatoren (Stand 1999)

	Langfristige Zinssätze	Konsumenten-preisinflation	Staatliches Budgetdefizit (% BIP)	Staatsverschuldung (% BIP)
Tschechien		2,7	-3,6	40
Estland		4		5
Ungarn		9,3	-4,6	52
Polen		6,1	-3,4	26
Slowenien		4,9	-1	23
Bulgarien		/	/	95
Lettland		2,1		6
Litauen		1,2		13
Rumänien		39,5	-4	18
Slowakei		6,9	-3	54
Daten für 1991/93				
Portugal	18,3	12,2	-6	66,1
Spanien	12,4	6,4	-4,5	43,9
Italien	13	7	-10	100,6
Griechenland		14,2	-13,8	110,2
Durchschnitte				
Erste Welle		5,4	-3,2	29,2
Zweite Welle		12,4	-2,3	37,2
ClubMed	14,6	10,0	-8,6	80,2

Quelle: Gros, Nuñez Ferrer, Pelkmans (2000), Endfassung, S. 109. European Parliament, Briefing No. 34; Daten für den Schuldenstand stammen aus dem Jahr 1998.

gemäß weniger gravierende. Der Fall Griechenland, ein Land, welches bis vor kurzem als eigentlich hoffungsloser Fall in bezug auf seine EWU-Mitgliedschaft angesehen wurde, liefert eine weitere Illustration dieser Überlegungen. Die relativ geringe verbleibende fiskalische Anpassung, die den Kandidatenländern noch abzuverlangen ist, könnte somit rasch erfolgen und wird wahrscheinlich politisch leichter zu implementieren sein als die langsame Anpassung in einigen der bisherigen Mitgliedsländer der EWU. 'Streiks gegen Maastricht', wie sie in Frankreich zu beobachten waren, werden jedenfalls in keinem der Kandidatenländer zu beobachten sein (Gros, Nuñez Ferrer, Pelkmans (2000)).

Als ein Beispiel für positive aktuelle Entwicklungen sei hier wie so häufig in dieser Studie auf Estland eingegangen. In Estland hat sich zuletzt die Haushaltslage weiter verbessert. Das öffentliche Defizit verringerte sich zwischen 1999 und 2000 um fast 5 Prozent des BIP und liegt nunmehr bei nur noch ungefähr einem Prozent (IW (2001)). Die vor historischem Hintergrund relativ gute Ausgangsposition der Beitrittskandidaten bedeutet jedoch nicht, dass Probleme bei der Erfüllung der Maastricht-Kriterien vollkommen ausgeschlossen werden können. Es könnte sich dabei aber um andere Probleme handeln, als bisher häufig betont. Im folgenden sollen *zwei Aspekte* besonders herausgehoben werden: zum einen die herausragende Bedeutung des nachdrücklichen *politischen Willens* zur Erfüllung der fiskalischen Konvergenzkriterien und zum anderen die voraussichtlichen *Probleme mit dem Inflations-Kriterium*. Zunächst erfolgen einige Anmerkungen zum *Defizitkriterium*.

Defizitkriterium

Das Erreichen eines Fiskaldefizits von weniger als 3 % des BIP ist historisch gesehen vor allem eine Frage der politischen Entschlossenheit der budgetverantwortlichen Akteure. Die *Beschäftigungswirkungen* (das eigentliche Thema des vorliegenden Buchs) eines konsolidierten Staatsbudgets sind wegen der hiermit verbundenen Erwartungen sinkender zukünftiger Realzinsen und Steuern *keineswegs negativ* (,expansionary fiscal contraction'-Hypothese). Die Mehrheit der Kandidatenländer erfüllt diesen Richtwert bereits. Keines von ihnen leidet an strukturellen Problemen, die unüberwindliche Hindernisse für eine Budgetkonsolidierung darstellen. Es lassen sich jedoch bestimmte Charakteristika der öffentlichen Finanzlage dieser Länder herausarbeiten, die eine Konsolidierung erschweren könnten, wie beispielsweise das System der Alterssicherung, die Altersstruktur der Bevölkerung, die Erwerbsrate, die Struktur der staatlichen Einnahmen (die Erweiterung wird einige Arten der staatlichen Einkommenserzielung beeinflussen, zum Beispiel durch die Notwendigkeit einer Anpassung nationaler Mehrwertsteuersätze usw.). Einige Einkunftsarten wie die Inflationssteuer (,Seigniorage') und die Zölle sollten bereits vor dem EU-Beitritt weitgehend eliminiert worden sein. Besonders dann, wenn im Vorfeld des Beitritts eine ‚Euroisierungs'-Strategie gefahren wurde, sind ‚Seigniorage'-Einkünfte eliminiert worden. Es lässt sich zeigen, dass die Bedeutung der ‚Seigniorage' ohnehin häufig deutlich überschätzt wird.

Definition Seigniorage

Wirtschaftssubjekte, die bereit sind, von der Notenbank ausgegebenes Geld zu halten, gewähren der Regierung in gewisser Weise einen Kredit. Dieses Darlehen ist jedoch zinslos, weil auf das Halten von Bargeld keine Zinsen bezahlt werden. Für die Regierung entspricht dies einem Ertrag, der sogenannten ‚Seigniorage'.
Quelle: Gros (2001).

Viele _Schätzungen der potentiellen Inflationssteuer_ in den MOEL kommen zu Größenordnungen von ungefähr 2-3 % des BIP. Hierbei wird eine einfache Rechnung aufgemacht: Es wird ein Verhältnis von Bargeld zum BIP zwischen 5 und 10 % in Verbindung mit Wachstumsraten des nominellen BIP von 20 bis 30 % zugrunde gelegt. Dies impliziert ein reales Wachstum 5 % und Inflationsraten zwischen 15 und 25 %. Diese Größenordnungen liegen nicht weit von den jüngsten tatsächlichen Erfahrungen in einer Vielzahl an MOEL entfernt (Hochreiter, Rovelli (1999)). Der einzige Unterschied ist, dass die meisten MOEL ihre Inflationsraten weit unter die oben genanten Werte von 15 bis 25 % gedrückt haben. Denn sie haben die umfassenden Nutzen der Preisstabilität erkannt. Darüber hinaus hat Inflation aber auch andere weniger sichtbare negative Effekte auf die Einkünfte des öffentlichen Sektors. Die gemessene ‚Seigniorage' stellt deshalb keine gute Schätzung für den Einfluss der Inflation auf die Einkünfte des öffentlichen Sektors dar (_Olivera-Tanzi-Effekt_).

Definition Sterilisierungspolitik

Bei einer zur Schwäche neigenden heimischen Währung führt der Verkauf von Devisen über einen Rückgang der Devisenreserven zu einer Bilanzverkürzung der Notenbank, was passivseitig einen Rückgang der Bankenliquidität nach sich zieht. Die Notenbank kann nun versuchen, die Verringerung der Bankenliquidität durch eine vermehrte Kreditgewährung an inländische Kreditinstitute zu kompensieren. Derartige Aktionen der Zentralbank werden als Neutralisierungs- oder Sterilisierungspolitik restriktiver Politiken bezeichnet.
Quelle: Görgens, Ruckriegel, Seitz (1999), S. 248 f.

Darüber hinaus verfügten Länder wie Polen und Tschechien in den letzten Jahren in der Tat über fast kein ‚Seigniorage'-Einkommen mehr, da ihre Zentralbanken in großem Umfang Zinseinkommen zur Kompensation von Verlusten aus Sterilisierungsoperationen einsetzen mussten.[176]

Eine systematischere Untersuchung verlangt jedoch eine nähere Inspektion der Gewinn-und-Verlust-Rechnungen der Zentralbanken der MOEL. Da die Erfassung von Gewinnen und Verlusten durch Zentralbanken häufig *undurchsichtig* ist und ihre systematische Analyse deshalb sehr aufwendig erscheint, wird dies in der vorliegenden Studie nicht versucht (Belke (2001), Bini-Smaghi, Gros (2000), Kapitel 3). Jedoch weist das Ergebnis für zwei größere MOEL bereits für sich genommen darauf hin, dass die Bedeutung der ‚Seigniorage' für die Beitrittskandidaten bisher stark übertrieben wurde.

Selbst wenn sich die gegenwärtig zu beobachtende Performance der öffentlichen Finanzen nicht als nachhaltig erweisen würde, gibt es kaum einen Grund anzunehmen, dass entstehende Probleme nicht schnell angegangen werden könnten. Die Erfahrung mit Italien, Spanien und Portugal hat gezeigt, dass, sobald der politische Wille, fiskalische Konvergenz zu erreichen, sichtbar wird und bedeutende erste Schritte unternommen werden, ein selbstverstärkender Mechanismus in Gang gesetzt wird. Durch diesen beginnen Finanzmärkte eine bestimmte Wahrscheinlichkeit zu antizipieren, dass das aufholende Land erfolgreich sein wird. Dies führt tendenziell zu geringeren Zinssätzen, was eine weitere Verringerung der Defizite erleichtert und somit umgekehrt zusätzliche Erfolgserwartungen generiert. Deshalb wurden Verringerungen der Budgetdefizite um bis zu 4 % des BIP innerhalb einer kurzen Frist von ein bis zwei Jahren möglich, sobald die politische Entscheidung getroffen wurde. Darüber hinaus sollte man das Ausmaß nicht unterschätzen, in dem die fiskalischen Kriterien die Politik in den Kandidatenländern lange vor deren EU-Beitritt beeinflusst wird (Gros, Nuñez Ferrer, Pelkmans (2000), Gros (2000)).

Die Korrektur eines Fiskaldefizits verlangt ‚lediglich' einen *entschlossenen Finanzminister* mit einem fundierten Rückhalt im Parlament und kann im Prinzip in wenigen Jahren erreicht werden. Im Gegenteil, die Implementierung des gesamten Regelwerks des Binnenmarktes setzt eine verwaltungstechnische Infrastruktur voraus, die innerhalb einer derart kurzen Zeit nicht bereitgestellt werden kann. Die Ausbildung von Zehntausenden von Beamten oder Angestellten und deren Organisation in komplexen Strukturen, um eine hohe Anzahl komplizierter neuer Gesetze und Regulierungen stellt im Prinzip eine Aufgabe, die etwa ein Jahrzehnt beanspruchen könnte, dar. Hierauf hat der deutsche EU-Erweiterungskommissar Verheugen immer wieder hingewiesen. In diesem Sinne stellt die Erfüllung des Defizitkriteriums eine relativ anspruchsvolle Aufgabe dar - wie es nicht zuletzt die jüngsten Meldungen über

---

[176] Vgl. Gros, Nuñez Ferrer, Pelkmans (2000).

ein enormes Haushaltsloch von ca. 23 Mrd. € in Polen gezeigt haben (SZ 2001e)). Weiter oben wurde bereits argumentiert, die Maastrichter Kriterien seien für nicht auf die Beitrittsländer übertragbar. Letztere hätten aber einen Nachholbedarf bei den Investitionen in die Infrastruktur und müssten aus diesen Gründen höhere Budgetdefizite eingehen. Dieses Argument gründet sich jedoch auf eher zweifelhafte Annahmen. Die bisher vorhandene Infrastruktur sei unangemessen, mehr Infrastrukturinvestitionen erhöhen das Wachstum und diese Investitionen müssen zwangsläufig auch von der Regierung selbst finanziert werden. Zunächst sei auf die tatsächlichen *Infrastrukturbedürfnisse* der MOEL eingegangen.

Die öffentliche Infrastruktur in den MOEL ist bisher sicherlich weniger weit entwickelt als in den gegenwärtigen EU-Mitgliedsländern. Die Kandidatenländer verfügen über weniger Autobahnen und ausgebaute Straßen pro Einwohner und Quadratkilometer, weniger ausgebaute Telekommunikationsfestnetze etc. Dies impliziert jedoch noch nicht unmittelbar, dass diese Länder augenblicklich mehr Investitionen in diesen Bereichen benötigen. Ihre aktuell verfügbare Infrastruktur könnte bereits für ihren Entwicklungsstand hinreichend sein. Gros und Suhrcke (2000) können zeigen, dass die EU-Beitrittskandidaten tatsächlich einen größeren Bestand an Infrastruktur aufweisen als man bei ihrem Pro-Kopf-Einkommen eigentlich erwarten würde. Es dürfte deshalb schwer fallen zu argumentieren, dass die unzureichende Infrastruktur ihr größtes Hindernis für mehr Wachstum darstellt und sie mehr öffentliche Investitionen *im Verhältnis zu* ihrem Pro-Kopf-Einkommen benötigen. Im folgenden erfolgen einige Anmerkungen zu *staatlichen Investitionen und dem Wirtschaftswachstum.*

Innerhalb der EU lässt sich eine signifikante Korrelation zwischen öffentlichen Investitionen und dem BIP-Wachstum tatsächlich nicht etablieren. Irland, die während der vergangenen Jahrzehnte bei weitem am schnellsten wachsende Volkswirtschaft in der EU weist ein leicht unterdurchschnittliches Verhältnis der öffentlichen Investitionen zum BIP auf. Gros, Nuñez Ferrer, Pelkmans (2000) berechnen den Korrelationskoeffizienten zwischen dem Wachstum des realen BIP und dem Anteil der staatlichen Investitionen am BIP. Diese Korrelation fällt für die siebziger und die neunziger Jahre negativ oder annähernd Null aus. Lediglich für die achtziger Jahre findet man eine positive Korrelation, die jedoch auf den Spezialfall Luxemburg zurückzuführen ist. Ein wichtiger weiterer Aspekt ist die *öffentliche Finanzierung von Infrastrukturinvestitionen.*

Angesichts der tiefgreifenden Änderungen auf Finanzmärkten während des letzten Jahrzehnts wird mittlerweile allgemein anerkannt, dass die meisten Infrastrukturprojekte unter substantieller Einbeziehung des privaten Sektors finanziert und manchmal sogar betrieben werden sollten. Größere Projekte wie Autobahnen wurden in den Kandidatenländern bereits hauptsächlich auf der Grundlage einer Mitwirkung des privaten Sektors durchgeführt. Das Verdienst, dem privaten Sektor die Verantwortung für die Schaffung und Unterhaltung zumindest einiger Infrastrukturelemente zu übertragen, wird besonders am Beispiel des Telekommunikationssektors deutlich. In diesem Zusammenhang ist es interessant, dass Irland bis in die frühen achtziger Jahre die sogenannte 'Golden rule' verfolgte und hohe durch öffentliche Investitionen gerechtfertigte Defizite einging. Dies führte zu einem starken Anstieg der irischen öffentlichen Verschuldung. In Irland kam es erst zu dem vielerorts als Vorbild bewunderten Anstieg des Wachstums, als diese Politik nicht mehr verfolgt wurde und die Budgetdefizite deutlich reduziert wurden. Insgesamt gesehen ist die Annahme, dass die Beitrittskandidaten aufgrund ihres höheren Bedarfs an Infrastrukturinvestitionen höhere Defizite fahren müssten, folglich als *nicht plausibel* einzustufen. Nun folgen einige Bemerkungen zum *Staatsschulden-Kriterium.*

Schuldenstandskriterium

Das Schuldenstandskriterium wird für die MOEL nach dem jetzigen Stand der Dinge *keine größere zusätzliche Hürde* für einen Beitritt zur Eurozone darstellen. Die meisten Kandidatenländer weisen bereits jetzt ein Verhältnis der Staatsschulden zum BIP auf, das unterhalb der 60%-Grenze liegt. Auf dem ersten gemeinsamen Gipfeltreffen der Finanzminister und Zentralbankchefs der EU und der Beitrittskandidaten Ende April 2001 in Malmö wurde entsprechend hervorgehoben, dass einige Länder wie Slowenien und Estland geringere Staatsschulden als Italien oder Belgien aufweisen. Aber auch hier sind die Daten wieder nicht sehr aufschlussreich. Wie der Fall der tschechischen Republik gezeigt hat, kann der Prozess der Bereinigung der Konten des Bankensystems zuweilen hohe Schulden des öffentlichen Sektors ans Licht bringen. Das Verhältnis der Staatsverschuldung zum BIP kann daher bei manchen Beitrittskandidaten noch steigen, wenn sie ihr Bankensystem bereinigen. Das meiste davon wird aber vom dem EU-Beitritt erfolgen. Bei einem gesunden Wachstum dürfte ein Defizit unter 3 % zu einem eher starken Absinken der Verschuldungs/BIP-Verhältnisse führen, so dass das Verschuldungskriterium eigentlich erfüllt werden müsste, auch wenn die Verschuldungsquoten wegen der oben erwähnten Probleme temporär über die 60%-Schwelle ansteigen. Da diese Faktoren die Hauptgefahr für die öffentlichen Finanzen darstellen, befassen sich die folgenden Ausführungen mit den Quellen versteckter Staatsschuld wie beispielsweise 'faule' Kredite oder Verlust erzielende staatliche Unternehmen. Im Hinblick hierauf erscheint die Frage nach der *Nachhaltigkeit der fiskalischen Konvergenz* der MOEL berechtigt. Hierauf wird im folgenden eingegangen.

Die fiskalische Performance der MOEL erscheint eigentlich fast zu gut, um wahr zu sein (Eichengreen, Ghironi (2001), S. 14). Gibt es denn, mit Ausnahme Polens (SZ (2001e)), wirklich keine bedeutsame ‚Leichen im Keller' der anderen MOEL mehr? Es wird diesbezüglich bisweilen argumentiert, dass die Niveaus der öffentlichen Verschuldung der MOEL zwar vordergründig niedrig seien, aber große virulente Verbindlichkeiten im Bankensystem verborgen seien, und zwar in der Gestalt 'fauler' Kredite. Diese müssten von der Regierung spätestens dann übernommen werden, wenn das Bankensystem schließlich konsolidiert wird. Anders ausgedrückt, die geringen Schulden/BIP-Verhältnisse stellen nicht mehr als ein Symptom einer (noch) nicht beendeten Transformation dar.

Alle verfügbaren objektiven Indikatoren zeigen jedoch, dass dieses Problem in den meisten Kandidatenländern in begrenzterem Umfang auftritt als in den westeuropäischen Ländern, die sich bereits für den Euro qualifizierten. Wie lässt sich die Bedeutung der virulenten Verbindlichkeiten für die Staatsschulden quantifizieren? Der beste Indikator sollte die sogenannte Bestandsanpassungs- (‚Stock-flow adjustment'-) Größe sein, die den offiziellen EU-Statistiken zu den öffentlichen Finanzen der Mitgliedsstaaten entnommen werden kann. Diese Größe erfasst denjenigen Anstieg des Schulden im Verhältnis zum BIP, der nicht durch das Budgetdefizit erklärt werden kann und folglich auf Verbindlichkeiten der Regierung außerhalb des normalen Budgets zurückzuführen ist. Ein geeignetes Referenzszenario ist in diesem Zusammenhang wiederum die Erfahrung der Länder der Eurozone. Während der Periode 1992-1997, die zur Beurteilung der Einhaltung der Maastrichtkriterien heranzuziehen war, belief sich die kumulative Bestandsanpassung für Deutschland auf fast 14 % des BIP. Das deutsche Verhältnis der Schulden zum BIP stieg folglich um 14 Prozentpunkte mehr, als man angesichts der nominell niedrigen deutschen Budgetdefizite während dieser Periode erwarten konnte. Der Grund hierfür liegt darin, dass die deutsche Regierung die Treuhand, die deutsche Privatisierungsagentur, buchhalterisch *außerhalb* des ausgewiesenen öffentlichen Budgets führte. Als diese Einrichtung abgewickelt wurde, musste die deutsche Regierung deren große Schuldenlast übernehmen. Es handelte sich somit einen klassischen Fall, in dem eine nicht zu Ende geführte Transformation große virulente Verbindlichkeiten hinterlassen kann.

Glücklicherweise jedoch wird sich die Erfahrung mit der deutschen Treuhand in den MOEL wohl kaum wiederholen. Die Kandidatenländer haben ihren Privatisierungsprozess bereits weitgehend beendet, so dass eine Akkumulierung von Schulden bereits stattgefunden haben dürfte. Darüber hinaus hat sich die Entwicklung der Löhne im Gegensatz zur Ex-DDR in den Kandidatenländern nicht vollständig von der Entwicklung der Produktivität abgekoppelt, so dass die Privatisierungen dort in der Tat signifikante Erträge und nicht wie in Deutschland Verluste abwerfen. Dies kann auch erklären, warum die Schuldenlast vieler Beitrittskandidaten tatsächlich gefallen ist. Aber gibt es noch andere Quellen potentieller Verbindlichkeiten der Regierungen der MOEL? Die Erfahrung Griechenlands legt nahe, dass sich Verluste von Unternehmen in Staatsbesitz, die als ,too politically sensitive to fail' angesehen werden, früher oder später auch im Budget niederschlagen.[177] Die kann entweder direkt geschehen, indem die Unternehmen privatisiert oder rekapitalisiert werden, oder indirekt durch das Bankensystem, indem die Regierung für ,faule' Kredite aufkommt und hiermit eine implizite Garantie in eine explizite umwandelt, vorgenommen werden.

Tabelle 42 zeigt die *Schuldendynamik* in einigen EU-Ländern vor ihrer eigenen Mitgliedschaft in der Eurozone auf. Es wird deutlich, dass in Deutschland und in allen ,wahrhaftigen ClubMed'-Ländern (Portugal ist nur ein ,Ehrenmitglied' dieses Clubs) das Verhältnis der Staatsschulden zum BIP tatsächlich um mehr als zehn Prozentpunkte des BIP während der letzten fünf Jahre im Vorfeld der Prüfung für den Beitritt zur Eurozone gestiegen ist. Für die EU-Beitrittskandidaten sind entsprechende Zeitreihen nur über kürzere Zeiträume verfügbar. Es scheint so, als hätten die MOEL eine von den bisherigen EU-Ländern abweichende Erfahrung gemacht. In vielen MOEL *fiel* das Schuldenverhältnis zum BIP sogar *be-*

Tabelle 42
Schuldendynamik von EU und MOEL im Vergleich

	Bestandsanpassung, Stock-flow adjustment	Anstieg des Verhältnis Schulden zu BIP
	Kumulativ für 1992-1997	
Deutschland	13,7	17,4
Griechenland	28,1	10,7
Italien	10,7	12,9
Portugal	-4	1,4
Spanien	11,3	20,9
	Kumulativ für 1994-1998	
Tschechien	9,8	10
Estland	1,5	4,6
Ungarn	20,1	-24,9
Lettland	2,1	-2,6
Litauen	0,8	6,6
Polen	-4,5	-26
Slowakei	11,0	-29,6
Slowenien	15,8	5,4

Quelle: Gros, Nuñez Ferrer, Pelkmans (2000).

---

[177] Für eine Erläuterung der ,Too big to fail'-Doktrin vgl. Belke (2001b).

trächtlich. Hinsichtlich des unerklärten Teils, d. h. der Bestandsanpassung, besteht hingegen nur ein geringer Unterschied zwischen den Ländern der Eurozone und den Bewerberländern. In beiden Ländergruppen besteht die Tendenz zu einem positiven Vorzeichen, was für sich genommen impliziert, dass es eine Quelle der Schulden geben muss, die nicht im Budgetdefizit erscheint. Es besteht jedoch kein Anzeichen dafür, dass die Bewerberländer strukturell schlechter gestellt sind (Eichengreen, Ghironi (2001), S. 14, Gros, Nuñez Ferrer, Pelkmans (2000)).

Mit Blick auf die aktuellen Erfahrungen mit der Türkei lohnt in Blick darauf, wie groß denn das verbliebene Potential für versteckte Verbindlichkeiten in den Bankensystemen der Kandidatenländer ist. Bereits ein kurzer Blick auf die Daten für die Größe der Bankensysteme der MOEL (Eichengreen, Ghironi (2001), S. 15 ff., Gros, Nuñez Ferrer, Pelkmans (2000), S. 116 ff.) legt diesbezüglich Skepsis nahe. Denn in den meisten MOEL ist der Bankensektor recht klein und die Vergabe von Krediten seitens des Bankensystems an den Unternehmensbereich (in Prozent des BIP) ist sogar noch weniger bedeutsam, wenn man dies mit den EU-Mitgliedsländern vergleicht. Ein Vergleich mit der Eurozone zeigt sogar noch geringe Dimensionen des Bankensektors in den MOEL. Die wichtigsten Ausnahmen von der Regel sind Tschechien und Ungarn, die allgemein als mit dem Transformationsprozess am fortgeschrittensten angesehen werden.

Kriterium für Zinssätze und Wechselkurse

Eine Konvergenz der Zinssätze wird aus einem stabilen Wechselkurs oder schon aus der Erwartung eines EWU-Beitritts der MOEL resultieren (Eichengreen, Ghironi (2001), S. 14). Aus diesem Grund soll das Kriterium der Wechselkursstabilität im folgenden mit dem der Zinskonvergenz *gemeinsam* behandelt werden. Wie in Abschnitt 5.1.1 gezeigt, orientieren die Beitrittskandidaten mehrheitlich bereits heute ihre Wechselkurspolitik am Euro. Es gibt keinen Grund (dies zeigt die Analyse der Inflationstrends in Gros, Pelkmans (2000)), warum diese Länder nicht den Grad an Wechselkursstabilität wie im EWS vor 1992 erreichen können sollten. Ein anderes Problem könnte jedoch entstehen, weil der Maastrichter Vertrag von der

> *„observance of the normal fluctuation margins provided for by the exchange rate mechanism of the European Monetary System, for at least two years, without devaluing against the currency of any other member state"*

spricht. Es handelt sich hier um eine weitere vertragliche Regelung, die vor dem Hintergrund der Osterweiterung nach Ansicht einiger Wissenschaftler neu interpretiert werden sollte. Im wörtlichen Sinne impliziert diese Regelung wohl, dass eine formelle Mitgliedschaft im WKM II für zwei Jahre eine Vorbedingung für einen offiziellen Beitritt zur Eurozone darstellt. Um den Kandidatenländern jedoch die Möglichkeit nicht vorzuenthalten, den Euro sofort im Zeitpunkt des EU-Beitritts offiziell einzuführen, müsste ihnen eigentlich gestattet werden, sich dem WKM II bereits vor dem EU-Beitritt anzuschließen. Ob EU-Mitglieder sich dem bestehenden WKM II anschließen können sollen, oder ob man - zumindest formell - eine Art WKM III einrichten sollte, bleibt zu diskutieren. Falls jedoch keine dieser Lösungen implementiert werden kann, würde ein *striktes Bestehen auf einer formalen Mitgliedschaft* im Europäischen Wechselkursmechanismus in einigen Fällen wie Estland eigentlich *absurd* erscheinen. In Abschnitt 5.1.1, wurde nämlich gezeigt, dass Estland de facto bereits ein einseitiges Mitglied der Eurozone ist und zum voraussichtlichen Zeitpunkt seines EU-Beitritts bereits auf mindestens zehn Jahre ohne jegliche Wechselkursinstabilität verweisen kann.

Ein anderes Problem bezüglich des Wechselkurskriteriums besteht darin, dass die *gravierendsten Probleme* aller Erfahrung nach während der *späten Phasen* der Inflationskonvergenz auftreten, nämlich genau dann, wenn Kapitalkontrollen aufgehoben werden. Eine Reihe der MOEL tritt gerade in diese recht gefährliche Phase ein. Es lässt sich dabei nicht ausschließen, dass sich ihre Währungen *spekulativen Attacken* ausgesetzt sehen werden. Das Argument, dass die Perspektive der Osterweiterung sie gegen spekulative Attacken - wie jüngst diejenige gegen den russischen Rubel – weitestgehend schützt, ist angesichts der spekulativen Attacken, wie man sie selbst innerhalb der EU beobachten konnte, nicht ganz überzeugend.

Der WKM II wird sich ohnehin von dem bisher existierenden stark unterscheiden. Die bisherigen formalen Bestimmungen des WKM II wurden bisher nicht wirklich getestet und sind so vage formuliert, dass sie dem Markt im Falle des Entstehens von Problemen wohl wenig Orientierung geben könnten (vgl. genauer Abschnitt 5.1.3.1). Der WKM II (oder ein WKM III) wird wahrscheinlich *de facto* ein unilateraler Anker (,Peg') bleiben. Der Schlüssel für die genaue Bestimmung der Art des Verhältnisses zwischen der Eurozone und den Währungen der Kandidatenländer liegt wohl in der ausgeprägten Differenz der Größen der jeweiligen Währungsräume und der jeweiligen Reputation für Preisniveaustabilität. Die Eurozone ist wenigstens zwanzig bis vierzig Mal größer als die mittel- und osteuropäischen Beitrittskandidaten zusammen. Diese Verhältnisse sind noch einseitiger als die relativen Gewichte, welche schon die Anbindungen des holländischen Guldens und des österreichischen Schilling an die Deutsche Mark so einseitig gestalteten. Die allfälligen Bedenken europäischer Notenbanken gegen einen zu frühen EU-Beitritt Ungarns mit seiner hohen Inflationsrate von 10,3 % im Mai 2001 oder anderer Kandidatenländer, da dieser die Preisstabilität in der Euro-Zone gefährden könnte, werden deshalb beispielsweise von Györgi Szapáry, dem Vizepräsidenten der ungarischen Notenbank, für grundlos gehalten. Zumal noch ein längerer Zeitraum für weitere Konvergenz der MOEL zur Verfügung steht (Abschnitt 5.1.1).

Falls die Europäische Zentralbank eine Politik des Nicht-Intervenierens verfolgt, wird der WKM II so funktionieren wie diese historischen Anbindungen an die DM. Selbst wenn die EZB jedoch nur ein wenig von einer Politik der wohlwollenden Vernachlässigung des Wechselkurses des Euro gegenüber den MOEL, also des ‚Benign neglect', abweichen würde, würde sie sofort die Währungsbeziehungen dominieren. Dies wurde an anderer Stelle dieses Buchs schon betont. Selbst ein unbegrenztes Intervenieren der EZB zugunsten einer oder mehrerer Währungen der MOEL würde unter diesen Umständen die Preisstabilität in der Eurozone wohl kaum gefährden. Falls Märkte dies verstehen, würden sie noch nicht einmal mehr versuchen, die Entschlossenheit der EZB zu testen (Gros, Nuñez Ferrer, Pelkmans (2000)).

Inflationskriterium

Eines der in Artikel 109j (in der ursprünglichen Nummerierung) aufgeführten Kriterien lautet: „the achievement of a high degree of price stability; this will be apparent from a rate of inflation which is close to that of, at most, the three best performing members in terms of price stability". Die genaue betragsmäßige Grenze von 1,5 % wurde lediglich in einem Begleitprotokoll fixiert. Dies ist für unsere Überlegungen bedeutsam. Denn man könnte im Fall der MOEL argumentieren, dass sie - falls sie schnell genug wachsen, um innerhalb einer angemessenen Periode aufzuschließen - zwangsläufig eine Inflationsrate (gemessen am Konsumentenpreisindex) deutlich oberhalb der Inflationsrate innerhalb der Eurozone aufweisen werden.

Diese Argumentation beruht häufig auf dem sogenannten *Balassa-Samuelson-Effekt*, der sich aus der empirischen Gesetzmäßigkeit ableitet, dass in aufholenden Ländern die Produktivität im Sektor der über Grenzen hinweg handelbaren Güter (überwiegend Industriegüter) schneller wächst als im Bereich der überwiegend nicht international gehandelten Dienstleistungen.[178] Diese sektorale Divergenz der Produktivitäten ist in aufholenden Volkswirtschaften deutlich größer als in

---

[178] Für eine nähere Erläuterung des Balassa-Samuelson-Effekts vgl. Dresdner Bank (2001), S. 67, Fidrmuc, Schardax (2000), S. 39, Gros, Nuñez Ferrer, Pelkmans (2000), S. 17 sowie Annex 1, und Siebert (2001). Es wird oft eingewendet, dass diese Vorstellung inkonsistent mit der Erfahrung Irlands ist, das während des vergangenen Jahrzehnts einen sehr raschen Aufholprozess ohne fühlbar höhere Inflation erlebte. Dieses Argument wird von Gros, Nuñez Ferrer, Pelkmans (2000), S. 18 f., näher analysiert. Sie konstatieren, dass Irland einen Spezialfall darstellt, der sich aus mehreren Gründen nicht wiederholen wird. Vgl. auch Barry (2000).

Volkswirtschaften mit einem allgemein hohen Produktivitätsniveau. Reallöhne im Sektor der handelbaren Güter werden durch das marginale Grenzprodukt der Arbeit determiniert. Unter der Annahme einer Lohnangleichung in beiden Sektoren durch Arbeitskräftemobilität, folgen die Löhne im Sektor der nicht handelbaren Güter der Lohnentwicklung im Bereich der handelbaren Güter. Die verstärkten Lohnzuwächse werden so auf die gesamte Volkswirtschaft des aufholenden Landes übertragen. Da die Produktivitätsänderung im Sektor der nicht handelbaren Güter mit der außergewöhnlichen Lohnerhöhung in diesem Sektor nicht Schritt halten kann, wird die Inflation im Bereich nicht handelbarer Güter höher sein als im Bereich der handelbaren Güter. In der Folge liegt auch die *gesamtwirtschaftliche* Inflationsrate in dem aufholenden Land *über* dem Durchschnitt der Länder mit gehobenem Einkommensniveau. Dieser Effekt wird um so ausgeprägter sein, je geschlossener die aufholende Volkswirtschaft ist, d. h. je geringer der Anteil der handelbaren Güter am heimischen Preisindex ist (Eichengreen, Ghironi (2001)).

Falls die Beitrittsländer einen stabilen Wechselkurs im Verhältnis zum Euro eingehen und beibehalten, sollten die Preise der handelbaren Güter im Ausmaß der Veränderungen der Preise in der Eurozone wachsen. Preise für Dienstleistungen jedoch steigen wahrscheinlich schneller, da das Lohnwachstum zumindest teilweise auch durch den hoch produktiven industriellen Sektor bestimmt wird. Ein schnell wachsendes Land könnte folglich eine substantiell höhere Inflationsrate als die Eurozone aufweisen, selbst wenn es seine Währung eng an den Euro verankert hat - und dies, ohne externe Ungleichgewichte einzugehen. Ein Verlust an Wettbewerbsfähigkeit ist mit der realen Aufwertung aber in der Regel nicht verbunden, denn letztere findet nur im Bereich der nicht handelbaren Güter statt. Das Ausmaß der realen Aufwertung schwankte jedoch zwischen den MOEL und im Zeitablauf erheblich. Die EU-Beitrittskandidaten aus den MOEL befinden sich folglich in einem scheinbaren *Dilemma*. Zur Einhaltung der Konvergenzkriterien müssen sie in den nächsten Jahren einerseits die Inflation eindämmen. Andererseits sollten sie die aufgrund des Aufholprozesses volkswirtschaftlich nach wie vor erforderlichen Preisanpassungen zulassen (Dresdner Bank (2001), S. 67 f., Remsperger (2001)).

Obwohl der Balassa-Samuelson-Effekt in der Literatur zur Osterweiterung der EU mittlerweile häufig Erwähnung findet, existieren nur wenige wirklich verlässliche Schätzungen seines Ausmaßes. In Tschechien und Ungarn wuchsen die Preise für nicht-handelbare Güter zwischen 1995 und 2000 jährlich um etwa zwei Prozentpunkte mehr als die Gesamtkosten für die Lebenshaltung.[179] Ein qualitativ

---

[179] In Deutschland und Frankreich hingegen schwankten die Preisindizes für nicht-handelbare Güter und die Gesamtkosten der Lebenshaltung in annähernd gleichem Umfang

ähnliches Bild ergibt sich auch für Polen und die übrigen MOEL (Remsperger (2001)). Der Monatsbericht der EZB vom Oktober 1999 beispielsweise behandelte diese Problematik aus der Perspektive der Eurozone. Die EZB legte dabei keine präzise Schätzung des Balassa-Samuelson-Effekts vor, sondern stellte lediglich fest, dass eine enge Beziehung zwischen absoluten Preisunterschieden und der Inflationsrate besteht (gemessen über die Periode von Mitte 1998 bis 1999). Die Unterschiede fallen jedoch innerhalb der Eurozone nicht gravierend aus. Portugal beispielsweise, dessen Preisniveau sich ungefähr bei annähernd 70 % des EU-Durchschnitts befand, wies eine Inflationsrate auf, die 1,5 Prozentpunkte höher als diejenige des Kerns der Eurozone lag. Das Preisniveau des Kerns entsprach dabei ungefähr dem Durchschnitt.

Die Preisniveaus der Kandidatenländer sind im allgemeinen geringer als selbst in Portugal, wie man auch angesichts ihrer geringeren Pro-Kopf-Einkommen auch erwarten würde. Würde dies auch zu ausgeprägteren Inflationsunterschieden führen? Gros, Nuñez Ferrer und Pelkmans (2000), Annex 1, liefern eine ökonometrische Untersuchung dieses Problems. Vor dem Hintergrund der Erfahrungen der Länder der Eurozone finden sie - und dies ist ihr wichtigstes Ergebnis -, dass das gleichgewichtige Inflationsdifferential wegen des sehr geringen Preisniveaus in den Kandidatenländern ungefähr 3,5 bis 4 % betragen könnte. Dies wäre deutlich oberhalb des vorgeschriebenen Abstands von 1,5 % auf die drei preisstabilsten Länder.

Eine gründlichere empirische Analyse wird jedoch notwendig, um zu klären, ob die hier gefundenen Größenordnungen durch andere Ansätze bestätigt werden. Wenn dies der Fall sein sollte, könnte man argumentieren, der Samuelson-Balassa-Effekt könnte stark genug ausfallen, um eine Ausnahme (Derogation) vom Inflationskriterium zu verlangen. Eine derartige Ausnahmeregelung würde keine Änderung des Vertrags erfordern, sondern lediglich eine Änderung des Begleitprotokolls (oder dessen Interpretation).

Aber selbst wenn die Obergrenze von 1,5 % nicht verändert wird, wird der Balassa-Samuelson-Effekt nur sehr unwahrscheinlich ein absolutes Hindernis darstellen. Da sich der Aufholprozess sich fortsetzen wird, ist ein Anstieg des Preisniveaus in Estland auf den Wert des EU-Durchschnitts wahrscheinlich (was eine höhere Inflation in Estland impliziert), aber der Effekt sollte sich über die Zeit verringern. Darüber hinaus wird der Samuelson-Balassa-Effekt im Durchschnitt erst über längere Zeitperioden wirksam. Die tatsächliche Inflation wird dann um diesen Trend fluktuieren. Es erscheint deshalb nicht unwahrscheinlich, dass sich die tatsächliche Inflation über Jahre hinweg unterhalb des Trends befindet. Dies bietet eine Möglichkeit für ein sogenanntes ‚Squeeze in' der MOEL (wie dies bereits

Portugal, Spanien und Griechenland gelang).

Eine Alternative zu einer neue Interpretation des Inflationskriteriums wäre, dass die Bewerberstaaten eine trendmäßige Aufwertung gegenüber dem Euro initiieren, so dass die Preise handelbarer Güter fallen und die Preise für Dienstleistungen stabil bleiben können. Während sich dies in der Theorie sehr attraktiv darstellt, wäre es schwierig, dieses Vorhaben in der Realität auch durchzuführen. Die Erfahrung hat nämlich gezeigt, dass es sehr schwierig ist, den Wechselkurs zur Steuerung der heimischen Inflation innerhalb eines eng definierten Intervalls zu halten. Denn dies kann zeitweise zu einem ‚Überschießen' des Wechselkurses und hiermit zu großen Ungleichgewichten führen. Die MOEL ‚rutschen' hierdurch wieder aus dem Europäischen Wechselkurssystem heraus und verstoßen nach ihrem EU-Beitritt gegen das Maastrichter Wechselkurskriterium für den Beitritt zur Eurozone (FAZ (2001f)). Es sei hier abschließend nochmals daran erinnert, dass höhere Inflationsraten und das Verfehlen eines zentralen Euro-Beitrittskriteriums durch die MOEL außer durch den Balassa-Samuelson-Effekt noch dadurch begründet werden können, dass der Aufholprozess erhebliche Investitionen verlangt. Denn die EU fordert häufig die Mitfinanzierung der von ihr geförderten Infrastrukturvorhaben (FAZ (2001f)).

Endgültiger Umtauschkurs der MOEL-Währungen für den Beitritt zur Eurozone

Während dieser Aspekt kein eigentlicher Bestandteil der Konvergenzkriterien ist, dürfte er zu einer der schwierigsten ökonomischen Entscheidungen zählen, die vor einem Beitritt der MOEL zur Eurozone zu treffen sind. Wie von Halpern und Wyplosz (1997) überzeugend dargelegt wird, ist es außerordentlich problematisch, den *gleichgewichtigen Wechselkurs* für Transformationsländer genau zu bestimmen. Denn die zugrunde liegenden Schätzungen beruhen unausweichlich auf Vergangenheitsdaten. Die Kandidatenländer mussten sich in der Zwischenzeit jedoch fundamentalen ökonomischen Anpassungen unterziehen. Diese lassen die Verwendung von Vergangenheitsdaten fraglich erscheinen (Lucas-Kritik).

Es ist ebenfalls sehr schwierig zu beurteilen, *wann* die Anpassung *beendet* sein wird, so dass das Gleichgewicht mit höherer Genauigkeit bestimmt werden kann. A priori könnte man argumentieren, diese Unsicherheit stelle ein Argument für eine fortgesetzte Periode flexibler Wechselkurse dar. Devisenmärkte sind jedoch derselben Unsicherheit ausgesetzt und frei schwankende Wechselkurse könnten sich unter diesen Umständen als sehr instabil erweisen. Verbunden mit der Tatsache, dass frei schwankende Wechselkurse zu anhaltenden Perioden des ‚Überschießens' neigen, ließe sich darlegen, dass es für die MOEL vorzugswürdig ist, ihre Wechselkurse stabil zu halten. Dies gilt jedoch nur so lange, wie keine deutlich identifizierbaren Entwicklungen unweigerlich eine Wechselkursanpassung verlangen. Die Tatsache, dass in den MOEL ebenfalls die heimischen Preise und Löhne (noch) flexibler als in den etablierteren EU-Volkswirtschaften sind, könnte es dem internen Preisniveau gestatten, sich im Zeitablauf anzupassen, um die Volkswirtschaft ihr angemessenes Gleichgewicht finden zu lassen. Vor dem Hintergrund des oben erwähnten Balassa-Samuelson-Effekts sollte dies nicht zu hohen ökonomischen Kosten führen, da die meisten Anpassungen wahrscheinlich „on the upside" zu finden sein werden. Die endgültigen Umtauschkurse zum Euro könnten sich dann einfach als diejenigen Kurse ergeben, mit denen die Länder bereits seit einigen Jahren ‚gut leben' konnten. Dies impliziert insbesondere, dass Länder mit gut funktionierenden Currency Boards beitreten können sollten, ohne ihr CBS abzuschaffen.

5.1.3.4. Die Variabilität realer Wechselkurse als ein Indikator für die Bereitschaft zur Einführung des Euro

Ein weiterer Indikator zur Beurteilung der Geeignetheit einer Gruppe an Regionen/Ländern, gemeinsam eine Währungsunion zu bilden, ist das *Ausmaß der Wechselkursvariabilität* ihrer Währungen. Die Begründung für die Verwendung dieses Kriteriums lautet wie folgt. Falls sich der reale Wechselkurs zwischen zwei Währungen im Zeitablauf als stabil erweist, sind in den beiden betrachteten Ländern nicht viele asymmetrische Schocks zu verzeichnen gewesen, die eine Veränderung des realen Wechselkurses verlangten. Folglich sind für diese beiden Länder die Kosten einer Aufgabe der nominalen Wechselkursvariabilität und der Bildung einer Währungsunion eher gering (Belke (2001), de Grauwe, Heens (1993)).

Definition realer Wechselkurs

Bei dem realen Wechselkurs handelt es sich um den um Preisniveaudifferenzen bzw. Inflationsdifferenzen bereinigten nominalen Wechselkurs. Gleicht der Wechselkurs die Preisdifferenzen zwischen zwei Ländern aus, ist der reale Wechselkurs gleich Eins (absolute Kaufkraftparitätentheorie). Entspricht die nominale Abwertung genau dem Inflationsvorteil des Inlands, ist er zumindest konstant (relative Kaufkraftparitätentheorie).

In bezug auf den gerade geschilderten Sachverhalt lohnt es sich, die historische Variabilität der Währungen der Beitrittsländer näher zu analysieren. Falls diese sich als hoch genug erweist, könnte man argumentieren, dass diese Länder gegenwärtig und vielleicht auch noch einige Zeit eine nominale Wechselkursflexibilität benötigen. Die Erfahrung der ClubMed-Länder bevor sie sich dem Euro anschlossen, wird wiederum einen geeigneten Referenzfall darstellen.

Gros, Nuñez Ferrer, Pelkmans (2000) beginnen mit Variabilitätsmaßen basierend auf dem bilateralen realen Wechselkurs (BRER) zwischen den Währungen der zehn MOEL vis-à-vis der DEM in der Periode 1996-1998. Diese werden mit den Variabilitäten der Währungen der ClubMed-Länder in den frühen neunziger Jahren verglichen. Die genannten Autoren verwenden die DEM als Numéraire bzw. als Bezugsstandard, da dies einen Vergleich mit den ClubMed-Ländern erlaubt, die für eine Ankoppelung an den DM-Raum optierten. Die Variabilität für jedes Jahr wird durch die Standardabweichung von 12 Monatsänderungen der bilateralen (realen und nominalen) Wechselkurse gemessen.[180] Die gewählte Methodologie wird von Belke (2001) genau beschrieben. Im folgenden werden zwei verschiedene Datensätze für den ClubMed präsentiert: einer für die ruhigere Periode in den Jahren 1990-1992, und einer für die turbulente Phase der Jahre 1993-1995, die im Nachhinein der Entscheidung, der EWU beizutreten, direkt voraus ging.

Wie erwartet, ist die Variation der BRER in dem Fall der Länder ohne makroökonomische Stabilität und mit hoher Inflation besonders ausgeprägt. Für diese Länder signalisiert eine hohe reale Wechselkursvariabilität dennoch keinen Anpassungsbedarf des realwirtschaftlichen Sektors, sondern eher ein schwaches makroökonomisches Management. Deshalb werden im folgenden die Länder nahe der Hyperinflation (Rumänien und Bulgarien bis 1997) nicht weiter analysiert. Die folgende Analyse basiert folglich auf einem Vergleich der acht Kandidatenländer mit stabilem makroökonomischen Hintergrund (MOEL-8) und den ClubMed-Ländern.

Tabelle 43
Variabilität der bilateralen realen Wechselkurse in den MOEL-8
und in den ClubMed-Volkswirtschaften

| | MOEL-8 | ClubMed | |
	Durchschnitt *1996-1998*	*Durchschnitt* *1990-1992*	*Durchschnitt* *1993-1995*
Variation des realen Wechselkurses	1.9	1.8	2.2
Variation des nominalen Wechselkurses	1.6	1.5	2.1
Variation des relativen Konsumentenpreisindex	0.6	0.9	0.7
Quartalsdaten normalisiert zu einer Monatsrate:			
Variation des realen Wechselkurses	1.2	1.3	1.4
Variation des nominalen Wechselkurses	0.9	1.1	1.3
Variation des relativen Konsumentenpreisindex	0.4	0.5	0.3

Quelle: Gros, Nuñez Ferrer, Pelkmans (2000). Die Variabilität wird anhand der Standardabweichung gemessen. Zugrunde liegen Monatsdaten.

---

[180] Der Fokus liegt auf Änderungen des Wechselkurses, da diese nicht-stationär sind.

Die resultierenden Zahlenwerte (vgl. Tabelle 43 mit den Standardabweichungen der bilateralen Wechselkurse vis-à-vis der DEM) sind in der Tat bemerkenswert. Im Durchschnitt ist die Variabilität sowohl des realen und des nominalen Wechselkurses für die MOEL-8 von derselben Größenordnung wie für den Club-Med. Dies impliziert, dass die Beitrittskandidaten mit lediglich moderaten Inflationsraten bereits jetzt ein Niveau realer und sogar nominaler Wechselkursvariabilität erreicht haben, das fast demjenigen der ClubMed-Länder während den frühen neunziger Jahren kurz vor der EWS-Krise 1992/93 gleicht.

Tabelle 43 zeigt, dass für alle Ländergruppen der reale Wechselkurs etwas höher als die nominale Variabilität ausfällt. Dies impliziert, dass sich Wechselkurse typischerweise gerade *nicht* verändert haben, um Inflationsunterschiede auszugleichen. Im Gegenteil, sie haben sich in eine entgegengesetzte Richtung bewegt. Dieses Ergebnis legt nahe, dass Wechselkurse in der Realität eher eine Quelle von Schocks als sogenannte Puffer von Schocks darstellen.

Die ursprünglich auf Quartale bezogenen Variabilitätsmaße wurden zu Monatsraten normalisiert, um sie vergleichbar zu machen. Die Tabelle 43 legt nahe, dass die Variabilität der Wechselkurse etwas geringer ist, wenn man Quartalsänderungen betrachtet. Ebenso ergibt sich aus den Daten, dass die Variabilität *relativer Preise* viel *geringer* ausfällt als diejenige nominaler oder realer Wechselkurse. Die reale Wechselkursvariabilität wird unter diesen Umständen von der nominalen Variabilität dominiert. Dies ist in der relevanten Forschung ein wohlbekanntes Phänomen (Belke (2001)). Das durchschnittliche Ausmaß realer Wechselkursvariabilität ist für die MOEL-8 dasselbe wie für die ClubMed zum vergleichbaren Zeitpunkt. Gros, Nuñez Ferrer und Pelkmans (2000) zeigen darüber hinaus, dass sie keine höhere reale Wechselkursvariabilität für eine gegebene nominale Wechselkursvariabilität aufweisen.[181] Es lässt sich schlussfolgern, dass sich der reale und nominale Wechselkurs der Währungen der MOEL *in derselben Weise verhalten* wie diejenigen der ClubMed-Länder, die vormals als geeignet eingestuft wurden, dem Euro als Mitglied der ersten Gruppe beizutreten.

Insgesamt gesehen bestätigt die zuvor angestellte ausführliche Analyse zum Erfüllungsgrad der Maastricht-Kriterien durch die MOEL voll die Resultate von

---

[181] Die Beziehung zwischen realer und nominaler Wechselkursvariabilität, die in Tabelle 1 aufscheint, wurde von Gros, Nuñez Ferrer, Pelkmans (2000) auch durch eine Regressionsgleichung erfasst. Entsprechende Schätzungen auf Monats- und Quartalsbasis stützen die im Text zuvor vorgenommenen Interpretationen. Auf der Basis von Quartalsdaten ist die reale Wechselkursvariabilität tatsächlich sogar etwas geringer als diejenige der ClubMed-Länder, selbst wenn man im Falle der ClubMed-Länder die Periode vor der EWS-Krise zugrunde legt.

Breuss, Luptacik und Mahlberg (2000, S. 18): „In the preparedness to enter the European Monetary Union (EMU), the four best of the CEECs are ranked better than several EU members mainly because of their low government debt and low budget deficit. (...) If the(se) CEECs were admitted to the European Union (...) , they should immediately enter the European Monetary Union". Auch Eichengreen, Ghironi (2001, S. 14) stützen die Ergebnisse unserer ausführlichen Analyse: „Accepting new EU members into the monetary union is unlikely to be seen as threatening the stability of the incumbents; if anything, the danger that member states left out may be tempted to manipulate their exchange rates in pursuit of a competitive advantage may be perceived as the greater threat".[182]

5.1.4. Entscheidungsmuster der Wahl geeigneter Wechselkursregime für die Übergangsphase

5.1.4.1. Die orthodoxe Form des währungspolitischen Sequencing für Transformationsländer

Für die Geld- und Wechselkurspolitik in den MOEL *vor* ihrem EU-Beitritt gibt es keine expliziten Vorschriften. Solange sie mit einem angemessenen und stabilitätsorientierten wirtschaftspolitischen Kurs unterstützt werden, sind verschiedene Wechselkurssysteme einsetzbar.[183] Bisher gibt es jedoch keine großflächigen Erfahrungen bei der Überführung einer Währung in den Dollar und erst recht nicht in den Euro. Im allgemeinen dürfte sich – wie oben ausführlich gezeigt - die Klassifizierung eines Wechselkursregimes hinsichtlich seines Optimalitätsgrades *im Zeitablauf ändern*. Gegenwärtig wird mehrheitlich ein deutlicher Bedarf nach einer *systematischen zeitlichen Abfolge verschiedener Wechselkursregimes* im Rahmen des Transformationsprozesses gesehen (währungspolitisches ‚Sequencing').[184]

Zu Beginn der Transformation (*1. Phase*) mag ein Wechselkurs-Peg in Gestalt eines kontrollierten Floatens oder eines festen Wechselkurses die geeignete Strategie eines Transformationslands darstellen, um (Hyper-) Inflation in die Schranken zu verweisen, einen Anker für relative Preise zu bieten und Glaubwürdigkeit hinsichtlich makroökonomischer Stabilität aufzubauen. Alle drei Effekte dürften

---

[182] Für einen frühen repräsentativen Überblick der Ansichten verschiedener Analysten zum Konvergenzstand der MOEL vgl. European Parliament (1999), S. 17 ff.

[183] Vgl. stellvertretend die Verlautbarungen des EZB-Direktors Tommaso Padoa-Schioppa im Rahmen eines zweitägigen Seminars zur Osterweiterung der EU der Österreichischen Nationalbank (OeNB) und der Europäischen Zentralbank in Wien im Dezember 2000.

[184] Vgl. Hochreiter (2000), S. 157, Kopits (1999), S. 32 ff., Masson (1999) und Poirson (2001).

tendenziell einer Verringerung der (anfänglich typischerweise zunächst im Transformationsprozess steigenden) strukturellen Arbeitslosigkeit förderlich sein. Das größte Risiko für den Erfolg dieser Hartwährungsstrategie besteht in Abwertungsrisiken, die in überzogenen Lohnforderungen und monetär alimentierten expansiven Fiskalpolitiken begründet liegen. Das Risiko eines Aufwertungsdrucks durch Gewinne an Arbeitsproduktivität im Bereich handelbarer Güter (der weiter oben ausführlich diskutierte Balassa-Samuelson-Effekt) erscheint demgegenüber gering. Vor diesem Hintergrund war es richtig, dass Polen 1999 begann, seine Lohnindexierung aufzuheben. Lohnverhandlungen sollten unter starker Berücksichtigung der Wechselkursanbindung und der Produktivitätsentwicklung geführt werden. Dies verlangt einen Lernprozess gerade für die organisierten Verbandsinteressen in einem großen von Gewerkschaften dominierten MOEL wie Polen. Es sei hier nochmals betont, dass die Konsistenz von Lohnfindung und Wechselkursanbindung das Kernrezept für die österreichische Hartwährungsstrategie war. So gut wie alle MOEL haben diese erste Stufe bereits durchlaufen (Kopits (1999), S. 32).

Wenn die Geldpolitik der Kandidatenländer hinreichende Glaubwürdigkeit erlangt hat und die Inflation anschließend auf ein niedrigeres gleichgewichtiges Niveau gesunken ist (*2. Phase*), kann die Wahl eines *‚flexibleren'* Wechselkurssystems um die Parität zum Euro angezeigt sein. Einige MOEL haben diese Phase bereits erreicht. Vertreter dieser Ansicht argumentieren, dass flexiblere Wechselkurse zu einer Gesundung der Staatsfinanzen und zu einer Stärkung des heimischen Finanzsektors beitragen. Beide Effekte tragen wiederum mittel- bis langfristig zu einer besseren Arbeitsmarktperformance bei. Die offiziellen Bandbreiten um die Parität zum Euro sollten auch deshalb erweitert werden, um potentiellen Spekulanten Teile des Wechselkursrisikos aufzubürden und eine Politik der Inflationssteuerung im Hinblick auf die Erreichung und Einhaltung des Maastrichter Inflations- und Zinskriteriums zu erleichtern (Kopits (1999), S. 34).[185] Die beitrittswilligen MOEL sollten aber bei Turbulenzen auf den Devisenmärkten große Vorsicht bei der Flexibilisierung ihrer Wechselkurse durch Erweiterungen der Wechselkursbänder oder durch einen Ausstieg aus einem Currency Board-Arrangement walten lassen (Eichengreen, Masson (1998)).

Wenn schließlich entsprechende Reformen und Anpassungen vollzogen sind (*3. Phase*), wird eine Rückkehr zu einer wiederum *härteren Form* der Wechselkursbindung empfohlen (Hochreiter (2000), Rosati (1997)). Letztere schließt die extremen Optionen einer direkten Übernahme einer Fremdwährung (*‚Dollarisie-*

---

[185] Ein ursprünglich relativ weites Wechselkursband vor 1999 schützte Polen vor den Auswirkungen der massiven Abwertung des Rubels.

rung', *'Euroisierung'*), die einseitige Bindung an den Euro oder die Bildung einer bzw. den Beitritt zu einer *Währungsunion* mit ein (Coricelli (2001)). Für die mittel- und osteuropäischen EU-Beitrittskandidaten bedeutet letzteres den Beitritt zu einer *bereits bestehenden* Währungsunion (der EWU) mit der Perspektive, letztlich auch den Euro als einziges gesetzliches Zahlungsmittel einzuführen. Einige Abschnitte zuvor wurde bereits auf die offizielle Doktrin für die MOEL auf ihrem Weg zum Euro verwiesen. Sie lautete:„First join the EU, then converge to the Maastricht criteria, then join the ECB". Dieser Leitsatz mag für eine Vollmitgliedschaft in der Eurozone ihren Sinn haben. In diesem Fall bekäme das betreffende MOEL einen Sitz im Zentralbankrat und könnte die Geldpolitik des Eurosystems mitbestimmen. In einer Umgebung, die durch *instabile Kapitalströme* und eine *permanente Bedrohung durch Währungskrisen* gekennzeichnet ist, könnte jedoch für die MOEL ein abgewandeltes Konzept nötig sein. Denn im Zusammenhang mit hohen EU-Subventionen könnten durch übertriebene Renditehoffnungen getriebene Kapitalströme in die MOEL die *Absorptionsfähigkeit* der MOEL *überfordern* (Dresdner Bank (2001), S. 41). Eine frühere Vollmitgliedschaft in der Eurozone könnte möglicherweise die negativen Effekte der Wechselkursvolatilität auf Investitionen und Arbeitsmärkte eliminieren und so zu positiven Wohlfahrtseffekten führen (Belke, Gros (1998a)). Der Euro könnte sich darüber hinaus auch zum Anker für die Währung der Länder aus benachbarten Regionen entwickeln, die gegenwärtig keine Kandidaten für eine EU-Mitgliedschaft sind.[186]

Hinsichtlich einer Abschätzung der Arbeitsmarktwirkungen der Realisierung der dritten Hartwährungsstufe sind die bisherigen Erfahrungen mit den Arbeitsmarkteffekten der Europäischen Währungsunion (vgl. hierzu die Einleitung zu Kapitel 5) als mögliche Referenzgröße heranzuziehen. Allgemein gilt, dass der Wechselkurs der MOEL, die hinsichtlich der fiskalischen, monetären und tarifpolitischen Disziplin ihre Hausaufgaben erfüllt haben, unter Aufwertungsdruck gerät. Dies liegt zum einen an dem Samuelson-Balassa-Effekt und zum anderen an dem Zustrom von Kapital wegen der geringeren Währungsrisikoprämie (Kopits (1999), S. 35). Zunächst soll im folgenden zum Zweck eines besseren Verständnisses des Prozesses der ‚Euroisierung' der bereits in der Literatur und unter Politikern weiter verbreitete Begriff der ‚Dollarisierung' eingeführt und abgegrenzt werden.

---

[186] Aus dieser Sicht sollte eine Zone mit einer Einheitswährung Euro vom Atlantik bis zum Ural als eine konkrete Perspektive für das erste Jahrzehnt des neuen Jahrtausend nicht von vorneherein ausgeschlossen werden. Vgl. hierfür auch Gros (2000a), S. 26.

Definition ,Dollarisierung'

Die Dollarisierung geht noch einen Schritt weiter als das Currency Board. Die fremde Währung wird zur heimischen Währung gemacht. Ihr werden alle drei Funktionen des Geldes zugewiesen. Sie wird gesetzliches Zahlungsmittel, Mittel zur Wertaufbewahrung und Recheneinheit. Dabei handelt es sich jedoch nicht um ein bilaterales Abkommen zwischen den USA und dem betreffenden dollarisierten Land, sondern um eine *einseitige* Entscheidung zur Einführung des Dollars. Das Risiko überraschender und kräftiger Wechselkursschwankungen wird auf diese Weise ausgeschaltet. Die Befürworter der Dollarisierung erhoffen sich hiervon, dass die Kapitalströme kontinuierlicher in das betreffende Land fließen. Darüber hinaus würde sich das steigende Vertrauen internationaler Investoren in geringeren Finanzierungskosten an den Kapitalmärkten niederschlagen. Schließlich sei eine engere wirtschaftliche Bindung an die Vereinigten Staaten und an den Rest der Welt die Folge, wodurch sich der Aufholprozess der Einkommen und Lebensstandards beschleunige.

Die sinkende Wechselkursunsicherheit - so die Vertreter einer Dollarisierung - führe direkt zu einem geringeren Optionswert des Wartens und zu mehr Beschäftigung. Auch sorgen geringere Finanzierungskosten an den Kapitalmärkten und höhere Einkommen zu einer verbesserten Arbeitsmarktlage in den dollarisierten Volkswirtschaften. Eine Überprüfung dieser Thesen zur vollständigen Dollarisierung ist jedoch bisher nur an *wenigen Fallbeispielen* möglich. Denn Ekuador hat den Dollar noch nicht lange genug als Währung eingeführt und Panama als kleine Volkswirtschaft hat ohnehin enge historische, politische und wirtschaftliche Beziehungen zu den Vereinigten Staaten. Aus empirischer Perspektive ist somit der Erfolg der Dollarisierung noch ungewiss.

Unter anderem auch aus der in diesem Buch hauptsächlich verwendeten Arbeitsmarktperspektive ist zu bedenken, dass sich die Geschäftsbanken eines dollarisierten Landes nicht mehr bei der Zentralbank refinanzieren können. Kredite können nur dann gewährt werden, wenn ausreichend Dollar-Reserven zur Verfügung stehen. Der Zentralbank wird auch die Fähigkeit genommen, das Bankensystem in Notfällen mit zusätzlicher Liquidität auszustatten. Sie ist kein ,Lender of last resort' mehr. Arbeitsmarktwirkungen dürften sich insoweit entfalten, wie hierdurch am Ende der geldpolitischen Transmissionskette realwirtschaftliche Effekte - wie beispielsweise eine Verringerung des sonst möglichen Outputwachstums - auftreten. Schließlich entgehen der Regierung durch den Verzicht auf das Notenausgabemonopol die Gewinne aus der sogenannten Seigniorage. Die hieraus resultierenden Arbeitsmarkteffekte sind jedoch weniger eindeutig.

Bezieht man die vorstehenden Überlegungen statt auf den Dollar auf den Euro und statt auf die USA auf Euroland, so kommt man zum Begriff der ,Euroisierung' oder auch ,Euroisation', der in bezug auf die MOEL wegen der höheren geographischen Nähe eine bedeutsamere Rolle spielt. Entscheidet sich ein MOEL-

Kandidatenland für eine ‚Euroisierung', so verliert es sein ‚Seigniorage'-Einkommen, wohingegen im Falle eines vollständigen EWU-Beitritts ‚Seigniorage'-Einkommen von den bisherigen EWU-Mitgliedern auf die neuen Mitgliedsländer übertragen werden (‚Seigniorage transfer').

Die in der Vergangenheit von vielen MOEL erzielten Fortschritte bei der Stabilisierung der Wechselkurse können wohl nicht ohne weiteres in die nahe und die mittlere Zukunft fortgeschrieben werden. Die Maastricht-Kriterien für den Eintritt in die EWWU verlangen - wie es in Abschnitt 5.1.3.1 bereits zum Ausdruck kam - die Mitgliedschaft eines MOEL im WKM II für 2 Jahre. Für diese Mitgliedschaft ist ein vorheriger EU-Beitritt erforderlich. Die Beitrittskandidaten müssen dem WKM II zu einem nominalen Wechselkurs beitreten, der in den beiden Folgejahren voraussichtlich keinen größeren Schwankungen unterliegen wird und keine schmerzhaften Anpassungen im realwirtschaftlichen Sektor des betreffenden Landes auslöst. Die langfristigen Ziele der Wechselkurspolitik der MOEL dürften deshalb relativ klar sein. *Umstritten* dürfte hingegen der Weg zum korrekten *Eintrittswechselkurs* sein (Deutsche Bank Research (2000a), S. 27 f.).

Tatsächlich gibt es gegenwärtig eine hitzige Debatte um die Wahl eines geeigneten Wechselkursregimes während der Periode 3, die letztlich zum EU-Beitritt und der Teilnahme der MOEL am WKM II führen wird. Vorschläge reichen von frei schwankenden Wechselkursen als ein Sprungbrett zum Eintritt in den WKM II bis zu einer sofortigen einseitigen Einführung des Euro als gesetzliches Zahlungsmittel durch die beitrittswilligen MOEL (Kopits (1999), S. 35). Wenn jedoch in der letzten Stufe vor Eintritt in den WKM II ein beitrittswilliges Land seine Währung durch eine einseitige Euroisierung zum Euro-Schatten machen und seine Währung auf diese Weise faktisch im WKM II-Korridor halten möchte, sollte es dies nicht tun, koste es was es wolle (Kopits (1999)). Denn dies würde selbst bei einer formalen Mitgliedschaft im WKM II nicht verlangt. Weiter oben wurde bereits darauf hingewiesen, dass die Zentralbanken der am WKM II beteiligten Länder nicht zu einer automatischen und unbegrenzten Intervention zur Verteidigung der Parität zum Euro verpflichtet sind, falls dies zu einem Konflikt mit dem Preisniveaustabilitätsziel führen würde. Um jedoch die Glaubwürdigkeit zu bewahren, sollte sich die monetäre Instanz auf eine Restaurationsregel verpflichten, in der sie sich verpflichtet, die ursprüngliche Parität nach einer durch spekulative Attacken ausgelösten temporären Abweichung wieder herzustellen. Ein derartiger Vorschlag für die Beitrittsländer in Verbindung mit temporären Kapitalverkehrskontrollen beruht auf McKinnon (1997). Sowohl die Europäische Zentralbank als auch der EU-Ministerrat in der Zusammensetzung der Wirtschafts- und Finanzminister *widersprechen* allerdings der Sinnhaftigkeit einer (definitionsgemäß unilateralen) *‚Euroisierung'* vehement (vgl. ausführlich Abschnitt 5.2.2. und EZB

(2000b), S. 115 f.). Ansonsten nahmen sie bisher Abstand von spezifischen Vorschlägen. Beide Institutionen wiesen korrekterweise lediglich darauf hin, dass die beitrittswilligen MOEL individuelle Strategien benötigen.

Die Europäische Union hat wie auch die Europäische Zentralbank mehrfach ihre Gegnerschaft zu einer außerhalb des EG-Vertrags stattfindenden Strategie der Euroisation in den EU-Kandidatenländern ausgedrückt. Danach stellt die Euroisierung für ein Beitrittsland *keinen akzeptablen Zwischenschritt* zum Euro dar. Die beiden genannten Institutionen berufen sich dabei auf *Unvereinbarkeiten mit den Vorschriften des EG-Vertrags* in bezug auf die Einführung des Euro (Sulling (2000), S. 13). Die wichtigsten Bedenken wurden in dem Bericht der Europäischen Kommission zu den ‚Exchange Rate Strategies for EU Candidate Countries' sowie im Jahresbericht 2000 der Europäischen Zentralbank niedergelegt (EZB (2000b), S. 114 ff., EU-Kommission (2000c)). Sie betreffen die Unvereinbarkeit (a) mit den Prinzipien und der zeitlichen Abfolge der Wegstrecke zum Euro, wie sie im Vertrag vereinbart wurden, (b) mit dem Prinzip der Verhandlungen um eine EWU-Mitgliedschaft, dass Bewerberländer das bestehende EU-Recht akzeptieren müssen und keine Änderungen beabsichtigen, (c) mit der ökonomischen Zielsetzung des Vertrags und des Beitritts, die beide die Übernahme des Euro als letzten Schritt des Integrationsprozesses in die EU bzw. als das Ende eines Konvergenzprozesses ansehen und (d) mit der Vertragsbestimmung, dass nur der Rat autorisiert ist zu bestimmen, wann ein Mitgliedstaat den Euro einführen darf (Einführung des Euro in dem sogenannten ‚multilateralen Rahmen' EZB (2000b), S. 115, Sulling (2000), S. 13 f.). Die Kommission greift bei ihrer Argumentation gegen eine Euroisation der MOEL auf *ökonomische* und *juristische* Argumente zurück.

Was die *juristischen* Argumente angeht, so ist zu bedenken, dass der Vertragsinhalt in einer Zeit konzipiert wurde, in der eine Euroisation schlicht aus dem Grund nicht möglich war, weil der Euro noch gar nicht existierte. Darüber hinaus wurden die Vertragsinhalte auf Volkswirtschaften zugeschnitten, die zunächst in gewissem Umfang unabhängige Geldpolitiken aufwiesen und auf Wechselkursniveaus konvergieren konnten, die ihnen eine unwiderrufliche Fixierung zugunsten einer einheitlichen Währung ermöglichten. Mit der Schaffung der Europäischen Währungsunion erhielten unter anderem auch die Kandidatenländer für ihre Geldpolitiken neue Möglichkeiten, die vorher nicht verfügbar waren und deshalb in den Vertragstexten auch noch nicht berücksichtigt wurden. Diese Optionen schlossen wie schon erwähnt die Wahl des Euro als einen Anker zur wechselkursbasierten Stabilisierung (vgl. Kosovo und Montenegro oder für Dollarisierung Ekuador und El Salvador) - entweder durch eine fixe Anbindung der Heimatwährung an den Euro oder durch die Einführung des Euro als gesetzliches Zahlungsmittel - oder zum Vollzug der Empfehlungen der Theorie optimaler Währungsräume (Estland oder Luxemburgs Verwendung des Belgischen Franc) ein. Könnte man die Optimalität beider Strategien für MOEL zeigen, wäre sogar eine Revision der relevanten Passagen des Vertrags gerechtfertigt (Sulling (2000), S. 14).

In bezug auf ihre ökonomische Argumentation könnte man der EU-Kommission das *Beispiel Estlands* vorführen. Die Euroisierung im Falle Estlands ist durchweg konsistent mit der im Vertrag enthaltenen Logik und der dort vorgesehenen zeitlichen Abfolge des Beitrittsprozesses zur Eurozone. Der Vertrag verlangt, dass vor der Einführung der gemeinsamen Währung die Regeln des Binnenmarkts übernommen wurden und eine anhaltende Politikkonvergenz erzielt wurde. Beides wird von Estland überzeugend erfüllt. Wie in den vorhergehenden Kapiteln gezeigt, hat Estland erstens auf Grundlage von Freihandelsabkommen mit der EU bereits längere Zeit am EU-Binnenmarkt teilgenommen. Es wurde weiter oben schon konstatiert, dass es mittlerweile zwischen Estland und der EU mit Ausnahme landwirtschaftlicher Güter (diese machen aber nur 6% der Exporte Estlands aus) keine Beschränkungen der Freizügigkeit der Güterbewegungen, Dienstleistungen und Kapital mehr gibt. Die Arbeitskräftemobilität ist allerdings wie innerhalb der EU immer noch schwach ausgeprägt.[187] Zweitens hat sich Estland durch die Bindung des Currency Boards zunächst an die DM und später an den Euro (vgl. Kapitel 5.1.1.) schon länger der Geldpolitik der Eurozone unterworfen. Es musste folglich während dieser Periode seine Wirtschaftspolitiken an diejenigen in der Eurozone anpassen, um das feste Wechselkurssystem beibehalten zu können. Dies beinhaltete eine konservative Ausrichtung der Fiskalpolitik, flexible Arbeitsmärkte und eine Ausrichtung der Lohnerhöhungen an der Produktivitätsentwicklung. Die bisher erreichte Politikkonvergenz drückt sich auch darin aus, dass Estland nahezu alle Maastrichter Konvergenzkriterien erfüllt (vgl. Tabelle 40 und Tabelle 41).

Das Zögern der EU bei der Unterstützung von Prozessen der Euroisation in den MOEL lässt sich aber auch aus ihrer Befürchtung erklären, dass sie hiermit eine implizite Verpflichtung zu einem Rettung („Bailout') eines euroisierten MOEL im Falle einer Zahlungsbilanzkrise oder einer Bankenkrise eingeht (Belke (2001)). Eine schwierige Lage dürfte insbesondere dann entstehen, wenn die MOEL ihre Banken- und Finanzsysteme nicht hinreichend reformiert haben und die Euro-Partner als potentielle Ausfallbürgen ansehen (FAZ (2001f)). Als ein Mittel zur Zerstreuung dieser Bedenken wird häufig vorgeschlagen, sich auf eine verpflichtende beidseitige Erklärung zu einigen, dass das euroisierende Land das

---

[187] Die Mobilität der Arbeitskräfte zwischen Estland und der EU soll - wie zuvor in Kapitel 4.1. ausführlich diskutiert – zusätzlich eingeschränkt werden.

Risiko der Euroisierung alleine trägt. Das euroisierende Land sollte vor seinem Beitritt zum Eurosystem keine Leistungen von einem Mitgliedsland des Eurosystems verlangen können. Insbesondere sollte durch eine Euroisation *kein Anspruch* auf einen Sitz im Zentralbankrat, auf eine besondere Berücksichtigung der spezifischen Umstände in dem euroisierenden Land bei der geldpolitischen Entscheidungsfindung, auf eine Funktion der EZB als ‚Lender of last resort' des Bankensystems des euroisierenden Landes oder auf einen Anteil der euroisierenden MOEL an der Seigniorage aus geldpolitischen Operationen des ESZB entstehen.[188] Da das euroisierende Land nach seinem EU-Beitritt sowieso noch die Kriterien des Art. 109j des EG-Vertrags erfüllen muss, bevor es ein vollwertiges Mitglied des Eurosystems wird, sind Bedenken, das euroisierende Land könnte durch die Euroisation die Erfüllung der Maastricht-Kriterien vermeiden wollen, eher fehl am Platze (Bratkowski, Rostowski (2001), Sulling (2000), S. 15).

Trotz dieser heftigen Opposition zur ‚Euroisierung' der MOEL, ist die Wahrscheinlichkeit einschneidender Maßnahmen seitens der EU gegen MOEL, die sich dieses Arragements bedienen, eher gering. Denn erstens kann die betonte Neigung eines Landes, den Euro zu übernehmen, als eine deutliche Willenserklärung zur Förderung der Integration in die EU interpretiert werden. Im Fall Estlands macht dies auch ökonomisch viel Sinn. Zweitens ist die beidseitige Integration immer schon das erklärte Ziel der bilateralen Beziehungen zwischen der EU und den einzelnen MOEL gewesen (vgl. Kapitel 1). Eine mögliche Bestrafung der Euroisation könnte die europäische Integration deutlich verzögern und verstieße somit gegen die Politikziele der EU.

Ein weiteres Standardargument gegen die Wahl von Euroisierungsstrategien lautet, dass die Wechselkursregimes voraussichtlich relativ flexibel bleiben müssen, falls die MOEL mit anschwellenden Kapitalströmen zu rechnen haben: mittelfristige Spekulation auf Konvergenz, bessere Investitionsmöglichkeiten durch die Aufhebung noch bestehender Beschränkungen für kurzfristige Kapitalflüsse (vgl. Kapitel 3 und 4) und Fortschritte bei der Entwicklung der Wertpapier- und Aktienmärkte. Die gegenwärtige Unterbewertung gemessen an der Kaufkraftparität der Währungen der Beitrittskandidaten sollte sich in den kommenden Jahren durch andauernde positive Inflationsunterschiede allmählich auswachsen. In Kapitel 5.1.3 wurde bereits herausgearbeitet, dass in den beitrittswilligen MOEL die

---

[188] In einem Folgeabschnitt wird ein Arrangement erörtert, in dem ein Teil oder das gesamte Zinseinkommen aus den Reserven, die der EZB gegen Euromünzen und -banknoten gutgeschrieben wurden, dem euroisierten Kandidatenland rückübertragen wird. Als Vorauszahlung auf das EZB-Kapital und auf die im Zeitpunkt des Beitritts zum Eurosystem notwendige Übertragung von Reserven angesehen werden.

Preise für nicht handelbare Güter schneller als in der EU steigen.[189]

In den MOEL, deren Währungen mehr oder minder frei schwanken (Rumänien, Slowakei, Slowenien, Tschechien, und vor allem Polen), scheint weniger Bedarf nach einer Änderung des Wechselkursregimes vorzuliegen. Dies gilt vor allem, weil - wie Tabelle 39 zeigt - der Euro in den meisten Fällen als zumindest inoffizielle Referenzwährung dient. Trotzdem birgt ein System des „Floating" *größere Wechselkursrisiken.* Dies gilt besonders für den polnischen Zloty, der immer noch hauptsächlich gegen Dollar gehandelt wird und wahrscheinlich auch zukünftig stark auf politische und ökonomische Entwicklungen in Polen reagieren wird. Seit dem Übergang von einem Euro-bezogenen ‚Crawling Peg' zu flexiblen Wechselkursen im April 2000 ist das Verhältnis Zloty zu Euro von 3,98 auf 3,60 gefallen. Vertraut man den Währungsexperten der Bank Austria, so liegt dies daran, dass die politische Zentralbank aus Gründen der Inflationsbekämpfung die Leitzinsen (hier den Diskontsatz) auf einem Niveau von 19,5 Prozent (bei einer Inflationsrate von 6,6 Prozent im März 2001) hochhalte. Polens Regierung plädierte deshalb angesichts der einsetzenden Konjunkturabschwächung für signifikant niedrigere Leitzinsen. Trotzdem wird damit gerechnet, dass die polnische Zentralbank aber eher weiter bei ihrer Zinssenkungsstrategie in ‚Trippelschritten' bleibt. Langfristig sehen viele Währungsfachleute den Zloty in einem Jahr wieder bei 4,20 Zloty zu Euro. Andererseits wurde ebenfalls nicht ausgeschlossen, dass der Zlotykurs wieder anziehen wird, wenn der polnische Staat im Laufe des Jahres 2001 Staatsanleihen auf dem internationalen Kapitalmarkt aufnehmen muss, um sein Haushaltsdefizit zu finanzieren.[190]

5.1.4.2. Stärke der monetären und fiskalischen Institutionen als Kriterium für die Wahl der Wechselkursanbindung

Beschränkt man sich hingegen auf eine *Zeitpunkt*betrachtung, so ergeben sich unterschiedliche währungspolitische Strategie-Empfehlungen, je nachdem wie weit das betrachtete Land seinen individuellen Prozeß der Transformation bereits durchlaufen hat. Für die Wahl eines geeigneten Wechselkursregimes im Verhältnis zum Euro aus der Sicht eines Landes außerhalb Eurolands ist dabei vor allem auch die *Stärke der heimischen Institutionen* entscheidend (Gros (1999), ders. (2000a), Hochreiter (2000)). Die Verwendung des Euro bereits vor einer EU- oder

---

[189] Die Fähigkeit der MOEL, auf den Märkten für handelbare Güter konkurrenzfähig zu sein, sollte hierdurch unberührt bleiben. Es kann auch Fälle geben, in denen eine Währung der MOEL nominal aufwertet, falls es ein flexible Wechselkurse dieser MOEL zulassen. Vgl. Deutsche Bank Research (2000a), S. 28.

[190] Für die Performance der Währungen Sloweniens und der Tschechischen Republik vgl. Deutsche Bank Research (2000a), S. 28 f.

sogar EWU-Mitgliedschaft oder Euro-basierte Wechselkursarrangements erscheinen nach diesem Kriterium möglicherweise vorteilhaft. Dies gilt selbst dann, wenn - wie oben dargestellt - die konventionelle orthodoxe Sicht des Erweiterungsprozesses des Euro-Raums: „converge first, and durably, and then join" lautet. Diese orthodoxe Sicht mag zwar für die früheren EU-Mitglieder angemessen gewesen sein. Für die neue Situation nach der Russland- und der Asienkrise sowie nach der bereits erfolgten Einführung des Euro, der sich die MOEL als Beitrittskandidaten nun anders als die damaligen EWU-Beitrittskandidaten gegenüber sehen, muss dies nicht zwingend zutreffen. Bereits zwei Kandidatenländer (Bulgarien und Estland) sowie ein Nichtkandidat (Bosnien) sind bereits _virtuelle Mitglieder der Eurozone_ geworden, mit ihren ehemals in DM und mittlerweile in Euro denominierten Currency Boards geworden (Eichengreen, Ghironi (2001), Gulde (1999)). Vermutlich gibt es aber noch weitere Kandidaten für diese Art des monetären Regimes im erweiterten Europa. Zusätzlich deutet Argentiniens zeitweiliges Interesse an einer Dollarisierung die zusätzlichen Vorteile einer noch weitergehenden Option an, der vollständigen einseitigen Übernahme des Euro.

Diese Argumente sind auch im Jahr 2001 noch hinreichend neu und bedeutsam, so dass sie eine noch systematischere Darlegung verdienen. In bezug auf die _Wechselkursarrangements zwischen der Euro-Region und dem Nicht-EU-Europa_ sollten nach der relativen _Stärke der monetären und fiskalischen Institutionen_ drei Gruppen von Ländern unterschieden werden: a) fiskalisch und institutionell starke Länder mit Maastricht-konformen Politiken, b) Länder, die sich noch nicht auf Maastricht-Niveau befinden, aber sich in diese Richtung bewegen und c) Länder in akuten Finanzkrisen mit schwachen Institutionen (Gros (1999), Annex 1, Gros (2000a), S. 26).

Die Länder der Kategorie a), die jederzeit Mitglieder der EU werden könnten und in den meisten Fällen auch die Maastricht-Kriterien erfüllen (z.B. die Schweiz, Norwegen und Estland), würden von einer Anbindung an den Euro eher profitieren, da die EU sowieso ihr Haupthandelspartner ist. Auch die Arbeitsmärkte würden letztlich von der Eliminierung der kurzfristigen Wechselkursvariabilität profitieren – und dies voraussichtlich sowohl gemessen an der Arbeitslosenrate und an der gesamtwirtschaftlichen Beschäftigung (Belke, Gros (1998a)). Darüber hinaus würde eine Euro-Anbindung Finanzmärkten einen Anker für längerfristige Erwartungen bieten. Hierdurch würden die realwirtschaftlichen Einflüsse von Finanzmarktschocks, die auch auf Arbeitsmärkte einwirken, gemildert. Die oben genannten Länder erfüllen mittlerweile auch annähernd die klassischen Kriterien der Theorie optimaler Währungsräume, da ihre ökonomischen Strukturen denjenigen der EU-Länder ähneln (stellvertretend Buch, Döpke (1999), Frenkel, Nickel, Schmidt (1999)). Sie sich können sich selbst dann den Luxus leisten abzuwarten, wenn sie, rein ökonomisch gesehen, ein großes Interesse an einem Beitritt haben sollten. Eine Strategie des „Wait-and-see" bietet sich an, denn angesichts ihrer Stärke können sie komfortabel außerhalb der Eurozone überleben. Würde der Schritt von einer engen Euro-Anbindung zur vollen Euroisation erhebliche Einsparungen an Transaktionskosten bringen. Im Falle Estlands beispielsweise würde die Bindung an den Euro einfach beibehalten. Die Einführung des Euro als Zahlungsmittel würde zu zusätzlichen Nutzen für die estnische Volkswirtschaft führen. Zumal deren Exporte annähernd 100 Prozent des BIP betragen.

Zu den Ländern der Kategorie b) mit moderaten, mittlerweile überwiegend nur noch einstelligen, Inflationsraten und moderaten Staatsdefiziten zählen zentraleuropäische MOEL wie - aus der Gruppe der Vorreiterstaaten - Tschechien und Slowenien (Boone, Maurel (1998), S. 7)[191], aber auch Zypern sowie einige Nachrückerstaaten wie die Slowakei. Die relativ großen Zahlungsbilanzdefizite jedoch machen diese Länder immer noch für *spekulative Attacken* verwundbar. Diese Volkswirtschaften befinden sich - wie zuvor in den Abschnitten 2 und 3 schon dargestellt - in einem Prozess des Strukturwandels, dessen Ergebnis schwer vorherzusehen ist. Sie scheinen deshalb noch für einige Zeit eine *gewisse Flexibilität des realen Wechselkurses* zu benötigen. Eine Teilnahme an der WWU kommt folglich bis auf weiteres noch nicht in Frage (Breuss (1998), S. 746, Hochreiter (2000)). Die Kosten der Beibehaltung dieser Flexibilität bestehen jedoch darin, dass sie die Möglichkeit spekulativer Attacken mit negativen Folgen unter anderem für Arbeitsmärkte eröffnet. Dies zeigt das jüngste Beispiel der tschechischen Republik. Dieses verdeutlichte andererseits auch, dass die Kosten einer derartigen Attacke beschränkt sein können und diese nicht wie im Fall Russlands zwingend in eine Katastrophe mündet. Die Kosten und Nutzen verschiedener Wechselkursregimes sind folglich für diese Ländergruppe relativ ausgeglichen und müssen von Fall zu Fall einzeln genauer analysiert werden.

In einigen Fällen wird argumentiert, die EU-Mitgliedschaft und die spätere Mitgliedschaft im WKM II biete hinreichend Schutz gegen spekulative Attacken für die beitretenden MOEL, so dass extremere Maßnahmen wie eine Euroisation nicht erforderlich seien. Die Erfahrungen mit den Währungskrisen 1992-1995 im EWS zeigten, dass selbst in ein enges Wechselkurskorsett gezwungene Volkswirtschaften mit stabilen Institutionen nach wie vor von Finanzmarktschocks stark getroffen werden können. Für diese mittlere Gruppe von Ländern empfiehlt sich folglich die Beibehaltung der heimischen Währung und eine gewisse Freiheit der

---

[191] Auch Polen befindet sich auf einem Inflations-Konvergenzpfad. Vgl. hierfür Conquest (1999) und Brandsma (1999), S. 3.

Anpassung des Wechselkurses, falls die Devisenmärkte nicht selber zu einer Quelle der Instabilität werden. In einer idealen Welt stellt der Wechselkurs ein Anpassungsinstrument an länderspezifische Schocks dar. Erfahrungsgemäß muss dies nicht mehr zwingend der Fall sein ,wenn Kapitalmärkte liberalisiert worden sind. Für diese Länder Gruppe ist daher der Zeitplan zur Liberalisierung der Kapitalmärkte für die Wahl des Wechselkursregimes entscheidend (Gros (2000a), S. 27).

Die Länder der Kategorie c) umfassen vor allem die Volkswirtschaften, die von einer Erfüllung jeglicher Erfordernisse für eine EU-Mitgliedschaft im allgemeinen und der Maastricht-Kriterien im speziellen (noch) sehr weit entfernt sind. Länder wie Rumänien und bis vor kurzem auch Bulgarien (Boone, Maurel (1998), S. 7 f.) weisen große Staatsdefizite und eine hohe Inflation auf. Ihre Währungen geraten häufig unter Druck. Reale Zinssätze sind in der Regel sehr variabel und häufig auch unhaltbar hoch, wenn die Regierung versucht, die Volkswirtschaft zu stabilisieren. Diese Länder und deren *Arbeitsmärkte* würden sicherlich *von einem Eintritt in die Euro-Region profitieren.* Denn dies wäre ein Weg, sinnvolle makroökonomische Politiken zu importieren und entscheidend dazu beizutragen, das Vertrauen der Finanzmärkte (wieder) zu gewinnen. Da die Alternativen in Hyperinflation und/oder enormen Risikoprämien auf Auslandsschulden bestehen, kann der Nutzen dieses Vertrauenseffektes und einer stabilen Währung insbesondere auch *für Arbeitsmärkte* durchaus die weiter oben angedeuteten potentiellen Kosten des Verzichts auf Wechselkursanpassungen bei asymmetrischen Schocks übertreffen.

Zusammenfassend lässt sich konstatieren, dass bei der Wahl des Wechselkursregimes quasi ein *U-kurvenartiger Verlauf des optimalen ,Verankerungsgrads'* der MOEL-Währungen in Abhängigkeit von der ökonomischen und institutionellen ,Reife' der MOEL postuliert wird. Der Beitritt zur Euro-Region spielt am linken und am rechten Ende der Verteilung eine Rolle. Deshalb wird er im folgenden Abschnitt noch gesondert erörtert. Gros (2001a) und Gros, Nuñez Ferrer, Pelkmans (2000) liefern für diese Überlegungen ein analytisches Modell. Sie zeigen, dass das Standardmodell, mit dem Ökonomen häufig den Bedarf an ,Seigniorage'-Einkommen und das Ausmaß der Versuchung von Regierungen, Überraschungsinflation als Mittel der Politik zu verwenden, ermitteln, genau zu dieser Schlussfolgerung führt.

Beschäftigungswirkungen ergeben sich nun in dem Umfang, wie dem oben entworfenen nach drei Ländergruppen differenzierenden Vorschlag seitens der MOEL nicht gefolgt wird, da hierdurch voraussichtlich unnötige Wechselkursvolatilität mit den entsprechenden realwirtschaftlichen Verwerfungen entsteht. Die entscheidende Frage für Beschäftigungsprognosen in der erweiterten Union lautet demnach: Wie wahrscheinlich ist das Szenario eines Abweichens von diesen Vorschlägen?

Tabelle 44
Korruptionsindex[1]
EU und MOEL

Finnland	10,0
Dänemark	9,8
Schweden	9,4
Niederlande	8,9
Großbritannien	8,7
Luxemburg	8,6
Österreich	7,7
Deutschland	7,6
Irland	7,2
Spanien	7,0
Frankreich	6,7
Portugal	6,4
Belgien	6,1
Estland	5,7
Slowenien	5,5
Ungarn	5,2
Griechenland	4,9
Italien	4,6
Tschechien	4,3
Litauen	4,1
Polen	4,1
Bulgarien	3,5
Slowakei	3,5
Lettland	3,4
Rumänien	2,9

[1] auf einer Skala von 10 (sehr sauber) bis 0 (sehr korrupt)
Quelle: Koenen (2000), S. 76.

Ein weiterer Vorteil einer vollständigen ‚Euroisierung' liegt wohl in der positiven Beeinflussung des polit-ökonomischen Umfelds und der Wachstums- und Beschäftigungsaussichten im ‚euroisierten' Land. In einigen Regionen Osteuropas ist das Bankensystem im großen Stil der Korruption und direkten politischen Einflüssen ausgesetzt. Eine politische Klasse, die keine bedeutsamen Defizite mehr verursachen und das Bankensystem nicht mehr beeinflussen kann, wird gezwungen produktiveren, auch kleineren, Unternehmen mehr Raum für deren produktive Aktivität zu geben. Die Unterstützung verlusterzielender Staatsunternehmen oder die Übervorteilung von Geschäftsleuten mit ‚guten Beziehungen' bei der Auftragsvergabe werden schwieriger und die Kosten hierfür offensichtlicher, da sie statt über die Inflationssteuer nun direkt im Staatsbudget verzeichnet werden (Gros (2000a), S. 27, Koenen (2000)). Tabelle 44 verdeutlicht, dass die beitrittswilligen MOEL im Durchschnitt hinsichtlich ihrer Anfälligkeit gegenüber Korruption wesentlich ‚unsauberer' als die EU-Länder und deshalb ausschließlich in der unteren Hälfte der Tabelle vertreten sind.

Zu beachten ist bei der Wahl eines geeigneten Wechselkursregimes schließlich auch, dass der politisch artikulierte Wunsch, der EU beizutreten und die hierzu notwendigen wirtschaftspolitischen Schritte auch einzuleiten, Auswirkungen auf die faktische Dauerhaftigkeit der Wechselkursanbindung im Vorfeld des EU-Beitritts hat. Das Ziel eines EU-Beitritts beeinflusst Markterwartungen und verhilft angemessenen Wirtschaftspolitiken zu einem höheren Verpflichtungsgrad und somit zu mehr Glaubwürdigkeit. Falls die strategische Entscheidung eines beitrittswilligen MOEL im Vorfeld des Beitritts zugunsten einer Wechselkursanbindung gefällt wird, würde gemäß dieser Argumentation selbst eine ‚weiche' (mittlere im Sinne von Bofinger, Wollmersheimer (2000)) Wechselkursanbindung zu einer geringeren Gefahr spekulativer Attacken vor dem Hintergrund hoher Kapitalmobilität führen (Hochreiter (2000)). Es bleibt abzuwarten, welche Art einer glaubwürdigen politischen Selbstverpflichtung in anderen westlichen ‚Emerging markets' die Rolle eines EU-Beitritts adäquat einnehmen könnte. Später wird argumentiert, dass eine glaubwürdige Selbstverpflichtung zur Dollarisierung einen vergleichbaren Einfluss auf Erwartungen der Märkte und die Politikglaubwürdigkeit haben könnte. Im folgenden geht es zunächst darum, ob die Verankerung an den Euro über ein Euro-basiertes Currency Board oder unmittelbar durch eine Euroisierung erfolgen sollte.

5.1.4.3. Welcher Euro-Anker für die MOEL?
Currency Board versus Euroisierung

Wie sollten sich nun die MOEL verhalten, denen im vorhergehenden Abschnitt ein Anker zum Euro empfohlen wurde? Ein erster Weg für Nicht-EU-Länder, der Euro-Region beizutreten, wäre gemäß Vorschlägen von Dornbusch (1999)[192] und Gros (1999), wie bereits Bosnien-Hercegovina, Bulgarien, Estland und Lettland für ein *Currency Board* zu optieren. Die ersten drei der zuvor genannten Länder wählten die DM als Anker und sind somit *de facto* bereits *Mitglieder der Euro-Zone.* In Bosnien-Hercegovina führte die Übergangsverwaltung der Staatengemeinschaft mit der ‚Konvertibilna Marka' (Konvertible Mark) eine im Wert an diese im Verhältnis Eins zu Eins gekoppelte Parallelwährung zur deutschen Mark als gesetzliches Zahlungsmittel ein. Im Juni 2001 bestanden schon 80 Prozent des Geldumlaufs aus der konvertiblen Mark. Durch die Verfolgung des Konzepts des Currency Board wurde ein Import des Vertrauens in den Euro beabsichtigt. Hierdurch sollte die Inflation kontrolliert werden.

Durch das Currency Board ist aber nicht nur das Vertrauen in die Stabilität der heimischen Währung gewachsen, sondern die Bevölkerung hat auch zu den Geschäftsbanken mehr Vertrauen als früher. Das Currency Board veranlasste eine zusätzliche Aktivierung österreichischer und italienischer Banken in Bosnien. Sie etablierten sich auf dem Markt und zwangen die anderen Geschäftsbanken durch

---

[192] Vgl. o.V. (1999), S. 55: „Der (...) Ökonom Rudi Dornbusch (...) empfiehlt den Euro-Nachbarn, noch weiter zu gehen: Um jegliches Wechselkursrisiko zu vermeiden, sollten sie ihre geldpolitische Souveränität ganz aufgeben und sich durch einen fixierten Wechselkurs (‚Currency Board') so eng wie möglich an den Euro binden".

ihre Präsenz zu erhöhten Anstrengungen.[193] Wie die Beispiele dieser Länder zeigen (Hochreiter (2000)), können Currency Boards einerseits im Prinzip den Nutzen der Glaubwürdigkeit auf Finanzmärkten sowie niedriger Inflation bieten. Estland beispielsweise ist bei einer bisherigen Operationsdauer des Boards von sechseinhalb Jahren als Kandidat für den EU-Beitritt in der ersten Runde das einzige erfolgreiche Reformland unter den Nachfolgestaaten der Sowjetunion. Auch in Bulgarien führte das einheinhalb Jahre existierende Board bis zum Kosovo-Krieg zu einem Anfangserfolg in Gestalt eines ansehnlichen Wachstums der Wirtschaft.[194]

Die Wahl eines Currency Boards durch Nicht-EU-Länder ist allerdings nicht auf die zuvor genannten Länder beschränkt. Nach der zu Serbien gehörende Provinz Kosovo wollte im September 1999 auch die jugoslawische Teilrepublik Montenegro aus der Zone des jugoslawischen Dinars ausbrechen. Damit beabsichtigte die Teilrepublik, sich von der Inflation in Serbien abkoppeln. Die Deutsche Mark wurde als zweite Währung neben dem Dinar eingeführt. Das Kosovo autorisierte bereits wenige Tage zuvor alle Währungen als offizielle Zahlungsmittel. Dabei war jedoch schon absehbar, dass die DM als schon lange wichtigste Parallelwährung als Sieger aus dieser Konkurrenz hervorgehen würde. Der Euro wurde einseitig zum gesetzlichen Zahlungsmittel erklärt (Neue Zürcher Zeitung (1999)). Am 11. November 2000 schließlich wurde die Deutsche Mark unter gelassener Reaktion Belgrads (einseitig) zum einzigen gesetzlichen Zahlungsmittel in Montenegro deklariert. Diese Erfahrungen zeigen, dass die Westeuropäer eine faktische 'Euroisierung über den Markt' kaum blockieren können.[195] Die ordnungspolitische Fragestellung reduziert sich dann auf die Frage nach der Sinnhaftigkeit einer *Förderung* eines derartigen Prozesses.

Wie jedoch die Beispiele Argentiniens (im Fahrwasser der Brasilien-Krise) und Hongkong zeigen, können andererseits sogar Currency Boards, die sehr konservativ betrieben werden, unter spekulativen Druck geraten. Während der Me-

---

[193] Folgt man Peter Nichols, dem Gouverneur der bosnischen Zentralbank in Sarajevo, in seinen häufigen Statements, so hat das Currency Board Bosnien zu makroökonomischer Stabilität erholfen und nur Vorteile gebracht. Folglich sieht er keinen Grund, das Wechselkursregime vorzeitig aufzugeben und die Exporttätigkeit mittels eines flexiblen Wechselkurses anzuregen. Denn Bosnien sieht ohnehin den Beitritt zur EU und die Übernahme des Euro als sein großes Ziel an.

[194] Vgl. Gros (1999), Kopcke (1999) und o.V. (1999), S. 58. Siehe auch Kapitel 2.

[195] Neben den beiden genannten Teilgebieten der Bundesrepublik Jugoslawien ist auch Andorra ein Beispiel für die *einseitige* Erklärung des Euro zum gesetzlichen Zahlungsmittel. Die Europäische Gemeinschaft hat mit den souveränen Staaten San Marino, Vatikanstadt und Monaco Abkommen vereinbart, die es diesen Ländern gestatten, den Euro als gesetzliches Zahlungsmittel zu verwenden (beidseitige Erklärung).

chanismus von Currency Boards selbst technisch unangreifbar ist, bestehen die Kosten einer Attacke in einem Anstieg der heimischen Zinssätze. Im Falle Argentiniens und Hongkongs ließ sich die Wechselkursbindung nämlich nur durch kräftige Zinserhöhungen halten, die in der Folge das Wirtschaftswachstum bremsten. Der Anstieg der Zinssätze führt tendenziell zu einem *negativen* Effekt auf die aggregierte Nachfrage und die *Beschäftigung*. Die *Verteidigung* eines Currency Board ist folglich technisch gesehen einfach, aber kann einen hohen Preis in Gestalt von *Arbeitslosigkeit* haben. Finanzmärkte antizipieren dies, was dazu führt, dass ein Currency Board nie vollständig glaubwürdig ist. Genau diese Schwäche der Currency Boards veranlasste kürzlich die argentinische Regierung zu Plänen, wie Ekuador *vollständig auf den U.S.-Dollar überzugehen* (Gros (1999), ders. (2000a), S. 28).

Vor dem Hintergrund, dass bei einem Currency Board die Wechselkurse nicht irreversibel an die Leitwährung gebunden sind, denken viele wirtschaftspolitische Experten in den größeren osteuropäischen Reformstaaten ebenfalls einen Schritt weiter. Sie setzen sich für die *unilaterale Einführung des Euro* als alleiniges gesetzliches Zahlungsmittel ein (vgl. stellvertretend Rostowski (1999) und o.V. (1999), S. 58). Ihr Argument unterscheidet sich jedoch von demjenigen von Gros (1999). Sie befürchten, dass der Zustrom ausländischen Kapitals in den Reformstaaten Polen, Estland oder Ungarn zu einer nicht erwünschten Aufwertung der jeweiligen Landeswährungen führen wird. Um zu vermeiden, dass dies deren Exportprodukte unangemessen verteuert, sollten die betroffenen Länder die heimische Währung in Euro tauschen. Sie wären dann zwar (noch) kein Mitglied der EWU. Sie müssten sich aber auch noch nicht an die strengen Maastrichter Kriterien für die EWU-Mitgliedschaft halten und profitierten von niedrigeren (Real-) Zinsen. Der Wegfall des Wechselkursrisikos könnte zusätzliche Investitionen nach Osteuropa anregen und das dortige Wachstum beschleunigen.[196]

Die ökonomischen Nutzen einer *vollständigen Dollarisierung oder Euroisierung* ähneln folglich zwar denen aus einem Currency Board, zeichnen sich aber durch einen *höheren Grad an Sicherheit* ihrer Realisierung aus. Entsprechende Nutzen lassen sich selbst von Ländern der Kategorie c) wie Russland und die Ukraine verwirklichen, deren institutionelle und politische Schwäche Zweifel auf den Märkten verursacht, ob diese Länder die grundlegenden Spielregeln eines Currency Boards auch wirklich einhalten. Unter dem Regime eines Currency Boards verfügt das Land weiterhin über eine heimische geldpolitische Autorität, die leicht

---

[196] Für eine Abschätzung der Möglichkeiten, das in Transformationsökonomien auftretende Wechselkursrisiko abzusichern vgl. Broll, Mallick, Wong (2001).

unter politischen Druck geraten kann und die Spielregeln verletzt, indem sie beispielsweise Kredit an die Regierung vergibt (Gros (2000a), S. 28).

Aus diesen Gründen führt die *radikale* Lösung einer *einseitigen, aber vollständigen Übernahme des Euro* als heimische Währung für Zwecke des ‚Banking' und Bargeldhaltung (dies entspricht hier einem zweiten Weg, der Euro-Region faktisch beizutreten) gerade für Volkswirtschaften *mit schwachen Institutionen* im Vergleich zu einem Currency Board zu einem noch größeren Nutzen (Coricelli (2001)). Das Beispiel Argentiniens signalisiert die praktische Relevanz dieses Vorschlags, dessen Anwendbarkeit sich keineswegs nur auf fortgeschrittenere 'Emerging Markets' beschränkt. Gerade in bezug auf die MOE-Volkswirtschaften wird häufig argumentiert, dass im Fall eines Currency Boards die Auflösung der geldpolitischen Selbstverpflichtung auf die Aufrechterhaltung des Boards gerade dadurch verhindert würde, dass im Falle der Auflösung *kostenträchtige Risikoprämien* in Gestalt hoher Zinsen drohten. Die Wiederabschaffung des Euro wäre in politischer Hinsicht jedoch noch deutlich kostenträchtiger, so dass eine *vollständige Euroisierung* sogar das *glaubwürdigere* Regime von beiden darstellt (Gros (1999)). Probleme der *Bankenaufsicht*, die sich im Rahmen einer ‚Euroisierung' theoretisch stellen, sollten nicht allzu hoch zu veranschlagt werden, da die Bewerberländer ohnehin die entsprechenden Regelungen des Acquis übernehmen und im Verhältnis zur Eurozone relativ kleine Finanzmarktsektoren aufweisen.[197] Es wird erwartet, dass die länderspezifischen Risikoprämien und damit auch die Refinanzierungskosten der ‚euroisierten' MOEL, wie schon für Spanien und Italien in der EWU beobachtbar, sinken. Die kurzfristigen Vorteile für Arbeitsmärkte hängen selbstverständlich von der anfangs vorliegenden Lohnflexibilität ab. Letztere wird im Zeitablauf als endogener Effekt der Euroisierung im Zweifel eher noch weiter zunehmen.

Welche Antwort lässt sich nun vor dem Hintergrund der zuvor erarbeiteten Zwischenergebnisse auf die eingangs des Kapitels 5 gestellte Frage nach den geeigneten währungspolitischen Arrangements für die Phase der weiteren Transformation bis hin zu EU- und EWU-Beitritt geben? Wie die bisherigen Ausführungen zeigen, ist eine Empfehlung äußerst schwer und abhängig von der Phase, in der

---

[197] Ein häufig angeführter Vorteil von Currency Board-Arrangements besteht darin, dass es dem betrachteten Land gemeinhin weiterhin erlaubt, Geldschöpfungsgewinne (‚Seigniorage') zu vereinnahmen. Bei Preisniveaustabilität sind derartige Gewinne jedoch gering (typischerweise kleiner als 5% des BIP unter einem Currency Board). Darüber hinaus kann die EU den Ländern, die für eine ‚Euroisierung' optieren, im Rahmen eines einfachen Arrangements entsprechende Summen zinslos leihen. Vgl. Gros, Nuñez Ferrer, Pelkmans (2000) mit einer Berechnung für den Fall Estlands und Kapitel 5.2 dieser Studie für die Balkan-Region.

sich ein MOEL befindet: weit vor dem EU-Beitritt, kurz vor dem EU-Beitritt oder zwischen EU- und vollwertigem EWU-Beitritt. Es muss ein *Vielzahl an Faktoren und potentieller Austauschbeziehungen* (‚Tradeoffs') in Betracht gezogen werden. Die fünf wichtigsten Kriterien für die meisten der hier betrachteten MOEL dürften aber die folgenden sein (Kröger, Redonnet (2001), S. 13, Masson (1999), Poirson (2001), Szapary (2000)):

- Minimierung der Kosten des Disinflationsprozesses,

- Unterstützung des Wirtschaftswachstums und der realen Konvergenz,

- Unterstützung der Anpassung an realwirtschaftliche Schocks und Beibehaltung des externen Gleichgewichts,

- Schutz vor reversiblen Kapitalströmen, und

- Vorbereitung für den Beitritt zum WKM II und schließlich für die volle Übernahme des Euro.

Andere Empfehlungen wie diejenige eines Euro-Wechselkursankers wurden in diesem Buch zum einen für Länder abgeleitet, die jederzeit Mitglieder der EU werden könnten und auch bereits die Maastricht-Kriterien erfüllen (wie Estland). Zum anderen wurde ein Euro-Anker auch für MOEL mit schwächeren Institutionen und Problemen bei der Erfüllung der Maastricht-Kriterien nahe gelegt. Summa summarum wird eine *Heterogenität der geld- und währungspolitischen Regimes* im Vorfeld des EU-Beitritts und auch danach im Rahmen des WKM II unausweichlich sein. Jeffrey A. Frankel drückte diesen Sachverhalt einmal allgemeiner wie folgt aus: „No single currency regime is right for all countries or at all times" (Frankel (1999)).

Die vorstehenden Ausführungen deuteten an, dass einer *währungspolitischen Ankoppelung* (wenn auch -selbst längerfristig- nicht die Aufnahme in die EWU) einiger MOEL der Helsinki-Gruppe mit deren eher 'schwächeren' Institutionen möglicherweise gerade aus beschäftigungspolitischer Sicht in zeitlicher Hinsicht *Priorität* gegenüber einem raschen realwirtschaftlichen Beitritt einzuräumen ist. Der folgende Abschnitt beleuchtet einen aktuellen auf Südosteuropa gemünzten Vorschlag hierzu kritisch. Die südosteuropäische Region ist ein zukünftiger Kandidat für eine erneute Osterweiterung der EU. Dabei werden auch Probleme der Implementierung der ‚Euroisation' in der Praxis angesprochen, die auch für andere Länder außerhalb Südosteuropas Gültigkeit haben.

5.2. Ein Anwendungsbeispiel: Ein ökonomischer Rahmen für das Nachkriegs-Südosteuropa

Die neunziger Jahre stellten für Südosteuropa turbulente Zeiten dar und der Kosovo-Krieg hat die ökonomische Situation noch verschärft. Als Reaktion hierauf wurden in der Zwischenzeit verschiedene Vorschläge lanciert. Während sich die meisten von ihnen auf den Wiederaufbau (einschließlich der Infrastruktur) konzentrieren, legen einige ihren Fokus auf *Wechselkursregimes*, welche die Reintegration der südosteuropäischen Volkswirtschaften erleichtern könnten. Das Centre for European Policy Studies (CEPS) hat einen Plan für südosteuropäische Volkswirtschaften (Albanien, Bosnien, Kroatien, Mazedonien und Jugoslawien) vorgelegt, dessen Hauptbestandteile eine *Zollunion mit der EU* (stufenweise reale Integration) und die Einführung eines *Currency Boards*, dem eine *vollständige 'Euroisierung'*, d. h. ein Ersatz der heimischen Währungen durch den Euro, folgen soll, sind.

5.2.1. Der ‚Euroisierungs'-Vorschlag des Centre for European Policy Studies

Der Ausgangspunkt jeder Überlegung zu einer ökonomischen Rahmenordnung für das Nachkriegs-Südosteuropa sollte sein, dass diese Region *zu 'arm'* ist, als dass sie für sich genommen bereits einen signifikanten Markt darstellen würde und eine *regionale* Integration eine realistische Option wäre. Die (in Aussicht gestellte) Integration in die EU ist somit der einzige gangbare Weg. Ein zweiter zentraler Aspekt der folgenden Überlegungen ist, dass ein großer Teil der Region bereits vor dem Aufkommen der Feindseligkeiten *keine bedeutende industrielle Aktivität* aufwies. Die wenigen Industrien, die in den meisten der ärmeren Regionen Ex-Jugoslawiens und Albaniens existierten, wurden unter dem alten Regime implantiert und sind in einem offenen Markt nicht überlebensfähig. Ökonomisch gesehen startet man im Prinzip mit einem 'Tabula rasa' (Gros (1999), S. 1). Die Ausgangssituation für die Implementierung einer Arbeitsmarktverfassung und unterstützend hierfür einer Währungsverfassung entspricht somit dem im Prinzip reformbegünstigenden, im Buch zuvor schon erläuterten ‚cleaning the slate' nach Olson (1982). Die Basiselemente der von Emerson u. a. (1999) und Gros (1999, 1999a) vorgeschlagenen Rahmenordnung, nämlich multilateraler Freihandel und Euroisierung, sollten *nicht* dem üblichen Vorgehen und Verhandlungsmuster folgend *stufenweise* über eine Reihe von Jahren installiert werden. In dieser Notfallsituation sollten die Elemente der neuen Ordnung *sofort* etabliert werden, damit nicht erst Interessengruppen und politische Rivalitäten ins Spiel kommen (Belke (1997)).

Die *erste Säule des CEPS-Vorschlags* bezieht sich auf das Außenhandelsregime. Handelsbarrieren in der Region aufgrund von Korruption und verschiedenen nicht-tarifären Handelshemmnissen werden als gravierender als die ebenfalls vorhandenen reinen Zollbarrieren eingeschätzt. Nach der Einführung einer Zollunion mit der EU werden die Zolleinkommen aus dem Außenhandel mit der EU vollständig entfallen, während aus dem Außenhandel mit Drittländern nur sehr wenige Einnahmen resultieren. Hieraus wird die Notwendigkeit für die EU abgeleitet, die Länder Südosteuropas für die entfallenden Einkünfte zu entschädigen. Die verfolgte Konzeption lässt sich folglich als 'multilateraler Freihandel mit Kompensation für verlorene Zolleinkommen' bezeichnen (Gros (1999), S. 2 f.). Die Volkswirtschaften Südosteuropas sollten demnach *schrittweise den Acquis communautaire des Binnenmarktes* übernehmen. Der logische letzte Schritt in diesem Prozess würde darin bestehen, dass diese Länder faktisch an einer Art Europäischer Wirtschaftsraum II (EWR II) teilnehmen, lange bevor sie vollwertige EU-Mitglieder werden.

Neben der Wahl eines geeigneten Außenhandelsregimes ist auch eine *stabile Währung* eine unverzichtbare institutionelle Grundlage für eine rasche Erholung der von den Balkan-Konflikten betroffenen Volkswirtschaften und insbesondere der Arbeitsmärkte. Diese *zweite Säule der CEPS-Empfehlung* besteht in der Forderung nach der Einrichtung von Currency Boards und einer 'Euroisierung'. In den vorhergehenden abschnitten dieses Buchs wurde bereits gezeigt, dass in Volkswirtschaften mit in fiskalischer Hinsicht eher 'schwachen' und ineffizienten Regierungen können Geldschöpfungsgewinne (Seigniorage) eine wichtige Einkommensquelle für die Regierung darstellen können. Hohe Inflationsraten führen jedoch gleichzeitig gerade auf Arbeitsmärkten zu ausgeprägten *realwirtschaftlichen Kosten* und erodieren den Realwert der Steuereinnahmen. Seigniorage-Aspekte sind folglich kein hinreichendes Argument für ein Regime hoher Inflation. Dies sollte spätestens seit den katastrophalen Erfahrungen Bosniens mit der Schaffung von Zentralbankgeld deutlich geworden sein. Ein glaubwürdiges Regime niedriger Inflation kann allerdings nicht gleichsam ‚über Nacht' geschaffen werden. Deshalb muss *in Krisenzeiten* auf zunächst *unkonventionell erscheinende* Maßnahmen zurückgegriffen werden. Als Beispiele werden vom CEPS das gegenwärtige Currency Board von Bulgarien, welches im Gefolge von hyperinflationären Entwicklungen eingeführt wurde, und das DM-Regime Bosnien-Hercegovinas angeführt (vgl. hierfür auch Abschnitt 4.1). Ein anderer entscheidender Vorteil eines Currency Boards, dem zeitlich eine vollständige Euroisierung folgt, liegt in seinem *systemischen Einfluss*. Es *verändert die polit-ökonomische Interessenlage* innerhalb der Volkswirtschaft und schafft so die Voraussetzungen für einen Wirtschaftsaufschwung und eine Erholung der Arbeitsmärkte (vgl. Abschnitt 4.1).

Das Hauptargument gegen Currency Boards und gegen Programme einer vollständigen Dollarisierung bzw. Euroisierung ist, dass sie eine Anpassung des realen Wechselkurses an länderspezifische Arbeitsmarktschocks erschweren und so zu einer vergleichsweise schlechteren Arbeitsmarkt-Performance führen. Dieses Argument beruht auf der Beobachtung, dass in entwickelten Volkswirtschaften Nominallöhne und Preise rigide bzw. nur sehr schwer zu verringern sind. Dieses Argument ist jedoch sicherlich nicht auf die Volkswirtschaften der betrachteten südosteuropäischen Region übertragbar. Denn in vielen dieser Länder wird über Löhne *nicht in nationalen Vereinbarungen* entschieden, so dass diese eher auf veränderte Marktkonditionen reagieren. Darüber hinaus dürften Arbeitnehmervertreter in den Ländern, die wirtschaftlich gesehen bereits wieder Fuß gefasst haben, rasch erkennen, dass es in der gegenwärtig vorliegenden Ausnahmesituation keinen Sinn macht, sich durch länderspezifische Schocks notwendig werdenden Lohnreduktionen zu widersetzen. Jeder Versuch, *unterschiedliche Geldpolitiken* in der südosteuropäischen Region zu etablieren, dürfte auf *erhebliche Probleme* treffen. Denn die D-Mark spielt in allen Ländern dieser Region bereits eine bedeutende Rolle (IMF (1999)). Da darüber hinaus Kapitalströme ungehindert fließen können, hat die EZB ohnehin keine Macht, diesen Prozess aufzuhalten (o.V. (1999), S. 59).[198] Abschließend sei auf Abschnitt 4.1 verwiesen, in dem die Kosten und Nutzen gegliedert nach drei verschiedenen Ländergruppen von EU-Outs eines Euro-Pegging bereits diskutiert wurden.

Der schnellste Weg für Länder der südosteuropäischen Region, baldmöglichst eine stabile Währung zu erlangen, besteht darin, den *Euro* entweder *direkt* oder in der Gestalt eines *Currency Boards* einzuführen. Ersteres dürfte vor dem Jahr 2002 schwer fallen, da bei einer direkten Einführung des Euro während der Interimsphase bis 2002 elf nationale Formen des Euro, unter anderem auch die DM, verwendet werden können. Die Verwendung verschiedener Formen des Euro würde zwar ökonomische Aspekte nicht tangieren. Sie irritiert aber möglicherweise die Bevölkerung in den Volkswirtschaften der südosteuropäischen Region, da diese sich bereits nach einigen Jahren einem erneuten Wechsel der Einheiten zur Mes-

---

[198] Entsprechend laufen die jüngsten Äußerungen von Wim Duisenberg auch darauf hinaus, dass die EZB der Verbreitung des Euro *außerhalb* des Währungsgebiets *neutral* gegenüber stehe. Dies deckt sich nicht ganz mit der im Rahmen des vorliegenden Buchs mehrfach herausgestellten Aversion der EZB gegen Euroisierungspläne der MOEL. Im Gegensatz hierzu hat sich noch keine osteuropäische Regierung mit Rücksicht auf die laufenden Beitrittsverhandlungen zu diesen 'stilisierten Fakten' einer *faktischen Euroisierung* geäußert. Die Notenbankpräsidenten dieser Länder verweisen ebenfalls weiterhin auf den 'normalen' Euro-Beitrittsprozess *nach* Aufnahme ihrer Volkswirtschaften in die EU. Vgl. o.V. (1999), S. 59.

sung des Geldwerts gegenüber sehen würde. Bulgarien und Bosnien sahen sich vor nicht allzu langer Zeit einer ähnlichen Situation gegenüber. In beiden Fällen wurde es als wichtig erachtet, über eine 'reale' Währung als Anker zu verfügen. Der Euro existierte zu diesem Zeitpunkt aber noch nicht. Demgegenüber wäre es zum *heutigen* Zeitpunkt, ein dreiviertel Jahr nach der Einführung des Euro möglich, *Currency Boards* zu etablieren, die eine neue heimische Währung im Verhältnis Eins zu Eins mit dem Euro verbindet (wie seit 1992 im Fall Argentiniens den Peso mit dem Dollar). Eine *vollständige Euroisierung* mit der Einführung von Noten und Münzen wäre dann *im Jahr 2002* ohne eine Änderung der monetären Einheiten möglich. Die Zeit bis zur vollständigen Euroisierung sollte genutzt werden, um die notwendigen Details zu verhandeln. Hierbei sollte die *Liberalisierung und Reorganisation des Bankensektors* im Vordergrund stehen, ohne die eine Euroisierung keinerlei Sinn macht. Für einige Länder der Region könnte sogar eine vollständige Euroisierung der bloßen Einrichtung eines Currency Boards überlegen sein. Denn diese schafft eine vollständige Glaubwürdigkeit und erlaubt eine ansehnliche Einsparung von Devisenreserven. Jedoch wäre eine volle Euroisierung aus den bereits genannten praktischen Gründen nicht schnell genug zu verwirklichen. Diese *zweistufige* Prozedur unterscheidet also eine *Currency Board-Periode* und eine *Euro-Periode*.

Die Ausstattung des in der ersten Stufe einzuführenden Currency Boards sollte durch ein *unverzinsliches Darlehen der EU* an die betroffenen Länder erfolgen. Hierdurch würden die Länder, die sich an den Euro binden, ihre Geldschöpfungsgewinne (die ‚Seigniorage') nicht verlieren. Letzteres dürfte einen Hauptgrund dafür darstellen, dass ‚Currency Board'-Länder mit der Umstellung auf eine vollständige Euroisierung zögern (Gros (2000a), S. 28). Ihre Zentralbanken könnten die Mittel, die sie erhalten, auf dem Geldmarkt platzieren und behielten die Wertpapiere, die sie besaßen. Das Darlehen wäre zum Zeitpunkt der Aufnahme als Vollmitglied in die EU oder einer faktischen Abkoppelung vom Euro zurückzuzahlen. Die *Kosten* der EU bestünden in der *Bedienung der Schulden*. Eher *unbegründet* erscheint hingegen der Einwand, dass eine 'Euroisierung' Südosteuropas die *Stabilität des Euro* als solche *gefährden* könnte. Denn die Möglichkeit Südosteuropas, schon heute den Euro als Fremdwährung nutzen zu können, ist keinesfalls gleichzusetzen mit der noch lange Zeit unmöglich erscheinenden Mitgliedschaft in der EWU (Breuss (1998), S. 3, Gros (2000a), S. 28). Die Länder Südosteuropas erhielten folglich keinen Sitz und Stimmrecht im Europäischen Zentralbankrat. Die wirtschaftspolitischen Probleme dieser Region würden die europäische Geldpolitik nicht tangieren.[199] Eine ausdrückliche Vereinbarung über die Details der Euroisation wäre dabei wünschenswert. Enthalten sein sollten Verpflichtungen zu einer radikalen Liberalisierung des heimischen Geschäftsbankensystems unter Einschluss der Möglichkeit für EU-Banken, diese Banken zu übernehmen und zu einer effizienten Bankenaufsicht. Technische Assistenz bei der Euroisierung könnte ohnehin durch das Eurosystem gegeben werden (Dresdner Bank (2001), S. 41 f., Gros (2000a), S. 28).

Sind vollkommene Arbeitsmärkte eine Vorbedingung für die Übernahme einer fremden Währung? Es wird oft argumentiert, dass eine nationale Währung als ein Sicherheitsventil benötigt wird, falls der heimische Lohn- und Preisdruck wächst. Viele Gegner der EWU argumentierten implizit, dass gerade ärmere Länder mit schwachen Institutionen von dem Fehlen des Wechselkursinstruments *negativ* betroffen wären. Wie gezeigt werden kann, lassen sich diese Bedenken am Beispiel Panamas nicht stützen (Gros (1999), Annex 3). Ein abschließendes instruktives Beispiel für Wirkungen einer vollständigen Integration eines kleinen Landes in ein großes Land für Arbeitsmärkte und Arbeitsmarktinstitutionen ist Puerto Rico. Dessen Erfahrungen spiegeln Arbeitsmarkterfahrungen wieder, die für MOEL im Rahmen der Osterweiterung unwahrscheinlich sind (Gros (1999), Annex 4).

5.2.2. Mögliche Kritik

An der im vorstehenden Abschnitt dargestellten Argumentationskette für eine ‚Euroisierungsstrategie' ist mittlerweile seitens der EU-Kommission, der Europäischen Zentralbank und auch von wissenschaftlicher Seite kritisiert worden.[200] Auch an den Euroisierungsvorschlägen des CEPS speziell für Südosteuropa als einer währungspolitischen Ecklösung kann nun möglicherweise in mehrfacher Hinsicht Kritik geübt werden (Kröger, Redonnet (2001), S. 6 f., Orlowski (1998, 1998a). Unterstützung für die Vorschläge des CEPS wurde allerdings jüngst durch Rostowski (1999) ausgedrückt. Sollten die osteuropäischen Länder schon jetzt vor ihrem EU-Beitritt und in der Phase nach dem EU- und vor ihrem Euro-Zonen-Beitritt dazu übergehen, unilateral den Euro einzuführen?

---

[199] Gros (1999a) verweist zur Verdeutlichung dieses Sachverhalts auf die historischen Erfahrungen mit der U.S.-amerikanischen Fed. Letzteres habe in der Vergangenheit auch nicht auf die wirtschaftspolitischen Probleme derjenigen Länder Rücksicht nehmen müssen, in denen (insgesamt) ein Dollarumlauf von mehr als 100 Milliarden Dollar vorliegt. Für eine analoge Argumentation in bezug auf die im Ausland gehaltenen DM-Bestände vgl. o.V. (1999), S. 59.

[200] Vgl. hierfür die Podiumsdiskussion im Rahmen des 32. Konstanzer Seminars für Geldtheorie und Geldpolitik zum Thema ‚Euroisierung der MOEL' (2001).

Allgemeine Aspekte einer kritischen Erörterung der Euroisierungsstrategie umfassen zum einen die Einschränkung, dass die *Anfangsbedingungen* in den Volkswirtschaften sowohl, was die bisher getroffenen (auch: monetären) Maßnahmen
als auch die bisher gemachten Reformfortschritte angeht, *unterschiedlich* sind.
Somit könnte die Fixierung von Wechselkursen in der gesamten Region eine infe-
riore Lösung darstellen. *Reale Wechselkursanpassungen* könnten hierdurch
schwieriger werden, obwohl diese ein Schlüsselelement jedes 'catch-up'- Prozesses darstellen. Dies wurde bereits in den Ausführungen zu dem üblichen ‚Sequencing' währungspolitischer Integration in Abschnitt 5.1.4. deutlich. Gerade MOEL
wie Polen können nach der einseitigen Übernahme des Euro Probleme der heimischen Wirtschaft nicht mehr durch eine Abwertung des Zloty beheben (vorausgesetzt, der Wechselkurs reagiert und wirkt systematisch und vorhersehbar auf
derartige Probleme).

Darüber hinaus könnten Seigniorageverluste nur dann vernachlässigt werden,
wenn die EU den 'Peg' voll durch unverzinsliche Anleihen unterstützt. Schließlich
würden *Unsicherheiten über Paritäten* während der Currency Board-Phase wegen
des unsicheren Übergangs zur Euro-Phase bestehen bleiben. In bezug auf die Currency Board-Phase läßt sich einschränkend anmerken, dass die *Vorbedingungen*
für ein erfolgreiches Board, wie z.B. die Fiskaldisziplin, ein gesundes Bankensystem sowie die Glaubwürdigkeit des Commitment, nicht in allen betroffenen
Volkswirtschaften gegeben sind. Bestimmte Implikationen von Currency Boards,
wie z.B. das Verbot der Kreditgewährung an inländische Kreditnehmer und der
Verlust des Zinsinstrumentes, könnten in der Region ebenfalls schwer wiegen.

Auch wird das Argument, die Euroisierung verringere die Inflation in den Beitrittsländern häufig angezweifelt. Denn bei Gültigkeit des Euro in Polen würden
die polnischen Gewerkschaften rasch eine Lohnangleichung mit der Eurozone anstreben (vgl. Abschnitt 2.1.6), was inflationstreibend wirken würde. Schließlich
könnte es aus der Sicht der MOEL sinnvoller sein, Inflation aus eigener Kraft
durch Aufbau von originärem Vertrauen zuhause zu bekämpfen anstatt sich die
Glaubwürdigkeit von den Ländern der Euro-Zone zu borgen.[201]

Was die vom CEPS ursprünglich favorisierten und geplanten 'Euro-Jahre' betrifft, so lässt sich vielleicht einwenden, dass die *Nutzen* aus der Verwendung einer
fremden Währung wie z.B. die Verringerung von Wechselkursschwankungen,
weniger Protektionismus und geringere Kosten der Auslandsverschuldung (alles
Argumente, die aus der lateinamerikanischen Diskussion bekannt sind) *für Süd-*

---

[201] Vgl. die Ausführungen von Zbigniew Polaski (Polnische Zentralbank) im Rahmen des
32. Konstanzer Seminars.

osteuropa nicht stark genug ins Gewicht fallen. Auch sind ökonomische Einflüsse auf die EU zu beachten. *Zusätzliche Kosten* würden *auf die EU-Länder* zukommen, da unverzinsliche Anleihen bereitgestellt werden müssten, um die südosteuropäischen Länder für Seigniorage-Verluste zu kompensieren. Formale Arrangements würden die EZB und EU-Regierungen möglicherweise unter Druck setzen, da diese die *Abhängigkeit der Länder Südosteuropas vom Policy-Mix* (insbesondere der Zinsen) *Eurolands* deutlich erhöhen würden. Die *formale* Verbindung zwischen dem Euro und einer *instabilen Region* könnte schließlich die *Krisenanfälligkeit des Euro* wenn auch - wegen des geringen ökonomischen Gewichts dieser Region relativ zu Euroland - nur in geringem Umfang erhöhen.[202]

In Abschnitt 4.1 wurden allerdings in bezug auf einige der genannten möglichen Kritikpunkte bereits Gegenargumente genannt. Stimmt man den Kritikpunkten dennoch zu, so liegt möglicherweise gerade auch aus beschäftigungspolitischer Sicht die Empfehlung eines Hilfsprogramms vom Typ 'Marshall-Plan' nahe, das prinzipiell ohne spezielle Wechselkursarrangements auskommen könnte. Auch lässt sich die Kritik nicht verallgemeinern. Für kleinere offene MOEL wie Estland dürfte man unabhängig von der Kritik Netto-Vorteile einer ‚Euroisierung' konstatieren können. Auch können aus der Sicht einzelner höher verschuldeter MOEL mögliche Nachteile einer vorzeitigen ‚Euroisierung' durch niedrigere Zinsen mehr als ausgeglichen werden (Abschnitt 5.1.3.3.). Falls ein MOEL vorwiegend mit der EU Außenhandel betreibt, dürfte eine vorzeitige Euro-Einführung trotz einer hierdurch größeren Instabilität im Verhältnis zum Dollar ebenfalls tendenziell vorteilhaft sein.[203]

---

[202] Für eine vertiefende Darstellung weiterer Argumente vgl. Coricelli (2001) und Sulling (2000), S. 13 ff.
[203] Vgl. die Ausführungen von Laszlo Halpern und Patrick Minford im Rahmen des 32. Konstanzer Seminars.

6. Fazit

Der Tenor der ‚fundierten Spekulationen' dieses Buches besteht darin, dass die Osterweiterung der EU wegen der zwangsläufigen Übernahme ineffizienter EU-Regelungen der Sozial- und Arbeitsmarktpolitik durch die MOEL *erhebliche Gefahren* für die zukünftige Arbeitsmarktentwicklung in Mittel- und Osteuropa mit sich bringen dürfte. Für die Beschäftigungsaussichten in vielen mittel- und osteuropäischen Ländern hätten sich nach der politischen Wende letztendlich nur unter einer Bedingung positive Prognosen ergeben. Diese Länder ohne marktwirtschaftliche Erfahrung hätten in der Zwischenzeit keine Rückkehr zentralverwaltungswirtschaftlicher Elemente in marktwirtschaftlichem Gewand (auf Institutionen bezogene *Hysterese-Effekte*), sondern vielmehr eine Bereinigung des Geflechts der Interessengruppen, also ein von Mancur Olson (1982) so bezeichnetes ‚*cleaning the slate*', erfahren müssen (Belke (1997), S. 271). In dem vorliegenden Buch wurde jedoch eindringlich geschildert, dass und warum die gegenwärtig auf der Grundlage der Kopenhagener Kriterien anvisierte und praktizierte Form der Osterweiterung genau dies verhindert.

In Kapitel 2 wurde herausgearbeitet, dass sich die MOEL der ‚ersten Welle' hinsichtlich der arbeitsmarktrelevanten Institutionen und ihrer Arbeitsmarkt-Performance zunehmend weniger von EU-Ländern unterscheiden. In Kapitel 3 wurde verdeutlicht, dass die zur Zeit noch bestehenden Unterschiede durch die von der EU als Vorraussetzung zum Beitritt erzwungene Übernahme des Acquis communautaire schließlich auch noch verschwinden dürften. Die Analyse des vierten Kapitels zeigt, dass die Gefahren für die Arbeitsmärkte der ‚alten' EU-Mitgliedsstaaten nicht so sehr von den in der Öffentlichkeit emotional diskutierten und den Aktionismus der Politiker herausfordernden möglichen Wanderungsbewegungen ausgehen. Vielmehr resultieren Risiken für die Arbeitsmarktlage aus dem zusätzlichen Transferbedarf aufgrund einer Beibehaltung ineffizienter und teurer EU-Politiken. Dieser Bedarf kann nämlich unter Umständen das Ziel der Haushaltkonsolidierung bei gleichzeitiger Senkung der Lohnnebenkosten als Maßnahme zur Bekämpfung der Arbeitslosigkeit gefährden. Dieser Effekt könnte noch verstärkt werden, wenn die von uns in Kapitel 3 prognostizierten negativen Beschäftigungseffekte des EU-Beitritts in den MOEL Wirklichkeit werden und diese durch einen erhöhten Transferbedarf aufgrund der Verknüpfung der Verteilung der EU-Strukturfondsmittel mit dem ungeeigneten Förderkriterium der Arbeitslosigkeit auf die EU-Arbeitsmärkte rückwirken.

Das Aufzeigen dieser Gefahren für die Arbeitsmärkte ist wichtig, denn dies relativiert die vermeintlichen ökonomischen Nutzen der Osterweiterung der EU, die insbesondere von Politikern oft gerne ins Feld geführt werden und auch aus theoretischen Modellen wegen der inhärenten Gravitationsannahmen (,die kleine Region gewinnt in höherem Umfang aus der Integration als die große') oder der Interpretation von Integrationsmaßnahmen als ,win-win option' in der Regel hervorgehen. Es überrascht deshalb nur vordergründig, dass sich das in diesem Beitrag erzielte eher negative Ergebnis für die Arbeitsmärkte der MOEL mit der in der Bevölkerung der MOEL mittlerweile vorherrschenden Skepsis gegenüber der EU-Integration deckt.[204]

Gemäß einer aktuellen *Umfrage des ,Eurobarometers'* vom April 2001 sieht nur ein Viertel der befragten EU-Bürger in der Aufnahme neuer Mitgliedsländer eine Priorität. Die Osterweiterung ist besonders bei den Bevölkerungen in Österreich und Deutschland unpopulär, obwohl diesen beiden Volkswirtschaften in der Mehrheit der Studien noch der größte ökonomische Nutzen aus dem Abbau der verbleibenden Handelsbarrieren mit den MOEL zugemessen werden. Die erwarteten wirtschaftlichen und finanziellen Folgen einer größeren EU abseits der prognostizierten direkten Handelswirkungen, insbesondere im Bereich der Emigration aus den MOEL und der Abgabenbelastung der EU-Bürger, sind die Ursache für diese eher ablehnende Haltung. Ungefähr fünfzig Prozent der Befragten äußern die Befürchtung, dass die Osterweiterung zu ihren Lasten gehen und ihr Land viel Geld kosten wird.[205] Iren, Portugiesen und Dänen befürchten, dass ihre Länder nach der Osterweiterung weniger Transfers aus der Brüsseler Gemeinschaftskasse erhalten. Die Ablehnung steigt - dies ist vor dem Hintergrund der Analyse dieses Buches wenig überraschend - mit zunehmender geographischer Nähe zu den MOEL. In Deutschland sprechen sich 43 % gegen die Osterweiterung aus, in Frankreich und Österreich sogar 50 % der Befragten. Als Beitrittskandidaten, die als Erste aufgenommen werden sollten, werden neben Malta und Zypern vor allem Ungarn und Polen genannt.

Darüber hinaus ermöglicht ein Aufdecken der Gefahren erst eine rationale Diskussion dieses äußerst wichtigen Politikfeldes. Unsere Ausführungen sind jedoch nicht als grundlegende Ablehnung der Integration Mittel- und Osteuropas in die EU zu interpretieren. Vielmehr verdeutlichen sie, dass die gegenwärtig vorgesehene Integrationsmethode erhebliche und in dieser Höhe von der Politik bisher nicht öffentlich zugegebene Kosten hat - nicht zuletzt für die Arbeitsmärkte in Ost und West. Eine konsequente ordnungspolitische Begleitung des Erweiterungspro-

---

[204] Vgl. EU-Kommission (1999a), S. 83 ff., International Herald Tribune (1999), S. 1, und Lankes (1999).

[205] Die Dänen liegen diesbezüglich mit 67 % an der Spitze, gefolgt von den Niederländern (66 %), den Deutschen (64 %) und den Österreichern (62 %).

zesses sowie eine Änderung der Weichenstellungen im Rahmen des Post-Nizza-Prozesses erscheinen somit unumgänglich. Für beides liefert das vorliegende Buch eine detaillierte Vorlage. Im folgenden sollen abschließend einige Aspekte der in diesem Buch vorgenommenen Analyse nochmals exemplarisch und ohne Anspruch auf Vollständigkeit hervorgehoben werden, die als wichtige und zielführende Argumente für zukünftige Diskussionen verstanden werden können.

Das genaue quantitative Ausmaß der Beschäftigungseffekte der EU-Osterweiterung dürfte noch länger *umstritten* bleiben. Im Zweifel lassen sich aber aus der Gesamtheit der Studien - gemessen an den gegenwärtig befürchteten Größenordnungen - eher gewisse Tendenzen zu geringeren Strömen herauslesen. Diese eher zurückhaltendere Aussage dürfte insbesondere die Politikvertreter wenig befriedigen, die gegenwärtig eine enorme Nachfrage nach quantitativen Punktprognosen für die zu erwartenden Immigrationsströme aus den MOEL nach deren erfolgtem Beitritt zur EU entfalten. Nicht zuletzt ist in diesem Zusammenhang für Deutschland die sogenannte Zuwanderungskommission zu nennen, die jüngst ihren Abschlußbericht vorlegte. Diese enorme Nachfrage nach Punktprognosen wurde bisher im deutschsprachigen Raum mit nicht weniger als 24 empirischen Studien bedient, deren Darstellung auch in der deutschen politischen Presse bisher breiter Raum gegeben wurde. Die Konfidenzintervalle für die jeweiligen Punktprognosen überlappen sich jedoch auch bei ähnlicher Anlage der Untersuchungen noch derart stark, dass man gegenwärtig guten Gewissens kaum mit einer konkreten extrapolierten Zahl an die Öffentlichkeit treten kann. Es sei denn, man verbindet die Bekanntgabe der konkreten Zahl mit einer expliziten und vollständigen Nennung der Annahmen, welche die Ergebnisse entscheidend beeinflussen. Nur der ‚Verkauf' eines derartig geschnürten Pakets ist wissenschaftlich redlich.

Wichtiger als die Auseinandersetzung mit Punktprognosen z. B. der Migration könnte deshalb die Auseinandersetzung mit der Extrapolation qualitativer Beschäftigungseffekte sein, z. B. mit der Frage, ob im Falle eines EU-Beitritts der MOEL eher hoch oder gering qualifizierte Arbeitskräfte von Ost nach West wandern werden. Die Unschärfe der quantitativen Schätzungen liegt nicht zuletzt an den *Einschränkungen* der ökonomischen Modelle der Integration (Kramer (1998), S. 721) und an dem Problem, auch die im Zusammenhang mit der Osterweiterung der EU besonders wichtigen *politischen Faktoren* wie die Bemühungen einiger EU-Staaten um eine Einschränkung der Freizügigkeit (vgl. Einleitung) adäquat in die Analyse zu integrieren. Auch leiden alle Analysen der Erweiterungseffekte an der *fehlenden Präzision der Referenzszenarien* (Timing des sequentiellen Beitritts der MOEL, Kramer (1998), S. 723, Lankes (1999)), da beispielsweise die Bedeutung des Migrationspotentials aus den MOEL im Zeitablauf abnimmt. Diese Unsicherheiten verursachen *politischen Widerstand* gegen das Erweiterungsprojekt, da sich eine Opposition gegen eine mögliche relative Schlechterstellung einzelner gesellschaftlicher Gruppen (Agrarbereich, niedrig qualifizierte Arbeit in der EU) erfahrungsgemäß besser organisieren lässt als die Unterstützung eines derartigen Projekts im Falle eines - hinsichtlich der hier betrachteten Arbeitsmarktwirkungen aus Sicht der EU nicht einmal vorhandenen - bedeutenderen Gewinns (Kramer (1998), S. 722, von Hagen (1996), S. 2).

Die EU-Osterweiterung könnte wegen der zu erwartenden Immigration und des hierdurch erhöhten effektiven Arbeitsangebots - quasi durch die Hintertür und ‚an den Gewerkschaften vorbei' - auch ein Beschleuniger für die lange erwarteten Strukturreformen im westlichen Kontinentaleuropa sein. Hinsichtlich der in letzter Zeit immer häufiger zu vernehmenden Interpretation der EU-Osterweiterung als ein ‚*Trojanisches Pferd*' für verkrustete EU-Arbeitsmärkte ist jedoch in mehrerlei Hinsicht *große Skepsis* geboten. Möglicherweise wirkt sich die Ostintegration nicht beschleunigend auf die mittlerweile auf westeuropäischen Arbeitsmärkten zu beobachtenden allmählichen Flexibilisierungstendenzen auf EU-Arbeitsmärkten aus. Erstens sind ein Lohn- und Sozialwettbewerb von Seiten der politischen Repräsentanten der EU15 nicht erwünscht. Dieses zeigen sowohl alle bisherigen Erfahrungen als auch die in diesem Buch angestellten polit-ökonomischen Überlegungen aus der Perspektive Olsons (1982) und der Insider-Outsider-Theorie. Zweitens sinkt die internationale Wettbewerbsfähigkeit der MOEL-Arbeitsmärkte durch die von der EU aufoktroyierte Übernahme der sozialen Komponenten des Acquis communautaire deutlich. Diese verringert die wegen der Integration in die EU zu erwartenden Zuwächse an Wettbewerbsfähigkeit der Unternehmen der verarbeitenden Industrie der MOEL.[206] Drittens fallen die zu erwartenden Migrationsströme aus den MOEL als potentieller Olson-Schock (Olson (1982), Belke (1997)) hierfür tendenziell wohl nicht hoch genug aus.

Wie die Ausführungen in den vorhergehenden Kapiteln zeigen, sind 300.000 polnische, aber auch tschechische und ungarische Arbeitnehmer längst Bestandteil des Arbeitsalltags in den EU-Ländern, vor allem aber in Deutschland. Hinsichtlich ihres Qualifikationsprofils ergänzen sie die EU-Arbeitsmärkte gut. Mehrere hunderttausend zusätzliche Immigranten auch aus den MOEL werden allein schon aus demographischen Gründen in Zukunft dringend benötigt. Dieser Bedarf beschränkt sich bei weitem nicht nur auf Computerfachleute. Das Verständnis für diese Zusammenhänge

---

[206] Walsh, Whelan (2001) zeigen im Rahmen einer Paneluntersuchung für 220 traditionelle Unternehmen der verarbeitenden Industrie (Bulgarien, Ungarn, Slowakei und Slowenien), dass Unternehmen, die bereits unter dem Regime der Planwirtschaften in die bisherige EU exportierten, deutlich wettbewerbsfähiger waren als diejenigen Unternehmen, die für Länder des RGW produzierten.

fällt wohl in den Grenzregionen Deutschlands und Österreichs am schwersten. Aber selbst dort - so bleibt zu hoffen - sollten die langfristigen beidseitigen Vorteile der Arbeitkräftemigration letztendlich erkannt werden.

Sollte die von der EU-Kommission vorgeschlagene fünfjährige Regelübergangsfrist für die Freizügigkeit der Arbeitnehmer mit Verlängerungsmöglichkeit um zwei Jahre Realität werden, droht den mittel- und osteuropäischen Bewerbern ein *EU-Beitritt zweiter Klasse*. Der Prozess des Zusammenwachsens wird noch deutlicher als bisher behindert. Die Wartefrist auf einen EU-Beitritt mit voller Freizügigkeit würde seit der Wende auf über zwanzig Jahre ansteigen. Dies wäre eine fast unzumutbare Frist und vor allem auch ein *politisch falsches Zeichen*. Denn die Ausführungen in diesem Buch zeigen deutlich, dass sich einige der Beitrittskandidaten bereits in zwei bis drei Jahren von ihren Voraussetzungen her durchaus einer vollen Marktintegration stellen können. Ihre Reformprogramme haben gegen manche Widerstände bereits die erhoffte Wirkung gezeigt. Wird diesen MOEL mit der Freizügigkeit der Arbeitnehmer ein wesentlicher Teil der Integration vorenthalten, könnte EU-Skeptikern in den MOEL ein unverhoffter Auftrieb mit unabsehbaren Folgen verschafft werden.

Welche Perspektiven ergeben sich aus den Schlussfolgerungen dieser Studie für die Beitrittsverhandlungen? Aus Abschnitt 3.1 geht hervor, dass die MOEL wegen der negativen Beschäftigungswirkungen ein massives Interesse an einer Ausnahme (im Englischen ‚derogation') der Sozialcharta von der verpflichtenden Übernahme des Acquis communautaire haben dürften. Verschiedene Geschwindigkeiten hinsichtlich der Übernahme des Acquis wären diesbezüglich eigentlich das Mittel der Wahl (Schäfer (1998, 2000), Jovanovic (1999), S. 491). Diese Maßnahme würde jedoch aus der Perspektive der EU „losses through competition under unequal conditions" bedeuten (Richter, Landesmann, Havlik (1998), S. 9). Die Erlaubnis eines Beitritts mit unterschiedlichen Geschwindigkeiten ließe sich jedoch theoretisch durch Zugeständnisse der MOEL an die EU in Gestalt ihrer Zustimmung zu langen Übergangsfristen bei der Liberalisierung der Arbeitskräftemigration und der Agrarmärkte erkaufen. Denn hiervon würde die EU profitieren und die MOEL einen „revenue loss due to barriers to market entry" erleiden. Aber auch diese Lösung dürfte aus politischen Gründen in der Realität nicht sehr wahrscheinlich sein, da die EU gemäß der in Kapitel 3 hergeleiteten geringen Beschäftigungsnutzen ein geringeres Arbeitsmarktinteresse an der Osterweiterung hat. Denn die Wählermehrheit beraubt auch in dieser Frage eine wiederwahlorientierte Regierung ihrer Optionen beraubt und ist gemäß Kapitel 2 dieses Buchs der dominierende und regelsetzende Verhandlungspartner.

Bei den kommenden Beitrittsverhandlungen geht es in der Tat darum, eine *Architektur des Wettbewerbs* zu finden, der es den bisherigen EU-Mitgliedern erlaubt, die von einem zukünftigen und letztlich nicht vermeidbaren Wettbewerb betroffenen (Sozial- und Arbeitsmarkt-) Systeme *mit Übergangsfristen* anzupassen, dabei aber in ihren Grundzügen zu bewahren (Bruha, Straubhaar (1998)). Dies liefe auf eine *differenziertere Form der Integration* hinaus: ein Europa der ,mehreren Geschwindigkeiten' bzw. der ,variablen Geometrie'. Länder, die der EU beitreten möchten, können dies abgestuft und für die Bereiche der EU anstreben, für welche sie die ,Klub-Regeln' einhalten können und auch akzeptieren (Schäfer (1998), S. 4). Dies wäre eine von uns präferierte ordnungspolitische Option.

Obwohl der Vorstoß Spaniens zur Reform der EU-Regionalförderung im Frühsommer 2001 ohne ersichtliche Zugeständnisse vorerst zurückgezogen wurde, dürfte der Vorschlag einer stufenweisen Lockerung der Migrationsbeschränkungen nur bei relativ hohen Zugeständnissen (Kompensationsgeschäfte o.ä.) seitens der MOEL-Anrainer an die übrige EU politisch durchsetzbar sein. Denn gemäß den Ausführungen in Kapitel 3 dürfte das Migrationsproblem außer für Deutschland und Österreich für die anderen EU-Länder von *nachrangiger* Bedeutung und das Pendlerproblem *ohne jegliche* Relevanz sein. Denn die anderen EU-Länder haben keine gemeinsame Grenzen mit den MOEL.[207] Übergangsfristen dürften deshalb nicht in deren Interesse liegen, besonders wenn sie mit Gegenforderungen kombiniert werden.[208] Die Unklarheit darüber, ob und welche Übergangsregelungen bis zur vollständigen Freizügigkeit ausgehandelt werden, macht *Prognosen für die zu erwartende Migration* und somit die Arbeitsmarktentwicklungen in den MOEL und in der EU nach der Osterweiterung *unsicher* (Breuss, Schebeck (1998), S. 748 f.). Darüber hinaus könnte ein verzögerter Beitritt schädlich sein, da EU-Investoren und die Öffentlichkeit in den Beitrittsländern ihr Vertrauen verlieren könnten (Richter, Landesmann, Havlik (1998), S. 13 ff.).

Die andere von uns vertretene (ideale) ordnungspolitische Option wäre ein funktionierender Wettbewerb. Diese Option sollte eine *rasche Gewährung der Arbeitskräftefreizügigkeit* bei gleichzeitiger Beseitigung der verbliebenen Hemmnisse für den Güterhandel (Agrarwirtschaft) und für den Kapitalverkehr einschließen

---

[207] Vgl. Kramer (1998), S. 724, von Hagen (1996), S. 9, und Walterskirchen (1998), S. 539.
[208] Diese Gegenforderungen betreffen - wie für Polen und Tschechien in diesem Buch bereits ausführlich dargelegt - beispielsweise den Erwerb von Grund und Boden. Aber auch Ungarn hat in den Verhandlungen mit der EU für Bodenerwerb durch Ausländer eine Übergangsfrist von sieben Jahren durchgesetzt. Darüber hinaus hat Ungarn alle Verträge von Landkäufen von 1994 an für nichtig erklärt. Ausländer erhalten für Bodenerwerb in diesem Fall keine Entschädigung. Der Hintergrund für dieses Vorgehen ist der bevorstehende Beitritt zur EU und die Furcht der Ungarn, ihr wertvolles Ackerland zu ,Dumpingpreisen' an reiche Österreicher, Deutsche und nicht zuletzt Italiener zu verlieren.

(Bruha, Straubhaar (1998), S. 194). Denn Ausnahmeregelungen wie eine zeitweise beschränkte Migration weisen erfahrungsgemäß *Beharrungstendenzen* über den verabredeten Zeitraum hinaus. Darüber hinaus kommen sie vor allem gut organisierten Interessengruppen wie den westeuropäischen Arbeitsplatzbesitzern auf Kosten der Arbeitslosen in der EU entgegen (Baldwin (1995), S. 480 f.). Ohnehin dürfte eine Strategie *rascherer* Gangart *nicht zu großen Problemen* führen, da eine sofortige weitgehende Arbeitskräftefreizügigkeit bei vollständiger Güter- und Kapitalmarktliberalisierung im - von der klassischen Studie von Sinn (1999) abweichenden - Fall ähnlicher Sozialsysteme in Ost und West für alle Vertragsparteien theoretisch eher positive Impulse auslösen würde. In der Praxis jedoch werden, wie ausführlich in Abschnitt 4.1 gezeigt, die Migrationsströme *im polit-ökonomischen Prozess eher unerheblich* sein. Denn die Handels- und auch die Kapitalmarktintegration hat zu bedeutenden Teilen bereits stattgefunden. Dies hat einen guten Teil des Migrationspotentials aus den MOEL bereits eliminiert. Es sei denn, befürchtete Migrationsströme werden trotzdem in den politischen Entscheidungsprozeß eingeschleust, da sich im Bereich der Gewährung von Freizügigkeit für Arbeitnehmer Vorurteile und Ängste besonders gut schüren lassen (Bruha, Straubhaar (1998), S. 194).

Die beiden gerade genannten ordnungspolitischen Optionen bleiben jedoch in der Realität *wenig realistisch*. So wird in der Realität die Bühne der Beitritts-Verhandlungen schon längst unter anderem durch z. B. von Spanien angestrebten ‚Package deals' im Sinne einer Besitzstandswahrung im Agrarbereich im Austausch gegen eine Zustimmung zu einer Einschränkung der Freizügigkeit gekennzeichnet. Gleichzeitig deutet sich grundsätzlich ein *politisches Ungleichgewicht* zwischen den Forderungen der EU-15 und den MOEL an. Von Hort (2001) wird ein Brüsseler Diplomat mit den treffenden Worten zitiert: „Zwischen uns verhandeln wir immer länger und mit den Beitrittskandidaten immer kürzer". Unter den EU-15 wird mühsam eine Position in der Agrar-, Arbeitsmarkt- und Strukturpolitik ausgehandelt. Diese werde dann den EU-Anwärtern nach der Methode ‚Vogel, friss oder stirb' zur Entscheidung vorgelegt.

Aber auch noch eine weitere zentrale Implikation dieses Buchs verdient Beachtung. Falls Beschäftigungsgewinne der Ostintegration in der EU und vor allem in den MOEL durch Außenhandelseffekte und/oder FDI-Effekte auftreten, könnte man argumentieren, dass für deren Realisierung ein *faktischer* und *vollständiger EU-Beitritt nicht nötig* sei. Um potentielle Beschäftigungsvorteile der Integration zu verwirklichen, hätten im Prinzip die entsprechenden und zum großen Teil schon verwirklichten Handels- und Kapitalmarktliberalisierungen (Assoziierungsabkommen) genügt. Insofern bestätigen die hier erzielten Ergebnisse die Schlussfolgerungen einiger Studien, die auf die Analyse anderer als auf Arbeitsmärkte be-

zogenen Effekte der EU-Osterweiterung ausgerichtet sind (Baldwin (1995), S.
480, und Weimann (1999), S. 8). Denn die einzigen sogenannten ökonomischen
Nutzen, die unter diesen Voraussetzungen durch eine Vollmitgliedschaft noch zusätzlich bewirkt würden, sind solche, welche die meisten Probleme in der EU
schaffen werden: die Teilnahme der beitretenden MOEL an der GAP, Transfers in
die MOEL, und schließlich - ebenfalls stark transferverdächtig - die Übernahme
der Sozialcharta im Rahmen der Adaption des Acquis communautaire. Wird dennoch eine volle Mitgliedschaft der MOEL angestrebt, geschieht dies wohl nur
deshalb, weil diese „economic benefits (...) are overshadowed by high politics"
(Baldwin (1995), S. 480).

Unsere Untersuchung schloss hingegen eine weitere Niveauerhöhung des Po-
tentialwerts durch den Vollzug des Beitritts in der langen Frist nicht aus, obwohl
das sich aufgrund der räumlichen Nähe, der bestehenden nichttarifären Handelshemmnisse und der Unterschiede im BIP ergebende Potential des Handels und der
ausländischen Direktinvestitionen zwischen der EU und den MOEL gegenwärtig
schon fast in Anspruch genommen wird. Wenn dieses höhere Potential in der langen Frist ebenfalls ausgeschöpft wird, ist mit weiteren Wohlfahrtseffekten und
entsprechenden Rückwirkungen auf den Arbeitsmarkt zu rechnen. Darüber hinaus
zeigen wir in Kapitel 2, dass ein Teil der Güter- und Kapitalströme und somit der
verbesserten Makro-Performance der MOEL der vergangen Jahre auf die Erwartung des EU-Beitritts selbst zurückzuführen ist. Damit ergeben sich für den Fall
eines *Scheiterns* des Beitrittsprozesses bedeutende Gefahren unmittelbar für das
Wachstum in den mittel- und osteuropäischen Volkswirtschaften und mittelbar
auch für die Arbeitsmarktentwicklung in der bisherigen EU.

Der europäische Einigungsprozess hat gerade unter Würdigung der in Nizza
erzielten Ergebnisse einen *kritischen Punkt* erreicht. Im Mittelpunkt einer europäischen Verfassungsdebatte sollte eigentlich die Frage stehen, was in Brüssel und
was in den einzelnen Mitgliedsländern oder in noch kleineren Einheiten (hier unter anderem in Unternehmen) zu erledigen ist. Dies ist die Frage nach dem Reali-
sierungsgrad des Subsidiaritätsprinzips spätestens innerhalb der osterweiterten
EU. Wenn die mittel- und osteuropäischen Beitrittskandidaten jedoch bereits als
Voraussetzung für ihren Beitritt die Standards der Europäischen Union - den sogenannten Acquis communautaire - übernehmen müssen, wird der jetzige Regulie-
rungsstand in Europa festgeschrieben. Die spätestens seit Nizza notwendige Klärung der Kompetenzfrage wird hierdurch bereits im Vorfeld verhindert. Die Osterweiterung der EU ist eigentlich eine Chance, die Regulierungen in Europa weiter zu entflechten. Die künftigen Mitglieder sollten gemäß der Analyse in diesem
Buch an der europäischen Verfassungsdebatte stärker beteiligt werden.

Für eine Abschätzung der Arbeitsmarkteffekte der Osterweiterung der EU ist auch eine Analyse der zukünftigen *monetären Rahmenbedingungen* erforderlich. Denn die Ausgestaltung der Geld- und Währungspolitik wirkt erfahrungsgemäß auf die langfristige Arbeitsmarkt-Performance zurück. Auch sind konsequente ordnungspolitische Weichenstellungen hinsichtlich des geld- und währungspolitischen Kurses der Beitrittskandidaten erforderlich, um Reibungsverluste des EU-Beitritts auf den Arbeitsmärkten der MOEL und der EU zu minimieren. Dies gilt sowohl für die Übergangsphase bis zum EU-Beitritt, als auch für die Phase zwischen EU-Beitritt und uneingeschränktem Beitritt zur Eurozone und die Zeit danach. Diesen wichtigen Aspekten wurde deshalb in Kapitel 5 gesonderte Beachtung geschenkt.

Welche ökonomischen und institutionellen Herausforderungen der EU-Osterweiterung ergeben sich *für die Eurozone*? Das von der EZB und der Österreichischen Nationalbank (OeNB) am 15. Dezember 2000 gemeinsam organisierte und veranstaltete Wiener Seminar versuchte hierauf eine erste Antwort zu geben. Im Rahmen dieses Seminars wurden zentralbankrelevante Fragen der EU-Osterweiterung mit dem Ziel erörtert, für eine reibungslose Eingliederung der Beitrittsländer in das ESZB und letztlich auch in das für die gemeinsame europäische Geldpolitik verantwortliche Eurosystem zu sorgen. Dieses Seminar, das hochrangige Vertreter des Eurosystems mit den Notenbank-Gouverneuren der Beitrittskandidaten zusammenbrachte, kam zu Schlussfolgerungen, die aus monetärer Sicht über die potentiellen Arbeitsmarktwirkungen der EU-Osterweiterung wesentliche Aussagen liefern dürften (EZB (2000b), S. 117).

Aus strikt *ökonomischen* Gesichtspunkten heraus dürften die gegenwärtigen 15 EU-Mitgliedsländer durch die EWU-Aspekte der Osterweiterung *nicht* besonders *beeinträchtigt* werden. Für die Arbeitsmarktlage in der EU ist es ebenso wie für diejenige in der Eurozone grundsätzlich nicht von entscheidender Bedeutung, *ob* die Kandidaten der Eurozone schnell faktisch beitreten. Entscheidender ist gemäß unseren Ausführungen in Kapitel 5 das '*Wie*' - z. B. mit vollem Stimmrecht über die gemeinsame europäische Geldpolitik erst nach dem üblichen Maastrichter Qualifikationsprozess oder (aus unserer Sicht unvertretbar) mit sofortigem vollen Stimmrecht. Die einseitige Einführung des Euro erscheint deshalb für einige MOEL als ordnungspolitisch durchaus vertretbare Option. Die Kriterien hierfür wurden von uns ausführlich dargelegt. Aber auch die folgenden in diesem Buh herausgearbeiteten Fakten sind unbedingt zu berücksichtigen.

Der Umfang des Außenhandels der EU mit den zehn MOEL dürfte, selbst wenn er sich innerhalb der nächsten zehn Jahre verdoppeln wird, verglichen mit dem Intra-EU- (oder dem Intra-Eurozonen-) Handel, gering bleiben. Er wird zudem nur einen kleinen Teil des externen Außenhandels der Eurozone darstellen. Die Größe der Finanzsysteme der Beitrittskandidaten erscheint verglichen mit derjenigen der bisherigen Eurozone vernachlässigenswert gering. Angesichts ihrer geringen Größe und der Tatsache, dass sie in zunehmendem Umfang von EU-Institutionen dominiert oder besser gesagt sogar vereinnahmt werden, erscheint es unwahrscheinlich, dass Probleme mit den Bankensystemen der beitrittswilligen MOEL u. a. die Arbeitsmarktlage in der Eurozone negativ beeinflussen.

Vor dem Jahr 1999 wurde von Seiten der Gegner einer zu frühen Einführung des Euro immer wieder argumentiert, dass es im Rahmen einer großen EWU, welche die sogenannten 'ClubMed'-Länder einschließen würde, schwieriger für die EZB würde, eine Politik des knappen Geldes zu fahren. Wenn überhaupt, sei eine kleine, auf die ‚Kernländer' Deutschland, Frankreich und Benelux beschränkte EWU vertretbar. Die bisherige Erfahrung mit der EWU hat allerdings gezeigt, dass genau das Gegenteil richtig ist. Die südlichen Mitgliedsländer wie anfangs Portugal und Spanien (sowie Griechenland seit Anfang 2001) wachsen immer noch deutlich schneller als die ehemaligen 'Kernländer' Frankreich und Deutschland. Da die ärmeren Mitgliedsländer durch höhere Wachstumsraten des BIP realwirtschaftlich aufholen, nähert sich ihr relatives Preisniveau ebenfalls dem Kern an, so dass ihre gemessenen Inflationsraten ebenfalls ansteigen. Die relativ ärmeren Mitgliedsländer würden folglich eine restriktivere Geldpolitik vorziehen, als die EZB gegenwärtig durchführt. Denn die EZB muss sich am Durchschnitt der Eurozone orientieren, welcher durch den 'alten' Kern (Frankreich und Deutschland) dominiert wird.

Ein ähnlicher, für die Arbeitsmärkte langfristig eher positiver, Mechanismus kommt wahrscheinlich zum Tragen, wenn die MOEL der Eurozone beitreten. Selbst wenn sie ihr schnelles Wachstum fortsetzen sollten, werden sie zum Zeitpunkt der Erlangung ihres Sitzes im europäischen Zentralbankrat wahrscheinlich immer noch substantiell ‚ärmer' sein als der EU-Durchschnitt. Falls die Erfahrungen Portugals, Griechenlands und Spaniens als geeigneter Referenzpunkt herangezogen werden, wird sich das Wachstum der MOEL innerhalb der Eurozone eher noch etwas beschleunigen. Dies dürfte den EU-Durchschnitt ein wenig anheben. Dies impliziert nach dem Argumentationsmuster der Research-Abteilungen der großen deutschen Geschäftsbanken in bezug auf die EU-Osterweiterung, dass die um eine gewisse Zahl der MOEL vergrößerte Eurozone *dynamischer wachsen* und tendenziell *höhere Zinssätze* verkraften sollte. Beide Elemente, stärkeres Wachstum und etwas höhere Zinssätze sollten längerfristig einen stärkeren Euro begünstigen. Strikt ökonomisch gesehen, dürfte der *Außenwert des Euro* somit langfristig *ansteigen*, falls die Eurozone durch eine gewisse Zahl von mittel- und osteuropäischen Volkswirtschaften mit ausgeprägten Wachstumsaussichten und robusten und soliden öffentlichen Finanzen erweitert wird. Im vorliegenden Buch haben wir ausführlich Stellung bezogen, um welche MOEL es sich dabei handeln sollte. Eine Ausnahme könnte wiederum Polen darstellen. Ähnlich wie in anderen - in diesem Buch ausführlich behandelten - Bereichen könnte der Beitritt Polens zur Währungsunion politisch forciert werden, obwohl das Land ökonomisch noch nicht reif dafür ist. Die jüngsten Pressemeldungen zeigen, dass die polnische Regierung ihrer mittelfristigen Finanzplanung zu optimistische Wachstumsprognosen zugrunde gelegt hat. Im Sog der abflachenden Konjunktur in den USA und Deutschland mussten die Wachstumsprognose für 2001 stark auf 2 % reduziert werden. Daraus ergibt sich ein enormes Haushaltsdefizit von ungefähr 23 Milliarden € im kommenden Jahr (SZ (2001)).

Nur der Vollständigkeit halber sei erwähnt, dass die EU-Erweiterung ohne einen schnellen Beitritt der MOEL auch zur Eurozone zukünftig sowieso keine signifikanten institutionellen Probleme in EWU-Hinsicht auslösen dürfte. Die institutionellen Vorkehrungen für die EWU decken nämlich bereits zum heutigen Zeitpunkt die Möglichkeit der Aufnahme von Mitgliedsländern mit einer Ausnahmeregelung ('derogation') ab. Darüber hinaus gilt es zu bedenken, dass die Osterweiterung der EU wohl noch vor dem Beitritt aller 15 gegenwärtigen EU-Mitglieder zur Eurozone stattfinden wird.

Die Osterweiterung der EU wirft jedoch sicherlich spätestens zu demjenigen Zeitpunkt *institutionelle Probleme in der Eurozone* auf, in dem alle Beitrittskandidaten auch dem Euro beigetreten sind. Der Rat der EZB würde dann 33 Mitglieder umfassen (sechs aus dem Direktorium der EZB und 27 Gouverneure der nationalen Zentralbanken, einschließlich Maltas und Zyperns). Diese Problematik entspricht ganz offensichtlich derjenigen, die durch die EU-Osterweiterung für die institutionelle Verwaltung (im Englischen 'governance') einer aus mehr als fünfundzwanzig Mitgliedern bestehenden EU aufgeworfen werden. Aus dieser Sicht ist das Problem *nicht spezifisch auf die EWU* beschränkt. Die Struktur der EZB ermöglicht jedoch eine relativ einfache Lösung (Bini-Smaghi, Gros (2000), Nuñez Ferrer, Pelkmans (2000)). Man könnte dem Beispiel des US-amerikanischen Federal Reserve Systems nacheifern und die Zahl der nationalen Zentralbankgouverneure auf Neun begrenzen. Ein Rotationssystem nach dem Vorbild etwa der rotierenden EU-Präsidentschaft, jedoch mit weniger häufigen Wechseln, könnte dann sicherstellen, dass alle Länder an der Bestimmung der einheitlichen Geldpolitik in der Eurozone teilhaben.

Im Verlauf der vorliegenden Studie war immer wieder an entscheidenden Wendepunkten der Analyse von der Notwendigkeit einer *ordnungspolitischen Begleitung* des Erweiterungsprozesses die Rede. Welches sind denn nun *wichtige re-*

alwirtschaftliche Politikimplikationen der in diesem Beitrag erzielten Ergebnisse?[209] Vor allem die Sinnhaftigkeit einer Übernahme der Sozialcharta durch die MOEL, die durch den Acquis communautaire erzwungen wird, erscheint aus arbeitsmarktpolitischer Sicht zweifelhaft. „Letzten Endes dürfen Instrumente und Ziele nicht verwechselt werden. Die rechtlichen und institutionellen Rahmenbedingungen (Acquis) sind erforderlich, sie dürfen (...) aber kein Selbstzweck sein" (Inotai, Vida (1999), S. 258). Da der Acquis als ein für Arbeitsmärkte nicht anreizkonformes Regelwerk entlarvt wurde, sind die in diesem Buch abgeleiteten negativen Arbeitsmarkteffekte in den MOEL somit auch und vor allem eine *Folge des Reformstaus* auf *westeuropäischen* Arbeitsmärkten (Inotai, Vida (1999), S. 254). Zumindest ein Teil der andauernden Krise auf den Arbeitsmärkten der MOEL dürfte folglich auf institutionelle Determinanten zurückzuführen sein, die *auch in Marktwirtschaften der EU* das Verhalten der Arbeitsnachfrage nach zyklischen Rezessionen bestimmen. Die institutionell bedingte Persistenz von Schocks ist mittlerweile ein zentrales Thema bei der Analyse der Arbeitsmarktdynamik in vielen westeuropäischen Volkswirtschaften geworden. Da die MOEL beschäftigungspolitische und sozialpolitische Institutionen aus den EU-Ländern importieren und übernehmen, wird dies ohne eine entsprechende Derogation im Acquis zwangsläufig auch zunehmend für die Diskussion der Arbeitsmarktdynamik in den MOEL gelten.

Bei der Umsetzung der in diesem Beitrag gewonnenen Erkenntnisse sollten die Formen des Wettbewerbs thematisiert werden, die bei einem *durch die Beitrittsverhandlungen eingeschränkten Wettbewerb* (1. Fall, bei dem z. B. die deutsche Regierung durch den Medianwähler, einen wenig qualifizierten Beschäftigten, beschränkt wird) und bei einem *funktionierendem* Wettbewerb (2. Fall) möglich erscheinen. Bei einem durch die Beitrittsverhandlungen eingeschränkten Wettbewerb zwischen den MOEL und der EU (1. Fall) ergibt sich insbesondere für Polen naturgemäß die Forderung nach einer *mehrjährigen Übergangsphase* bei der Gewährung der vollen Freizügigkeit nach dem EU-Beitritt der MOEL (Abschnitt 3.2.1, Hönekopp, Werner (1999), S. 6).[210] Zur Verhinderung eines Angebots-

---

[209] Eine sehr lesenswerte komprimierte Darstellung möglicher wirtschaftspolitischer Implikationen der bisher vorliegenden Forschungsergebnisse zu den Nutzen und Kosten der EU-Osterweiterung liefert Kohler (2001), S. 115 ff.

[210] Beispielsweise räumen die USA Mexiko innerhalb der NAFTA immer noch keine Freizügigkeit ein. Diese NAFTA-Konstellation ist für Zwecke einer Evaluierung der Migrationseffekte der Osterweiterung hinsichtlich des unterstellten Wohlfahrtsgefälles instruktiver als der oft angestellte Vergleich mit der Süderweiterung der EU. Allerdings erscheint das Migrationspotential in Mexiko wegen der sich stark verjüngenden Bevölkerung weitaus höher als in den MOEL zu sein.

schocks im Jahr der Gewährung der Freizügigkeit könnte dies über *wachsende Kontingente* für Arbeitskräfte aus den MOEL geschehen. Bereits für die Süderweiterung hat die EU Übergangsfristen von sieben Jahren vorgesehen.

Je später der Arbeitsmarkt vollständig liberalisiert wird, desto einfacher - so das Standardargument der organisierten 'Insider' auf Arbeitsmärkten - sei die Aufnahme der Migranten. Denn nach dem Ablauf derartiger Übergangsfristen dürften Migrationsbewegungen wegen der in der Zwischenzeit abnehmenden erwerbsfähigen Bevölkerung in vielen EU-Staaten eine geringere Belastung darstellen (Walterskirchen (1998), S. 539).[211] Auch die Bevölkerung in den MOEL werde langfristig abnehmen, obwohl kurzfristig, d. h. in den nächsten zehn Jahren noch Baby-Boom-Jahrgänge auf den Arbeitsmarkt drängen werden. Das potentielle Angebot an MOEL-Auswanderern wird in den nächsten zehn Jahren gemäß Abschnitt 2.1.1 auch deshalb noch groß sein, weil vor allem in Tschechien und in der Slowakei Arbeitskräfte freigesetzt werden, die in wenig produktiven Unternehmen gehortet wurden. Diese Hypothese wird durch Schätzungen von Walterskirchen, Dietz (1998) gedeckt. Für ein stufenweises Vorgehen spricht auch, dass bei *schockartigem* Auftreten wanderungsauslösender Faktoren (Aufheben von Zuwanderungssperren) der *Wanderungsdruck überproportional höher* ausfällt als bei graduellem Vorgehen. Den Hintergrund für diese Überlegungen bot in den vorhergehenden Kapiteln das vielseitig verwendbare Modell des Optionswerts des Wartens (Dornbusch (1993), S. 25). Auch kann dann erwartet werden, dass sich zum Zeitpunkt der Gewährung der vollen Arbeitskräftemobilität die Lohndifferentiale deutlich abgebaut haben (Emerson, Gros (1998), S. 29 f., Baldwin, François, Portes (1997), S. 175). Eine Begrenzung der Migration durch Übergangsfristen mache *auch aus der Perspektive der MOEL* Sinn, um eine Wanderung gerade der flexibelsten Arbeitskräfte (hoher Akademikeranteil unter den Migrationswilligen) und einen von Ländern wie Estland befürchteten 'brain drain' während der Aufbauphase zu verhindern. Ähnliche Argumente sind in bezug auf eine schrittweise Öffnung der Agrarmärkte - einem weiteren Bereich möglicher Derogationen seitens der EU - einschlägig. Dieser Sichtweise wurden jedoch in dem vorliegenden Buch bedeutende Gegenargumente entgegengehalten, die für eine schnelle Gewährleistung der uneingeschränkten Freizügigkeit für Arbeitnehmer sprechen.

Was sind *wichtige währungspolitische Schlussfolgerungen* der Ausführungen dieses Buches? Es wurde herausgestellt, dass eine *schnelle* Integration in die Eu-

---

[211] Dies setzt natürlich einen Spielraum voraus, der nach der Reintegration der Arbeitslosen und der stillen Arbeitsmarktreserve sowie der Anhebung des Renteneintrittsalters noch verbleibt. Vgl. Walterskirchen (1998), S. 538.

rozone auch aus der Arbeitsmarktperspektive heraus für einige MOEL durchaus eine *sinnvolle* Option darstellt. Für eine abschließende Beurteilung muss jedoch die spezifische Ausgangsituation eines jeden Beitrittskandidaten analysiert werden. In Kapitel 5 wurden diesbezüglich explizite Entscheidungskriterien entwickelt. Es besteht somit keine Notwendigkeit, die vorstehend bezeichneten MOEL von diesem Ziel abzubringen, welches in den meisten von ihnen Bestandteil der offiziellen Politik ist. Die spezifische Situation der Kandidatenländer bringt *zwei systemische Politikprobleme* in der Eurozone auf die Agenda, die in der Zukunft von den EU-Institutionen gelöst werden müssen. Erstens ist fraglich, ob die strikte Beachtung des standardmäßigen *Maastricht-Kriteriums einer nahezu vollständigen Inflationskonvergenz* für Bewerberländer aus Mittel- und Osteuropa, die hinsichtlich ihrer Produktivitätsniveaus immer noch aufholen (und deshalb schnell wachsen und einen hohen Anstieg der Preise für Dienstleistungen zu verzeichnen haben), ratsam sein wird. Auch bleibt zu fragen, ob dieses Kriterium immer noch mit der Stabilität von Wechselkursen kongruent ist.

Zweitens und noch grundsätzlicher: die Art und Weise des Transformationsprozesses in den meisten MOEL wird von der Politik ein höchst delikates Urteil darüber verlangen, *wann oder nach der Erfüllung welcher Bedingungen diese Länder der Eurozone vollständig und ohne Ausnahmeregelung beitreten sollen.* Entscheidende Weichenstellungen werden hinsichtlich des monetären Übergangsregimes zu fällen sein (ein Beitritt zum Wechselkursmechanismus EWSII[212], oder die Übernahme eines in Euro denominierten Currency Board-Systems). Einerseits könnten es die *fortgeschritteneren* Transformationsökonomien dabei als vorteilhaft empfinden, ihren Beitritt zur Eurozone *nicht allzu schnell* voranzutreiben. Dies würde in gewissem Umfang die Flexibilität ihres realen Wechselkurses erhalten, sobald ihre Währung eine angemessene Glaubwürdigkeit erlangt hat und somit ernsthafte Instabilitäten ihres Wechselkurses ausgeschlossen erscheinen. Für eine gute Arbeitsmarkt-Performance der fortgeschritteneren MOEL wäre dies möglicherweise eine geeignete Strategie.

Andererseits dürften sich gerade gegenwärtig - in einer durch das Fahrwasser der Russland-Krise geprägten monetären Umgebung - die MOEL mit sehr *schwa-*

---

[212] Von Verzögerungen des Beitrittsprozesses durch Schwierigkeiten *innerhalb der EU* wurde gerade zunächst abgesehen. Bezieht man letztere mit in die Analyse ein, so stellt sich die Frage, ob nicht denjenigen Ländern, deren Konvergenzfortschritte (einschließlich der Kapitalmarktliberalisierung) zwar groß sind, deren formale EU-Mitgliedschaft jedoch durch Gründe außerhalb ihrer Kontrolle verzögert wurde, ein *modifizierter ,pre-accession' Wechselkursmechanismus* angeboten werden könnte. Ein geeigneter Anwendungsfall hierfür wäre beispielsweise die von dem betrachteten MOEL nicht zu vertretende Verzögerung des zu Beginn des Buchs ausführlich beschriebenen Ratifizierungsprozesses.

chen monetären Institutionen zu einer Sicherstellung eines *Ankers ihrer heimischen Währungen zum Euro* gedrängt sehen. In diesen Fällen könnte die am wenigsten konventionelle Wahl, den Euro *unilateral* als offizielle nationale Währung zu übernehmen und ihn dabei auch als Bargeld zu verwenden - ohne natürlich (sofort) einen Platz im Rat der europäischen Zentralbank zu beanspruchen - die angemessene Lösung sein. Diese in diesem Fall auch für Arbeitsmärkte am vielversprechendsten erscheinende Option wird generell als *Euroisierung* oder auch *Euroisation* bezeichnet. Während die Euroisierung ihrer Volkswirtschaft formal eine rein einseitige Entscheidung der Kandidaten ist, spielt die Einstellung der EU gegenüber einer solchen Entscheidung natürlich eine herausragende Rolle bei der Entscheidung der betreffenden Kandidatenländer für oder gegen diese Strategie. Es erscheint deshalb besonders wichtig, dass die EU selbst ihre Haltung hierzu klar und deutlich definiert. Die Ausführungen im vorliegenden Buch machten folglich für die Übergangsphase bis zum Beitritt der MOEL zur Eurozone deutlich, dass auch aus der Arbeitsmarktperspektive heraus *nicht ein einziges*, beispielsweise ein flexibles, *Wechselkurssystem* zum Euro als für alle MOEL vorzugswürdig anzusehen ist. Auch eine Euroisation kann in bestimmten Fällen erfolgsversprechend sein. Vor in dieser Hinsicht zu stark verallgemeinernden währungspolitischen Empfehlungen kann nur gewarnt werden. In diesem Zusammenhang wurde in dem vorliegenden Buch immer wieder auf die Notwendigkeit der *Heterogenität der geld- und währungspolitischen Regimes* in den MOEL im Vorfeld des EU-Beitritts und auch noch danach verwiesen. Beispielsweise ist die Empfehlung ‚flexible Wechselkurse aller MOEL-Währungen zum Euro' im Vorfeld der zweijährigen Endphase vor dem Beitritt der MOEL zur Eurozone wegen der negativen Einflüsse der Wechselkursvolatilität auf die Arbeitsmärkte der MOEL mit schwächeren monetären Institutionen ebenso unbrauchbar wie die generelle Verpflichtung aller MOEL in dieser Phase zu einer festen Verankerung des Wechselkurses ihrer heimischen Währungen am Euro. Letzteres würde einigen MOEL die Chance nehmen, auf noch verbliebene länderspezifische Schocks zu reagieren und den Kurs für den Eintritt in das EWS II über den Markt zu finden. Negative Arbeitsmarkteffekte wären unweigerlich die Folge dieser viel zu undifferenzierten Empfehlung zum Wechselkurs-Übergangsregime der MOEL.

Gefahren für die Arbeitsmarkt-Performance einer ‚osterweiterten' EU drohen aber noch von ganz anderer Seite. Befürchtet wird von einigen Kritikern vor allem aus den Bereichen der Politik und der Wissenschaft, dass es bei der Bewertung neuer mittel- und osteuropäischer Euro-Kandidaten nach deren Beitritt zur EU zu *politischen Zugeständnissen* kommen könnte. Wie bei der Beurteilung der Staatsverschuldung Belgiens und Italiens im Vorfeld von deren EWU-Beitritt könnte es auch bei der Osterweiterung zu einer Aufweichung der Kriterien kommen. Der

Abwertungsdruck auf den Euro könnte sich hierdurch - anders als durch die Emigrationsströme aus den MOEL (Dresdner Bank 2001) - bereits heute erhöhen, wenn dies als Präjudiz für die MOEL interpretiert würde. Darüber hinaus könnten auch die hohen Kosten der Osterweiterung in Gestalt hoher Subventionen für die Landwirtschaft und der Ausgaben für die Strukturfonds die Dynamik der EU einschränken. Schließlich habe das andauernde Gezerre um den Fahrplan und die Finanzierung der Osterweiterung zur gegenwärtigen notorischen *Schwäche des Euro* an den Devisenmärkten beigetragen. Trotz der hierdurch kurzfristig verbesserten Exportchancen Eurolands resultieren aus dem strukturell bedingt schwachen Euro wegen der Verschlechterung der Terms-of-Trade möglicherweise langfristig Beschäftigungseinbußen.

Gerade aber in Bankenkreisen wird gern gefragt: wird die Osterweiterung als solche den Euro aber tatsächlich *systematisch* schwächen? Die Ausführungen in den vorhergehenden Abschnitten deuteten an, dass die Erweiterung der Europäischen Union und die Übernahme des Euro als gesetzliches Zahlungsmittel bei gleichzeitiger Erlangung der Vollmitgliedschaft im Eurosystem *zwei separate Vorgänge* darstellen. Gegenwärtig wird mit einigen MOEL über den Beitritt zur EU verhandelt; der uneingeschränkte Beitritt zur EWWU liegt aber noch in weiter Ferne. Da zusätzlich die zum Euro zugelassenen MOEL noch nicht klar identifizierbar sind, dürften sich Investoren heute noch wenig Gedanken über diese eher in fernerer Zukunft liegenden Vorgänge machen. Die Debatte um die Osterweiterung sollte deshalb den Außenwert des Euro nicht systematisch schwächen. Zwar hatte auch die Ankündigung der Teilnahme Griechenlands an der Währungsunion den Außenwert des Euro sofort negativ beeinflusst. Ein längerfristiges Phänomen war dies jedoch nicht. Es sei deshalb eingeräumt, dass auch die Diskussion um die Osterweiterung an einigen Tagen die Devisenmärkte beunruhigen könnte. *Dauerhafte* Auswirkungen auf den Kurs des Euro sind aber eher *weniger* zu erwarten.

Schließlich verweist die Dresdner Bank (2001) in ihrer aktuellen Studie zur EU-Osterweiterung darauf, dass die mit den großen Herausforderungen in einigen Politikbereichen verbundenen Risiken *nicht überbewertet* werden sollten. Denn diesen Risiken stünden wegen des hohen Wachstumspotentials der MOEL *vielversprechende Aussichten für die ökonomische Entwicklung* in Europa gegenüber. Denn internationale Investoren werden durch die Antizipation des Wachstumspotentials angelockt. Die Geldpolitik der EZB und folglich auch der Wechselkurs des Euro blieben von einem EU-Beitritt der MOEL ohnehin unberührt. Falls diese Länder anschließend den Euro einführten, werde er nicht zu einer schwachen Währung mit hohen Inflationsraten kommen. Denn die Preisstabilität in der Eurozone insgesamt werde durch die Einführung des Euro nicht beeinträchtigt (vgl. Abschnitt 5.1.4. und Dresdner Bank (2001), S. 68).

Diese Vermutungen über den Einfluss der antizipierten Osterweiterung auf den Kurs des Euro werden auch durch die empirische Evidenz gestützt. Am Tag nach dem Ende des Gipfeltreffens in Nizza hatte der Euro zwar leicht um fast einen Cent an Wert verloren. Marktbeobachter interpretierten dies aber mit großer Mehrheit nicht als eine Folge des Kompromisses von Nizza, sondern führten den Kursverlust auf eine Entscheidung des Obersten Gerichtshofs in Washington zurück, mit welcher der Wahlsieg von George W. Bush wahrscheinlicher wurde. Insgesamt hatte der Kompromiss von Nizza die Märkte eher positiv überrascht, da durch ihn die Weichen für eine Erweiterung der Union formal gestellt wurden. Da viele Analysten befürchtet hatten, es werde zu einer Blockade kommen, wurde das Ergebnis zwar nicht als der große Wurf, aber auch nicht als das große Desaster interpretiert (FAZ (2000a)).

Grundsätzlich ist die Ausdehnung des Euroraums nach Mittel- und Osteuropa positiv zu bewerten. Eine Vergrößerung des gemeinsamen Währungsraums verheißt einen Zuwachs an Stabilität. Unter der Bedingung, dass die Beitrittskandidaten alle Konvergenzkriterien nachhaltig erfüllen, führt ihr Beitritt eher zu einer Stärkung der Eurogruppe. Es sollte den Osteuropäern jedoch ehrlich vermittelt werden, dass der Beitritt zur EU nicht gleichzeitig die uneingeschränkte Aufnahme in die EWWU bedeuten kann. Die Vorbereitung auf die uneingeschränkte Aufnahme wird von einigen MOEL noch erhebliche Anstrengungen verlangen und noch geraume Zeit dauern.

Welche Konsequenzen wird die *Europäische Zentralbank* aus der Osterweiterung Eurolands ziehen müssen? Eine Antwort hierauf ist aus der in diesem Buch gewählten Arbeitsmarktperspektive wichtig, denn die EZB ist durch das von ihr erreichte Ausmaß der Stabilisierung des Preisniveaus in der mittleren Frist indirekt auch für die Höhe des Wachstums und der Beschäftigung verantwortlich. Mit der EU-Osterweiterung auftretende Probleme entstehen vor allem - wie zuvor in dieser Schlussbetrachtung schon angesprochen - bei der *Zusammensetzung des EZB-Rats* und den *Abstimmungsregeln*. Im Zentralbankrat entsteht durch die EU-Osterweiterung ein ähnliches Konfliktpotential wie in Brüssel, wo die EU-Kommission nach den bisherigen Regeln viel zu groß würde. Für jedes beitretende Land bekäme der Zentralbankrat nach dem Wortlaut der EU-Verträge ein Mitglied mehr. Denn auch derzeit sind im Zentralbankrat alle zwölf Euro-Teilnehmer unabhängig von dem Gewicht ihrer Volkswirtschaften mit je einer Stimme vertreten. Im Extremfall würde der Zentralbankrat dann dreißig statt siebzehn Mitglieder umfassen, was die sechs Direktoriumsmitglieder noch deutlicher als bisher in die Minderheit setzen würde. Bei Entscheidungen über die Geldpolitik würden die großen Euro-Mitglieder zugunsten kleiner osteuropäischer Länder, welche die Bedingungen für die Einführung des Euro erfüllen (wie Estland, Lettland oder Slowenien), an Einfluss verlieren. Der Zentralbankrat wäre nur noch eingeschränkt arbeitsfähig und die Vertreter weniger stabilitätsorientierter Länder könnten dominieren. Möglich wäre eine Vernachlässigung des Preisstabilitätsziels im Gesamtinteresse des Währungsgebiets. Negative Arbeitsmarktwirkungen im Westen und Osten der erweiterten EU wären unweigerlich zumindest mittelfristig die Folge.

Hieraus wird deutlich, dass die Osterweiterung der EWWU auch dringend eine *Reform des EZB-Rats* rechtzeitig vor Abschluss des Erweiterungsverfahrens der EU voraussetzt. Im Rahmen einer derartigen Reform wird eine Diskriminierung der Mitglieder hinsichtlich des Stimmrechts im Rat unvermeidlich sein. Eine mögliche Option hierzu bestünde in einer Orientierung an der US-amerikanischen Notenbank mit zwölf Federal Reserve Banks für fünfzig Bundesstaaten sowie an der ehemaligen deutschen Bundesbank mit neun Landeszentralbanken für sechzehn Bundesländer. Eine weitere Möglichkeit wäre, die Stimmengleichheit der einzelstaatlichen Notenbanken im EZB-Rat durch eine an der Höhe der Kapitaleinlagen orientierte Stimmengewichtung zu ersetzen. Dies liefe darauf hinaus, den großen Volkswirtschaften dauerhaft einen dominanten Einfluss zu gewähren und wäre deshalb gerade gegenüber den kleineren Mitgliedsstaaten nur schwer durchsetzbar. Schließlich könnte der europäischen Geldpolitik ein entnationalisiertes Fachgremium vorangestellt werden.

Bei der Regierungskonferenz in *Nizza* wurde dieser Reformbedarf leider *nicht* explizit diskutiert (vgl. Kapitel 1). Es wurde lediglich die Vereinbarung getroffen, eine Ermächtigungsklausel für eine vereinfachte Änderung des Artikels 10.2 der ESZB/EZB-Satzung in den Vertrag aufzunehmen. Dieser Artikel regelt das Abstimmungsverfahren im EZB-Rat. Die endgültige Entscheidung hierüber ist jedoch noch vom Rat in der Zusammensetzung der Staats- und Regierungschefs auf Empfehlung der EZB und der Kommission einstimmig zu treffen. Diese Entscheidung muss zusätzlich unter Berücksichtigung ihrer nationalen Verfassungen von den Mitgliedsstaaten ratifiziert werden (Deutsche Bundesbank (2001), S. 18). Nicht zuletzt auch im Hinblick auf die längerfristigen Arbeitsmarktwirkungen eines suboptimalen Arrangements bleibt zu hoffen, dass bis zum Beitritt der MOEL zur EWWU entsprechende Reformen konkret thematisiert und durchgesetzt werden. In Nizza wurde lediglich in einer Erklärung zur Konferenzakte die Erwartung ausgedrückt, dass es möglichst rasch zur Vorlage einer entsprechenden Empfehlung komme. Falls über die zukünftige Ausgestaltung des EZB-Rats nicht noch vor den ersten Beitritten entschieden wird, erwachsen gerade aus diesem Problem Belastungen für die europäische Währung. Zu befürchten ist in der Frage der Zusammensetzung des Zentralbankrats ein ähnlicher Streit wie beim Gipfel in Nizza im Fall der Stimmengewichtung im Ministerrat. Die Großen werden die Stimmrechte der Kleinen vorzugsweise einschränken wollen, da sie um ihren Einfluss in der erweiterten EU fürchten.

Da die politische Entscheidung, im Jahr 2005 zehn Länder, darunter acht MOEL, aufzunehmen, trotz der von der EU-Kommission immer wieder vorgetragenen Bekundung: ‚Die Eintrittskarte hat noch keiner in der Tasche' bereits so gut wie gefällt wurde, wird die bisher *harte Haushaltsposition* der EU-Kommission in Fragen der EU-Osterweiterung wohl *nicht glaubwürdig durchgehalten* werden können. In Kapitel 3 wurde von Schätzungen der Kosten der Erweiterung von 44 Milliarden Euro für 2005 mit steigender Tendenz für die Folgejahre berichtet. Dabei wurde eine unbeschränkte Anwartschaft der zehn beitretenden Länder auf die derzeitigen EU-Förderinstrumente angenommen. Hierdurch würde zwar der Haushaltsrahmen der EU von 1,27 Prozent des BIP um 0,13 Prozentpunkte überschritten werden. Gemessen an den nach dem Beitritt etwa 10.000 Milliarden Euro, erscheint dieser Betrag sogar zu bewältigen. Viel gravierender ist jedoch der Aspekt, dass die Kosten des Reformstaus *in der bisherigen EU* wesentlich höher sind. Denn der Reformstau beeinträchtigt die nationale und internationale Wettbewerbsfähigkeit der Wirtschaft und wird per ‚Acquis communautaire' in die beitretenden Länder exportiert. Beide Effekte führen zu Einbußen bei dem potentiellen Wachstum und bei der potentiellen Beschäftigung. In dem vorliegenden Buch wurde verschiedentlich hervorgehoben, dass die Osterweiterung der EU gerade seit Nizza aufgrund des Reformstaus besonders im Agrarbereich und bei der Strukturförderung zu einer reinen ‚*Umverteilungsveranstaltung*' und einem bloßen Nullsummenspiel zu werden droht. Dies könnte per se und wegen der Schwächung des zukünftigen Wechselkurses des Euro die längerfristigen Aussichten für die Beschäftigung in einem erweiterten Europa deutlich beeinträchtigen. Nach wie vor muss *gerade im Westen* nach wie vor die Notwendigkeit von Reformen überzeugend dargelegt werden, um die zweifelsohne vorhandenen Chancen der Osterweiterung für Wachstum und Beschäftigung nutzen zu können. Denn diese Reformerfolge könnten über den Acquis noch rechtzeitig in die MOEL exportiert werden. Darüber hinaus bedeutet ein Beitritt einkommensschwächerer ‚Emerging markets' zur EU nicht per se eine Belastung für den Euro. Dies zeigten die Ausführungen in Kapitel 5 dieses Buches.

Literatur

Addison, J.T., Siebert, St. (1994): Recent Developments in Social Policy in the New European Union, in: Industrial and Labor Relations Review 48, S. 5-27.

Alberola, E., Tyriväinen, T. (1998): Is There Scope for Inflation Differentials in EMU?, Bank of Finland Discussion Papers 15/98, Helsinki.

Alecke, B., Huber, P., Untiedt, G. (2001): What a Difference a Constant Makes - How Predictable Are International Migration Flows? In: OECD (Hg.): Migration policies and EU Enlargement. The Case of Central and Eastern Europe. Paris, S. 63-78.

Alecke, B., Untiedt, G. (2001): Migration aus den Beitrittsländern Polen und Tschechien in die Europäische Union - Potential und regionale Verteilung, in: *Riedel, J., Untiedt, G. (Hg.)*: EU-Osterweiterung und deutsche Grenzregionen, Dresden, S. 317-366.

Alecke, B., Untiedt, G. (2001a): Das Migrationspotential nach einer EU-Osterweiterung: Ein Überblick, in: Osteuropa-Wirtschaft 45, im Druck.

Andersen Consulting (1999): Reconnecting Europe, London.

Andersen, T. M., Haldrup, N., Sørensen, J. R. (2000): Labour Market Implications of EU Product Market Integration, in: Economic Policy 27, S. 107-133.

Baldwin, R. E. (1995): The Eastern Enlargement of the European Union, in: European Economic Review 39, S. 474-481.

Baldwin, R. E. u. a. (1992): Is Bigger Better? The Economics of EC Enlargement. CEPR: Monitoring European Economic Integration 3, London.

Baldwin, R. E., François, J., Portes, R. (1997): The Costs and Benefits of Eastern Enlargement: The Impact on the EU and Central Europe, in: Economic Policy 24, S. 125-176.

Barro, R., Sala-i-Martin, X. (1991): Convergence across States and Regions, in: Brookings Papers on Economic Activity 21, S. 107-182.

Barro, R., Sala-i-Martin, X. (1995): Economic Growth, New York.

Barry, F. (2000): Convergence Is not Automatic: Lessons from Ireland for Central and Eastern Europe, in: The World Economy 23, S. 1379-1394.

Bauer, P. (1998): Eastward Enlargement - Benefits and Costs of EU Entry for the Transition Countries, in: Intereconomics 33, S. 11-19.

Bauer, T. (1995): The Migration Decision with Uncertain Costs, Münchener Wirtschaftswissenschaftliche Beiträge Nr. 95-25, München.

Bauer, T. (1998): Arbeitsmarkteffekte der Migration und Einwanderungspolitik. Eine Analyse für die Bundesrepublik Deutschland, Heidelberg.

Bauer, T., Zimmermann, K. F. (1998): Looking South and East: labour market implications of migration in Europe and LDCs, in: *Memedovic, O., Kuyvenhoven, A., Molle, W. (Hg.)*: Globalization of Labour Markets. Challenges, Adjustment and Policy Response in the European Union and Less Developed Countries, Dordrecht u. a.

Bauer, T., Zimmermann, K. F. (1999): Assessment of Possible Migration Pressure and its Labour Market Impact Following EU Enlargement to Central and Eastern Europe. A Study for the Department for Education and Employment, IZA, Bonn.

Begg, D., Halpern, L., Wyplosz, Ch. (1999): Monetary and Exchange Rate Policies, EMU and Central and Eastern Europe, Centre for Economic Policy Research, CEPR Economic Policy Initiative No. 5, London.

Beckmann, R., Hebler, M., Kösters, W. (2001): Elemente der ökonomischen Integrationstheorie, in: *Loth, W., Wessels, W. (Hg.)*: Theorien europäischer Integration, Opladen, S. 35-86.

Belke, A. (1997): Zur Politischen Ökonomie der Arbeitslosigkeit: Mancur Olson versus Insider-Outsider-Theorie, in: Zeitschrift für Wirtschaftspolitik 46, S. 243-274.

Belke, A. (1998): Maastricht - Implications of a Centralized Monetary and Currency Policy for Employment in Europe, in: *Addison, J. T., Welfens, P. J. J. (Hg.)*: Labor Markets and Social Security - Wage Costs, Social Security Financing and Labor Market Reforms in Europe. Berlin.

Belke, A. (1999): Beschäftigungswirkungen institutioneller Arbeitsmarktunterschiede und währungspolitische Arrangements bei stufenweiser EU-Osterweiterung, Papier vorbereitet für die Tagung 'Herausforderung Europa: Konvergenz im Spannungsfeld zwischen Systemwettbewerb und Politik-Harmonisierung', Europa-Kolleg Hamburg, I.P.I. Wolfsburg und Südosteuropa-Gesellschaft München, 30. 9. - 1. 10. 99, Wolfsburg.

Belke, A. (2001): Wechselkursschwankungen, Außenhandel und Arbeitsmärkte, Neue theoretische und empirische Analysen im Lichte der Europäischen Währungsunion, Wirtschaftswissenschaftliche Beiträge Nr. 183, Physica, Heidelberg.

Belke, A. (2001a): Towards a Balanced Policy Mix under EMU: Co-ordination of Macroeconomic Policies and 'Economic Government'?, erscheint in: Journal of Economic Integration 16.

Belke, A. (2001b): Too Big to Fail: Bankenkonkurs und Wählerstimmenkalkül, in: von Delhaes, D., Hartwig, K.-H., Vollmer, U. (Hg.), Festschrift für H. Jörg Thieme, erscheint demnächst.

Belke, A., Fehn, R. (2000): Institutions and Structural Unemployment: Do Capital Market Imperfections Matter?, CEPS Working Document, Centre for European Policy Studies, October, Brussels.

Belke, A., Göcke, M. (1999): A Simple Model of Hysteresis in Unemployment under Exchange Rate Uncertainty, in: Scottish Journal of Political Economy 46, S. 260-286.

Belke, A., Gros, D. (1998): Asymmetric Shocks and EMU: Is There a Need for a Stability Fund?, in: Intereconomics 33, S. 274-288.

Belke, A., Gros, D. (1998a): Evidence on the Costs of Intra-European Exchange Rate Variability, CentER for Economic Research Discussion Paper No. 9814, Tilburg.

Belke, A., Gros, D. (1999): Estimating the Costs and Benefits of EMU: The Impact of External Shocks on Labour Markets, in: Weltwirtschaftliches Archiv 135, S. 1-47.

Belke, A., Gros, D. (2001): Real Impacts of Intra-European Exchange Rate Variability: A Case for EMU?, in: Open Economies Review 12/3, S. 231-264.

Belke, A., Gros, D. (2001a): Designing EU-US Monetary Relations: The Impact of Exchange Rate Variability on Labour Markets on Both Sides of the Atlantic, erscheint in: The World Economy.

Belke, A., Hebler, M. (2000): EU Enlargement and Labour Markets in the CEECs, in: Intereconomics 35, S. 219-230.

Belke, A., Hebler, M. (2001): The New Social Dimension of the EU: Impacts of Accession on some CEEC's Labour Markets, in: Journal of International Relations and Development 4, (im Druck).

Belke, A., Kamp, M. (1999): Doppelte ‚Dividende' oder nur doppelte ‚Funktion' von Arbeitsmarktreformen bei diskretionärer Geldpolitik? Anmerkungen zum Calmfors-Modell, in: Jahrbücher für Nationalökonomie und Statistik 218, S. 543-555.

Belke, A., Kamp, M. (1999): Do Labour Market Reforms Achieve a Double Dividend under EMU? Discretionary versus Rule-based Monetary Policy Revisited, in: Journal of Economic Integration 14, S. 572-605.

Belke, A., Kösters, W. (1995): The Unemployment Problem in the EU: Theories and Evidence. Institut für Europäische Wirtschaft, Diskussionsbeiträge Nr. 6, Bochum.

Bell, J., Mickiewicz, T. (1999): EU Accession and Labour Markets in the Visegrad Countries, in: *Henderson, K. (Hg.)*: Back to Europe: Central and Eastern Europe and the European Union. London, S. 129-150.

Berthold, N. (1993): Sozialunion in Europa - Notwendig oder überflüssig? In: Wirtschaftsdienst 73, S. 414-418.

Berthold, N. (1993b): 'Fiscal Federalism' in Europa: Voraussetzung für eine erfolgreiche Wirtschafts- und Währungsunion? In: *Gröner, H., Schüller A. (Hg.)*: Die Europäische Integration als ordnungspolitische Aufgabe, Stuttgart u. a.

Best, E. (2001): The European Union after Nice: Ready or Not, Here They Come, in: Intereconomics 36, S. 19-24.

BHF-Bank (2001): EU-Osterweiterung - Jenseits von Nizza, in: Wirtschaftsdienst vom 20. Januar.

Biffl, G. (1998): Comments to the Paper of Tito Boeri on Labour Markets and Enlargement. Paper presented at the 25 Years Anniversary Conference 'Shaping the New Europe: Challenges of Eastern Enlargement - East and West European Perspectives', WIIW, 11. - 13. 11. 98, Wien.

Bini-Smaghi, L., Gros, D. (2000): Open Issues in European Central Banking, Basingstoke, Hampshire u. a. 2000.

Björksten, N. (2000): Real Convergence in the Enlarged Euro Area: a Coming Challenge for Monetary Policy, Economics Department Working Papers 1/2000, Bank of Finland.

Blanchard, O. (1999): European Unemployment: The Role of Shocks and Institutions, Baffi Lecture, January 1999, mimeo.

Blanchard, O., Wolfers, J. (1999): The Role of Shocks and Institutions in the Rise of European Unemployment: The Aggregate Evidence, NBER Working Paper No. 7282, Cambridge/MA.

Bode, E., Zwing, S. (1999): Interregionale Arbeitskräftewanderungen: Theoretische Erklärungsansätze und empirischer Befund, Institut für Weltwirtschaft: Kieler Arbeitspapiere Nr. 877, Kiel.

Boeri, T. (1998): Labour Markets and EU Enlargement, Paper presented at the 25 Years Anniversary Conference 'Shaping the New Europe: Challenges of Eastern Enlargement - East and West European Perspectives, WIIW, 11. - 13. 11. 98, Wien.

Boeri, T. et. al. (2000): The Impact of Eastern Enlargement on Employment and Labour Markets in the EU Member States. Final Report, Part B: Strategic Report, Berlin, Milano.

Boeri, T., Brücker, H. (2000): The Impact of Eastern Enlargement on Employment and Labour Markets in the EU Member States. Final Report, Executive Summary, Berlin, Milano.

Boeri, T., Brücker, H. (2001): Eastern Enlargement and EU-Labor Markets: Perceptions, Challenges and Opportunities, IZA: Discussion Paper Nr. 256, Bonn.

Boeri, T., Burda, M.C. (1996): Active Labour Market Policies, Job Matching and the Czech Miracle, in: European Economic Review 40, S. 805-817.

Boeri, T., Burda, M.C., Köllö, J. (1998): Mediating the Transition: Labor Markets in Central and Eastern Europe. CEPR: Forum Report of the Economic Policy Initiative No. 4, London.

Bofinger, P., Wollmershäuser, T. (2000): Options for the Exchange Rate Policies of the EU Accession Countries (and other Emerging Market Economies), CEPR Discussion Paper No. 2379, London.

Boockmann, B. (1995): Das Verhandlungsverfahren nach dem Maastrichter Sozialpoliti-schen Abkommen. In: *Oberender, P. / Streit M. E. (Hg.):* Europas Arbeitsmärkte im Integrationsprozeß, Baden-Baden, 193-211.

Boone, L., Maurel, M. (1998): Economic Convergence of the CEECs with the EU, CEPR Discussion Paper No. 2018, London.

Boone, L., Maurel, M. (1999): An Optimal Currency Perspective on the EU Enlargement to the CEECs, CEPR Discussion Paper No. 2119, London.

Borjas, G. J. (1989): Economic Theory and International Migration, in: International Migration Review 23, S. 457-485.

Borjas, G. J. (1999): The Economic Analysis of Immigration, in: Handbook of Labour Economics, Elsevier, Vol. 3, S. 1698-1760.

Bradley, S., Taylor, J. (1997): Unemployment in Europe: A Comparative Analysis of Regional Disparities in Germany, Italy and the UK, in: Kyklos 50, S. 221-245.

Brandsma, A. (1999): The Economic Implications of EU-Enlargement to Eastern Europe, Vortrag anläßlich der Jahrestagung des Vereins für Socialpolitik, 24. 9.- 1. 10. 99, Mainz.

Bratkowski, A., Rostowski, J. (2001): The EU Attitude towards Euroization: Misunderstand-ings, Real Concerns and Ill-Designed Admission Criteria, CASE Institute Warsaw and Central European University, Warsaw, mimeo.

Brenton, P., Di Mauro, F. (1998): Is There Any Potential in Trade in Sensitive Industrial Products Between the CEECs and the EU?, in: The World Economy 21, S. 285-304.

Brenton, P., Di Mauro, F., Lücke, M. (1998): Economic Integration & FDI: An Empirical Analysis of Foreign Investment in the EU and in Central and Eastern Europe, CEPS Working Document No. 124, Brussels.

Brenton, P., Gros, D. (1997): Trade Reorientation and Recovery in Transition Economies, in: Oxford Review of Economic Policy 13, S. 65-76.

Breuss, F. (1997): Macht die Agenda 2000 bisherige Kosten-Nutzen-Schätzungen der EU-Osterweiterung obsolet?, Europa-Institut der Universität des Saarlandes: Vorträge, Reden und Berichte Nr. 50, Saarbrücken.

Breuss, F. (1998): Economic Evaluation of EU Enlargement on EU Incumbents, Paper pre-sented at the 25 Years Anniversary Conference 'Shaping the New Europe: Chal-lenges of Eastern Enlargement - East and West European Perspectives', WIIW, 11. - 13. 11. 98, Wien.

Breuss, F., Schebeck, F. (1998): Kosten und Nutzen der EU-Osterweiterung für Österreich, in: WIFO-Monatsberichte 71, S. 741-750.

Breuss, F., Tesche, J. (1994): A General Equilibrium Evaluation of Trade and Industrial Policy Changes in Austria and Hungary, in: Weltwirtschaftliches Archiv 130, S. 534-552.

Breuss, F., Luptacik, M., Mahlberg, B. (2000): How Far Away Are the CEECs from the EU Economic Standards?, Institute for European Affairs: IEF Working Paper No. 35, Vienna.

Broll, U., Mallick, R., Wong, K.P. (2001): International Trade and Hedging in Economies in Transition, in: Economic Systems 25, S. 149-159.

Brown, D., Deardorff, A., Djankov, S., Stern, R. (1997): An Economic Assessment of the Integration of Czechoslovakia, Hungary and Poland into the EU, in: *Black, S. W. (Hg.):* Europe's Economy Looks East - Implications for Germany and the European Union, Cambridge, S. 23-60.

Brücker, H. (2000): The Impact of Eastern Enlargement on Employment and Labour Mar-kets in the EU Member States. Final Report, Part A: Analysis, Berlin, Milano.

Brücker, H. (2001): Werden unsere Löhne künftig in Warschau festgesetzt?, in: List Forum für Wirtschafts- und Finanzpolitik 27, S. 71-92.

Brücker, H., Franzmeyer, F. (1997): Europäische Union: Osterweiterung und Arbeitskräftemigration, in: DIW Wochenbericht 64, S. 89-96.

Brücker, H., Trübswetter, P., Weise, C. (2000): EU-Osterweiterung: Keine massive Zuwanderung zu erwarten, in: DIW Wochenbericht 67, S. 315-326.

Bruha, T., Straubhaar, T. (1998): EWR II: Europäischer Warteraum oder Stufenplan für Mittel- und Osteuropa?, in: *Hasse, R. H., Schäfer, W. (Hg.)*, Die ökonomischen Außenbeziehungen der EWU - Währungs- und handelspolitische Aspekte, Göttingen.

Buch, C. (1999): Capital Mobility and EU Enlargement, Institut für Weltwirtschaft: Kiel Working Paper No. 908, Kiel.

Buch, C., Döpke, J. (1999): Real and Financial Integration in Europe - Evidence for the Accession States and for the Pre-Ins, Institut für Weltwirtschaft: Kiel Working Paper No. 917, Kiel.

Budde, R., Schrumpf, H. (2001): Die Auswirkungen der Osterweiterung auf die Regionalpolitik der Europäischen Union, Schriften und Materialien zur Regionalforschung, Heft 8, Rheinisch-Westfälisches Institut für Wirtschaftsforschung, Essen.

Burda, M. C. (1995): Migration and the Option Value of Waiting, in: Economic and Social Review 27, S. 1-19.

Burda, M. C. (1996): Unemployment in Central and Eastern Europe: East Meets West, in: *Giersch, H. (Hg.)*, Fighting Europe's Unemployment in the 1990s, Egon Sohmen Foundation, Tübingen, S. 213-235.

Burda, M. C. (1998): The Consequences of EU Enlargement for Central and East European Labour Markets, CEPR Discussion Paper No. 1881, London.

Burda, M. C. (1999): Mehr Arbeitslose - Der Preis für die Osterweiterung? Vortrag anlässlich der Jahrestagung des Vereins für Socialpolitik, 24. 9. - 1. 10. 1999, Mainz, später erschienen als: Burda, M. C. (2000): Mehr Arbeitslose - Der Preis für die Osterweiterung? Zur Auswirkung der EU-Osterweiterung auf die europäischen Arbeitsmärkte im Osten und Westen, in: *Hoffmann, L. (2000) (Hg.)*: Erweiterung der EU, Berlin.

Burda, M. C., Lubyova, M. (1995): The Impact of Active Labour Market Policies: A Closer Look at the Czech and Slovak Republics, in: *Newbery, D. (Hg.)*, Tax and Benefit Reform in Central and Eastern Europe, CEPR, S. 173-205.

Cadot, O., de Melo, J. (1994): France and the CEECs: Adjusting to Another Enlargement, CEPR Discussion Paper No. 1049, London.

Calmfors, L. (1994): Active Labour Market Policy and Unemployment: A Framework for the Analysis of Crucial Design Features, in: OECD Economic Studies 2, S. 7-47.

Casella, A. (1996): Large Countries, Small Countries and the Enlargement of Trade Blocs, in: European Economic Review 40, S. 389-415.

Centre for European Policy Studies (2001): The Czech Republic Joins an Ever Closer Union, 19 March, CEPS Web Notes, Brussels.

Centre for European Policy Studies (2001a): An End to Fortress Europe? Labour Migration after Eastern Enlargement, 19 April, CEPS Web Notes, Brussels.

Cichy, E.U. (1995): EU-Osterweiterung: Chancen, Risiken, Konvergenzkriterien, in: Wirtschaftsdienst 75, S. 662-668.

Collins, W. J., O'Rourke, K., Williamson, J. G. (1997): Were Trade and Factor Mobility Substitutes in History?, CEPR Discussion Paper No. 1661, London.

Conquest, R. (1999): The Economic Prospects for Eastern Europe, Institut für Weltwirtschaft: 60. Kieler Konjunkturgespräch, 27. - 28. 9. 99, Kiel.

Coricelli, F. (2001): Exchange Rate Arrangements in the Transition to EMU: Some Arguments in Favour of an Early Adoption of the Euro, University of Siena, mimeo.

Cyrus, N. (1997): Ein Anwerbestopp und seine Ausnahmen - Aktuelle Formen der grenzüberschreitenden Beschäftigung in der Bundesrepublik Deutschland, in: *Höhner, D. (Hg.)*, Grenzüberschreitende Beschäftigung, Kooperationsstelle Wissenschaft und Arbeitswelt an der Europa-Universität Viadrina, Band 2, Frankfurt/Oder, S. 9-21.

Darvas, Z. (2001): Exchange Rate Pass-Through and Real Exchange Rates in EU Candidate Countries, Discussion Paper 10/01, Economic Research Centre of the Deutsche Bundesbank, Frankfurt.

de Grauwe, P., Aksoy, Y. (1997): Slovenia and the Optimum Currency Area, Working Paper, ACE Project on the Inclusion of Central European Countries in the European Monetary Union, Leuven, January.

de Grauwe, P., Heens, H. (1993): Real Exchange Rate Variability in Monetary Unions, Recherches Economiques de Louvain 59, S. 105-117.

de Grauwe, P., Lavrac, V. (1999): Inclusion of Central European Countries in the European Monetary Union, Dordrecht.

de Grauwe, P., Skudelny, F. (2000): Inflation and Productivity Differentials in EMU, CES Discussion Paper Series 00.15, München.

Decressin, J., Fatàs, A. (1995): Regional Labour Market Dynamics in Europe, in: European Economic Review 39, S. 1627-1655.

Deutsche Bank Research (1998): Capital Still Flowing into Emerging Europe, in: Emerging Europe Weekly, 11. 12. 98, Frankfurt, London.

Deutsche Bank Research (2000): EU Enlargement Monitor No. 1, Frankfurt/Main.

Deutsche Bank Research (2000a): EU Enlargement Monitor No. 2, Frankfurt/Main.

Deutsche Bundesbank (2000): Geschäftsbericht, Frankfurt/Main.

Deutsche Bundesbank (2001): Perspektiven der EU-Erweiterung nach dem Europäischen Rat, in: Monatsberichte der Deutschen Bundesbank, März 2001, Frankfurt/Main.

DIW (2000): Arbeitsmarkteffekte der Zuwanderung nach Deutschland, in: DIW Wochenbericht 67, S. 327 - 332.

Dornbusch, R. (1993): Comment on Barry Eichengreen, "Thinking about Migration: European Migration Pressures at the Dawn of the Next Millenium", in: *Siebert, H. (Hg.)*, Migration - A Challenge for Europe, Tübingen, S. 24-29.

Dornbusch, R., Giavazzi, F. (1999): Hard Currency and Sound Credit: A Financial Agenda for Central Europe, in: European Investment Bank, EIB Papers 4 (2), S. 24-32.

Dresdner Bank (2001): Herausforderung Osterweiterung: Wachstumschancen nutzen – Reformen vorantreiben, Trends Spezial, Wirtschaftsanalysen, Mai.

Dresdner Bank (2001a): Emerging Markets Monitor: EU-Beitritt: Auf zwei Wegen zum Euro, 4. Juli.

EBRD (1999): Transition Report 1999, London.

EBRD (2000): Transition Report 1999, London.

ECOFIN (2000): Questions Relating to the Applicant Countries' Economic Stability and Exchange Rate Strategy - Conclusions, 2283rd Council Meeting, Brussels, July 17th.

Eichengreen, B., Ghironi, F. (2001): The Future of EMU, Berkeley, unpublished.

Eichengreen, B., Masson, P. (1998): Exit Strategies – Policy Options for Countries Seeking Greater Exchange Rate Flexibility, IMF Occasional Paper 168, Washington/DC.

Emerson, M., Gros, D. (1998): Impact of Enlargement, Agenda 2000 and EMU on Poorer Regions - The Case of Portugal, CEPS Working Document No. 125, Brüssel.

Emerson, M., u. a. (1999): A System for Post-War South-East Europe, CEPS Working Document, No. 131, Brüssel.

EU-Kommission (1995): White Paper: Preparation of the Associated Countries of Central and Eastern Europe for Integration into the Internal Market of the Union. COM(95)163.

EU-Kommission (1998): Agricultural Situation and Prospects in Central and Eastern European Countries, Summary Report and Country Reports, Brussels, DG VI.

EU-Kommission (1998a): Beschäftigung in Europa, Brüssel.

EU-Kommission (1998b): Berichte über die von den einzelnen Bewerberländern auf dem Weg zum Beitritt erzielten Fortschritte, Brüssel.

EU-Kommission (1999): Beschäftigung und Arbeitsmarkt in den Ländern Mitteleuropas 1-1999, Brüssel.

EU-Kommission (1999a): Eurobarometer 50, Brüssel, insbesondere S. 83-89.

EU-Kommission (1999b): Bericht über die Fortschritte jedes Bewerberlandes auf dem Weg zum Beitritt, o. O.

EU-Kommission (1999c): Die Grundrechte in der Europäischen Union verbürgen - es ist Zeit zu handeln. Bericht der Expertengruppe „Grundrechte", Luxemburg.

EU-Kommission (2000): Beschäftigung und Arbeitsmarkt in den Ländern Mitteleuropas 2-1999, Brüssel.

EU-Kommission (2000a): Strategiepapier zur Erweiterung. Bericht über die Fortschritte jedes Bewerberlandes auf dem Weg zum Beitritt, o. O.

EU-Kommission (2000b): Bericht der Kommission - Konvergenzbericht gemäß Art. 122 Abs. 2 EGV, Brüssel.

EU-Kommission (2000c):Exchange Rate Strategies for EU Candidate Countries, 22. August, 2000 ECFIN/521/2000, Brüssel.

EU-Kommission (2001): Information note: The Free Movement of Workers in the Context of Enlargement, mimeo.

Europäischer Rat (1993): Auszug der Schlußfolgerungen des Vorsitzes - Kopenhagen, Europäischer Rat, 21. und 22. Juni 1993, in: http://www.europarl.eu.int/enlargement/ec/de/cop.htm. Abgerufen am 4. 10.00.

Europäischer Rat (1997): Auszug der Schlußfolgerungen des Vorsitzes - Luxemburg, Europäischer Rat, 12. und 13. Dezember 1997, in: http://www.europarl.eu.int/enlargement/ec/de/lux.htm. Abgerufen am 4. 10.00.

Europäischer Rat (1999): Schlußfolgerungen des Vorsitzes Europäischer Rat (Helsinki), 10. und 11. Dezember 1999, in: http://www.europarl.eu.int/enlargement/ec/de/hel.htm. Abgerufen am 4. 10.00.

European Parliament (1999): EMU and Enlargement: A Review of the Policy Issues, Economic Affairs Series ECON 117 EN, Brussels.

Eurostat (2000): 100 ausgewählte Basisindikatoren aus dem Eurostat Jahrbuch 2000. Europa im Blick der Statistik - Daten aus den Jahren 1988-98. o.O.

Eurostat (2001): 100 ausgewählte Basisindikatoren aus dem Eurostat Jahrbuch 2001. Der statistische Wegweiser durch Europa - Daten für die Jahre 1989-1999. o.O.

EZB (2000): Das Eurosystem und Osterweiterung, in: Monatsberichte, Februar, S. 41-54.

EZB (2000a): Wirtschaftliche Entwicklungen im Euro-Währungsgebiet: Preisentwicklung, in: Monatsberichte, Dezember, S. 30 ff.

EZB (2000b): Jahresbericht 2000, Frankfurt/Main.

Faini, R., Portes, R. (1995): Opportunities Outweigh Adjustment: The Political Economy of Trade with Central and Eastern Europe, in: *Faini, R., Portes, R. (Hg.)*: EU Trade with Eastern Europe: Adjustment and Opportunities, CEPR, London.

Fassmann, H., Hintermann, C. (1997): Migrationspotential Ostmitteleuropa - Struktur und Motivation potentieller Migranten aus Polen, der Slowakei, Tschechien und Ungarn, Institut für Stadt- und Regionalforschung, ISR Forschungsberichte Nr. 15, Wien.

FAZ (1999): EU will Beschäftigung steigern, Lipponen und Prodi: Mit neuen Ideen mehr Arbeitsplätze schaffen, in: Frankfurter Allgemeine Zeitung, 29. 9. 99, S. 2.

FAZ (1999a): Der Weg in die EU führt durch die NATO - Hoffnungen und Sorgen des Präsidenten Schuster, in: Frankfurter Allgemeine Zeitung, 29. 9. 99, S. 5.

FAZ (1999b): Lettland fühlt sich zurückgesetzt - Außenminister Berzins hofft auf baldige EU-Beitrittsverhandlungen, in: Frankfurter Allgemeine Zeitung, 6. 10. 99, S. 9.

FAZ (1999c): Die Osterweiterung als Chance und Bedrohung, Burda: Verkrustungen werden aufgebrochen / Sinn: Reformen tun Not / Tagung des Vereins für Socialpolitik, in: Frankfurter Allgemeine Zeitung, 2. 10. 99, S. 14.

FAZ (2000): Beitrittsverhandlungen aufgenommen, in: Frankfurter Allgemeine Zeitung, 16. 2. 00, S. 5.

FAZ (2000a): Der Kompromiß von Nizza schadet dem Euro nicht, in: Frankfurter Allgemeine Zeitung, 12. 12. 00, S. 33.

FAZ (2001): Nachgiebigere Haltung Polens in EU-Beitrittsverhandlungen?, in: Frankfurter Allgemeine Zeitung, 6. 2. 01, S. 6.

FAZ (2001a): Osterweiterung sozial flankieren / Zwickel: Sonst Gesamtprojekt gefährdet / Lange Übergangsfristen, in: Frankfurter Allgemeine Zeitung, 5. 5. 01, S. 13.

FAZ (2001b): In Prag werden Übergangsfristen für Freizügigkeit einhellig abgelehnt, in: Frankfurter Allgemeine Zeitung, 20. 4. 01, S. 4.

FAZ (2001c): Den Verhandlungen über die Osterweiterung droht eine Blockade, in: Frankfurter Allgemeine Zeitung, 14. 5. 01, S. 4.

FAZ (2001d): Polen droht zum größten Sorgenkind unter den EU-Beitrittskandidaten zu werden, in: Frankfurter Allgemeine Zeitung, 31. 3. 01, S. 6.

FAZ (2001e): Brüssels brüskierter Freund, in: Frankfurter Allgemeine Zeitung, 2./3./4. 6. 01, S. 10.

FAZ (2001f): Keine weicheren Kriterien für neue EU-Länder, in: Frankfurter Allgemeine Zeitung, 4. 7. 01, S. 13.

Feldmann, H. (1999): Zehn Jahre EU-Sozialcharta, in: Wirtschaftsdienst 79, S. 670-676.

Fertig, M. (2000): The Economic Impact of EU-Enlargement: Assessing the Migration Potential, mimeo, Heidelberg.

Fertig, M., Schmidt, C. M. (2000): Aggregate-Level Migration Studies as a Tool for Forecasting Future Migration Streams, IZA: Discussion Paper, Nr. 183, Bonn.

Fertig, M., Schmidt, C. M. (2000a): Nachtrag: EU-Osterweiterung, in: ifo Schnelldienst 53, S. 3-4.

Fidrmuc, J., Schardax, F. (2000): More Ins Ante Portas? Euro Area Enlargement, Optimum Currency Area, and Nominal Convergence, in: Focus on Transition 2/2000, Österreichische Nationalbank, Wien, S. 28-47.

Financial Times (1998): The Challenge for the ECB, 2. 9. 98, S. 11.

Fischer, P. A., Martin, R., Straubhaar, T. (1997): Should I Stay or Should I Go?, in: *Hammar, T., u. a. (Hg.)*, International Migration, Immobility and Development, Oxford, New York.

Fischer, S., Sahay, R. (2000): The Transition Economies After Ten Years, IMF Working Paper WP/00/30, Washington, D.C.

Frankel, J. A. (1999): No Single Currency Regime is Right for All Countries or at All Times, NBER Working Paper No. 7228, July, Cambridge/MA.

Frankel, J. A., Rose, A.-K. (1998): The Endogeneity of the Optimum Currency Area Criteria, in: Economic-Journal 108, S. 1009-1025.

Franz, W. (1995): Central and East European Labour Markets in Transition: Developments, Causes, and Cures, CEPR Discussion Paper No. 1132, London.

Frenkel, M., Nickel, C., Schmidt, G. (1999): Some Shocking Aspects of EMU Enlargement, WHU Koblenz, Otto Beisheim Graduate School of Management: Research Note 99-4, Vallendar.

Freudenberg, M., Lemoine, F. (1999): Central and Eastern European Countries in the International Division of Labour in Europe, CEPII Document de Travail 1999-05, Paris.

Gabrisch, H., Werner, K. (1998): Advantages and Drawbacks of EU Membership: The Structural Dimension, in: Comparative Economic Studies 40, S. 79-103.

Gabrisch, H., Werner, K. (1998a): Intra-industrieller Handel und Strukturpolitik in Transformationsländern in Perspektive einer EU-Mitgliedschaft, Institut für Wirtschaftsforschung Halle: Diskussionspapiere Nr. 73, Halle.

Glück, H., Hochreiter, E. (2001): Exchange Rate Policy in the Transition to Accession: Any Lessons from the Austrian Experience?, Paper prepared for the Conference "When Is a National Currency a Luxury?", London Business School, March 16-17, 2001.

Görgens, E., Ruckriegel, K., Seitz, F. (1999): Europäische Geldpolitik, Düsseldorf.

Gros, D. (1999): An Economic System for Post-War South-East Europe, CEPS, Brüssel.

Gros, D. (1999a): Euro statt Rubel - Die Finanzkrise in Rußland und anderen Krisenstaaten Osteuropas ist lösbar, in: Die Zeit, 27. 5. 99, S. 34.

Gros, D. (2000): EMU, the Euro and Enlargement, CEPS, Brüssel, mimeo.

Gros, D. (2000a): One Euro from the Atlantic to the Urals, in: CESifo-Forum 1 (2), S. 26-31.

Gros, D. (2000b): Enlargement and the EMU: Can the Candidates Meet the Maastricht Criteria and Will They Weaken the Euro?, Commentary, Centre for European Policy Studies (CEPS), Brussels.

Gros, D. (2000c): Five Years to the Euro for the CEE-3?, CEPS Policy Brief No. 3, April, Centre for European Policy Studies, Brussels.

Gros, D. (2000d): How Fit Are the Candidates for EMU?, in: The World Economy 23, S. 1367-1377.

Gros, D. (2001): Five Years to the Euro for the CEE-3?, CEPS Policy Brief No. 3, Centre for European Policy Studies, April, Brussels.

Gros, D. (2001a): Who Needs an External Anchor?, CEPS Working Document, No. 161, March, Brussels.

Gros, D., Nuñez Ferrer, J., Pelkmans, J. (2000): Long-Run Economic Aspects of the European Union's Eastern Enlargement, WRR Working Document No. W 109, Scientific Council for Government Policy, The Hague, September.

Gros, D., Suhrcke, M. (2000): Ten Years After : What Is Special about Transition Countries?, HWWA Discussion Papers, No. 86, Hamburg.

Gros, D., Steinherr, A. (2001): Winds of Change, 2. Aufl., im Druck.

Gulde, A.-M. (1999): The Role of the Currency Board in Bulgaria's Stabilization, IMF Policy Discussion Paper 99/3, Washington/DC.

Gulde, A.-M., Kähkönen, J., Keller, P. (2000): Pros and Cons of Currency Board Arrangements in the Lead-Up to EU Accession and Participation in the Euro Zone, IMF Policy Discussion Paper No. 00/01.

Gylfason, T. (2000): Resources, Agriculture, and Economic Growth in Economies in Transition, CESIfo Working Paper Series, No. 313, München.

Halpern, L., Wyplosz, C. (1997): Equilibrium Exchange Rates in Transition Economies, IMF Staff Papers, Vol. 44, Washington/DC.

Harris, J., Todaro, M. (1970): Migration, Unemployment and Development: A Two-sector Analysis, in American Economic Review 60, S. 126-142.

Hebler, M. (1998): Die Theorie der komparativen Kostenvorteile, in: Wisu - das Wirtschaftsstudium 27, S. 1050-1056.

Hebler, M., Neimke, M. (2000): Neue Integrationstheorie: Ein erster Überblick, Ruhr-Universität Bochum, Volkswirtschaftliche Beiträge, Discussion Paper No. 07-00, Bochum.

Hefeker, C. (2000): Structural Reforms and the Enlargement of Monetary Union, CESIfo Working Paper Series, No. 270, München.

Hefeker, C. (2001): Labor Market Rigidities and EMU. In: Journal of Economic Integration 16, S. 229-245.

Heise, A. (1998): Europäische Sozialpolitik - Eine Einschätzung aus gewerkschaftlicher Sicht, Forschungsinstitut der Friedrich-Ebert-Stiftung: Gesprächskreis Arbeit und Soziales, Bonn.

Hille, H., Straubhaar, T. (2001): The Impact of the EU-Enlargement on Migration Movements and Economic Integration: Results of Recent Studies, in: OECD (Hg.): Migration policies and EU Enlargement. The Case of Central and Eastern Europe. Paris, S. 79-100.

Hochreiter, E. (1995): Central Banking in Economies in Transition. In: *Willett, T.D., Burdekin, R.C.K., Sweeney, R.J., Whilborg, C. (Hg.)*, Establishing Monetary Stability in Emerging Market Economies, Westview Press, S. 127-144.

Hochreiter, E. (2000): Exchange Rate Regimes and Capital Mobility: Issues and Some Lessons from Central and Eastern European Applicant Countries. In: North American Journal of Economics and Finance 11, S. 155-171.

Hochreiter, E., Rovelli, R. (1999): The Generation and Distribution of Central Bank Seigniorage in the Czech Republic, Hungary and Poland, Austrian National Bank, Working Document.

Hochreiter, E., Winckler, G. (1995): The Advantages of Tying Austria's Hand: the Success of the Hard-Currency Strategy. In: European Journal of Political Economy 11, S. 83-111.

Hönekopp, E. (2000): EU-Osterweiterung: Mit kühlem Kopf voran, in: IAB Materialien, Institut für Arbeitsmarkt- und Berufsforschung, Nr., 3, S. 10-11.

Hönekopp, E., Kranzusch, P. (1997): Arbeitssituationen und Erfahrungen polnischer Grenz- und Saisonarbeitnehmer in Deutschland - Generelle Entwicklung der Arbeitskräftewanderung zwischen Polen und Deutschland, in: *Höhner, D. (Hg.)*, Grenzüberschreitende Beschäftigung, Kooperationsstelle Wissenschaft und Arbeitswelt an der Europa-Universität Viadrina, Band 2, Frankfurt/Oder, S. 23-58.

Hönekopp, E., Werner, H. (1999): Osterweiterung der Europäischen Union: Droht dem deutschen Arbeitsmarkt eine Zuwanderungswelle? IAB-Kurzbericht Nr. 7-99, Nürnberg.

Hönekopp, E., Werner, H. (2000): Is the EU's Labour Market Threatened by a Wave of Immigration? In: Intereconomics 35, S. 3-8.

Hopenhayn, H., Rogerson, R. (1993): Job Turnover and Policy Evaluation: A General Equilibrium Analysis, in: Journal of Political Economy 101, S. 915-938.

Hort, P. (2001): Kalte Schultern - Die Osteuropäer fühlen sich von den Westeuropäern nicht fair behandelt, in: Frankfurter Allgemeine Zeitung vom 10. 5. 01, S. 16.

Huber, P. (1999): Labour Market Adjustments in Central and Eastern Europe: How Different?, Paper presented at the Annual EALE Conference, 23. - 26. 9. 99, Regensburg.

Huber, P., Wörgötter, A. (1999): Local Unemployment Dynamics in Transition: A Comparison of Three Countries, erscheint in: *Crampton, G. R. (Hg.)*: European Research in Social Science, Pion, London.

Hoffmann, L. (2000) (Hg.): Erweiterung der EU, Berlin.

IMF (1999): Monetary Policy in Dollarised Economies, IMF Occasional Paper No. 171, Washington, D.C.

Inotai, A., Vida, K. (1999): Mittel- und Osteuropa, in: *Weidenfeld, W., Wessels, W. (Hg.)*: Jahrbuch der Europäischen Integration 1998/99, Bonn, S. 251-258.

IW (1999): Institut der deutschen Wirtschaft (Hg.): Zahlen zur wirtschaftlichen Entwicklung der Bundesrepublik Deutschland 1999, Köln.

IW (2001): Estland – Baltischer Musterknabe, in: iwd - Informationsdienst des Instituts der deutschen Wirtschaft 27 (15), S. 2.

IW (2001a): Lettland – Fortschritte mit Schattenseiten, in: iwd - Informationsdienst des Instituts der deutschen Wirtschaft 27 (17), S. 2.

IW (2001b): Litauen – Später Kurswechsel, in: iwd - Informationsdienst des Instituts der deutschen Wirtschaft 27 (18), S. 2.

Jacobsen, A., Weisfeld, H. (1995): Stabilisierung in Zentralosteuropa und Europäische Währungsintegration, in: *Thomasberger, C. (Hg.)*: Europäische Geldpolitik zwischen Marktzwängen und neuen institutionellen Regelungen - Zur politischen Ökonomie der europäischen Währungsintegration, Marburg.

Jarchow, H.-J., Rühmann, P. (1997): Monetäre Außenwirtschaft - II. Internationale Währungspolitik, 4. Aufl., Göttingen.

Jones, R. W. (1965): The Structure of Simple General Equilibrium Models, in: Journal of Political Economy 73, S. 557-572.

Jovanovic, M. N. (1999): What Are the Limits to the Enlargement of the European Union?, in: Journal of Economic Integration 14, S. 467-496.

Karp, L., Paul, T. (1998): Labor Adjustment and Gradual Reform: When Is Commitment Important? In: Journal of International Economics 46, S. 333-362.

Keuschnigg, C., Kohler, W. (1997): Eastern Enlargement of the EU: How Much Is It Worth for Austria? Universität des Saarlandes, Europa-Institut: Forschungsbericht 9710, Saarbrücken.

Keuschnigg, C., Kohler, W. (1998): Eastern Enlargement of the EU: How Much Is It Worth for Austria?, CEPR Discussion Paper No. 1786, London.

Keuschnigg, C., Kohler, W. (1999): Volkswirtschaftliche Kosten und Nutzen der EU-Osterweiterung, Untersuchung für die EU-Kommission, zitiert nach FAZ v. 25. 10. 99, S. 18.

Keuschnigg, C., Kohler, W. (2000a): An Incumbent Country View on Eastern Enlargement of the EU. Part I: A General Treatment, Johannes Kepler University of Linz, Department of Economics, Working Paper No. 25, Linz.

Keuschnigg, C., Kohler, W. (2000b): An Incumbent Country View on Eastern Enlargement of the EU. Part II: The Austrian Case, Johannes Kepler University of Linz, Department of Economics, Working Paper No. 26, Linz.

Kluth, M. F. (1998): The Political Economy of a Social Europe. Understanding Labour Market Integration in the European Union. London u. a.

Knaster, B. (1999): The Final Agenda 2000 Agreement on Agriculture: An Assessment, Universität Bonn: Agricultural and Resource Economics Discussion Paper 99-01, Bonn.

Kocenda, E. (1999): Accession and Real Exchange Rate Movements: A Comparison, CERGE-EI Prag, mimeo.

Koenen, K. (2000): Verwilderung der Sitten – Die ausufernde Korruption in Osteuropa wird zu einem ernsthaften Hindernis für die Aufnahme einiger Länder in die Europäische Union, in: Wirtschaftswoche vom 19. 10. 00, Nr. 43, S. 71-82.

Kohler, W. (1999): Wer gewinnt, wer verliert durch die Osterweiterung der EU? Vortrag anläßlich der Jahrestagung des Vereins für Socialpolitik, 24. 9. - 1. 10. 99, Mainz.

Kohler, W. (2000): Die Osterweiterung der EU aus der Sicht bestehender Mitgliedsländer: Was lehrt uns die Theorie der ökonomischen Integration? In: Perspektiven der Wirtschaftspolitik 1, S. 115-141.

Kohler, W. (2000a): Internationale Migration: Anmerkungen aus der Sicht der Außenwirtschaftstheorie, Johannes Kepler University of Linz, Department of Economics, Working Paper Nr. 22, Linz.

Kohler, W. (2001): Osterweiterung der EU: Die Mitgliedschaft wird teurer – Wird sie auch wertvoller?, in: List Forum für Wirtschafts- und Finanzpolitik 27, S. 93-118.

Kopcke, R. W. (1999): Currency Boards: Once and Future Regimes?, in: New England Economic Review, Federal Reserve Bank of Boston, May/June, S. 21-37.

Kopits, G. (1998): Implications of EMU for Exchange Rate Policy in Central and Eastern Europe, IMF Working Paper, WP/99/9, International Monetary Fund, Fiscal Affairs Department, Washington/DC.

Kramer, H. (1998): Politische und wirtschaftliche Perspektiven der Osterweiterung. WIFO-Monatsberichte 71, S. 719-727.

Kraus, M., Schwager, R. (2000): EU Enlargement and Immigration, ZEW Discussion Paper No. 00-09, Mannheim.

Kröger, J., Redonnet, D. (2001): Exchange Rate Regimes and Economic Integration: The Case of the Accession Countries, in: CESIfo-Forum 2 (2), S. 6-13.

Krugman, P. (1998): The Accidental Theorist, New York.

Kucera, T., Kucerová, O., Opara, O., Schaich, E. (Hg., 2000): New Demographic Faces of Europe, Berlin u. a.

Landesmann, M., Poeschl, J. (1997): Balance-of-Payments Structures and Macroeconomic Growth in Central and Eastern Europe, in: Landesmann, M., u. a. (Hg.), Structural Developments in Central and Eastern Europe, WIIW Report 1997, Wien.

Langhammer, R. J. (1992): Die Assoziierungsabkommen mit der CSFR, Polen und Ungarn: wegweisend oder abweisend?, Kieler Diskussionsbeiträge Nr.182.

Lankes, H.P. (1999): Obstacles on the Way to Accession: The Investment Challenge, Vortrag anläßlich der Jahrestagung des Vereins für Socialpolitik, 24. 9. - 1. 10. 99, Mainz.

Lavigne, M. (1998): Conditions for Accession to the EU, in: Comparative Economic Studies 40, S. 38-57.

Layard, R., Blanchard, O., Dornbusch, R., Krugman, P. (1992): East-West Migration: The Alternatives, Cambridge/MA.

Layard, R., Richter, A. (1995): How Much Unemployment is Needed for Restructuring? The Russian Experience, in: Economics of Transition 3, S. 39-58.

Lesch, H. (1995): Strategische Lohnpolitik in einer Europäischen Währungsunion. Institut Finanzen und Steuern: IFSt-Schrift Nr. 342, Bonn.

Lewis, W. A. (1954): Economic Development with Unlimited Supplies of Labor, in: The Manchester School of Economic and Social Studies 22, S. 139-192.

Lima, M.A. (2000): Portugal in the European Union: What Can We Tell the Central and Eastern European Countries, in: The World Economy 23, S. 1395-1408.

Lippert, B. (1999): Erweiterung und Agenda 2000, in: Weidenfeld, W., Wessels, W. (Hg.): Jahrbuch der Europäischen Integration 1998/99, Bonn, S. 37-48.

Lubyova, M., van Ours, J. (1997): Jobs from Active Labour Market Policies and their Effects on Slovak Unemployment, Paper presented at the Conference 'Labour Markets in Transition', 17. - 19. 10. 97, University of Michigan.

Ludwig, M. (2001): Die Angst vor dem Andrang aus dem Osten – Keine massenhafte Arbeitskräfteemigration aus Polen und anderen Bewerberstaaten, in: Franfurter Allgemeine Zeitung vom 28. März 2001, S. 16.

Martens, B. (2000): The Performance of the EC Phare Programme as an Instrument for Institutional Reform in the EU Candidate Member States. Paper presented at the 4th International IMAD Conference "Institutions in Transition", 23. - 24. 6. 00, Portoroz (Slovenia).

Martin, C., Velázquez, F.J. (1997): The Determining Factors of Foreign Direct Investment in Spain and the Rest of the OECD: Lessons for the CEECs, CEPR Discussion Paper No. 1637, London.

Martin, P. (1996): A Sequential Approach to Regional Integration: The European Union and Central and Eastern Europe, in: European Journal of Political Economy 12, S. 581-598.

Masson, P.R. (1999): Monetary and Exchange Rate Policy of Transition Economies of Central and Eastern Europe after the Lunch of EMU, IMF Policy Discussion Paper 99/5, Washington/DC.

Mayhew, Alan (1998): Recreating Europe. The European Union's Policy towards Central and Eastern Europe, Cambridge.

McKinnon, R. (1997): Towards Virtual Exchange Rate Stability in Western and Eastern Europe with or without EMU, Working Paper No. 6, Center for Economic Policy Research, Stanford University, June.

Mencinger, J. (1998): How Ready Are the CEE Economies for Accession?, Paper presented at the 25 Years Anniversary Conference 'Shaping the New Europe: Challenges of Eastern Enlargement - East and West European Perspectives, WIIW, 11. - 13. 11. 98, Wien.

Micklewright, J., Nagy, G. (1999): Living Standards and Incentives in Transition: The Implications of Employment Insurance Exhaustion in Hungary, CEPR Discussion Paper No. 2061, London.

Molitor, C. (1995): Probleme regionaler Lohnpolitik im vereinten Europa. In: *Oberender, P. / Streit M. E. (Hg.):* Europas Arbeitsmärkte im Integrationsprozeß, Baden-Baden, 145-186.

Molle, W. (1997): The Economics of European Integration - Theory, Practice, Policy, 3. Aufl., Aldershot.

Mundell, R. A. (1961): A Theory of Optimum Currency Areas, in: American Economic Review 51, S. 657-665.

Mussa, M., Masson, P., Swoboda, A., Mauro, P., Berg, A. (2000): Exchange Rate Regimes in an Increasingly Integrated World Economy, IMF Occasional Paper No. 193, International Monetary Fund, Washington D.C.

Neck, R., Haber, G., McKibbin, W. (2000): Macroeconomic Impacts of European Union Membership of Central and Eastern European Economies, in: Atlantic Economic Journal 28, S. 71-82.

Nickell, S., Bell, B. (1997): Would Cutting Payroll Taxes on the Unskilled Have a Significant Impact on Unemployment?, in: *Snower, D., De la Dehesa, G. (Hg.):* Unemployment Policy: Government Options for the Labour Market, CEPR, London.

Nicolaides, P., Boean, S. R., Bollen, F., Pezaros, P. (1999): A Guide to the Enlargement of the European Union (II). A Review of the Process, Negotiations, Policy Reforms and Enforcement Capacity, European Institute of Public Administration, Maastricht 1999.

Nienhaus, V., Busche, A. (1999): Binnenmarktpolitik, in: *Weidenfeld, W., Wessels, W. (Hg.)*: Jahrbuch der Europäischen Integration 1998/99, Bonn, S. 153-160.

Nitsche, W. (1996): Währungsunion und Osterweiterung, in: Wirtschaftspolitische Blätter 42, S. 496-501.

NZZ (1999): Auch Monetenegro will sich von dem Dinar lösen - Pläne zur Anbindung an die DM über ein "Currency Board", in: Neue Zürcher Zeitung, 14. 9. 99, S. 11.

OECD (1998): What Works Among Active Labour Market Policies: Evidence from OECD Countries' Experiences, Labour Market and Social Policy, Occasional Papers No. 35, Paris.

OECD (1998a): OECD Economic Surveys: Czech Republic, Paris.

OECD (1999): Employment Outlook, Paris.

OECD (2001): OECD Reviews of Foreign Direct Investment: Czech Republic, Paris.

Ohne Verfasser (1999): Eine Marka gleich eine Mark - Eine schnelle Einführung des Euro hätte große Vorteile für die Länder Ost- und Mitteleuropas, in: Wirtschaftswoche, Nr. 41, 7. Oktober, S. 55-59.

O'Leary, C. J. (1997): Preliminary Evidence on Active Labour Market Programs - Impacts in Hungary and Polen, Upjohn Institute for Employment Research: Staff Working Paper 98-50.

Olson, M. (1982): The Rise and Decline of Nations - Economic Growth, Stagflation, and Social Rigidities, New Haven, London.

Orlowski, L. T. (1998): Exchange Rate Policies in Central Europe in Response to EMU, Institut für Wirtschaftsforschung Halle: Diskussionspapiere Nr. 75.

Orlowski, L. T. (1998a): Exchange Rate Policies in Central Europe and Monetary Union, in: Comparative Economic Studies 40, S. 58-78.

Paqué, K.-H. (1992): Der europäische Sozialstaat - Eine Zwischenbilanz. WiSt - Wirtschaftswissenschaftliches Studium 21, S. 627-630.

Pelkmans, J., Gros, D., Ferrer, J.N. (2000): Long-Run Economic Aspects of the European Union's Eastern Enlargement, Working Document 109 of the Scientific Council for Government Policy, The Hague.

Poirson, H. (2001): How Do Countries Choose Their Exchange Rate Regime?, IMF Working Paper 01/46, Washington/DC.

Portes, A., Böröcz, J. (1989): Contemporary Immigration: Theoretical Perspectives On Its Determinants And Modes Of Incorporation, in: International Migration Review 23, S. 606-630.

Pouliquen, A. (1998): Agricultural Enlargement of the EU under Agenda 2000: Surplus of Farm Labour Versus Surplus of Farm Products, in: Economics of Transition 6, S. 505-522.

Puhani, P. (1996): Poland on the Dole -Unemployment Benefits, Training and Long-Term Unemployment During Transition, ZEW Discussion Paper 96-30, Mannheim.

Razin, A., Sadka, E. (1995): Resisting Migration: Wage Rigidity and Income Distribution, CEPR Discussion Paper No. 1091, London.

Remsperger, H. (2001): Konvergenz und Divergenz in einer Europäischen Währungsunion, Vortrag auf der Historiker-Konferenz ,Conflict Potentials in Monetary Unions', Kassel, 25. April.

Ribhegge, H. (2000): Die wirtschaftspolitischen Auswirkungen der Osterweiterung der Europäischen Union für die neuen Bundesländer und ihre Grenzregionen, Kooperationsstelle Wissenschaft und Arbeitswelt an der Europa-Universität Viadrina: kowa Arbeitspapiere 12, Frankfurt (Oder).

Richter, S. (1998): Assessing the Negotiating Positions of the EU Net Recipients, Net Contributors and CEEC Applicants, in: *Trans-European Policy Studies Association - Institute for World Economics (Hg.):* Financial Transfers of the European Union and Western Enlargement, Budapest, S. 62-69.

Richter, S., Landesmann, M., Havlik, P. (1998): Evaluation of the Consequences of Accession: Economic Effects on CEECs, Paper presented at the 25 Years Anniversary Conference 'Shaping the New Europe: Challenges of Eastern Enlargement - East and West European Perspectives, WIIW, 11. - 13. 11. 98, Wien.

Robson, P. (1997): The Economics of International Integration, 4th ed., London.

Rosati, D.K. (1997): Exchange Rate Policies in Post-Communist Economies,. In: *Zecchini, S. (Hg.),* Lessons from the Economic Transition – Central and Eastern Europe, OECD, Kluwer Academic Publishers, Dordrecht, Boston, London, S. 481-502.

Rosati, D.K. (1998): The Impact of EU Enlargment on Economic Disparities in Central and Eastern Europe, Paper presented at the 25 Years Anniversary Conference 'Shaping the New Europe: Challenges of Eastern Enlargement - East and West European Perspectives, WIIW, 11. - 13. 11. 98, Wien.

Rose, K., Sauernheimer, K. (1999): Theorie der Außenwirtschaft, 13. Aufl., München.

Rostowski, J. (1999): Adopting the Euro - The Economies of Eastern Europe Should Avoid the Danger of an Appreciation Bubble by Unilaterally Switching to the Single Currency Now, in: Financial Times, 9. 8. 99, S. 10.

Sachs, J. (1993): Poland's Jump to the Market Economy, Cambridge/MA.

Sachs, J. (1996): Economic Transition and the Exchange Rate Regime, in: American Economic Review, Papers and Proceedings, S. 147-152.

Salt, J. u. a. (1999): Assessment of Possible Migration Pressure and its Labour Market Impact following EU-Enlargement to Central and Eastern Europe. Part 1, London, UCL.

Salvatore, D., Sgarbi, S. (1997): Spezialization and Comparative Advantage of Central European Nations, in: *Orlowski, L. T., Salvatore, D. (Hg.),* Trade and Payments in Central and Eastern Europe's Transforming Economies, Handbook of Comparative Economic Policies 6, Westport, S. 3-18.

Schäfer, W. (1998): Osterweiterung der EU, Volkswirtschaftliche Korrespondenz der Adolf-Weber-Stiftung, Nr. 5/1998, München.

Schäfer, W. (2000): MOEL - Wechselkursarrangements. Diskussionsbeiträge aus dem Institut für Theoretische Volkswirtschaftslehre der Universität der Bundeswehr Hamburg 1/2000.

Schratzenstaller, M. (2000): Inter-Nation Divergence within the EU and Options for a Progressive Revenue System, in: Intereconomics 35, S. 243-252.

Schumacher, D., Trübswetter, P. (2000): Volume and Comparative Advantage in East-West Trade, DIW Discussion Paper No. 223, Berlin.

Schweickert, R. (2000): Leistungsbilanzentwicklung ausgewählter Schwellenländer Asiens und Lateinamerikas, Ursachen und wirtschaftspolitische Konsequenzen, Mohr Siebeck, Tübingen.

Seidel, M. (1999): Perspektiven der EU-Erweiterung aus deutscher Sicht, in: Europäische Zeitschrift für Wirtschaftsrecht 10, Editorial, S. 449.

Sherman, H. C. (2000): Wechselkursoptionen der Beitrittsländer Mittel- und Osteuropas, in: ifo Schnelldienst 53 (12), S. 11-18.

Siebert, H. (1993): Internationale Wanderungsbewegungen – Erklärungsansätze und Gestaltungsfragen, in: Schweizerische Zeitschrift für Volkswirtschaft und Statistik 129, S. 229-255.

Siebert, H. (2001): Die Osterweiterung erfordert ein fünftes Konvergenzkriterium, in: Handelsblatt Wirtschafts- und Finanzzeitung, Düsseldorf/Frankfurt, vom 22. Februar 2001.

Siebert, H. (2001a): Europe - Quo Vadis? Reflections on the Future Institutional Framework of the European Union, Institut für Weltwirtschaft: Kiel Working Paper No. 1064, Kiel.

Sievert, O. (1992): Geld, das man nicht selbst herstellen kann - Die Lohn- und Finanzpolitik der Nationalstaaten in der Disziplin der Europäischen Zentralbank. In Frankfurter Allgemeine Zeitung v. 26. 9. 92.

Sinn, H.-W. (1990): Tax Harmonisation and Tax Competition in Europe, in: European Economic Review 34, S. 489-504.

Sinn, H.-W. (1999): EU-Enlargement, Migration and Lessons from German Unification, CEPR Discussion Paper No. 2174, London.

Sinn, H.-W. (1999a): Osterweiterung der EU: Das Migrationsproblem, ifo Standpunkt No. 9, München.

Sinn, H.-W. (2000): EU Enlargement and the Future of the Welfare State, CESifo Working Paper No. 307, München.

Sinn, H.-W. (2000a): EU Enlargement, Migration, and Lessons from German Unification, in: German Economic Review 1, S. 299-314.

Sinn, H.-W., Werding, M. (2001): Zuwanderung nach der EU-Osterweiterung: Wo liegen die Probleme? In: ifo Schnelldienst 54 (8), S. 18-27.

Sinn, H.-W., Flaig, G., Werding, M., Munz, S., Düll, S., Hofmann, H. (2001): EU-Erwieterung und Arbeitskräftemigration. Wege zu einer schrittweisen Annäherung der Arbeitsmärkte, München.

Sjaastad, L. A. (1962): The Costs and Returns of Human Migration, in: Journal of Political Economy 70, S. 80-93.

Starbatty, J. (1993): Vollbeschäftigung durch Interventionismus? Das neue Weißbuch der Brüsseler Kommission. In: Deutsche Bundesbank (Hg.): Auszüge aus Presseartikeln, Nr. 76, 10 November, 4-12.

Stark, O. (1991): The Migration of Labor, Cambridge / Oxford.

Statistisches Bundesamt (1979): Statistisches Jahrbuch 1979 für die Bundesrepublik Deutschland, Stuttgart u. a. 1979.

Statistisches Bundesamt (1998): Statistisches Jahrbuch 1998 für die Bundesrepublik Deutschland, Stuttgart u. a. 1998.

Steinherr, A. (1999): Welche Reformen erzwingt die Osterweiterung? Vortrag anlässlich der Jahrestagung des Vereins für Socialpolitik, 24. 9. - 1. 10. 1999, Mainz.

Steinmann, G. (1996): Makroökonomische Ansätze zur Erklärung von internationalen Migrationsprozessen, in: Allgemeines Statistisches Archiv 80, S. 36-49.

Straubhaar, T. (1999): Einwanderungspolitik der EU, Volkswirtschaftliche Korrespondenz der Adolf-Weber-Stiftung, Nr. 1/1999, München.

Straubhaar, T. (2000): International Mobility of the Highly Skilled: Brain Gain, Brain Drain or Brain Exchange, HWWA Discussion Paper 88, Hamburg.

Straubhaar, T. (2001): Ost-West-Migrationspotential: Wie groß ist es?, HWWA-Discussion Paper, No. 137, Hamburgisches Weltwirtschaftliches Archiv.

Sulling, A. (2000): Should Estonia Euroise?, International Monetary Fund, mimeo.

SVR (2000): Chancen auf einen höheren Wachstumspfad, Jahresgutachten 2000/01, Wiesbaden, insb. S. 228-248.

SZ (2000): Polen schließt späteren EU-Beitritt nicht aus, in: Süddeutsche Zeitung, 7. 11. 00, S. 2.

SZ (2000a): EU und Polen erzielen Durchbruch, in: Süddeutsche Zeitung, 28. 9. 00.

SZ (2001): Irland entscheidet über Nizza, in: Süddeutsche Zeitung, 7. 6. 01, S. 6.

SZ (2001a): Wirbel um Äußerung Prodis zum Nizza-Vertrag, in: Süddeutsche Zeitung, 22. 6. 01, S. 8.

SZ (2001b): Prodi stellt Bedeutung des Nizza-Vertrags klar, in: Süddeutsche Zeitung, 23./24. 6. 01, S. 7.

SZ (2001c): EU hält an Zeitplan für Ost-Erweiterung fest, in: Süddeutsche Zeitung, 12. 6. 01, S. 1.

SZ (2001d): Vorwärts ins Ungewisse. der Zeitplan für die Erweiterung, in: Süddeutsche Zeitung, 18. 6. 01, S. 2.

SZ (2001e): Wirtschaftswunder ausgeträumt, in: Süddeutsche Zeitung, 3. 9. 01, S. 23.

Szapary, G. (2000): Maastricht and the Choice of the Exchange-Rate Regime in Transition Countries in the Run-up to EMU, National Bank of Hungary, Working Paper No. 00-7, October.

Tassinopoulos, A., Werner, H. (1999): To Move or Not to Move: Migration of Labour in the European Union, IAB Labour Market Research Topics No. 35, Nürnberg.

Todaro, M. (1969): A Model of Labor Migration and Urban Unemployment in Less Developed Countries, in: American Economic Review 59, S. 138-148.

Tullio, G. (1999): Exchange Rate Policies of Central European Countries in the Transition to European Monetary Union, in: *de Grauwe, P., Lavrac, V. (1999)*: Inclusion of Central European Countries in the European Monetary Union, Boston u. a., S. 63-104.

UNECE (1997): International Migration in Central and Eastern Europe and the Commonwealth of Independent States, United Nation Publication E.97.II.E.29, New York.

van Aarle, B., Skuratowicz, A. (2000): Trade and FDI Effects of EU Enlargement. Paper presented at the Workshop 'Exchange Rate Uncertainty, Trade and Investment, 18. - 19. 5. 00, Lille.

Verheugen, G. (2000): „Einige sind fast beitrittsreif" - EU-Kommissar Verheugen über die anstehenden Reformen, die Osterweiterung und die Frage nach Volksentscheiden, in: Wirtschaftswoche vom 12. 10. 2000, Nr. 42, S. 44-49.

von Hagen, J. (1996): The Political Economy of Eastern Enlargement of the EU, in: *Ambrus-Lakatos, L., Schaffer, M.E. (Hg.)*: Coming to Terms with Accession, CEPR: Forum Report of the Economic Policy Initiative No. 2, London, S. 1-41.

von Loeffelholz, H. D., Köpp, G. (1998): Ökonomische Auswirkungen der Zuwanderungen nach Deutschland, Berlin.

Verheugen, G. (2001): The Enlargement Process after Nice: a Qualitatively New Stage, in: Intereconomics 36, S. 3-7.

Wallace, C. (1998): Migration Potential in Central and Eastern Europe, IOM (International Organization for Migration, Genf.

Walsh, P.P., Whelan, C. (2001): Firm Performance and the Political Economy of Corporate Governance: Survey Evidence for Bulgaria, Hungary, Slovakia and Slovenia, in: Economic Systems 25, S. 85-112.

Walterskirchen, E. (1998): Auswirkungen der EU-Osterweiterung auf den österreichischen Arbeitsmarkt, in: WIFO-Monatsberichte 71, S. 531-540.

Walterskirchen, E., Dietz, R. (1998): Auswirkungen der EU-Osterweiterung auf den österreichischen Arbeitsmarkt, Studie des WIFO im Auftrag der Bundesarbeitskammer, Wien.

Walwei, U., Werner, H. (1992): Europäische Integration: Konsequenzen für Arbeitsmarkt und Soziales. Mitteilungen zur Arbeitsmarkt und Berufsforschung 25, S. 483-498.

Wang, Winters (1994): The Trading Potential of Eastern Europe, in: Journal of Economic Integration 7, S. 113-136.

Weimann, J. (1999): Osterweiterung der EU: Konsequenzen für die neuen Länder, Vortrag anlässlich des 3. Magdeburg Meeting am 20. 10. 1999, Otto-von-Guericke-Universität, Magdeburg.

Welfens, P. J. J. (1998): Systemstrategische und strukturelle Anpassungsprobleme in post-sozialistischen Ländern Osteuropas, Teil II: Strukturelle Anpassungserfordernisse und Perspektiven der EU-Osterweiterung, Berichte des Bundesinstituts für ostwissenschaftliche Studien, Köln.

Werner, H. (1998): Beschäftigungspolitisch erfolgreiche Länder - Was steckt dahinter? In: Mitteilungen aus der Arbeitsmarkt- und Berufsforschung 31, S. 324-333.

Wildasin, D. (1991): Income Redistribution in a Common Labor Market, in: American Economic Review 81, S. 757-774.

Wisniewski, Z. (1999): Effekte des EU-Beitritts auf den Arbeitsmarkt in Polen. Papier vor-bereitet für die Tagung 'Herausforderung Europa: Konvergenz im Spannungsfeld zwischen Systemwettbewerb und Politik-Harmonisierung', Europa-Kolleg Hamburg, I.P.I. Wolfsburg und Südosteuropa-Gesellschaft, München, 30. 9. - 1. 10. 99, Wolfsburg.

Wolf, J. (1997): Unemployment Benefits and Incentives in Hungary: New Evidence, Paper presented at the Conference 'Labour Markets in Transition', 17. - 19. 10. 97, University of Michigan.

Wooton, I. (1988): Towards a Common Market: Factor Mobility in a Customs Union, in: Canadian Journal of Economics 21, S. 525-538.

Stichwortverzeichnis